国家社科基金
后期资助项目

交通大数据的时空经济研究

李红昌 著

社会科学文献出版社
SOCIAL SCIENCES ACADEMIC PRESS (CHINA)

图书在版编目(CIP)数据

交通大数据的时空经济研究 / 李红昌著. --北京：社会科学文献出版社，2024.11. --ISBN 978-7-5228-4133-5

Ⅰ.F5

中国国家版本馆 CIP 数据核字第 2024DH1887 号

国家社科基金后期资助项目
交通大数据的时空经济研究

著　　者 / 李红昌

出 版 人 / 冀祥德
组稿编辑 / 恽　薇
责任编辑 / 冯咏梅
文稿编辑 / 陈丽丽
责任印制 / 王京美

出　　版 / 社会科学文献出版社·经济与管理分社（010）59367226
　　　　　　地址：北京市北三环中路甲29号院华龙大厦　邮编：100029
　　　　　　网址：www.ssap.com.cn
发　　行 / 社会科学文献出版社（010）59367028
印　　装 / 三河市龙林印务有限公司

规　　格 / 开　本：787mm×1092mm　1/16
　　　　　　印　张：23.75　字　数：377 千字
版　　次 / 2024 年 11 月第 1 版　2024 年 11 月第 1 次印刷
书　　号 / ISBN 978-7-5228-4133-5
定　　价 / 188.00 元

读者服务电话：4008918866

版权所有 翻印必究

国家社科基金后期资助项目
出版说明

　　后期资助项目是国家社科基金设立的一类重要项目，旨在鼓励广大社科研究者潜心治学，支持基础研究多出优秀成果。它是经过严格评审，从接近完成的科研成果中遴选立项的。为扩大后期资助项目的影响，更好地推动学术发展，促进成果转化，全国哲学社会科学工作办公室按照"统一设计、统一标识、统一版式、形成系列"的总体要求，组织出版国家社科基金后期资助项目成果。

全国哲学社会科学工作办公室

摘　要

随着我国交通运输业的不断发展，交通大数据的规模不断扩大，质量、速度和价值不断提升，结构不断复杂。在居民出行需求不断提升、经济社会对交通物流时效性要求不断提高的背景下，在交通大数据的催化作用下，以高速铁路、普通铁路、公路、民航、共享交通等为重要对象的新型交通业态或经济现象不断涌现，新型交通商业模式得以创新应用，交通领域及其延伸产业链受到交通大数据的深刻影响。交通大数据对促进交通运输结构优化、推进交通运输供给侧结构性改革、创新客货运及物流商业模式、有效提升交通运输领域的效率效益，起到了十分重要的作用。

首先，构建了交通大数据时空经济理论分析框架。在界定时空经济概念的基础上，从时空经济入手，结合交通经济理论和大数据理论等，把运输经济学等学科十分重视的时间和空间因素引入交通大数据分析当中，构建交通大数据时空经济理论分析框架，阐释交通大数据的物信关系、时空关系、供需匹配作用机理和效果。交通大数据深刻改变了交通领域中的物理与信息关系，并通过时空维度下的供需匹配，改变和影响了交通运输及社会经济的时间和空间价值、可达性、效用水平等，最终作用于交通领域和经济社会的交易效率和生产效率。

其次，对交通大数据的匹配作用及效果进行了分析。交通大数据领域存在数据平台缺乏核心竞争力、缺乏信任监管体系、信息系统不完善、安全性有待提升等匹配问题，但也有着打破信息壁垒、数据积累全面、数据处理高效等匹配作用。交通大数据的运用，对交易效率、生产效率、管理效率、配置效率等有各种影响，会产生经济、社会、技术、政治等多维影响，也会产生交通动态化管理、运输决策效果和管理水平提高、综合信息整合、交通违规响应和处理效率提高、交通违法行为公平处理等具体影响。

再次，针对重点交通领域进行了理论和实证研究。通过对交通大数据在交通运输领域不同具体对象中的应用梳理，归纳交通大数据在城市对外交通领域（高速铁路、普通铁路、公路、民航、水运等）、城市交通领域（共享汽车、共享单车等）的具体应用，重点针对高铁空间演化、人口和产业结构演化、民航货运网络演变、共享单车对房地产价格影响等进行了专项研究。毫无疑问，交通大数据在与风险资本、移动互联技术、客货运输及物流增值需求等的时空耦合过程中，既会产生较高的交易效率和生产效率，也会出现垄断、恶性竞争、交通不公平等经济社会问题，从而需要实施必要的市场监管和反垄断措施。

最后，提出了相关政策建议。在交通产业转型升级的趋势下，发展交通大数据和新型业态，既是党和国家做出的一项重大科学决策，也是引领中国交通供给和需求创新的重要路径。在此基础上，本书提出制定国家和城市交通发展战略融合政策、制定合理的交通大数据发展政策、调整公共交通发展政策（把共享单车纳入公共交通系统之中等）、制定科学的监管和反垄断政策（政府制定必要的市场准入监管办法等）等建议。

总之，本书构建了交通大数据的时空经济理论分析框架，分析了交通大数据匹配作用及其在重点交通领域的应用效果。交通大数据具有时空转换能力，可以实现供需信息的无缝即时匹配，提高交通运输资源的配置效率、消费者的效用水平以及交通运输服务产生的市场价值。从宏观、产业和微观维度来看，交通大数据改变了交通领域的物信关系，引起了交通资源属性、商业模式、政府监管等的重大变化，推进了供给侧结构性改革，助力了交通强国建设和经济社会可持续发展。

目 录

第一章　研究概述 …………………………………………………………… 1
　　第一节　研究背景 …………………………………………………… 1
　　第二节　基本概念与研究范围 ……………………………………… 17

第二章　相关文献述评 ……………………………………………………… 31
　　第一节　大数据与大数据新业态 …………………………………… 31
　　第二节　时空经济 …………………………………………………… 40
　　第三节　交通经济 …………………………………………………… 44
　　第四节　交通大数据的应用 ………………………………………… 52
　　第五节　运输管制 …………………………………………………… 56
　　第六节　交通行为 …………………………………………………… 61

第三章　交通大数据的时空经济理论分析框架 …………………………… 68
　　第一节　交通大数据的基本特征 …………………………………… 68
　　第二节　基本分析元素 ……………………………………………… 70
　　第三节　基本分析框架 ……………………………………………… 74
　　第四节　交通大数据时空匹配的几何模型分析 …………………… 104
　　第五节　交通大数据时空匹配的数理模型分析 …………………… 114
　　第六节　交通大数据时空匹配的计量模型分析 …………………… 125

第四章　交通大数据的匹配作用及效果分析 ……………………………… 143
　　第一节　交通大数据的匹配作用分析 ……………………………… 143
　　第二节　交通大数据的经济效率分析 ……………………………… 149
　　第三节　交通大数据的多维影响分析 ……………………………… 165

第五章　交通大数据的应用分析：高铁 …………………………………… 180
　　第一节　高铁交通大数据 …………………………………………… 180

第二节　高铁经济演化路径：区域空间结构 …………………… 184
　　第三节　高铁网络与经济网络之间的动态关系 …………………… 192
　　第四节　高铁开通对城市人口和产业结构的时空演化分析 …… 198

第六章　交通大数据的应用分析：民航 …………………………… 213
　　第一节　民航大数据的应用分析 ……………………………………… 213
　　第二节　民航大数据的网络分析应用 ………………………………… 217

第七章　交通大数据的应用分析：共享单车 …………………… 239
　　第一节　国内共享单车发展情况 ……………………………………… 241
　　第二节　国外共享单车发展情况 ……………………………………… 252
　　第三节　共享单车对房地产价格的影响 ……………………………… 256
　　第四节　共享单车大数据的未来发展 ………………………………… 264

第八章　交通大数据的应用分析：共享汽车 …………………… 265
　　第一节　共享汽车与交通大数据 ……………………………………… 266
　　第二节　共享汽车的交通大数据应用分析 …………………………… 271
　　第三节　新能源汽车与交通大数据 …………………………………… 298
　　第四节　私家车租车模式 ……………………………………………… 310

第九章　交通大数据的应用分析：其他 ………………………… 315
　　第一节　铁路大数据的应用分析 ……………………………………… 315
　　第二节　公路大数据的应用分析 ……………………………………… 322
　　第三节　水运大数据的应用分析 ……………………………………… 326
　　第四节　其他领域交通大数据的应用分析 …………………………… 330

第十章　结论与展望 ……………………………………………………… 339
　　第一节　基本结论与政策建议 ………………………………………… 339
　　第二节　学术价值与理论创新 ………………………………………… 343
　　第三节　研究展望 ……………………………………………………… 343

参考文献 …………………………………………………………………… 345

第一章 研究概述

内容提要：首先，明确研究背景。其次，对大数据、时空经济、商业模式、交易成本等进行概念界定。最后，确定相应的研究范围。本书从运输经济学、交通经济理论、大数据理论和匹配理论的综合基础理论角度出发，探究交通大数据与时空经济及其在交通运输领域中的作用机理，针对交通大数据在重点交通领域的应用进行理论和实证研究。

第一节 研究背景

随着我国交通运输业的不断发展，交通大数据的规模不断扩大，质量、速度和价值不断提升，结构不断复杂。在居民出行需求不断提升、经济社会对交通物流时效性要求不断提高的背景下，在交通大数据的催化作用下，以高速铁路、普通铁路、公路、民航、共享交通等为重要对象的新型交通业态或经济现象不断涌现，新型交通商业模式得以创新应用，交通领域及其延伸产业链受到交通大数据的深刻影响。交通大数据对促进交通运输结构优化、推进交通运输供给侧结构性改革、创新客货运及物流商业模式、有效提升交通运输领域的效率效益，起到了十分重要的作用。本书从时空经济入手，结合交通经济理论、大数据理论、匹配理论和可持续发展理论，把运输经济学等学科十分重视的时间和空间因素引入交通大数据分析当中，阐释交通大数据的作用机理和对交通运输业的重要影响。

一 大数据业态快速发展背景

随着我国共享经济的不断发展、交通运输结构的不断调整、居民出行需求的不断增加、对物流时效性等的要求不断提高，大数据越来越受到人们的关注。什么是大数据呢？人们对其第一感官认识是数量上的增多。随着互联网等科技的迅速发展，各行各业都或多或少与数据存在一定关系，这就使得各个领域相关数据量呈指数爆炸式增长。大数据是由美国未来学家 Alvin Toffler 在《第三次浪潮》中初次涉猎[①]，并随着共享经济需求的提升、信息技术的迅猛发展而逐渐受到人们的关注，各国政府及学者也越发重视对"大数据"相关领域的研究。目前，学者们普遍认为，大数据会成为一种不可或缺的自然资源，因为其无论是对国家治理能力还是对经济运行机制，抑或对百姓生活方式都产生了重大影响，所以被认为是又一项对国家经济、人民生活产生重大影响的自然资源。

交通大数据是大数据的重要有机组成部分，是经济、社会、技术和国家政策共同推动的结果。交通大数据的快速发展，深刻改变了社会时空形态，对交通运输领域产生了重大影响，是共享汽车、共享单车、共享物流等新型共享经济业态出现的根本原因。[②] 交通大数据深刻改变了原来的物信关系，出现了交通信息对物理关系的重大重构效应，这一新型物信关系势必会对原来的产业组织形态产生重大影响，并影响到政府监管和反垄断部门交通大数据和运营服务的相关政策措施。[③]

（一）大数据行业发展趋势分析

后工业化时期，新兴的大数据产业能够引领传统产业进行转型升级。其中手机、平板电脑等均是重要的数据载体。大数据在风险资本和商业模式创新的作用下，催生了"互联网+""+互联网"等新业态。[④]

大数据源于海量数据信息，但其战略意义需要进一步挖掘，即大数据技术不只在于数据的庞大性，同时要求能对数据进行专业化处理。

---

① Toffler A. The Third Wave [M]. New York: Bantam Books, 1980.
② Ghofrani F, He Q, Goverde R M P, et al. Recent applications of big data analytics in railway transportation systems: A survey [J]. Transportation Research Part C: Emerging Technologies, 2018, 90: 226-246.
③ Huang H J, Xia T, Tian Q, et al. Transportation issues in developing China's urban agglomerations [J]. Transport Policy, 2020, 85: A1-A22.
④ 徐宗本，冯芷艳，郭迅华等. 大数据驱动的管理与决策前沿课题 [J]. 管理世界，2014 (11): 158-163.

换言之，将数据类比于水资源，那么数据盈利的关键在于对数据的加工与包装，通过加工实现数据资源的增值。大数据概念提出仅仅不到20年的时间，就得到了快速的发展，对世界发展产生了巨大影响。我国区域大数据发展水平呈现明显的差异化，东部地区成为大数据发展的主要及前沿地区，在全国大数据发展指数排名前10的省份中，东部地区占据了前6位。

大数据产业正处于高速发展期，我国应紧跟浪潮，捕捉热点。目前，交通经济同样是经济热点问题，无论是从需求方面还是从供给方面都备受广大民众关注，由此交通大数据越发成为学者研究的热点，发展交通大数据是党和国家支持交通产业和构建新型交通生态的一项重大科学决策。

手机已经成为互联网终端的首要角色，移动互联时代全面开启。由于网络技术的高速发展，实时收集交通中人员车辆等信息变得越发便捷，同时城市交通数据信息也日益丰富。

《"十四五"数据中国建设专题报告》显示，中国大数据市场产值近年来增长迅速，2015年大数据市场产值已经达到2800亿元，2016~2019年大数据产值呈稳步上升趋势，到2020年大数据市场产值已经突破了1万亿元（见表1-1）。大数据产业发展取得明显成果，逐步变成支撑我国经济社会发展的一种优势产业。

表1-1 2015~2020年中国大数据市场产值

单位：亿元

年份	市场产值
2015	2800
2016	3600
2017	4700
2018	6200
2019	8000
2020	10100

资料来源：《"十四五"数据中国建设专题报告》。

（二）互联网与大数据相辅相成

大数据的首要因素就在于大，所以大数据有时又被称为巨量资料。

强调大数据的大超出人脑所能处理的范围,即数据资料量巨大到无法使用以往数据处理方式去同等对待,要在合理时间内有效、有目的地处理庞大数据并使其为人类所使用,需要借助一定的处理工具,也即大数据的次要因素在于数据的技术处理。

大数据与互联网的发展呈现相互依存的关系。一方面,互联网的发展需要以大数据为基础提供更多的数据,在交通大数据发展背景下互联网技术是共享出行的前提[①];另一方面,大数据发展需要互联网为其提供更多资源,二者相辅相成。

二 大数据改变社会时空背景

(一) 社会时空背景

信息技术快速发展为大数据时代提供了技术基础,大数据概念提出仅仅不到20年的时间,就得到了快速的发展,对世界发展产生了巨大影响。大数据产业正处于高速发展期,我国应紧跟浪潮,捕捉热点。交通经济同样是经济热点问题,由此交通大数据越发成为学者研究的热点。交通大数据的研究改变了传统的时空概念,改变了城市与城市之间的空间距离,影响了居民的出行行为,使得经济行为研究所依赖的时空经济背景面临变革。当下,我国经济、科技发展水平虽和发达国家存在一定差距,但拥有着"后发优势"。大数据时代的到来,是我们面临的前所未有的机遇。发展交通大数据是党和国家支持交通产业和构建新型交通生态的一项重大科学决策。[②]

时间和空间是经济和社会活动的基本形式,若各社会成员充分利用时间和空间,以及构建合理的经济时空,将会极大地促进社会发展,提升经济效益。随着工业化和城市化的快速推进、交通业的逐步成熟,交通运输在改变人们的生活节奏,改变居民的生活、城市、产业空间,重构区域经济格局方面发挥了重要作用。本书从时空经济的角度去分析、研究交通对经济资源时空配置的优化作用。在等自然空间距离下,由于

---

① Dong Y, Wang S, Li L, et al. An empirical study on travel patterns of internet based ride-sharing [J]. Transportation Research Part C: Emerging Technologies, 2018, 86: 1-22.
② 赵光辉. 基于交通强国的大数据交通治理:挑战、机遇与对策 [J]. 当代经济管理, 2018, 40 (12): 42-50.

高铁的开通，点与点之间位移所需时间极大缩短，空间的可达性提高，这同样极大地促进了高铁沿线城市的经济发展。①

人类自诞生起就使用时间刻度来度量和感知这个宇宙。随着对时间研究的深入，人们逐渐认识到时间应该还有更深的含义需要我们去挖掘，我们不仅要利用好时间，同时还需要研究时间本身。体现最为明显的就是在经济学中，我们不再简单地把时间理解为自然时间，我们赋予时间一种经济内涵，随着对经济研究的加深，人们对时间的理解也在逐步增强。

经济学思想系统需要构建在特定的时间框架上，一般我们将经济时间框架作为时间背景条件，并以其为主干支撑进行经济学原理分析，一种经济学分析的解释逻辑严格对应一个特定的时间背景条件。因此，虽然人们在分析经济问题时并没有着重强调其时间框架，甚至只是潜在地运用了时间框架作为背景条件，但是任何经济学分析都无法脱离时间框架而单独存在，它具有决定性意义。因为一旦更换经济学理论中的时间框架，原本对应的解释逻辑和经济学分析结果就会变动而不再单独成立。

不同人具有不同的时间概念，并由各自不同的时间概念建立起不同的时间框架。不同的经济学家也都有各自的时间定义，因此在进行不同的经济学分析之前，需要重新界定时间概念。经济学家的时间概念不仅仅是自然时间概念，他们会对时间进行更深入的分析，并挖掘其中的经济学含义，从而界定不同的时间概念，比如通过界定劳动时间概念，进一步研究劳动价值；再比如界定流通时间以及短期和长期时间等。② 古典经济学家从经济学的视角深入分析时间，得出时间是一种资源的结论，新古典经济学家则将时间背景设定为机械力学的静态时间。

北京交通大学的荣朝和教授认为，经济学在借鉴社会学的时空理念的同时，还应融合相对论的时间概念，将相对论时间作为经济学的研究基础，建立以经济时空场域为基础的新型时空分析框架。在这个时空分析框架中，我们能够以更合理的逻辑时间进行经济分析，在放松经纪人

---

① Tong L, Zhou X, Miller H J. Transportation network design for maximizing space-time accessibility [J]. Transportation Research Part B: Methodological, 2015, 81 (2): 555-576.
② 王晓东, 谢莉娟. 社会再生产中的流通职能与劳动价值论 [J]. 中国社会科学, 2020 (6): 72-93+206.

假设的同时，实现主观与客观的统一。[1]

"时间因素几乎是每一个经济问题的中心难题"[2]，可以看出时间问题困扰着包括马歇尔在内的每一位经济学家。目前，尽管统计学家和计量学家已经为时间研究探索了新的方法和路径，但是时间分析依旧停滞在以静态分析为基础的框架中。因此，经济学家认为当前的时间问题分析是经济学研究中的薄弱之处。

在现实中，时间与空间难以区分。在哲学中，宇宙事件发生顺序通过时间来度量，运动的表现形式以空间来展现，因此时间和空间存在相互依存的关系，它们共同展现世界的演进规律，时间和空间体现的是动态变化的模型。空间存在既定性，而时间存在流动性。当前的经济学分析并不仅仅是进行时间层面的分析，而是运用时空的思想同时进行时间与空间的分析。新古典经济学中划分了时间与空间，在时间尺度的划分中，在短期、长期的基础上加入即期、中期等概念；在空间尺度的划分中，在微观、宏观的基础上加入中观以及现场等概念。将各经济学家的精炼思想融合在时空分析框架中，成为经济学问题分析中重要的时空背景。但是时空背景仍需要进一步改善，例如在时间划分中的"即期"概念仍需探讨，因此构建时空框架任重道远。[3]

（二）交通大数据的时空经济匹配

交通大数据具有时空移动性、多维结构性、社会关联性等基本特征，交通大数据的时空经济分析，需建立在物信关系及匹配理论的基础之上。从物信关系来看，物-信关系一直是支配人类经济社会交易活动的重要基础。在交通大数据时代下，物信关系出现了由信息主导的发展趋势，共享平台和信息服务商的作用日益凸显，这在很大程度上决定了交通大数据在交通运输领域发挥作用的机理和路径。[4]

时空框架的重要性体现在各种社会实践与互动必须在特定的时空框

---

[1] 荣朝和. 互联网共享出行的物信关系与时空经济分析 [J]. 管理世界, 2018, 34 (4): 101-112.
[2] Marshall A. Principles of Economics [M]. London: Macmillan, 1890.
[3] 荣朝和. 交通-物流时间价值及其在经济时空分析中的作用 [J]. 经济研究, 2011, 46 (8): 133-146.
[4] Desmet K, Rossi-Hansberg E. Spatial development [J]. American Economic Review, 2014, 104 (4): 1211-1243.

架中才能进行。基于此，吉登斯认为，时间和空间都是研究人类活动过程中的必要一环，人类活动必须界定在特定的时间框架以及特定的空间约束范围中。[①] 过去人们利用日历计时，利用地图定位，但是这些度量方式仅与自然相关，目前随着科技的进步，交通和通信方式不断优化，时间和空间已不仅仅是自然概念，科技缩短了人与人之间的地理以及时间距离。

在人类早期，人与人之间的交流需要满足时间和空间重合的要求，双方交流会面具有严格的限制，只有在这样的时间和空间限制下才能建立交流与信任，确保交往与互动的实现。但是经常会出现时间与空间无法同时满足的问题，在这样的情况下，人们往往只能被迫选择不建立交流。但是随着科技的进步，时间和空间无法同时满足的问题得到解决。技术的进步使得人们拥有更加多样化的交流方式。在信息化时代，人与人之间的交流不再受到时空障碍的阻隔，也就是说，不再需要在时间和空间相统一的限制下才能交流，信息化打破了人们之间交流的时间空间场所限制。[②]

人类的交流从时间空间必须统一发展到可以虚拟到场的模式，吉登斯用与时间地理学相似的思路来解释。人类交流方式的演进顺序为：由人类物理同步到场逐渐发展为同步虚拟到场、异步物理到场和异步虚拟到场。[③] 根据时间与空间是否统一，可以区分为四个类型：A 需要面对面直接交流，时间和空间相统一；B 只要求时间一致，而对空间无限制，这便是隔空交流；C 和 D 为间接交流，时间的不统一导致空间也可能存在不一致的问题。

吉登斯还从微观社会学个体之间互动的角度出发，将研究拓展到宏观机制的分析中，并提出将时空分离与重组的思想。吉登斯对时空分离的定义是，信息化的快速推进，特别是远程通信技术的蓬勃发展，逐渐放宽了在人类交流过程中对时间空间相统一的要求，并能够达到具体地

---

① 〔英〕安东尼·吉登斯. 现代性的后果 [M]. 田禾译. 译林出版社，2000.
② 李海舰，李燕. 对经济新形态的认识：微观经济的视角 [J]. 中国工业经济，2020 (12)：159-177.
③ 冯华，陈亚琦. 平台商业模式创新研究——基于互联网环境下的时空契合分析 [J]. 中国工业经济，2016 (3)：99-113.

点与时间相分离的水平,因此人类之间的交流不再要求双方时间空间相统一才能完成。[1]

工业化时期,虽然信息在经济活动中发挥着重要作用,但相对较弱,而在目前的信息时代,大数据的发展需要信息技术的充分发展以提供技术支撑。目前距大数据概念的提出仅过了不到20年,大数据便出现了超乎想象的进步。大数据已经发展出众多分支,其中交通大数据成为核心分支。大数据作为一种生产要素对社会经济活动产生了巨大影响,对交通领域产生了根本性影响,使得传统的出行方式产生了变革,出现了"互联网+""+互联网"的新业态,并且促进了时空经济研究的发展。把交通经济理论、大数据理论、时空经济理论进行有机整合,有利于促进运输经济学的理论发展。

(三) 互联网出行与供求时空匹配

由于人们的出行时间、出行目的以及出行方式等千差万别,其出行需求大且高度分散,这就要求交通供给方式也要适应不同的出行需求,因此产生了单车等短距离出行工具以及公交车、小汽车等长距离出行工具。随着我国城市化进程的推进,城市交通拥堵问题日益严重,共享交通作为绿色环保的出行方式,对减少私家车使用、缓解交通拥堵起到了重要作用。[2]

随着城市边界的不断扩张,人们出行活动的空间也在不断扩张,这使得人们对交通的要求不断提升。需要关注的是,出行者会将出行分为多个不同形式的出行链,以减少出行成本、提高出行效率。与此同时,出行者将出行分为不同的出行时间和出行方式,使出行过程更加复杂。目前选择不同的出行方式、出行时间与路径组合,已经成为出行者日常活动中必须面对的重要决策。[3]

选择怎样的出行方式与组合已经成为研究出行行为的重点,因为这

---

[1] Gregory D. Space, time, and politics in social theory: An interview with anthony giddens [J]. Environment and Planning D: Society and Space, 1984, 2 (2): 123-132.

[2] Alisoltani N, Leclercq L, Zargayouna M. Can dynamic ride-sharing reduce traffic congestion? [J]. Transportation Research Part B: Methodological, 2021, 145: 212-246.

[3] Yang W Y, Chen H L, Wang W L. The path and time efficiency of residents' trips of different purposes with different travel modes: An empirical study in Guangzhou, China [J]. Journal of Transport Geography, 2020, 88: 102829.

对城市交通结构产生了深远影响,并直接影响到 TDM(Travel Demand Management)和 TCM(Travel Control Measurement)实施的有效性。[1] 有多种因素会影响出行者出行方式的选择,现在人们可以通过交通大数据,在出行时获得更多实时的交通信息,并以此为基础选择最符合当前交通环境的最便捷的出行方式。[2]

在信息技术和互联网的广泛应用下,大数据被广泛运用到交通之中,滴滴出行、共享单车等网络平台在短时间内迅速扩张,并得到市场认可。交通大数据的快速发展,深刻改变了社会时空形态,对交通运输领域产生了重大影响,是共享汽车、共享单车、共享物流等新型共享经济业态出现的根本原因。[3] 以打车软件为例,以往打车者都是在路边拦车,由于无法事前知道双方的精准信息,双方需要付出一定的匹配成本,包括司机搜寻乘客的时间成本以及乘客等待司机的成本。信息不对称带来的是一系列时间精力的损失,往往会出现乘客等待多时仍未遇见空闲出租车,而与此同时其他道路上存在大量空闲出租车的现象,这就造成了社会福利的损失。在信息时代,大数据被运用到打车服务中,仅使用手机,乘客就可以将自身出行需求发布出去,让司机在最短时间内了解到乘客出行需求,极大降低了信息不对称带给乘客的损失。[4] 打车软件不仅基于移动通信,通过定位、邀请、联系、跟踪来帮助化解出租车市场供给和需求存在时空不匹配的矛盾,而且手机一键支付等功能极大简化了出行步骤,出租车供给和需求的时空匹配成本大大降低。[5] 再比如共享单车出行,以往共享单车采取有桩用车方式,由于信息不对称,市场仍然

---

[1] Chen P, Yang X. Revisit employer-based travel demand management: A longitudinal analysis [J]. Transport Policy, 2023, 131: 22-31.
[2] Chen F, Yin Z, Ye Y, et al. Taxi hailing choice behavior and economic benefit analysis of emission reduction based on multi-mode travel big data [J]. Transport Policy, 2020, 97: 73-84.
[3] 荣朝和. 互联网共享出行的物信关系与时空经济分析 [J]. 管理世界, 2018, 34 (4): 101-112.
[4] Wang H, Yang H. Ridesourcing systems: A framework and review [J]. Transportation Research Part B: Methodological, 2019, 129: 122-155.
[5] Mahmoudi M, Zhou X. Finding optimal solutions for vehicle routing problem with pickup and delivery services with time windows: A dynamic programming approach based on state-space-time network representations [J]. Transportation Research Part B: Methodological, 2016, 89: 19-42.

存在车辆供给和需求不对称的现象，而信息时代下对于融入了大数据手段的共享单车出行，其信息完全透明化，用手机可以查询到距离出行者最近的车辆，出行者用手机一键开锁并支付费用，极大节省了出行者出行时间。

互联网出行充分利用了大数据资源，提高了出行供需匹配度，满足了出行者多样化的出行需求，极大方便了出行者。

三　大数据引起广泛关注背景

"这是一场革命，"哈佛大学社会学教授加里·金在谈及大数据时说道，"大数据使我们能够开始量化各个领域的事物，各个领域都将离不开大数据。"① 各种手机 App 的发布标志着大数据成功进军商界，但大数据不仅在商界发展迅速，同样学术界对大数据的研究也在如火如荼地进行。截至 2023 年 6 月，在知网检索中，用"大数据"进行篇名检索，得到的期刊论文已经达到 316728 篇，其中多为研究大数据发展背景、大数据时代面临的挑战等，例如"大数据时代"相关期刊论文高达 36840 篇之多，"大数据环境"相关期刊论文也高达 10610 篇，这些数据说明大数据已经成为学者们研究的重心。

（一）大数据引起国外广泛关注

2008 年，大数据概念被《自然》杂志专刊首次提出。2012 年，由联合国发布的政务白皮书《大数据促发展：挑战与机遇》，对如何使大数据为民所用进行了深刻探讨，并指出大数据时代是世界各国的一个历史机遇。大数据概念提出仅仅不到 20 年的时间，就得到了快速的发展，对世界发展产生了巨大影响。近几年，国外对大数据的应用相对较多，普遍认为大数据会成为一种不可或缺的自然资源，无论是对国家治理能力还是对经济运行机制，抑或对百姓生活方式都产生了重大影响。

学术界对大数据的运用展开研究，而交通大数据是大数据的重要有机组成部分。Mouratidis 等阐述了基于大数据的新兴交通技术、共享经济

---

① Gronle M, Grasso M, Granito E, et al. Open data for open science in Industry 4.0: In-situ monitoring of quality in additive manufacturing [J]. Journal of Quality Technology, 2023, 55 (2): 253-265.

和远程活动之间的相互关联性，并研究了其对建筑环境和出行行为的影响。① Adler 等利用 ICT 数据集，估计个人在不同空间尺度上的流动性，克服信息不对称问题，为航空市场监管机构提出建议。②

（二）大数据引起国内广泛关注

国外大数据正处于高速发展期，从世界范围来讲，我国交通大数据和共享交通的发展还是比较滞后的。目前，交通经济同样是经济热点问题，无论是从需求方面还是从供给方面都备受广大民众关注，由此交通大数据越发成为学者研究的热点，发展交通大数据是党和国家支持交通产业和构建新型交通生态的一项重大科学决策。

2014 年，大数据被首次写入政府工作报告，此后国家相关部门陆续发布了一系列扶持大数据产业的政策，政府数据开放共享、数据流通与交易、利用大数据保障和改善民生等概念深入人心。在党的十九大报告中，习近平同志再次指出发展大数据对于国家建设的重要性，积极推进大数据，升级传统产业，合理使用大数据改善人民生活。2021 年 3 月，国家发布"十四五"规划，其中明确指出未来发展重点为构建全国一体化大数据中心体系。由中国通信标准化协会和中国信通院联合主办的"2023 大数据产业发展大会"发布了"2023 大数据十大关键词"，涵盖支持数据要素价值释放的政策、理念、安全、技术等各个方面，这标志着我国大数据产业已经形成了一个"政策引领、理念先行、技术支撑、安全护航"的良好发展模式。在党的带领下，先进的信息技术被广泛普及，为中国大数据产业发展提供了持续动力。交通大数据作为交通领域和社会经济领域的重要生产要素，其生产和运营具有公益性和商业性的双重属性，政府在交通大数据供给中应发挥基础性作用，在交通大数据供给中起到开放数据、促进竞争的作用。

近年来，我国大数据发展势头良好，学术界对大数据运用的研究势

---

① Mouratidis K, Peters S, van Wee B. Transportation technologies, sharing economy, and te-leactivities: Implications for built environment and travel [J]. Transportation Research Part D: Transport and Environment, 2021, 92: 102716.

② Adler N, Brudner A, Gallotti R, et al. Does big data help answer big questions? The case of airport catchment areas & competition [J]. Transportation Research Part B: Methodological, 2022, 166: 444-467.

头也越发猛烈。陈国青等提出新型的大数据决策范式将激发行为洞察、风险预见和业务模式等方面的创新。① 张文魁指出，数字经济的内生特性为信息产品的非争夺性、信息的边际成本趋零、数字市场在线不在场，大数据成为关键投入品。② 林晓言和罗桑尝试研究交通大数据下时空分析与中国高铁现状的联系，具象化经济时空理论，为我国区域经济社会发展做出奠基性贡献。③

尽管我国在共享交通风险投资、业态创新、消费规模等方面有一定的比较优势，而且在交通大数据和共享交通的理论分析和交通管理政策方面，日本、德国、美国、巴西等国家的学术研究相对超前，为我们的研究积累了大量成果，但考虑到我国在交通大数据和共享交通上出现的许多新现象、新问题、新案例，通过对历史的梳理与成熟案例的比较研究，我们可以找出自身交通大数据发展中存在的问题和政策法规可完善的方向。

四 交通大数据影响显著背景

（一）交通大数据影响显著

2019 年，交通运输部印发《推进综合交通运输大数据发展行动纲要（2020—2025 年）》，提出推动大数据与综合交通运输深度融合，有效构建综合交通大数据中心体系，为加快建设交通强国提供有力支撑。近年来，大数据在交通领域的应用十分普遍，民众也感受到大数据时代下交通的便利性，智能交通、智慧城市等概念的不断普及，彰显了我国已经具有较为成熟的大数据交通运用技术。④ 大数据成为民众出行的有效信息来源，同样也成为政府治理交通的利器，运用大数据有助于出行者了解城市中的交通拥挤路段，有助于交警排查拥堵路段，提前做好排

---

① 陈国青，曾大军，卫强等．大数据环境下的决策范式转变与使能创新［J］．管理世界，2020，36（2）：95-105+220．
② 张文魁．数字经济的内生特性与产业组织［J］．管理世界，2022，38（7）：79-90．
③ 林晓言，罗桑．知识流空间与高速铁路［J］．吉首大学学报（社会科学版），2017，38（3）：51-58．
④ 赵光辉．大数据与交通融合发展的特点与展望［J］．宏观经济管理，2018（8）：60-67．

堵措施。① 同时，大数据的运用使得手机使用更加便捷，衍生了新的消费模式，促进了消费需求的提升。②

交通大数据为解决交通中存在的问题，建设美好城市提供了新的解决方案。大数据记录人们出行时间、路途、交通工具，可以呈现实时交通状况，带给出行者实时出行信息，以便出行者做出更加正确的选择。同时交通大数据可以预测未来路段状况，便于提前做出解决方案。大数据的运用缓解了交通堵塞，改善了交通服务，促进了城市更好更快发展。目前，交通大数据对民生的改善主要有以下几个方面。

首先，在交通拥堵方面。大数据在交通领域的最广泛运用就是优化交通路线，避免交通拥堵。交通管理部门通过摄像机等一系列监控工具，获取某路段实时交通流、实时交通事故、路面状况以及拥堵状况等信息，同时配合天气数据对拥堵道路进行合理疏通。③

其次，在预防交通事故方面。随着我国经济的持续增长、交通运输结构的不断调整、居民出行需求的不断增加、对物流时效性等的要求不断提高，交通事故频发使得道路安全成为国民关注的重点。在交通出行中，除了驾驶员技能和车辆性能，交通环境、道路条件等因素的不良变化也会导致交通事故的发生。大数据可以实时提供信息，根据实时采集的道路环境以及道路通行状况等信息，经过数据分析来预判出行者出行路径是否合理，并及时反馈给出行者。④ 此外，输入出行者的出发地和目的地，系统会自动依据实时路况信息及天气状况，向司机提供最佳出行路线建议。

最后，在共享出行方面。随着我国城市化进程的推进，城市交通拥堵问题日益严重，共享单车已经成为人们生活必不可少的、解决出行

---

① Barmpounakis E, Geroliminis N. On the new era of urban traffic monitoring with massive drone data: The pNEUMA large-scale field experiment [J]. Transportation Research Part C: Emerging Technologies, 2020, 111: 50-71.

② 宋思源，刘玉奇. 数字经济助力消费市场高质量发展：逻辑机制与创新路径 [J]. 经济体制改革，2022（4）：22-27.

③ Hensher D A. Tackling road congestion—What might it look like in the future under a collaborative and connected mobility model? [J]. Transport Policy, 2018, 66: A1-A8.

④ Yang B Y, Tian Y, Wang J, et al. How to improve urban transportation planning in big data era? A practice in the study of traffic analysis zone delineation [J]. Transport Policy, 2022, 127: 1-14.

"最后一公里"问题的绿色环保出行方式,对促进公共交通发展和减少私家车使用起到了重要作用。在交通大数据的催化作用下,以共享客运、共享货运、共享物流等为重要对象的新型交通运输方式不断涌现,共享汽车、共享单车等新型商业模式得以创新,铁路、公路、民航、水运等领域也深受交通大数据的影响。

(二) 互联网共享出行发展现状

我国共享出行的类型包括网约车、私人小客车合乘、分时租赁、共享电动助力车以及共享单车。网约车和私人小客车合乘需要司机配合出行,主要采取的是 C2C 模式,而分时租赁、共享电动助力车以及共享单车不需要司机,因而采取 B2C 模式。

2010 年 5 月,易到用车成立;2016 年 3 月,滴滴出行日订单突破 1000 万。这些里程碑般的事件记录着我国共享出行发展的每一步。中国网约车市场经历了市场竞争和业务创新、市场整合发展、市场监管、智能化绿色化发展等阶段。第 53 次《中国互联网络发展状况统计报告》显示,截至 2023 年底,我国网约车用户规模达 5.28 亿人,占网民整体的 48.3%。

(三) 交通大数据促进交通运输结构优化

交通大数据对促进交通运输结构优化、推进交通运输供给侧结构性改革、创新客货运及物流商业模式、有效提升交通物流领域的效率效益,起到了十分重要的作用。

产品-资源-网络经济(PRN)理论是交通运输经济研究的基础框架,因此可以以此为基础进行交通大数据的发展研究,具体内容包括完整运输产品、交通运输资源和运输网络结构等概念。[1]

首先探究完整运输产品的概念。运输产品的完整性是从需求的角度分析运输产品的首要内容。运输产品的完整性是指产品根据客户需求,实现由起始点至最终目的地的位移服务。如果服务的位移没有完成,即乘客或者货物没有到达目的地,那么就没能实现运输最原始的目标。完整的运输产品应是完成了最终的位移,由此可见,运输产品应该是完整的,因为运输产品本身具有完整性。在当前阶段,运输行业已经不再是

---

[1] 荣朝和. 关于运输经济研究基础性分析框架的思考 [J]. 北京交通大学学报(社会科学版),2009,8(2):1-9.

单一运输方式的自我发展，不同运输企业之间已逐渐实现相容共赢的交通联运合作。① 从以上角度来看，为客户提供更完整、更优质的运输产品和服务是交通运输业发展的本质内容。

匡旭娟和荣朝和的《快递企业与专业运输企业合作战略的稳定性分析》② 以及荣朝和的《试论精益生产对提高铁路运输效率的作用》③ 两篇文章清晰呈现了理解完整运输产品概念的全新视角。第一步是对典型的完整运输产品"快递行业"进行假设。在服务合同中，需要明确交接时间、交货时间等内容以保证物品完整性。第二步是假设在生产中精益生产更加有效率，那么即时生产（JIT）便是观察在精益生产过程中的合约要点。"只有在需要的时候才生产所需的产品"是 JIT 的基本思想，此生产系统主要是追求库存最少甚至没有库存。通过这两篇文章对完整运输产品概念的清晰呈现，我们发现如果一个完整的运输产品要避免"引而不用"的问题，需要有一个操作标准。JIT 标准是"完整性"的更详细的内涵。通俗地讲，运输产品的完整性体现为能够在设定时间和设定位置满足消费者的需求，并因此得到一定数量（质量）的运输产品或服务。一个完整的运输产品应能满足在需要的时间与地点随时随地使用，与每个家庭接入的自来水系统一样。

运输产品完整性的概念，为研究 JIT 的经济学内涵提供了产业经济学的分析视角。在运输产品完整性的概念框架中，加入 JIT 的运输经济学研究思想，产业经济学基于此构建了时间-空间的基础分析框架。

其次研究交通运输资源的概念。荣朝和在交通运输资源定义的基础上，对交通资源进行了深入的讨论。④ 无论交通资源水平高低，人们关注的都是资源的稀缺性。研究交通运输资源的全新路径有两个。路径一是研究如何配置与使用交通基础设施和运输工具。资源的使用效率由配

---

① Chan H K, Dai J, Wang X, et al. Logistics and supply chain innovation in the context of the Belt and Road Initiative (BRI) [J]. Transportation Research Part E: Logistics and Transportation Review, 2019, 132: 51-56.

② 匡旭娟, 荣朝和. 快递企业与专业运输企业合作战略的稳定性分析 [J]. 交通运输系统工程与信息, 2008, 8 (5): 21-25.

③ 荣朝和. 试论精益生产对提高铁路运输效率的作用 [J]. 铁道学报, 2008, 30 (4): 11-15.

④ 荣朝和. 重视基于交通运输资源的运输经济分析 [J]. 北京交通大学学报（社会科学版），2006 (4): 1-7.

置产权和界定权力决定。路径二是对时刻表进行深入思考,以往的学者认为运输过程可以由资产的专用性、产权的界定来解释,但是如何解释以时刻表为例的交通资源配置便成了问题。因为时间的分配问题无法通过经济学的生产函数来衡量。"排队问题"是巴泽尔的研究重点,在现实的运输过程中,存在大量非市场资源配置问题。在现实世界中,等待时间的实际配置形成了排队问题,这便是时刻表的问题所在。在所有非市场的资源配置中,"排队"是最重要的配置方法。

最后分析运输网络结构的概念。只有存在一个物质实体并重组信息与物质,才能形成物理连接,而枢纽功能是交通运输中最为集中的功能;运输过程中的物质流以科学合理的方式进行排队后的先后处理,才能形成逻辑连接;物理连接与逻辑连接通过提供生产的制度结构最终形成组织。在许多文献中,各学者尝试将网络经济特征概括为一个更简单的模型。①

理解运输经济的基础是产品-资源-网络经济分析框架。通过上述分析,可以进一步将此框架细化为"运输产品-枢纽组织-网络结构"的分析框架。运输产品和网络结构的完整性共同形成了运输经济研究的重要基础。由于运输资源的稀缺性和最大利润难以测算,运输资源存在处理困难的问题。网络型基础设施作为网络结构的重要部分,同样被纳入此分析框架中。② "枢纽化"作为网络结构的主要特征,不仅仅是技术上的概念,同样也包含经济组织的重要内涵。③ 经济-节约有着使用效率的内涵;组织有着时间-空间最优均衡的内涵。从运输经济的研究视角来看,"枢纽"是轴辐结构的重要环节;人类社会中的多种行为也有"枢纽"的不同体现。人们能通过和一群人接触从而了解到另一群人,人际的"枢纽"便形成于相互认识最多人的"交通"中。企业组织的高层领导

---

① Jackson M O, Rogers B W, Zenou Y. The economic consequences of social-network structure [J]. Journal of Economic Literature, 2017, 55 (1): 49-95.
② Merkert R, Bushell J, Beck M J. Collaboration as a Service (CaaS) to fully integrate public transportation—Lessons from long distance travel to reimagine mobility as a service [J]. Transportation Research Part A: Policy and Practice, 2020, 131: 267-282.
③ Bombelli A, Santos B F, Tavasszy L. Analysis of the air cargo transport network using a complex network theory perspective [J]. Transportation Research Part E: Logistics and Transportation Review, 2020, 138: 101959.

也是通过以自己为"枢纽",协调不同端点的下属关系。

即使我们假设空间是均匀的,依旧会形成以轴辐结构为特征的交通运输网络结构。小的轴辐结构还会根据分形理论嵌入大的轴辐结构中,这种决策优化是人类社会组织行为中必须面临的问题。

第二节 基本概念与研究范围

一 概念界定

(一)大数据(Big Data)

事实上,"大数据"这一词在20世纪80年代就已出现。一篇发表于2008年《自然》杂志的文章"Big data: Wikiomics",首次提出了"大数据"的概念。2011年《科学》杂志的专刊深入讨论了如何通过数据资产推动人类社会的进步。2012年,随着大数据浪潮的掀起,美国试图开拓获取知识的大数据技术,开启了"大数据研究和发展计划"。2015年,中国国务院基于全球迅猛发展的大数据以及各个领域对大数据广泛应用的现状,发布《促进大数据发展行动纲要》,提出了大数据发展的未来规划,我国应着力提升大数据的共享速度与管理水平。《促进大数据发展行动纲要》的发布,意味着我国大数据产业迎来顶层设计,其中明确指出:信息技术与经济社会的交汇融合引发了数据迅猛增长,数据已成为国家基础性战略资源,大数据正日益对全球生产、流通、分配、消费活动以及经济运行机制、社会生活方式和国家治理能力产生重要影响。

时至今日,一门名为大数据的新兴综合性学科逐渐诞生。对于"大数据"的概念与内涵,人们通常将数据的集合看作"大数据",因为这些数据具有数据体量大、类型多、产生速度快和价值含量高等鲜明特征。

对于"大数据",不同的机构给出了不同的定义。①研究机构Gartner提出,"大数据"需要适应海量、高增长率和多样化的信息资产,因此需要增强决策力、洞察发现力和流程优化能力。②麦肯锡则提出大数据作为一种数据集合,涉及获取、存储、管理和分析等方面,因此具有规模大的特点,其规模远超传统数据库软件,并且具备数据规模海量化、数据流转快速、数据类型多样和价值密度低量化这四大特征。③维基百科表示,"大数据"是一种资讯,具有信息量巨大的特征,且目前主流工具无法在短时间内完成资讯的撷取、管理、处理等工作,并形成帮助企业经营决策的信息资料。

不管是上面的哪一种定义,我们可以发现,大数据不是一种新的技术,更不是一种新的产品。它如同"海量数据"这一概念一样,只是数据化时代发展过程中的一种现象。

(二) 时空的概念

1. 时间

时间是在一切的社会科学和自然科学领域中,一个非常重要的元问题。荣朝和教授认为,时间在经济学中并不是一种纯自然的范畴,而是一种经济范畴与社会存在。[①] 随着科技的进步和人类社会的发展,时间概念的内涵也在不断演进。时间已经成为人们认识世界、感知世界的一种方式,而不单纯是人类认识的对象。随着人们时间观念的改变,人们认知世界的方式也发生改变。特别是在经济学的研究范畴中,时间已经成为经济学快速发展的基础性引线,因此马歇尔认为每一经济问题的核心困难都是时间。因此经济学需要界定具有自身学科特色的时间概念。在古典经济学中,经济学家更加关注研究问题的差异性,从而构建时间概念的差异性,例如流通时间、劳动时间、生产时间以及短期、长期和周期概念等。

在自然科学中,时间被用来描述物体或者系统的运动。通过自然科学的概念进行延伸,在经济学中,时间同样可以描述经济主体的活动或者经济系统的变化。在经济学逻辑框架中,时间的属性应该与理论体系相结合。因为经济模型中的基本分析单位和经济过程中的典型分析周期需要呈对应关系,所以这个模型的时间框架由其背景时间的尺度决定。通过各经济学家的长期探索与研究,时间分析范式逐渐经历了古典经济学、新古典经济学、新制度经济学的演化。

经济学分析框架中所涉及的时间分析类型繁多,不像其他任何学科领域的时间概念相对统一。为更清晰地明确经济学研究中的时间背景和

---

① 荣朝和. 关于经济学时间概念及经济时空分析框架的思考 [J]. 北京交通大学学报(社会科学版), 2016, 15 (3): 1-15.

第一章　研究概述

时空分析框架，本书将根据偶对特征和使用场合的偶对性对相关的时间概念进行梳理整合。

（1）历史时间和逻辑时间

历史时间强调一个具体的日期，比如某一特定时间（某年某月某日）发生了什么事件，并且历史时间不能具有重复性；而逻辑时间则是依据因果关系来描述事件的先后顺序，因此并不刻意强调具体时间。

（2）真实时间和比较时间

和历史时间存在相似之处的是，真实时间也是用来描述具体的日期或时点，并且用它来明确定义或界定"过去""现在""未来"的概念；与之相比，比较时间对具体的时刻并不在意，只需要确定某一事件在时间上是"之前""同时"还是"之后"即可，但是和逻辑时间的不同之处在于，因果关系并不是比较时间研究的重点。

（3）自然时间和人类时间

自然与宇宙的存在远远长于人类的诞生与历史演进。因此，自然与宇宙运动时间独立于人类而存在；人们所定义的时间概念和规则，更多的是满足自身生产生活等需求。人类根据自身需求定义时间概念并利用自然时间，但自然世界的时间并未因人类对时间的定义而有所改变。自然与宇宙的运动规律具有客观性，不随人的主观意志而改变。

（4）客观时间和主观时间

客观时间是世界运转的时间，它不受人们的主观意愿影响；主观时间概念的提出是源于人们为了更好地认识和利用客观时间的现实需求。客观时间的概念可以借助主观认识来理解，而主观时间应保持与客观时间的统一性，否则将造成由主观时间所表现的客观时间存在差异的问题。

（5）本地时间和标准时间

本地时间和标准时间都源于人类为满足自身的生产生活而产生的时间概念。人们的生产生活一般是依据自己所在地的本地时间，但如果人们的生产生活涉及两个或多个不同地点，就需要利用标准时间解决不同地点之间的时差问题。

（6）绝对时间和相对时间

绝对时间不受观察者的位置、角度和运动状态等因素的影响，是完全独立运转的时间概念；而相对时间则会随着观察者所处的位置、角度与运动状态的变动而变动。因此与物理学相似，在社会经济生活中也存在绝对、相对相区别的时间概念。

（7）基数时间和序数时间

经济学中对于效用的刻画有基数和序数这两种视角，因此经济分析中也可以从这两个视角出发，产生基数和序数的时间概念。其中，基数时间将时间定义为匀质、标量，数量上存在差别但是质的层面上没有差异，因此时间具有可逆性、可重复性以及可累加性；但是序数时间将时间定义为非匀质，因此时间只能进行比较，具有不可逆性、不可重复性以及不可累加性。在基数时间和序数时间概念界定下，时间价值也可对应分为基数时间价值和序数时间价值，前者可以被度量和累加，而后者只能进行比较且客观上计算困难。

（8）连续时间和离散时间

在热力学和历史学的学科领域中，通常序数时间代表的是连续时间，具有不可逆性、不可重复性和不可中止性的特征。然而，我们在分析时间的过程中，同样可以运用离散时间的分析方法，将时间过程进行分解。而离散时间可分为点离散与期间离散，因此在离散时间分析中，不同时点和时段之间可以存在嵌套与交叉的关系。

（9）线性时间和循环时间

柯文尼曾提出，具体时间具有线性，因此人不可能两次经历同样的时刻。[①] 但如果换个角度来看，人们在每日生活中具有相同的作息时间，那么时间在某种程度上会在每天或在周期内呈现循环与重复。

（10）统一时间和差异时间

我们将统一时间定义为对所有相关主体都没有差别的时间过程；将差异时间定义为不同主体相互间存在显著差异的特定时段。

（11）个人时间和社会时间

每一个个体可以根据不同的生活节奏与特性制定不同的时间规划。每一个个体的生活节奏与时间规划由人类独有的社会性决定，而这同时构成了社会的生活节奏与时间规划。个人时间又对社会时间产生影响，

---

① 〔英〕彼得·柯文尼，罗杰·海菲尔德. 时间之箭——揭开时间最大奥秘之科学旅程[M]. 江涛，向守平译. 湖南科学技术出版社，1995.

甚至有决定性作用。一方面，个人时间需要服从社会时间，并与之相适应；另一方面，众多个人时间在长期发展过程中逐步汇聚，最终形成了社会时间。

了解和认识以上具有偶对性的时间概念，让我们能相对准确地把握具体经济分析过程中所需要的时间视角，并明确解释了具体经济活动的不同时间背景。

2. 空间

唯一性、稀缺性是经济活动的空间存在特征，不同时期的经济学家都为如何将空间因素归入经济学的分析框架做出了努力并取得了成效。从古典经济学到现代经济学，空间因素都是研究经济现象的重要因素之一。在不同的地理空间中，经济空间具有不均衡性的特征。[1] 为了达到促进区域经济均衡增长的目的，经济学家需要针对这种不均衡的特征，从经济学分析的角度得出施行不同政策的理论依据。

如何有效配置稀缺资源是经济学研究的重点，传统的主流经济学在规模收益不变或递减与完全竞争的市场框架下考察资源的配置问题。空间属性是经济学研究中要素资源、市场、区域等研究对象不可忽视的问题，而空间往往具有稀缺性的特征，因此如果在经济学考察中忽略了空间因素，就不能从中体现资源配置的完整性。经济要素、主体、经济活动及其形成的集聚所具有的空间，便是经济学中的空间概念。

空间属性是每一种经济活动的参与者无法避免的属性，因此对于空间属性的深入分析将能够更接近人们的现实生活。那么空间属性究竟包含哪些内容呢？第一点便是空间的位置性。每一种经济要素、主体以及活动都会占有一定的空间位置，且具有垄断性、唯一性和稀缺性的特征。如何将空间要素引入经济学分析框架，便是传统古典经济学研究的难点所在，也即难以将真实位置所具有的垄断性、唯一性和稀缺性引入一个恰当的模型，并从中解决规模收益递增的市场结构问题。第二点是空间的差异性。空间属性由不同个体之间的比较来定义。每个个体都会有属于自身的特性，而空间差异性便体现在每个个体之间。从一个国家或城

---

[1] Popovich N, Spurlock C A, Needell Z, et al. A methodology to develop a geospatial transportation typology [J]. Journal of Transport Geography, 2021, 93: 103061.

市到一个村庄，体现着空间的属性。第三点是空间的距离性。由于每个人的空间位置不同，距离应该不同。距离是运输过程中的重要因素。因此，产品流转和货物的跨境贸易，需要消除产品生产地和目的地之间的距离。第四点是空间的势能性。如果市场规模扩大到一定水平或者经济集聚在一个特定的空间区域，那么必然会有供给与需求的相互影响作用存在于空间区域之中，这体现为经济活动的空间相关性与溢出效应。

我们还需要将关于时间和空间的研究相统一，从而将时空分析运用到经济学的研究中。在相对论中，时间和空间联系紧密，互为因果关系，而经济活动中的时空也存在相互转化关系，时间、空间及活动之间的关系密不可分。而在一定的条件下，如果经济时空发生变形，那么我们需要系统地认知时空关系。经济学应该通过改变相对论中的时空视角来整合观察和分析世界的概念和方法，同时我们需要利用经济分析中的空间，并从新的视角重新审视经济世界，寻求使用新的经济分析框架来更好地理解和解释它。

（三）时空经济

时空经济是以时间和空间为基础的经济学。时空经济的运动包含着矛盾，通过矛盾推动时空经济的发展，时空关系或时空结构是社会经济研究不可忽视的重要内容。荣朝和提出，利用时间价值分析的方法可以帮助人们认识时序世界和时变世界，避免因时间延误造成损失。[①]

荣朝和指出，在客货运输过程中，由于节约时间或延误的存在，时间会改变相关主体的机会收入和机会成本，若能将时间变为可控因素，将会对客货运输产生影响，避免较大的损失。另外，企业通过内外部治理手段可以控制时空关系，进而影响其经济活动。[②] 他还指出，人们不但能够对时间延迟所带来的损失进行控制，还能够对时间延迟所带来的风险进行有效的控制。而在经济学中引入空间的概念则更符合现实的经济情况。引入空间维度，可以更加详细地解释专业化分工与贸易的问题，阐释新古典经济学没有考虑空间因素所具有的困境以及交通运输与经济

---

① 荣朝和. 论时空分析在经济研究中的基础性作用 [J]. 北京交通大学学报（社会科学版），2014, 13 (4): 1-11.
② 荣朝和. 交通-物流时间价值及其在经济时空分析中的作用 [J]. 经济研究，2011, 46 (8): 133-146.

发展的关系。① 时空分析方法在经济学研究中发挥着重要的作用。利用时间价值分析方法，能够帮助我们找到随着时间变化的世界规律，减少因时间消耗而造成的延误损失，从而促使我们更多地关注时间的变化，更好地应对灾难。在经济学中引入时空分析具有十分重要的现实意义。对经济现象进行多个视角的综合分析，在研究问题的时候考虑到时间和空间的因素，采用时空相结合的分析方法，可以放宽"理性经济人"这个过分苛刻的假定，并将经济学的研究从具体的时间点转移到真实的经济活动中，将研究的重点放在实际的经济问题上。②

中国的时空经济研究已持续20多年，最初是以马克思的时空经济学为基础的③，现在则以社会时空理论为基础，该理论在交通经济学领域得到广泛应用和普及。④ 时空经济理论自诞生以来一直在不断发展，以时空经济分析框架为例，2011年只有时间价值、时间距离、可达性和时空协调等概念⑤，到2016年又增加了时空转换、时空成本函数、时空需求、梯度理论等概念⑥，到2017年又用多元、动态的时间概念代替新古典经济学下的绝对、匀质和静态时间概念。时空转换被用来改变新古典主义经济学的时空观，在宏微观和长短期之外增加即期、现场等尺度，由静态均衡时点变为时空过程，时空结构是在固定的时间和空间内交换或影响信息的多层次特定领域。其消除了对完全理性的过度依赖，强调特殊分析，注重社会和经济情景⑦，进而增加了"匹配"和"物信关系"概念⑧。

---

① 赵坚. 引入空间维度的经济学分析——新古典经济学理论批判 [J]. 中国工业经济, 2009 (7)：130-141.
② 荣朝和. 关于经济学时间概念及经济时空分析框架的思考 [J]. 北京交通大学学报（社会科学版），2016，15 (3)：1-15.
③ 周扬明. 经济时间的考察与研究 [J]. 山西师大学报（社会科学版），2000，27 (1)：21-26.
④ 荣朝和. 经济时空分析——基础框架及其应用 [M]. 经济科学出版社，2017.
⑤ 荣朝和. 交通-物流时间价值及其在经济时空分析中的作用 [J]. 经济研究，2011，46 (8)：133-146.
⑥ 荣朝和. 关于经济学时间概念及经济时空分析框架的思考 [J]. 北京交通大学学报（社会科学版），2016，15 (3)：1-15.
⑦ 荣朝和. 关于经济学时间概念及经济时空分析框架的思考 [J]. 北京交通大学学报（社会科学版），2016，15 (3)：1-15.
⑧ 荣朝和，韩舒怡，闫申等. 关于匹配概念及其时空经济分析框架的思考 [J]. 北京交通大学学报（社会科学版），2017，16 (2)：12-21.

运用时空经济理论可以解释新古典经济学无法解释的一些经济现象，可以丰富经济理论研究的视角，得出新的结论。时空经济理论的概况如表1-2所示。

表1-2 时空经济理论的概况

时空经济理论		
假设	趋利避害	
分析范式	基于相对论	
时间	相对时间	即期时段
		动态均衡
	不确定性	
空间	内生	

资料来源：荣朝和. 经济时空分析——基础框架及其应用 [M]. 经济科学出版社，2017。

在现实经济活动中，匹配过程几乎无处不在，匹配成本和匹配效率既是经济学研究过程中的重要问题，也是社会经济系统的重要组成部分。由于传统经济学无法建立必要的时空分析框架，而匹配过程必须克服特定的时空障碍，因此导致经济学对匹配概念和匹配问题关注不够。一旦时间和空间在经济学研究中占据足够的视角，匹配的意义当然应该突出。

匹配需求和行为的出现，是人类为适应环境变化和社会化的必然要求和具体表现，匹配行为不仅要与具体的地理位置相关联，而且要与其所处的自然、社会环境相适应，还需要与其所处的社会、经济环境发生互动。同样，匹配也是一种过程，而匹配的成败取决于具体的时点。匹配筛选过程一般有一定的时效性，同时也能对匹配的稳定性、持续性等进行实时度量。所以，要想对其进行更深层次的理解，就必须建立时空框架。

经济时空场域是指在一定的时间和空间尺度下形成的一种经济关系。它是指在一定空间和时间上，人与人之间进行物质、信息和价值的交流，以及对人的作用和影响的具体方式。要达到两者之间的匹配，除个体的特点与能力之外，还要受到环境中各种因素的制约。当对应点远离时，场效及影响会逐渐减弱，边界处为场效终止点。

匹配在特定的时空环境和条件下进行。早期的人类只能在很短的时间和很小的空间内进行收集和狩猎，几乎没有匹配的机会。农业社会的交通与通信落后，人们的匹配范围也被大幅度限制。工业时代的交通革命给人类社会的时空结构带来了巨大的变化，各种各样的配套条件也得到了大幅度的改善，包括社会经济信息化程度和对物理存在的依赖程度，由运输和通信技术决定的可达性水平在匹配中起着重要的作用。①

人际互动交流只存在于某些时空场景中，相关主体可以相互了解并相互影响。关于早期人类及其活动的各种身体和社会特征的信息，基本上与特定的地理位置和时间背景密不可分。由于当时大多数的匹配方式是以面对面交流为主，时空场域较为狭窄，匹配过程较为简单，虽然能成功匹配的机会很小，但是匹配过程的信用风险较低，具备较高的可信度。

技术进步使得人们的社会和经济活动所依赖的某些时间和空间限制被打破，并不断改善人类匹配的时间和空间条件。随着交通的不断发展，人与货的位移极大地改变了经济区位，匹配和交易的时空范围得到极大程度的扩大。② 通信技术，尤其是移动互联技术的快速发展使得经济活动中的实体与信息发生革命性变化，信息现在传播得越来越快，市场结构因此发生了极大变化。③

交通信息化减少了人与人之间沟通的时空限制，使得匹配需求大大增加，而匹配效率也得到极大提升。与此同时，匹配活动也得到极大程度的发展，市场中出现大量可提高匹配效率的中介服务，中介组织不断发展并逐渐成为最重要的现代市场参与者之一，如目前基于互联网出现的共享出行平台高速发展，极大地改变了传统市场格局。④

相较于传统模式，现代社会的匹配过程更加简单，同时匹配的机会也大大增加。然而，随着信息传输的距离越来越远，信息处理的链接也越来越多，从而也伴随信息失真和匹配的不确定性，存在不匹配甚至欺骗性恶意匹配的风险。在现今经济活动实体与交易信息的时空场域不断

---

① Li Y, Liu Y, Xie J. A path-based equilibrium model for ridesharing matching [J]. Transportation Research Part B: Methodological, 2020, 138: 373-405.

② Ziliaskopoulos A K, Waller S T. An internet-based geographic information system that integrates data, models and users for transportation applications [J]. Transportation Research Part C: Emerging Technologies, 2000, 8 (1-6): 427-444.

③ 荣朝和. 经济时空分析——基础框架及其应用 [M]. 经济科学出版社, 2017.

④ 荣朝和. 互联网共享出行的物信关系与时空经济分析 [J]. 管理世界, 2018, 34 (4): 101-112.

分离的背景下，如何优化匹配机制以提高匹配成功程度与匹配效率是非常值得关注的问题，而问题的核心在于相关信息的真实性。

时空分析框架提出了互动的在场可得性（presence availability）概念，即人们在匹配过程中对共同在场（co-presence）的最低需求，这是人们在匹配过程中虽然可以突破一定的时空距离限制，但是为保证信息的真实性与信用有效性而出现的本质需求。[①] 例如，在现实生活中，人们仍然需要会面、签名、记录和录像，并建立抵押担保系统以确保可靠性。换句话说，为了提高匹配效率并保持等价物的可用性，即使对象不存在，也有必要依赖各种技术、组织和制度方法来实现。

（四）时空大数据

当人们探索宇宙时，他们收到的信息范围从局部地面、地球表面和地球的各层逐渐转向地球内外的整个区域，从最初的二维平面空间基准演变为 3D 平面空间基准，然后演变为反映空间对象时空分布的 4D 平面空间基准。时空数据是指具有时间成分并且不断变化的空间数据。这些时空数据包括所有类型的空间分布特征，如数字、文字、图形、形状、纹理等清晰的空间分布特征，具有内部连接和世界环境特征的统一性。人类生活中所产生的数据约有 80% 与时空位置有关。

时空大数据，顾名思义是将时空信息和大数据相结合，是指与时空位置相关的一类大数据，包括时间、空间、专题属性三维信息。当今社会中，带有时间标志和位置标签的数据在人们的日常生活中十分常见，具有多源、海量、更新快速的综合特点。当今的大数据流分为五类：医疗保健、零售、公共领域、制造业和个人位置。它们都是地域性的，对时间很敏感。

考虑到空间对象和空间现象的特点，时空数据从时间、空间和属性三个方面展示了动力学、语义和动态协调的复杂性，具体如下。

时空数据包括对象、过程和事件在空间、时间和意义方面的关系。

时空数据的特点是时变、空变、动态、多维演化与转换，这些是可测量的基于对象、过程和事件的时空变化。而这些转换过程被描述为事

---

① 荣朝和，韩舒怡，闫申等.关于匹配概念及其时空经济分析框架的思考［J］.北京交通大学学报（社会科学版），2017，16（2）：12-21.

件，是可以动态关联空间大数据的模型。

时空数据存在尺度特征，可以决定时空大数据关系的尺度选择机制，同时可以进行大数据的多层次相关分析。

时空数据的时空变化以多尺度、多维、动态的关联为特征。关联约束可按任务分类分级，并且可以创建面向任务的关联约束选择机制、重建和更新机制，可以根据关联约束之间的关系为关联约束创建面向任务的启发式方法。

时空数据以时间和空间为特征。参考时空相关性的约束，创建情景模型，使特定阶段的情况越来越多地被检测、理解和预测，实时觉察，以理解和预测空间大数据事件为目的，研究空间大数据事件行为的本体建模和规则库构建，为"空间大数据事件"的模式挖掘和主动预警提供知识保障。

（五）商业模式

商业模式不仅仅是组织创造价值的主要引擎，也是组织的主要业务模型，即商业模式是组织进出口业务所有流程的基本逻辑，也是创业活动组织的基础和计划。

商业模式的关键要素是什么？这些要素的主要关系是什么？在研究动态方面，早期研究提出了一种表示模型。如图 1-1（a）所示，该模型是一个由 10 个基本要素组成的系统，对图 1-1（b）所示模型的研究显示了 Johnson 等提出的模型，该模型浓缩了各要素，将商业模式的基础分为四个部分。[1] 与以前的研究相比，该模型极大地完善了抽象概念。

（六）交易成本

交易成本理论是由 Coase 提出的。[2] 他指出交易成本是"通过价格机制组织生产的、最明显的成本"、"市场上发生的每一笔交易的谈判和签约的费用"及利用价格机制的其他方面的成本。交易成本（transaction cost）又称交易费用，是发生在特定时空框架内的。交通大数据、交通大数据载体及技术手段的演进必然会对交易成本尤其是交通运输业交易活

---

[1] Johnson M W, Christensen C M, Kagérmann H. Reinventing your business model [J]. Harvard Business Review, 2008, 86 (11): 50-59.

[2] Coase R H. The nature of the firm [J]. Economica, 1937, 4 (16): 386-405.

动的成本产生重大影响。①

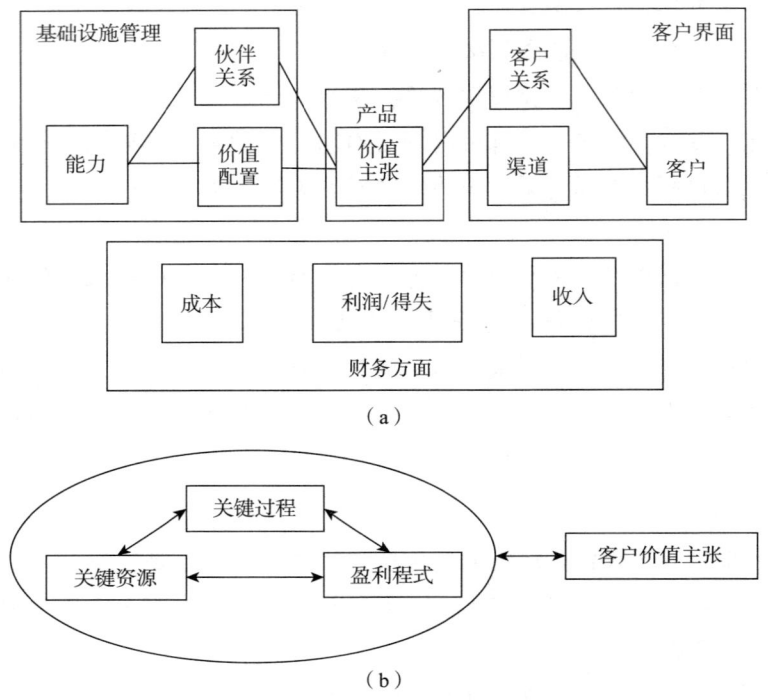

(a)

(b)

图1-1 两个有代表性的一般商业模式理论模型

二 研究范围

首先，本书从运输经济学、交通经济理论、大数据理论和匹配理论的综合基础理论角度出发，将交通大数据与时空经济及其在交通运输领域中的作用机理提炼出来，同时结合交通大数据和特定运输方式自身的特点，找出二者之间的内在联系。通过时空大数据独特的时间和空间维度，为交通大数据的分析和应用提供了新的视角和方法。在时空经济、时空交通经济指导下，本书从大数据及其新业态、交通大数据及交通新业态、交通经济及不同交通领域大数据应用三个方面进行相应的文献综

---

① Govindan K, Cheng T C E, Mishra N, et al. Big data analytics and application for logistics and supply chain management [J]. Transportation Research Part E: Logistics and Transportation Review, 2018, 114: 343-349.

述，探索大数据尤其是交通大数据对交通时空经济形态的重构作用，并通过构建理论分析模型，分析交通大数据对经济、社会、政治等各个领域产生的深远影响和相互作用的内在逻辑。与此同时，进一步分析时空可达模型、区域空间模型、物信关系模型等，深度描述交通大数据所带来的时空转换力、时空竞争力提升所产生的潜在区位影响和经济效益。需要说明的是，交通大数据引起的时空经济改变会引起社会生产方式和交易方式的改变，通过理论解析和模型构建，以及相应的指标体系进行进一步的对比分析，本书可以充分地阐释交通大数据带来的时空经济影响。

其次，基于交通大数据自身特点的分析可以发现，交通大数据需要通过时空匹配才能发挥作用，也就是说，交通大数据与现代移动互联技术相结合，在资本催化作用下产生了时空匹配的重大改变，出现了同步同场、同步异场、异步同场、异步异场等时空匹配方式的变化（见表1-3），这会对交通领域的交易效率、生产效率产生重大影响。在交易效率方面，交通大数据将各类交通信息大批量聚集，为需求方提供了更多更专业的选择，降低了搜寻成本，形成了规模经济，产生了产业链外溢效应，节省了供给方获取市场反馈信息的成本，使交易效率提高。[①] 在生产效率方面，交通大数据带给传统交通行业的最重要的要素就是技术。技术变革会使人们进入大数据时代。而交通大数据的生产效率，则可以理解为客货运的技术要素投入产出效率，即技术效率的提升和改变。

表1-3 时间与空间匹配

项目		交流的空间要求与限制	
		同场	异场
交流的时间要求与限制	同步	A 同步物理到场：面对面谈话、会议交流	B 同步虚拟到场：电话、电话会议、手机
	异步	C 异步物理到场：留言条、留言板、留言电话	D 异步虚拟到场：信件、印刷品、电报、互联网邮件、短信、微信、异地播放录像

资料来源：Harvey A S, Macnab P A. Who's up? Global interpersonal temporal accessibility [A]// Janelle D G, Hodge D C. Information, Place, and Cyberspace: Issues in Accessibility (Advances in Spatial Science) [M]. Springer, Berlin, Heidelberg, 2022.

---

① 荣朝和. 互联网共享出行的物信关系与时空经济分析 [J]. 管理世界, 2018, 34 (4): 101-112.

再次，本书通过对交通大数据在交通运输领域不同具体对象中的应用梳理，归纳交通大数据在城市交通领域（共享汽车、共享单车、新能源汽车等）、城市对外交通领域（高速铁路、普通铁路、民航、公路、水运等）中的具体应用，就客货主体、交易创新、政府监管等进行相应的分析。毫无疑问，交通大数据在与风险资本、移动互联技术、客货运输及物流增值需求等的时空耦合过程中，既会产生较高的交易效率和生产效率，也会出现垄断、恶性竞争以及实验经济学中分析的非理性选择行为，从而需要进行必要的市场监管和反垄断措施。

最后，本书提出了相关政策建议。在共享经济、交通大数据和交通产业转型升级的趋势下，发展交通大数据和新型业态，既是党和国家做出的一项重大科学决策，也是引领中国交通供给和需求创新的重要路径，需要在政策层面上进行优化创新。

综上，本书的总体技术路线如图1-2所示。

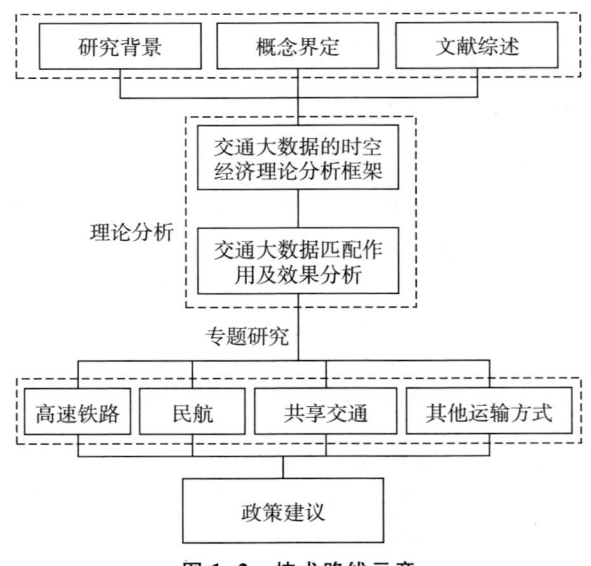

图1-2 技术路线示意

第二章 相关文献述评

内容提要：针对大数据与大数据新业态、时空经济、交通经济、交通大数据的应用、运输管制、交通行为等进行文献评述。基于运输经济技术特征的时空经济分析框架有待建立，交通大数据在高铁、民航等领域的理论与实证研究有待进一步深化。

第一节 大数据与大数据新业态

一 大数据

（一）大数据的发展

近年来，随着信息通信技术的快速发展以及"物联网""云计算"等词语的出现与普及，大数据成为社会关注的热点。对数据的挖掘、存储、处理与应用，将带动企业、国家乃至整个社会的高效、可持续发展。[①]

大数据最早出现在美国著名未来学家 Alvin Toffler 于 1980 年出版的《第三次浪潮》一书中。2000 年，Diebold 在论文中提到了大数据，这是大数据首次出现在学术领域。2008 年，《自然》杂志推出了以大数据为封面的期刊，带动了大数据进入大众的视野并出现在人们的生活中。2011 年 6 月，麦肯锡在一篇名为《大数据：下一个创新、竞争和生产力的前沿》的研究报告中提到了"大数据时代已经到来"，自此大数据开始成为全球关注的热点。

针对大数据的应用，世界发达国家正在不断实施国家战略、政治报

---

① Dey N, Hassanien A E, Bhatt C, et al. Internet of Things and Big Data Analytics Toward Next-Generation Intelligence [M]. Springer Publishing Company, Incorporated, 2017.

告、重大举措等。2009年，联合国启动了"全球脉动计划"，预计利用大量数据促进欠发达地区的发展。"大数据"是重点议题之一。2014年7月，欧盟也呼吁各个成员国发展大数据技术，激励各个成员国采取相应的措施应对大数据时代的到来，利用大数据开展相关业务。同样，2013年6月，日本在《创建最尖端IT国家宣言》中提出日本发展大数据战略，开发应用大数据的路线图；英国政府将大数据作为重点发展的科学技术，并将三成的高新技术投资注入大数据领域；法国2013年出台《法国2030创新发展目标》，其中包括大数据应用；2013年韩国建立大数据中心；等等。大数据进入学术界，成为学者们研究的重点对象。不少高校和研究所也成立了相关研究团队，开展了关于大数据的学术活动等。英国牛津大学成立了医学卫生科学研究中心，这也是首个将大数据技术应用于医学的机构，该中心提供的研究和服务等将促进医疗行业的数据整理和分析；美国的麻省理工学院也运用大数据技术，在科学与人工智能实验室建立了研究中心，该中心将主要进行科学与医药的发明，并期望推动大数据的应用创新、优化用户体验。同样，我国政府与学者也特别重视大数据带来的机遇与大数据技术提高效率的能力。例如，科技部成立了结合物联网与云计算等技术的项目，地方政府通过颁布与大数据相关的政策促进大数据战略在我国地方的运用，上海市2023年正式发布《立足数字经济新赛道推动数据要素产业创新发展行动方案（2023—2025年）》，重庆市颁布《重庆市支持大数据智能化产业人才发展若干政策措施》。另外，广东省为了加快省级隐私计算和数据资产管理运营平台的建设，同时支持粤港澳大湾区大数据中心的建设，还在特定地区考虑创建国际大数据服务和离岸数据中心。此外，我国政府将积极制定政策来培养竞争力强的大数据应用和服务企业，以初步构建完整的大数据产业生态系统。

关于大数据的定义还没有确切的说法，不同的机构和研究人员对大数据的定义也有一定差异。其中，国际数据公司（IDC）作为研究大数据的鼻祖，认为大数据代表了一个技术和体系的新时代，并指出大数据是从大量并且多样的数据中通过相关的统计分析技术发现数据代表的信息，获取数据的价值，同时提出了大数据的4V特征，这些特征成为现在大数据研究的基础特征，即数据量大（volume）、数据种类多样（variety）、运行速度快（velocity）和数据价值密度低（value）。著名咨询公司 McKinsey 公司提出，大数据指的是超出一般数据库或者统计工具所具有的获取、存储、管理分析数据的特征的数据集合。美国国家标准技术研究所（NIST）则认为，大数据指传统数据的容量、获得渠道以及数据代表的信息在分析处理功能方面有一定的限制，所以需要相应的机制扩展数据的容量以及相应的数据处理方式提高处理数据的效率。[①] 而维基百科将大数据定义为，利用常用软件工具捕获、管理和处理数据所耗时间超过可容忍时间限制的数据集。

（二）大数据分析工具和方法

1. 大数据分析工具

目前，大数据分析领域存在一个显著的挑战，即缺乏可以满足各种应用场景需求的通用软件和分析工具。不同规模和性质的数据要求不同的处理方法，因此，针对不同公司的需求，选择合适的专用软件或分析工具变得至关重要。[②] 一些项目，例如纽约市政府大数据分析，开始可能只需要一个简单的电子表格。随着项目变得更加深入和复杂，有些需要大型软件和工具的组合，纽约市政府大数据分析工具和软件包括 Application Programming Interfaces（应用程序编程接口）、Data Share（数据共享）、Data Bridge（数据桥）、The Data Element Exchange Program（安全传递信息的软件）、Geo-tagging（图像地理标签）等。Ranjan 和 Foropon 指出，美国的情报机构也使用了多种分析软件和工具的组合，比如对公开信息的分析和度量，用到的软件组合包括 Visible、Socializing the Enterprise、Information Volume and Velocity（美国国防部资助的互联网信息收集系统）、Geofeedia（社交媒体分析软件）、Open Source Indicators（利用公开信息预测政治动乱、经济危机、传染病暴发等的软件），以及一些商业性的公开信息情报软件，如 Recorded Future 和 Palantir 开发的软

---

① Mikalef P, Krogstie J, Pappas I O, et al. Exploring the relationship between big data analytics capability and competitive performance: The mediating roles of dynamic and operational capabilities [J]. Information & Management, 2020, 57 (2): 103169.
② 马晓悦，薛鹏珍. 大数据环境下的信息时空分析与应用研究评述 [J]. 情报理论与实践，2020, 43 (2): 164-170.

件、Aggregative Contingent Estimation（ACE）等。① 美国大数据分析专家给出的分析工具有：电子表格、数据提取工具、文本提取工具、在线分析处理（OLAP）、数据提取、群体智能、统计或定量算法、规则工具、模拟工具、文本分类工具。②

一般情况下，大数据分析工具具有高度复杂性，需要多种技能才能有效运用，而且通常需要进行程序密集型操作。这些工具在实践中呈现较高的技术要求，使其不可避免地需要专业知识和技能的综合应用。Niu 等将大数据分析软件分为浏览软件、报表软件、数据挖掘软件、在线分析处理软件和可视化软件。③ 当谈到当前最热门的软件系统 Hadoop 时，不难看出其拥有成为未来大数据处理标杆的潜力。通常情况下，我们将最佳大数据分析系统归结为三个关键特点，即吸引力、可适应性以及深度。

吸引力，指系统可储存各种数据，不受其结构或质量所限。可适应性，表示系统能适应广泛的数据类型。深度，指系统能支持传统商业智能、机器学习和复杂统计分析。根据 Herodotou 的研究，Hadoop 拥有三个主要特征。④ 首先，Hadoop 具备吸引力，因为使用 Hadoop 提取数据的唯一步骤是将文件复制到 Hadoop 分布式文件系统。其次，Hadoop 被认为具有可适应性，因为它采用了"MapReduce"方法。这一方法将计算任务分解为小规模的并行任务，并为大数据分配适当的 key-value 结构。随后，"Reduce"阶段将汇总具有相同密钥的所有值，以获取数据。最后，Hadoop 及其第三方允许用户使用通用编程语言如 Java、Python、R、SQL 等进行计算，从而使 Hadoop 得到广泛应用。这为业务分析师、数据科学家和开发人员提供了获得更多见解的机会。⑤

2. 大数据分析方法

大数据分析是一个涵盖描述性、诊断性、预测性和规范性模型的过

---

① Ranjan J, Foropon C. Big data analytics in building the competitive intelligence of organizations [J]. International Journal of Information Management, 2021, 56: 102231.
② Kolajo T, Daramola O, Adebiyi A. Big data stream analysis: A systematic literature review [J]. Journal of Big Data, 2019, 47 (6): 1-30.
③ Niu Y, Ying L, Yang J, et al. Organizational business intelligence and decision making using big data analytics [J]. Information Processing & Management, 2021, 58 (6): 102725.
④ Herodotou H. Hadoop performance models [J]. arXiv: 1106.0940, 2011.
⑤ Gandomi A, Reshadi M, Movaghar A, et al. HybSMRP: A hybrid scheduling algorithm in Hadoop MapReduce framework [J]. Journal of Big Data, 2019, 106 (6): 1-16.

程，其目的是回答特定问题或提供新的见解。这种分析方法的应用涉及多个领域，它从以往根据历史数据为决策者提供信息，描述最近发生的事情，发展到主动预测未来可能发生的情况，并提出一系列连贯的行动建议。

大数据分析可细分为四个关键方面，包括大数据聚类、大数据关联、大数据分类和大数据预测，特别是大数据聚类领域备受瞩目。由于大数据通常具备跨学科、跨领域和跨媒体的特性，因此直接将传统的聚类算法应用于大数据聚类变得困难。在这方面，MapReduce 框架等并行计算技术成为分析大数据的重要方法之一，它允许有效地运行传统聚类算法，充分利用大数据的并行特点。对于聚类，K-means 算法是其中最常用的聚类算法之一，并且很多研究都集中在提高处理大数据的速度和效率上。Ikotun 等基于 Hadoop 平台提出 K-means 集群优化算法，针对 K-means 算法初始中心随机性带来的不稳定性，基于维数、密度对初始中心的选取进行了优化，改进了分组和计时效果。[①] Tian 等使用 MapReduce 编程框架实现自下而上的凝聚式层次聚类分析（AHC），提高了消息聚类的准确性和检索性。[②] Dafir 等基于 MapReduce 的并行聚类方法，使用并行策略来提高数据可伸缩性，提出了一种高速相似轨迹方法，根据 MapReduce 将轨道聚类分为映射、交换和压缩三个步骤，并结合改进的动态时间扭曲算法。[③] 从上述分析可见，传统的聚类算法在大数据时代面临着两个重要问题：数据规模巨大、复杂度高。因此，如何改进现有的聚类算法成为当前研究的重要方向之一。

关联分析，又被称为关联挖掘，旨在寻找不同数据对象或对象集之间频繁出现的模式、关联、关系或因果结构。这项任务在大数据挖掘中扮演着重要的角色。目前，广泛应用的相关分析算法包括 Apriori 算法和

---

① Ikotun A M, Ezugwu A E, Abualigah L, et al. K-means clustering algorithms: A comprehensive review, variants analysis, and advances in the era of big data [J]. Information Sciences, 2023, 622: 178-210.

② Tian P, Shen H, Abolfathi A. Towards efficient ensemble hierarchical clustering with MapReduce-based clusters clustering technique and the innovative similarity criterion [J]. Journal of Grid Computing, 2022, 20 (4): 1-19.

③ Dafir Z, Lamari Y, Slaoui S. A survey on parallel clustering algorithms for big data [J]. Artificial Intelligence Review, 2021, 54: 2411-2443.

频繁模式增长（FP-Growth）算法。Apriori算法首先设置其支持阈值，然后按标准过滤相关的交易数据集，搜索整套常用项，得到相关的绑定规则。Kijsanayothin等基于MapReduce实现了Apriori算法的并行计算，将产生候选项集的过程进行并行化，从而提高了Apriori算法的运行效率，之后在此基础上提出增强的Apriori算法（MH-Apriori算法）。[①] FP-Growth算法是基于MapReduce进行负载均衡优化，但是由于挖掘过程是频繁模式，并行FP-Growth算法只维护了一个支持K的频率模式，因此挖掘结果是不完整的。[②] 敖孟飞和石鸿雁提出一种海量数据下的并行频繁项集挖掘算法，即I-SPEclat算法，并将改进的Eclat算法在Spark分布式计算框架上实现并行化。[③]

大数据分类是提取大数据的一种重要方式。大数据分类问题无处不在，它被应用于各个领域，例如检测网络干扰、医疗等。Ramírez-Gallego等使用基于MapReduce的随机森林方法对不平衡的数据类型进行分类[④]，伴随决策树算法的运行，关键是使用MapReduce框架来加快选择最佳分片属性的过程。Lakshmanaprabu等利用Mahout的并行处理能力，利用模型生成随机森林，实现点对点。[⑤]

数据预测是大数据研究的核心主题之一。它被用于许多行业，例如价格预测、网络入侵检测、化学成分分析、药物功能预测、智能制造车间运行状况预测和组织绩效分析。Othman等使用大数据预测网络入侵，提供结合HDFS、云计算、学习几何特征的算法，并与其他技术相结合，

---

① Kijsanayothin P, Chalumporn G, Hewett R. On using MapReduce to scale algorithms for Big Data analytics: A case study [J]. Journal of Big Data, 2019, 105 (6): 1-20.
② Ragaventhiran J, Kavithadevi M K. Map-optimize-reduce: Can tree assisted FP-growth algorithm for clusters based FP mining on hadoop [J]. Future Generation Computer Systems, 2020, 103: 111-122.
③ 敖孟飞, 石鸿雁. 海量数据下的并行频繁项集挖掘算法 [J]. 统计与决策, 2022, 38 (18): 48-53.
④ Ramírez-Gallego S, Fernández A, García S, et al. Big data: Tutorial and guidelines on information and process fusion for analytics algorithms with MapReduce [J]. Information Fusion, 2018, 42: 51-61.
⑤ Lakshmanaprabu S K, Shankar K, Ilayaraja M, et al. Random forest for big data classification in the internet of things using optimal features [J]. International Journal of Machine Learning and Cybernetics, 2019, 10: 2609-2618.

利用支持向量机（SVM）预测可能出现的网络入侵。① Sarhan 等通过支持向量机方法进行综合分析预测，成功地提高了放射治疗系统的安全性和治疗效果，这是放射肿瘤学模型的重要应用之一。②

二　大数据新业态

当今社会，大数据的出现催生了新业态，在经济新常态的背景下，一大批新业态企业快速发展壮大，它们或是由传统企业改进发展而来，或是依托高技术出世。③ 例如，有了指纹、虹膜等身体的数据信息后，门禁、购物等可以由刷卡改为刷脸；利用智能机器，工厂可以提高工作效率；有了消费数据，企业能够更准确地掌握消费者需求；等等。将大数据应用于社会发展的各行各业，可以推进大数据医疗、数据材料、大数据金融等新业态的产生。新业态的形式虽然不同，但是极具发展潜力，成长势头良好。现如今，基于互联网金融的金融理财平台"财猫网"、基于数据医疗的"宁波云医院"、基于大数据交通的"车来了"App、基于数据服务的华东一号物流配送中心都运用了智能终端与数据统计，在节省成本的同时，利用数据的存储与应用功能更好地提供服务，这是大数据时代下产业发展的趋势。④

大数据技术的引领为各行各业的发展带来了新机遇。许宪春等为研究大数据在中国绿色发展中的潜在作用，以货车帮和滴滴出行等大数据平台对绿色发展的影响为例展开深入分析，指出大数据在其中扮演着重要角色。⑤ Yang 等针对水运大数据开发与应用，指出自动识别系统（AIS）的数据不仅使研究人员对航行现状有更全面的了解，也使研究人员能够从微观层面研究航运市场动态，而且 AIS 数据的丰富性也可能揭示航运公

---

① Othman S M, Ba-Alwi F M, Alsohybe N T, et al. Intrusion detection model using machine learning algorithm on big data environment [J]. Journal of Big Data, 2018, 34 (5): 1–12.
② Sarhan M, Layeghy S, Moustafa N, et al. NetFlow datasets for machine learning-based network intrusion detection systems [J]. Big Data Technologies and Applications, 2020, 371: 117–135.
③ 孙天阳，杨丹辉. 新兴产业最新研究进展及展望——一个文献综述 [J]. 产业经济评论，2022 (1)：105–122.
④ 戴魁早，王思曼，黄姿. 数据要素市场发展与生产率提升 [J]. 经济管理，2023，45 (6)：22–43.
⑤ 许宪春，任雪，常子豪. 大数据与绿色发展 [J]. 中国工业经济，2019 (4)：5–22.

司向外部机构发布的信息不完整。① 中国社会科学院工业经济研究所课题组在厘清产业链供应链构成要素的基础上，指出产业链供应链的现代化水平提升应包括创新能力更强、附加价值更高、更加可持续、更加数字化、更加安全可靠、更加公平、更加协调顺畅等，其中大数据在终端需求驱动、要素供给驱动、区域产业布局驱动和融入全球产业分工体系驱动四大基本动力机制中均起到重要作用。② 张新民和金瑛提出大数据对传统财务会计模式造成了冲击，其中企业行为的重塑对资产负债表研究提出了新挑战，并根据数字经济时代的企业行为特征提出适用于数字经济背景的资产负债表研究理论。③ 阮俊虎等研究了大数据对农业发展的影响，认为将大数据技术引入农业生产与管理过程中，有利于促进我国现代农业从机械化、电气化跨越到数字化、智能化。④ 有国外学者指出，大数据技术与医疗产业的有效融合，可以促进医疗产业科学健康和可持续发展，大数据技术具有增强、支撑和验证的基础性作用。⑤ 方娴和金刚指出，电影产业在数字化转型中的机遇与挑战并存，社会学习是影响电影消费扩容与提质升级的关键因素，同时中国电影企业必须采取有效措施应对现阶段的数字化转型挑战。⑥

虽然大数据的出现提高了社会工作效率，在经济生活中具有良好的发展前景，但是大数据的发展也面临挑战。大数据本身容量大、类型多的特征决定了其内在复杂性，因此在大数据的处理与运用环节存在极大

---

① Yang D, Wu L, Wang S, et al. How big data enriches maritime research—A critical review of Automatic Identification System (AIS) data applications [J]. Transport Reviews, 2019, 39 (6): 755-773.
② 中国社会科学院工业经济研究所课题组. 提升产业链供应链现代化水平路径研究 [J]. 中国工业经济, 2021 (2): 80-97.
③ 张新民, 金瑛. 资产负债表重构: 基于数字经济时代企业行为的研究 [J]. 管理世界, 2022, 38 (9): 157-175+207+176.
④ 阮俊虎, 刘天军, 冯晓春等. 数字农业运营管理: 关键问题、理论方法与示范工程 [J]. 管理世界, 2020, 36 (8): 222-233.
⑤ Saheb T, Izadi L. Paradigm of IoT big data analytics in the healthcare industry: A review of scientific literature and mapping of research trends [J]. Telematics and Informatics, 2019, 41: 70-85; Dash S, Shakyawar S K, Sharma M, et al. Big data in healthcare: Management, analysis and future prospects [J]. Journal of Big Data, 2019, 54 (6): 1-25.
⑥ 方娴, 金刚. 社会学习与消费升级——来自中国电影市场的经验证据 [J]. 中国工业经济, 2020 (1): 43-61.

的挑战，大数据复杂的计算与统计方式使大数据在系统升级与优化方面也存在极大的挑战，大数据的容量、数据质量、时空特性等方面的问题将会给大数据的预处理过程带来挑战。另外，大数据的性能测试要求具有多样性的案例以及复杂快速的数据系统，同时数据隐私保护、硬件平台的技术问题也是发展中需要突破的难题。要正视这些挑战，解决问题，并通过学习掌握大数据的关键技术，建立持续的研究体系，把握大数据的发展时机，利用大数据为国家和社会创造价值。

三　文献述评

大数据研究对于全球来说还是一个新兴的事物，国内外学者从大数据本身的概念、特征，大数据分析工具和方法，大数据新业态的应用以及各国政府、学术界、产业界的态度出发，研究了大数据的发展和应用。人工智能、大数据、云计算、物联网等信息技术为促进复杂生产快速发展提供了重要技术手段。在过去几年中，人们使用人工智能技术进行大数据分析的进展较快。部分文献从专业的角度解释了大数据的运作模式，大数据改变了时间、空间、效率：大数据技术的应用带动了大数据新业态的发展，提高了社会效率；大数据交通的发展，改变了地区可达性，在一定程度上缩短了城市或者区域间的空间距离，减少了到达时间。大数据的发展对于人类社会生产来说是一项福利，能通过处理大量的数据，发现存在的规律，带动整个系统的升级。大数据技术将在医疗、交通、工业、金融等领域发挥重要的作用，将促进整个社会经济的发展。现有学者的研究较多集中在大数据本身，以及大数据在其他行业的应用。

尽管这些研究提到了大数据新业态，并提到了其带来的便利与较大的发展前景，也有部分文章提到了大数据技术对交通方式的影响，例如大数据的应用能缓解交通拥堵、发展智能交通、丰富交通模型等，但是没有从社会角度指出大数据的出现如何为社会带来交通的便利，没有结合时空经济进行分析，这也是本书要研究的问题。本书主要研究大数据交通在交通领域的应用，并结合时空经济理论，研究大数据在交通出行上的应用，并通过共享单车与共享汽车的例子来说明。

第二节 时空经济

一 时空经济特征

时空经济具有五大特征,包括差异性、相关性、动态性、可分性与跃升性。差异性即存在时间与空间的差异。相关性指时空经济相互关联。动态性包括横向转移和纵向发展两个方面。横向转移指的是不同国家和地区之间生产力的流动。纵向发展指的是在世界历史上生产力发展的变化。可分性即时空经济可以分为时间经济单元和空间经济单元等小经济单元。跃升性是指一个国家或地区能够在一段时间内实现经济水平的跃升,达到不同的经济水平。这种跃升性包含了两个要素,即跨越时间的水平变迁和不同地区之间的生产力迁移。[①] 此外,本书还讨论了经济时空的多种效应,包括时序效应、分布效应、级差效应和时速效应。时序效应指的是由时间的推移引起的生产力因素的变化,这会影响经济发展。分布效应则描述了生产力会在特定地区集中的现象,这也会对经济产生影响。级差效应是由不同时间和地区的生产力差异导致的不同经济现象。时速效应是指生产力因素随着时间的推移而发生的经济变化。总之,这些概念和效应有助于我们更好地理解经济跃升和时空变化对经济的影响。[②]

时间与空间作为社会经济的核心特征,扮演着推动社会进步与经济效率提升的关键角色,然而,这一影响力受制于时空建设水平和社会成员对时间与空间的巧妙利用。杨晓光等的研究发现,城市结构与交通方式密不可分,城市的结构塑造了该城市的运输格局与交通方式的选择。同时,交通方式的改革则为城市的全面发展创造了必要的基础条件。此外,城市的人口变化与空间结构的演变也在影响着城市现有的交通模式。[③] 郭

---

① 荣朝和. 论时空分析在经济研究中的基础性作用 [J]. 北京交通大学学报(社会科学版), 2014, 13 (4): 1-11.
② 荣朝和. 互联网共享出行的物信关系与时空经济分析 [J]. 管理世界, 2018, 34 (4): 101-112.
③ 杨晓光, 高自友, 盛昭瀚 等. 复杂系统管理是中国特色管理学体系的重要组成部分 [J]. 管理世界, 2022, 38 (10): 1-24.

湖斌和邓智团构建了长江经济带生态经济效率评价指标体系，用三阶段DEA方法对2008~2014年省际面板数据进行实证分析，得出结果：长江经济带生态经济效率沿下游、中游、上游依次递减，生态经济发展表现出一定的空间集聚效应。① 钱颜文和顾元勋从空间经济学新理论视角定义了产业升级的最小分析尺度，并打造了链接产业升级在宏观转型和微观根源的元区域模型。② 综上所述，规模化和空间优化是产业升级和空间优化的关键参数。需求结构、产业政策、制度创新等共同决定了特定地区产业的复杂性。特定地区需求规模和结构的变化吸引了新公司入驻，为创业公司的进一步发展创造了新的空间。这改变了空间的价值，并允许传统组织在微观层面上进行升级。

孙久文等以北京市为研究对象，以GIS研究方法为基础，从综合空间角度，构建了"交通—人口—经济"的研究框架，展示了轨道交通的发展对城市结构产生的影响。③ 武红对安徽省区域城市化与社会经济协调发展的时空特征进行分析，利用经济发展的数量参数统计方法和地理空间匹配分析工具，得出安徽省区域城市化与社会经济协调发展具有地域性分片块状的特点。④

二 时空交通经济

在时空交通经济的研究中，Chen等引入时空概念，建立时空棱柱模型，分析个体出行的时空范围⑤；Chen等丰富了时空棱柱模型⑥；Chen

---

① 郭湖斌，邓智团. 长江经济带区域物流与区域经济耦合协调发展研究[J]. 当代经济管理，2019，41（5）：41-48.
② 钱颜文，顾元勋. 产业升级元区域模型及演进路径研究——基于时空经济视角[J]. 宏观经济研究，2019（11）：74-81.
③ 孙久文，张翱，周正祥. 城市轨道交通促进城市化进程研究[J]. 中国软科学，2020（6）：96-111.
④ 武红. 中国省域碳减排：时空格局、演变机理及政策建议——基于空间计量经济学的理论与方法[J]. 管理世界，2015（11）：3-10.
⑤ Chen W, Genton M G, Sun Y. Space-time covariance structures and models [J]. Annual Review of Statistics and Its Application, 2021, 8: 191-215.
⑥ Chen B, Luo Y, Jia T, et al. A spatiotemporal data model and an index structure for computational time geography [J]. International Journal of Geographical Information Science, 2022, 37 (3): 550-583.

等通过出行轨迹研究了基于居民行为的城市空间框架①。用铁路运输产品可以缩小产品生产地与销售地之间的空间差异，运输费用可以抵消社会经济活动的中间距离障碍，克服空间距离的限制与制定交通费用成为铁路的核心竞争力，铁路应该采取跨越式的发展策略。② 从时空经济角度来看，林晓言教授认为，高速铁路的兴起缩短了城市或地区之间的距离，减少了到达目的地所需时间，有力地促进了交通沿线经济的蓬勃发展，从而深刻改变了交通经济的时空格局。③ Malokin 等提出，我们在选择出行方式时，必须综合考虑旅行时间、价格以及个人偏好，并将时间价值纳入旅行成本的计算，因为这种选择不仅直接影响交通方式的发展，还对市场产生深远影响。④ 与此观点一致，王学成和荣朝和引入了时空视角，强调个人偏好并非一成不变，而是受特定时间和空间条件的制约。他们还提出了时空冗余度这一指标，以衡量时空转换的效率。⑤ 考虑到城市交通结构的复杂性、出行路线的多样性，以及出行方式选择的丰富性，可以通过规划最佳路线、选择出行方式、缩短等待和旅行时间、提高运行速度等方式来减少时空冗余度。这些观点有助于我们更好地理解交通经济的发展趋势。Saidi 等研究了交通基础设施与经济发展之间的关系，认为交通基础设施对经济发展具有重大影响。而影响的程度与时间和空间的差异有关。一方面，交通基础设施通过乘数效应直接影响经济发展；另一方面，交通基础设施通过鼓励使用私家车和提高城市化水平直接影响经济发展。⑥

---

① Chen F, Wu J, Chen X, et al. Disentangling the impacts of the built environment and residential self-selection on travel behavior: An empirical study in the context of diversified housing types [J]. Cities, 2021, 116: 103285.

② 李红昌. 从对空间距离的克服能力看铁路跨越式发展 [J]. 铁道经济研究, 2004 (5): 24-26.

③ 林晓言等. 高速铁路与经济社会发展新格局 [M]. 社会科学文献出版社, 2015.

④ Malokin A, Circella G, Mokhtarian P L. How do activities conducted while commuting influence mode choice? Using revealed preference models to inform public transportation advantage and autonomous vehicle scenarios [J]. Transportation Research Part A: Policy and Practice, 2019, 124: 82-114.

⑤ 王学成, 荣朝和. 基于时空经济视角的城市出行服务体系研究 [J]. 产业经济评论, 2016, 15 (4): 1-14.

⑥ Saidi S, Shahbaz M, Akhtar P. The long-run relationships between transport energy consumption, transport infrastructure, and economic growth in MENA countries [J]. Transportation Research Part A: Policy and Practice, 2018, 111: 78-95.

Pan 等利用出租车 GPS 设备生成的轨迹数据，分析并考虑城市居民在出行活动中使用出租车的出行行为和空间分布特征，客流、距离和出行时间被开发用于出行行为的时空分析。[①] 荣朝和从时空经济视角出发，总结了互联网共享出行的经济时空特点和发展条件，并分析了其在交通运输领域的影响，认为互联网出行服务通过数据驱动的方式来改善体验场景，并以一种新的时间对齐模式促进现有交通形式的转换，这是解决"交通供给效率和离散交通需求"之间冲突的有效方法。[②]

三 文献述评

将时间与空间的概念引入经济学的研究可分为两个部分。一部分是时空经济学，即通过时空的概念研究经济问题，时空结构是社会经济研究不可忽视的重要内容。首先是时间问题，任何问题都要考虑时间，时间是引起变化的重要因素，随着时间的推移，一个国家或地区的经济环境必定会发生改变，因为时间会引起政策、市场交易以及不可抗力等改变经济环境的事件的发生，所以研究经济问题要首先考虑时间因素。其次是空间问题，由于历史原因、空间位置、环境、不可抗力等因素的差异，不同国家或地区的经济发展水平也不同。时空因素会影响经济发展，经济效率的提高也取决于人们对时空的利用程度。完善交通基础设施建设、调整企业空间结构等措施有助于利用时空来提高经济效率。另一部分是以时空经济为基础分析交通问题，交通工具的出现可以实现地区之间的可达性。同时，高铁、动车等高速列车的开通缩短了地区之间到达的时间，可达性的增强与到达时间的缩短可以缩小地区之间的经济差距，也可以带动交通沿线经济的发展。国内学者也提到行驶时间、运行轨迹等时空因素会影响人们对交通工具的选择。

现有研究无论从时空角度研究经济问题，还是以时空经济为基础研究交通问题都较为全面，并且随着高铁与低成本航空的出现，低成本、

---

① Pan Y, Sun Q, Yang M, et al. Residency and worker status identification based on mobile device location data [J]. Transportation Research Part C: Emerging Technologies, 2023, 146: 103956.
② 荣朝和. 互联网共享出行的物信关系与时空经济分析 [J]. 管理世界, 2018, 34 (4): 101-112.

快速的交通方式也成为学者研究的重点。随着信息技术的发展以及智能化社会的到来，将大数据这种新的信息技术与时空交通经济相结合的研究为时空经济注入新力量，特别是在互联网应用广泛的今天，互联网经济发展迅速，多种"共享"出现在大众的视野中，例如共享单车、共享停车位、共享汽车等，这说明将互联网等信息技术引入交通问题的研究中，并且以现如今出现的交通方式为例进行说明尤为重要。王学成和荣朝和尝试利用数据化手段对目前的城市交通进行时空经济分析，以新的时空匹配模式推进交通格局的演变，为利用现代化信息技术提高时空经济效率提供了新思路。①

第三节 交通经济

一 交通经济理论

交通经济理论不仅仅是解决交通运输问题的工具，更是一种研究方法的应用。交通经济学解释交通运输现象的方式主要源于国内对西方经济学的介绍。随后，新制度经济学和新经济地理学的引入使交通经济学的研究变得多样化，使学者们反思了机械地模仿新古典经济学的研究方法的不足。交通经济学对经济学的发展做出了意想不到的贡献。在资本主义初期，为了应对新的地理大发现，交通运输业的组织结构发生了变化。这使得现代金融工具诞生，如股票、债券和保险等，这些工具分担了风险。这一发展丰富了现代经济学的研究内容和对象。随着资本主义的迅速发展，铁路系统得以大规模建设，这不仅直接推动了社会物质财富的创造，还为其他产业培养了大量优秀的管理人才，推动了工业化的进程。

交通工具的发展以及轨道的改善，可显著缩短城市与地区之间的可达时间，从而促进区域之间的互联互通。这种增强的可达性对地区经济发展具有深远的影响。首先，它意味着地理距离的缩短，有助于缩小不同地区之间的价格差异。其次，这种可达性使人们更容易流动，促使人

---

① 王学成，荣朝和. 基于时空经济视角的城市出行服务体系研究［J］. 产业经济评论，2016，15（4）：1-14.

口向经济发展水平较高的地区迁移，进而刺激了这些地区的经济增长。一方面，交通改善能够催生周边地区的经济繁荣。另一方面，交通运输系统的发展扩大了城市和地区的边界，扩大了地区的规模。这对企业和个人的选址决策产生了重大影响，进而对地区的经济发展水平产生了重要影响。因此，交通不仅加强了城市与地区之间的互联互通，还对地区的整体经济表现产生了深刻的影响。

  在西方经济学领域，关于运输经济的范式已经随着经济理论的演进而不断演化。在古典经济学时期，亚当·斯密强调了市场规模与经济之间的关联，而交通运输对市场规模有着显著影响。因此，人们开始将交通与资本的流通视为经济研究的重要因素。然而，在新古典经济学时期，经济学研究逐渐数学化，导致交通经济理论逐渐淡出学者们的视野。值得注意的是，克鲁格曼在新经济地理学的框架内提出了将地理位置因素纳入经济研究的重要议题，那么距离因素也应该是研究中需要考虑的问题，交通经济理论是在克服距离因素时研究人们出行遇到的问题。在经济学的研究中，从亚当·斯密到马克思这些学者都认为交通是推动经济发展的重要因素。[①] 2009年，荣朝和详细阐述了运输经济学这一分支领域，它作为产业经济学的一部分，旨在将经济学的理论和方法应用于交通问题的研究中，以解决交通运输领域的难题，并提出相应的解决方案。[②] 交通经济学作为一门学科，不仅需要经济学知识作为基础，也需要面对实际的交通问题所带来的挑战。交通运输作为国民经济发展的基础，对国家或者地区的发展有重要的意义。[③] 实际上，电信和网络基础设施在某种程度上属于交通运输业的范畴。在较早的时期，很多国家曾将电信、邮政以及多个交通运输领域整合在一起。根据Donaldson的研究，交通基础设施在经济运行中扮演着至关重要的角色。[④] 人们的经济

[①] Vickerman R. Can high-speed rail have a transformative effect on the economy? [J]. Transport Policy, 2018, 62: 31-37.

[②] 荣朝和. 关于运输经济研究基础性分析框架的思考 [J]. 北京交通大学学报（社会科学版），2009, 8 (2): 1-9.

[③] Banerjee A, Duflo E, Qian N. On the road: Access to transportation infrastructure and economic growth in China [J]. Journal of Development Economics, 2020, 145: 102442.

[④] Donaldson D. Railroads of the Raj: Estimating the impact of transportation infrastructure [J]. American Economic Review, 2018, 108 (4-5): 899-934.

活动和分工通常发生在不同的地区，这些地区之间存在一定的距离。要实现必要的资源分配和经济活动，必须具备基本的交通运输设施。不同地区之间的差异会产生比较优势，而这种比较优势与地区的可达性成本密切相关。只有在具备必要的交通工具的情况下，比较优势才能具备市场价值。因此，可以得出结论，交通基础设施是支撑经济活动和资源分配的基础，对区域经济的发展至关重要。王晓东等从理论和实证两个维度验证交通运输对中国经济发展的外部溢出效应。① 张学良以1993~2009年中国区域面板数据为基础，基于多因素对中国区域经济增长影响的综合研究，构建了区域经济增长的交通基础设施空间分布模型，发现中国的交通基础设施在区域经济增长中发挥着重要作用；虽然外部交通基础设施对区域经济增长具有积极的空间影响，但有证据表明空间溢出也是负面的。②

二 交通运输与经济发展：以轨道交通为例

轨道交通以其运量大、速度快等特征成为城市出行与地区运输的重要工具，也是近年来学者研究的重点。

城市轨道交通的建设会对轨道周边地区的房屋价格产生影响。Liu等对中国的轨道交通进行研究，运用特征价格模型，发现轨道交通的发展对周边的房价产生了影响，平均来看，高铁网络可达性每提高1个标准差，住房价格提升10.3%。③ 范子英等分析了上海市轨道周边住房价格，运用2012~2015年的数据，得到新增地铁会使站点1公里范围内的新房价格上涨26.49%的结论。④ 陈有孝等运用地价函数法，探究了轨道交通枢纽13号线的住房价格变化，最后得出轨道交通站点与市中心运距和房

---

① 王晓东，邓丹萱，赵忠秀. 交通基础设施对经济增长的影响——基于省际面板数据与Feder模型的实证检验 [J]. 管理世界，2014（4）：173-174.
② 张学良. 中国交通基础设施促进了区域经济增长吗——兼论交通基础设施的空间溢出效应 [J]. 中国社会科学，2012（3）：60-77+206.
③ Liu X, Jiang C, Wang F, et al. The impact of high-speed railway on urban housing prices in China: A network accessibility perspective [J]. Transportation Research Part A: Policy and Practice, 2021, 152: 84-99.
④ 范子英，张航，陈杰. 公共交通对住房市场的溢出效应与虹吸效应：以地铁为例 [J]. 中国工业经济，2018（5）：99-117.

价涨幅成反比的结论。① 魏素豪等以北京市轨道交通四号线—大兴线站点1公里范围内的一般住宅区为研究对象，探讨了不同类型的轨道交通站点对周边房价的影响。研究结果显示，城市轨道交通站点周边的房价受到站点类型的不同影响。这一结论强调了城市轨道交通站点在不同地区的房价存在差异：地块的档次越高，周边房屋的成本越高，而且城市轨道交通设施对周边房屋的土地价值影响较大。②

潘昭宇等将研究视角转向城市的可持续发展，重点分析城市轨道交通的建设对经济产生的影响。他们认为建设城市轨道交通有利于产生新的能源，改善城市环境，提高城市地位，也有利于促进城市发展与经济增长。③ 郝伟伟等以中国城市群2001~2016年的轨道交通为研究对象，对其城市经济效应进行实证分析，得出了轨道交通改善的地区之间的可达性会引起人口的集聚，进而提升土地价值与商业服务水平，提高经济发展水平。另外，他们发现增加客运量在短期内会提高经济发展的速度，但从长期来看其作用不大。④ 李红昌等构建了轨道交通影响经济发展的模型，通过实证分析得出我国城市轨道交通在大城市有较明显的促进经济增长的作用，在小城市无明显影响；在小城市，公交等交通基础设施对经济发展有明显的促进作用，并提出应优先发展轨道交通的建议。⑤ 高速铁路的建设会改变城市或地区之间的可达性，会引起人口的集聚与地区租金的变化。李红昌等通过构建 DID 模型，研究了建设高速铁路对经济集聚的影响，得出我国不同地区的集聚经济存在差异，建设高速铁路将会促使经济向西部地区集聚，有利于实现经济均等化。⑥ 李红昌等

---

① 陈有孝，林晓言，刘云辉. 城市轨道交通建设对地价影响的评估模型及实证——以北京市轨道交通为例 [J]. 北京交通大学学报（社会科学版），2005（3）：7-13.
② 魏素豪，宗刚，陈先婷. 轨道交通站点的异质性对周边住宅价格的影响研究——以北京市地铁四号线—大兴线为例 [J]. 价格月刊，2016（11）：49-55.
③ 潘昭宇，唐怀海，王亚洁等. 加快构建都市圈多层次轨道交通体系 [J]. 宏观经济管理，2020（11）：33-38.
④ 郝伟伟，高红岩，刘宗庆. 城际轨道交通对城市群紧凑发展及其经济效率的影响研究——基于中国十大城市群面板数据的实证分析 [J]. 宏观经济研究，2019（10）：144-156.
⑤ 李红昌，胡煜，郭雪萌. 城市轨道交通与经济增长——基于中国城市面板数据的实证分析 [J]. 广东社会科学，2017（3）：21-29.
⑥ 李红昌，Tjia L，胡顺香. 中国高速铁路对沿线城市经济集聚与均等化的影响 [J]. 数量经济技术经济研究，2016，33（11）：127-143.

从经济学的视角出发研究高铁的营利性,我国的高铁建设主要是负债主导型,其公益性的特征较为明显,铁路价格受到管控,所以高铁建设应该构建多渠道融资平台并建立有效补贴机制,以克服高速铁路经济上的营运困难,从而取得长期发展。[1] Xu等以珠三角区域为例,阐述了轨道交通的建设与发展对区域经济一体化具有经济诱发、开发先导、区位再造和资源创造四大功能。[2] Deng等利用双向固定差分方法,对高铁修建对区域经济一体化的效应进行了研究,得出结论:高铁的开通及高铁车次对区域经济一体化起到了明显的促进作用,通过分区域和分城市级别的检验,发现高铁建设对区域经济一体化的作用呈现明显的梯度差异,高铁的开通有利于经济发展梯度效应的实现,有利于推动区域经济的协调发展。[3] 林雄斌等从经济角度对轨道交通的经济作用进行了分析,认为轨道交通能带动周边商业的发展、促进沿线地区房地产增值、改善城市结构、缓解城市用地不足问题、促进城市经济和商业资源的转移,且对关联行业具有直接效应,能为城市龙头企业带来机会。[4]

我国交通经济发展尚不完善,存在资金保障不足、交通安全隐患、交通区域发展不平衡等问题。面对这些问题,我国的交通建设应注意建立多渠道的融资平台,解决经济上的营运问题,加大管理力度,缩小区域差异,并增强交通安全意识,促进交通运输经济更好发展。[5] 李玉涛也指出在经济新形势下,我国的交通运输仍然存在资金短缺、可持续性差的挑战,想要实现经济的稳定增长,不仅要注重基础设施的建设,同时要解决交通运输体系不完善的问题。[6]

---

[1] 李红昌,匡旭娟,姜雨. 经济学视角的高速铁路盈利能力分析 [J]. 铁道经济研究,2011 (2):8-11.

[2] Xu W, Zhou J, Yang L, et al. The implications of high-speed rail for Chinese cities: Connectivity and accessibility [J]. Transportation Research Part A: Policy and Practice, 2018, 116: 308-326.

[3] Deng T, Wang D, Yang Y, et al. Shrinking cities in growing China: Did high speed rail further aggravate urban shrinkage? [J]. Cities, 2019, 86: 210-219.

[4] 林雄斌,杨家文,段阳等. 轨道交通周边土地溢价捕获的制度安排与实施机制——全球经验及其中国启示 [J]. 中国软科学,2022 (5):87-97.

[5] Banerjee A, Duflo E, Qian N. On the road: Access to transportation infrastructure and economic growth in China [J]. Journal of Development Economics, 2020, 145: 102442.

[6] 李玉涛. 综合运输体系的重构 [J]. 宏观经济研究,2020 (10):154-163.

三 交通大数据与城市发展

城市交通是城市生活的命脉，与人类的生产生活有直接的联系。大数据的出现对城市生活水平的提高与经济的发展产生了重要的影响。交通大数据是大数据的一类，同样具有一般大数据的"4V"（Volume、Variety、Value、Velocity）特点，即规模大、种类多、价值密度低、速度快。[①] 交通大数据作为城市大数据重要的一部分，在人们日常通行、处理交通事故、解决道路拥堵问题、管理城市交通运行、发展智能交通、开展学术研究等方面发挥着重要的作用。Kaffash 等引入大数据的概念及特点，研究城市轨道交通引入大数据管理设备的可行性以及现状。另外，他们根据大数据管理提出城市轨道交通拥有良好发展前景的论断，认为实现城市轨道交通的智能化指日可待。[②] 黄洁和王姣娥结合大数据，将大数据技术和研究方法引入城市交通的分析中，认为大数据技术可以促进城市交通规划的发展，大数据的应用可以为城市交通的发展提供大量的数据，通过数据分析可以对城市交通进行实时总结分析，并且发现数据整体呈现的规律，从而反映城市交通规范方面的相关信息，为城市轨道交通规划提供依据。[③] Kong 等指出，对城市交通的实时监控已经成为城市规范与发展必要的一部分，大数据技术可以应用于城市交通的监控，通过视频采集相应的数据，并反映到相应的系统中，通过对数据进行处理，发现数据呈现的结果，解决城市交通问题。[④] Zhao 和 Hu 将大数据应用于解决道路交通拥堵问题的研究中，通过大数据统计得出，道路交通拥堵问题呈现拥堵范围扩大、拥堵时行驶速度越来越慢、城市中心地区

---

① Oeschger G, Carroll P, Caulfield B. Micromobility and public transport integration: The current state of knowledge [J]. Transportation Research Part D: Transport and Environment, 2020, 89: 102628.

② Kaffash S, Nguyen A T, Zhu J. Big data algorithms and applications in intelligent transportation system: A review and bibliometric analysis [J]. International Journal of Production Economics, 2021, 231: 107868.

③ 黄洁, 王姣娥. 交通大数据在人文与经济地理学的应用及学科影响 [J]. 地球信息科学学报, 2020, 22 (6): 1180-1188.

④ Kong L, Liu Z, Wu J. A systematic review of big data-based urban sustainability research: State-of-the-science and future directions [J]. Journal of Cleaner Production, 2020, 273: 123142.

拥堵最为严重三个特征。他们基于大数据构建综合管理信息服务平台，对道路交通拥堵状况进行监测，为出行者提供路况的可视化服务，并可以实现路况问题的主动预测、报警服务，可以方便路网管理人员及时采取相关措施。[①] Iliashenko 等提出将大数据技术运用于城市交通领域，可以记录交通实时状况以及交通拥堵的数据，最终结合道路交通特征，将静态的数据扩展为静态与动态相结合的数据；根据不同时间与不同地点的交通特点，大数据技术的应用有助于提高交通诱导系统的工作效率。[②] 还有学者利用时间序列的关联规则数据挖掘算法，验证了交通模拟器的模型，根据模拟器结果构建拥堵分析模型，为学者提供了新的交通拥堵研究模型，通过对交通拥堵模型的分析，可以帮助了解交通拥堵的传导机制，并探究不同的交通管理政策在交通拥堵中的实施效果，为缓解交通拥堵问题提供底层策略支持。[③] Li 和 Ramezani 介绍了公共交通拥堵和交通设计，进行了建模和价格优化分析以及二维场景下的交通服务设计，其中拥堵值、交通成本、交通频率等是影响效率的变量。[④] 王小平利用大数据分析深圳在治理交通拥堵时的路径选择，并提供了其他地区的拥堵管理经验，在大数据背景下，深圳交通拥堵管理创新主要涉及四个方面：改变交通监管方式、启用预警和流量监测、提高交通运营效率和满足科学决策要求。[⑤]

部分学者在研究中引入大数据技术与处理方法分析城市交通的收费与定价问题。Tirachini 等开发了具有优化变量的多模式社会福利增加模型，包括空间分解要求、票价、拥堵费，同时确定并分析了这些变量与社会福利的关系。[⑥] Liu 和 Xiang 使用分层树回归（HTBR）模型来检验北京铁路

---

① Zhao P, Hu H. Geographical patterns of traffic congestion in growing megacities: Big data analytics from Beijing [J]. Cities, 2019, 92: 164-174.
② Iliashenko O, Iliashenko V, Lukyanchenko E. Big data in transport modelling and planning [J]. Transportation Research Procedia, 2021, 54: 900-908.
③ Shi Q, Abdel-Aty M. Big data applications in real-time traffic operation and safety monitoring and improvement on urban expressways [J]. Transportation Research Part C: Emerging Technologies, 2015, 58: 380-394.
④ Li Y, Ramezani M. Quasi revenue-neutral congestion pricing in cities: Crediting drivers to avoid city centers [J]. Transportation Research Part C: Emerging Technologies, 2022, 145: 103932.
⑤ 王小平. 大数据背景下深圳治理交通拥堵创新对策研究 [D]. 华中师范大学, 2016.
⑥ Tirachini A, Hensher D A, Rose J M. Multimodal pricing and optimal design of urban public transport: The interplay between traffic congestion and bus crowding [J]. Transportation Research Part B: Methodological, 2014, 61: 33-54.

货运价格的上涨情况，同时测度人们的出行满意度。① 林晓言和冯颖根据参照点依赖原理，研究了城市轨道交通票价的弹性，分析了参照点依赖和地铁票价存在的联系，构建了基于参照点的轨道交通票价模型。②

同时，交通大数据促进了交通模型的研究。刘云舒等从大数据的相关技术数据中，提出了一套城市通勤交通模型。③ 王军武和余旭鹏通过博弈论的方法研究城市轨道交通中的外部收益，通过研究当前国内实行PPP的轨道交通项目存在的问题，通过分析城市轨道交通存在的运营生命周期问题与客流的扩展问题，构建多目标视角的定价模型。④ 结合交通大数据，不仅可以为交通问题的研究提供大量的数据并反映相关信息，而且可以为交通模型的精细化研究提供保障。通过利用交通大数据，对促进交通出行的4D模型、出行目的地选择分布模型以及城市轨道交通出行接驳模型等进行研究。另外，大数据技术可以改进交通模型，大数据分析也要依赖传统交通模型来实现，大数据与交通模型呈现互动式发展。⑤ Simoni 等认为，实现交通系统的智能化对于城市交通的发展来说是非常必要的，应用大数据技术发展智能交通系统，可以有效解决很多实际问题，从而促进智能交通系统的发展与完善。⑥ 大数据的性质使其可以应用于交通系统，解决目前大部分交通问题，改善交通状况。

四 文献述评

以上文献将交通与经济相结合，交通可以实现地区的可达性，带动

---

① Liu Y, Xiang Z. Discussion on Characteristics and Price Regulation of Urban Rail Transit [C]. China: Proceedings of 2009 International Conference on Management Science and Engineering, 2009: 9-16.
② 林晓言, 冯颖. 参照点依赖的北京市轨道交通票价弹性研究 [J]. 中国工业经济, 2013 (7): 108-120.
③ 刘云舒, 赵鹏军, 吕迪. 大数据城市通勤交通模型的构建与模拟应用 [J]. 地球信息科学学报, 2021, 23 (7): 1185-1195.
④ 王军武, 余旭鹏. 考虑风险关联的轨道交通PPP项目风险分担演化博弈模型 [J]. 系统工程理论与实践, 2020, 40 (9): 2391-2405.
⑤ Ghofrani F, He Q, Goverde R M P, et al. Recent applications of big data analytics in railway transportation systems: A survey [J]. Transportation Research Part C: Emerging Technologies, 2018, 90: 226-246.
⑥ Simoni M D, Kockelman K M, Gurumurthy K M, et al. Congestion pricing in a world of self-driving vehicles: An analysis of different strategies in alternative future scenarios [J]. Transportation Research Part C: Emerging Technologies, 2019, 98: 167-185.

人口与资源的流动，同时解决距离问题，促进交通设施周边经济发展。交通的发展可以改变城市区域，扩大城市边界，对企业选址产生影响，交通运输业的发展对经济增长有较强的外部溢出效应。以上文献研究了交通经济学的理论与方法，同时随着交通设施建设的不断完善，城市轨道交通成为学者研究的重点。城市轨道交通具有运量大与速度快的特征，对城市建设与经济发展会产生影响。城市轨道交通可以促进经济的发展，学者通常运用经济学的思想与方法分析城市轨道交通。部分学者通过实证方法分析城市轨道交通的建设对房价、区域经济一体化等方面的影响机制。另外，将大数据技术应用于城市交通的研究中，多数学者应用大数据分析城市交通的智能化对城市交通拥堵、城市交通收费与城市交通定价的影响，并且部分学者提到城市智能交通发展迫在眉睫。但是，以上对交通经济的研究从理论角度出发，缺乏相应实证检验，对轨道交通经济的研究缺乏时空的考虑。另外，应用大数据研究城市交通多集中在解决城市交通拥堵、收费与定价的问题上，并且多数是从消费者角度出发，分析交通福利。少有文献集中于某一种交通方式，从交通工具的角度进行分析，并且现在"共享"是社会的热点，共享单车、共享汽车、共享停车位等进入人们的视野并且拥有良好的发展前景，本书以共享单车和共享汽车为例，分析大数据交通是一个创新点。

第四节　交通大数据的应用

一　物流大数据的应用

物流大数据在物联网、互联网、云计算等信息技术背景下产生，大数据在物流业的运用，能够促进物流各环节的信息共享及物流业与其他产业的高效协作，控制企业物流成本，提高服务效率。[①] 物流大数据市场可以细分为医药物流、冷链物流、电商物流等。从应用情况来看，电商物流在互联网平台上拥有明显的竞争优势。菜鸟网络的出现为电商物

---

① Govindan K, Gholizadeh H. Robust network design for sustainable-resilient reverse logistics network using big data: A case study of end-of-life vehicles [J]. Transportation Research Part E: Logistics and Transportation Review, 2021, 149: 102279.

流大数据领域带来了崭新的机遇和方向。这一现象不仅为行业注入了新的活力,还为其带来了新的发展前景。国内对物流大数据的研究较多。物流大数据的研究方向主要是将智能物流、互联网物流、物流大数据与人工智能等技术相结合,在输送机和道路的背景下改变大数据产业的发展模式,包括建立一个系统应用于物流、仓储、装卸、加工、配送、数据处理等环节。

Qi 等分析了配送中心的大数据系统架构,对"一带一路"大数据分布的特点和作用进行了详细总结,并提出了"一轴、三类规格""三个平台、两个门户"的主要建设内容、"五层三总线"的构建框架,为丝路物流新模式提供了可问责、精准溯源和分散价值整合的框架支撑,通过从中级更改为高级提高行业的灵活性和适用性,维护物流主权,完善物流资源产业创新的实施目标和激励措施。[①] Lee 等阐述了"一带一路"倡议背景下交通大数据在甘肃物流运营中的发展,总结了大数据在物流领域的应用方式,包括收费软件(如 ETC)、可感知高速公路上的车辆或记录天气变化的各种传感器和监控系统等。[②]

Gupta 等认为大数据技术应用于农业物流管理系统,实现大量农业数据的实时存储、加载、检索和挖掘,智能数据分析为准确的营销和客户理解提供了技术支持。[③] von Stietencron 等提出了三种云物流联合大数据创新物流的模式:物流企业联盟模式、供应链物流一体化模式以及虚拟无水港模式。[④] Harish 等认为电子商务、金融和物流协同平台是一个大数据聚合器,包括交易平台与物流系统集成,以及支付系统和金融交易系统,能实现数据流、资金流、物流和业务流的整合,还能提高交易资源

---

① Qi Y, Harrod S, Psaraftis H N, et al. Transport service selection and routing with carbon emissions and inventory costs consideration in the context of the Belt and Road Initiative [J]. Transportation Research Part E: Logistics and Transportation Review, 2022, 159: 102630.
② Lee P T W, Hu Z H, Lee S, et al. Strategic locations for logistics distribution centers along the Belt and Road: Explorative analysis and research agenda [J]. Transport Policy, 2022, 116: 24-47.
③ Gupta H, Kharub M, Shreshth K, et al. Evaluation of strategies to manage risks in smart, sustainable agri-logistics sector: A Bayesian-based group decision-making approach [J]. Business Strategy and the Environment, 2023, 32 (7): 4335-4359.
④ von Stietencron M, Hribernik K, Lepenioti K, et al. Towards logistics 4.0: An edge-cloud software framework for big data analytics in logistics processes [J]. International Journal of Production Research, 2022, 60 (19): 5994-6012.

与交易行为的可靠性和可信度,实时监控价格波动。①

二 大数据与城市轨道交通运营管理

随着大数据等相关技术的发展和我国城市化进程的加快,在交通领域应用大数据技术进行管理和引导,为城市轨道交通的运营管理提供了一种有效的思路和解决手段。利用各交通部门提供的数据信息可以模拟交通运行情况,据此评估技术方案的可行性。② 目前,国内外学者关于城市轨道交通运营管理的研究主要集中于两方面:一是从宏观角度分析,例如城市轨道所有制式及其建设和运营费用的融资形式;二是从技术层面出发,主要包括旅客运输服务以及运营保障系统,这方面的研究目的是提高轨道交通的运营效率以及为乘客提供更舒适、便捷的服务。本书侧重于对第二方面即运营效率进行阐述。

Le 等通过梳理典型城市大数据下的城市轨道交通应用,总结了运维信息化应用的自上而下和自下而上两种典型思路,并对其优缺点进行了分析。他们基于数据全生命周期管理的逻辑关系,提出涵盖基础层、数据层与应用层的设施设备运维信息化技术应用架构,为各地城轨企业运维信息化建设提供了参考。③ Lim 等总结了大数据技术在城市交通管理中的具体应用,阐述了大数据技术对城市交通管理产生的显著影响,其中包括提高了城市交通管理决策的科学性和合理性,同时也提升了城市管理的整体水平。这种影响是不可忽视的,因为大数据技术给城市交通管理带来了重要的变革,使得决策过程更具科学性和合理性,同时也提高了城市管理的效能,降低了城市相关形象风险。④ Yang 等以运输组织理

---

① Harish A R, Liu X L, Zhong R Y, et al. Log-flock: A blockchain-enabled platform for digital asset valuation and risk assessment in E-commerce logistics financing [J]. Computers & Industrial Engineering, 2021, 151: 107001.

② Kaffash S, Nguyen A T, Zhu J. Big data algorithms and applications in intelligent transportation system: A review and bibliometric analysis [J]. International Journal of Production Economics, 2021, 231: 107868.

③ Le T V, Stathopoulos A, Van Woensel T, et al. Supply, demand, operations, and management of crowd-shipping services: A review and empirical evidence [J]. Transportation Research Part C: Emerging Technologies, 2019, 103: 83-103.

④ Lim C, Kim K J, Maglio P P. Smart cities with big data: Reference models, challenges, and considerations [J]. Cities, 2018, 82: 86-99.

论为基础，对基于大数据的轨道交通智能运营的框架和概念进行了界定，从大数据的来源与主要数据项、大数据处理技术与智能应用几方面分析了轨道交通运营大数据。①他们系统集成前人的研究成果，创新性地论述了基于大数据的轨道交通智能运营策略与框架：①构建大数据驱动的智能协同行车调度指挥核心的逻辑架构；②提出 RGIS-web 平台两阶段设计构想并嵌入 RailSys 软件部分功能以实现路网运力配置智能化；③对标国际"出行即服务"（MaaS）理念提出客流组织智能化策略；④提出以建立全程物流供应链智能服务体系为目标的货运组织智能化策略。最后，他们提出自上而下的业务流程改造与自下而上的现代化运作相结合有助于实现轨道交通的智能化运营管理。Ghofrani 等分析了大数据技术在城轨运营管理中的应用，使用最新设备收集、集成、挖掘数据，并使数据可视化，为政府监管机构的运营管理和设备维护提供集中化、专业化、细节化、定制化的内容，为地铁运营商提升维护效率提供依据，启用故障预测技术，提高应急响应和决策能力。②

三 文献述评

大数据、共享经济等新技术与新服务模式正在引领交通领域的变革，将大数据处理技术应用于交通领域，旨在提升交通运输效率与服务水平。以上文献分为两个部分。第一部分是物流大数据的应用。物流大数据市场可以细分为医药物流、冷链物流和电商物流等，目前的应用中电商物流具备较大的先发优势。在物流行业的大数据研究中，多数学者的研究角度聚焦于如何结合人工智能、云计算技术，利用物流大数据提升物流企业的成本控制能力、效率和服务水平等。学者总结了物流大数据的特征和应用，依据特定的物流领域构建了物流体系。谢泗薪和孙秀敏对"一带一路"物流体系进行了深入解读，对现有情况进行了具体分析，提出了

---

① Yang X, Xue Q, Ding M, et al. Short-term prediction of passenger volume for urban rail systems: A deep learning approach based on smart-card data [J]. International Journal of Production Economics, 2021, 231: 107920.

② Ghofrani F, He Q, Goverde R M P, et al. Recent applications of big data analytics in railway transportation systems: A survey [J]. Transportation Research Part C: Emerging Technologies, 2018, 90: 226-246.

物流大数据的建设框架以及解决办法。① 部分学者从物流企业的角度出发，以优化资源配置、精准营销、提供有效决策等为目的对各领域的物流企业大数据应用模式和框架进行了具体分析。第二部分是大数据技术应用于城市轨道交通的运营管理研究。大部分学者以国内大城市的轨道交通为研究对象，分析了大数据技术在城轨运营管理中的应用，主要包括自上而下的业务流程改造和自下而上的现代化运作两种类型。部分学者以运输组织理论为基础对大数据下的轨道交通智能运营框架进行了系统的研究。

第五节　运输管制

一　管制理论

限制（或者说管制）是对经制裁确定的个人或组织的自由意志的强制性限制。政府是限制经济主体决策的强制力量。政府限制代表着国家权力对个人或组织的判断，对行为的限制和影响。施蒂格勒（G. J. Stigler）认为，所谓限制就是利用国家的"强制力"，追求业界的个人利益，并列举了四项由国家提供的规制手段：价格控制、货币补贴、抑制产业替代品和鼓励补充产品。

经济学意义上的管制的三要素可以概括为：①管制主体，即通过立法或其他形式被授予管制权的管制者，主要包括政府行政机关；②管制客体，即被管制者，主要是企业等各经济主体；③管理的主要依据和手段是各种法律规定和制度，包括违反法律法规受到的制裁等。② 现在，管制经济学主要由反垄断、经济性管制、社会性管制构成，分别以人为垄断、自然垄断、信息不对称性及外部性等市场失灵问题为目标。③

---

① 谢泗薪，孙秀敏．"一带一路"倡议下基于大数据的口岸物流发展战略思考——以内蒙、黑龙江、新疆三地口岸物流发展为例 [J]．价格月刊，2018（1）：73-79．
② Urbano D, Aparicio S, Audretsch D. Twenty-five years of research on institutions, entrepreneurship, and economic growth: What has been learned? [J]. Small Business Economics, 2019, 53: 21-49.
③ Stigler G J. The theory of economic regulation [A]//Ferguson T, Rogers J. The Political Economy: Readings in the Politics and Economics of American Public Policy [M]. Routledge, 2021: 67-81.

其中，经济性管制是经济活动的管制，社会性管制是非经济活动的管制。经济性管制包括四个方面的内容：价格管制、进入和退出管制、投资管制以及质量管制。国外学者主要强调经济监管的两个方面：一是经济监管主要控制企业的产品价格和数量等决策变量，二是经济监管主要针对特定行业。而社会监管主要针对健康和安全以及环境问题。

国外学者从实证分析的角度阐述了反垄断、经济性管制和社会性管制的基本理论和观点。他们认为，经济性管制是政府对企业进行的一种行政性限制，包括控制其进入和退出的决策、影响其价格制定决策以及产出决策等。而社会性管制则是于20世纪70年代出现并迅速发展起来的一种新的管制方式，其重点关注安全、健康与环境等领域。

二 交通管制

交通管制是一种强有力的行政行为，采取非制裁性的限权等措施，是为了更高层面的价值追求，保证交通安全、维护社会秩序。

（一）交通管制的分类

国内外学者对交通管制进行了分类。从管制时间的角度来看，Zhang等将交通管制分为连续交通管制和间隔交通管制。连续交通管制是指在一段连续时间内，控制区域内控制模式不变的管制。间隔交通管制是将连续时间分解成几个小的不连续时间的交通管制，控制区域的控制模式根据控制要求而变化。[①] 从管制空间的观点来看，交通管制可以分为航空管制、海上交通管制和地上交通管制。[②]

（二）交通管制的主客体

交通管制的主体是公安机关和交通管制部门。这是法律赋予公安机关和交通管理部门的职责和权限，其他任何组织和个人都无权实施交通管制。

---

① Zhang S, Wu Y, Yan H, et al. Black carbon pollution for a major road in Beijing: Implications for policy interventions of the heavy-duty truck fleet [J]. Transportation Research Part D: Transport and Environment, 2019, 68: 110-121.

② Guo D, Chen Y, Yang J, et al. Planning and application of underground logistics systems in new cities and districts in China [J]. Tunnelling and Underground Space Technology, 2021, 113: 103947.

交通管制针对的是道路上的车辆、行人和其他与交通有关的活动。交通管制并非经常性措施，因为它常常影响车辆和行人的正常活动，以及其他道路上与交通有关的活动。一般来说，交通管制在常态的交通状况下是不实施的。

（三）交通管制的目的

交通管制的目的是确保交通安全和维持社会秩序，只有在不采取这个管制很难达到此目的时才实施。虽然交通权是市民的基本权利，但是交通权也必须遵守社会交通安全和社会秩序，因此在特定的时间和地区也会受到限制。[①] 因为交通管制限制了市民的交通权，所以必须根据相关的法律规定进行管制。而且，如果不采取交通管制措施的话，很难达到确保交通安全、维持社会秩序的目的。

（四）交通管制的性质

因为交通管制措施是应对紧急情况的，所以具有时间性和区域性，在某地区发生紧急事件的情况下，这个地区需要及时采取交通管制措施，否则交通安全和社会稳定将会受到严重威胁。处理突发事件后，应在相关区域采取交通管制措施，否则将影响正常的交通秩序。因此，交通管制的时间性和区域性是合理实施交通管制的关键。

实施交通管制措施，通常需要综合运用法律法规和交通工程技术，对道路上和其他交通相关活动中的车辆和行人采取绕行、限制和禁止的措施。例如，特定地区的交通管制通常限制某些车辆在特定期间通过。对于能够通过特定区域的车辆，往往采取交通标志限速或者安排人员进行引导，不能通过该区域的车辆需要安排绕行等措施。

Poliak 等从道路运输业的技术经济特征、市场主体的属性、组织性质等方面系统归纳了道路运输业的属性特性，提出了研究道路运输的属性结构构成。[②] Tamannaei 等在公路运输经济管制理论的研究中提出应该强调研究方法的规范化，侧重于系统化的理论体系构建，并对由政企合

[①] 国务院法制办行政法司. 中华人民共和国道路交通安全法释义 [M]. 人民交通出版社，2003.

[②] Poliak M, Svabova L, Konecny V, et al. New paradigms of quantification of economic efficiency in the transport sector [J]. Oeconomia Copernicana, 2021, 12 (1): 193-212.

一造成的管制者寻租问题、关联方利益输送问题、公益性事业过度市场化问题进行研究。①

三 交通大数据管制

近年来,随着互联网技术、信息传递技术、信息采集技术的不断发展和普及,各类数据不断涌现,大数据已经成为当前人们所关注的热点,无论是学术界还是各个产业各个企业,甚至是国家之间,都试图通过分析挖掘大数据的潜在价值。

交通大数据因其体量庞大、结构复杂、包含丰富多样的私人信息和交通数据信息,往往成为一些不法分子所密切关注的对象,稍有不慎,一旦数据泄露将会造成巨大的损失。2013年"棱镜门"事件是美国情报机构利用大数据技术实施全球通信系统和互联网实时监控,收集、挖掘、分析大数据,引发了全球信息安全危机。赵光辉和李玲玲认为,目前我国交通大数据主要包括各业务局及有关单位的业务数据、基于视频监控的数据、基于路口交通信号的数据、基于GPS监控的定位数据、海事局的签证业务系统数据、航道船闸收费以及交通量系统数据、运输管理局公路客运站联网售票系统数据等。② Darwish 和 Bakar 分析了智慧交通背景下大数据面临的挑战,认为不同地区在交通数据采集中使用的传感器、数据采集装置不同会带来顶层设计问题,国内未对维护数据安全以及保障数据质量给予足够的重视,以及缺乏完善的大数据审核机制,应从这几个方面提出完善相关法律法规、打造统一数据共享平台、引进先进技术、培养优质人才等应对策略。③ 赵光辉认为交通大数据涵盖的领域范围较广、专业集成度高、分析难度大,而在数据采集、整理、存储、传输等过程中统计标准不一致、统计计量单位不规范,导致数据的可靠性

---

① Tamannaei M, Zarei H, Rasti-Barzoki M. A game theoretic approach to sustainable freight transportation: Competition between road and intermodal road-rail systems with government intervention [J]. Transportation Research Part B: Methodological, 2021, 153: 272–295.
② 赵光辉,李玲玲. 大数据时代新型交通服务商业模式的监管——以网约车为例 [J]. 管理世界, 2019, 35 (6): 109–118.
③ Darwish T S J, Bakar K A. Fog based intelligent transportation big data analytics in the internet of vehicles environment: Motivations, architecture, challenges, and critical issues [J]. IEEE Access, 2018, 6: 15679–15701.

不高；同时数据泄露、恶意收集用户隐私也严重影响了数据存储以及应用的安全性。① 从交通大数据的基本特征入手，赵光辉分析了交通大数据在数据本身、系统基础设施、相关技术上存在的问题，并从大数据存储、应用、管理方面提出应对策略。② Chang基于对用户隐私的保护，构建了智能交通大数据实验平台，研究了现阶段智能交通大数据在隐私保护方面面临的挑战与不足，通过大数据隐私保护仿真平台验证了该实验平台在保护用户隐私方面的有效性。③

大数据安全问题除了体现在居民的隐私安全上，还有很大一部分与国家安全息息相关。刘宗毅等认为，交通大数据在国防交通领域的安全问题更加突出，国防交通大数据除了一般大数据具有的4V特征外，还具有复杂性强、保密性强、机动性强、安全性强、对抗性强、实时性强的特点，所以在实际应用中，国防交通大数据面临着更易成为网络攻击的目标、放大国防信息泄露的风险、成为高级可持续攻击（APT）的载体等安全问题。④ 要解决这些问题，我们要完善国防交通大数据支撑环境、建立相应的管理机制、加大数据安全技术研发投入、强化运用大数据技术应对高级可持续攻击的能力。

四 文献述评

虽然"看不见的手"在市场经济体制中起着调控的作用，但在很多时候，无论是何种经济体，都离不开"看得见的手"对市场经济进行不同程度的干预。以上文献综合了国内外学者对运输管制层面的研究，从三个部分对相关文献进行了总结。第一部分是论述何为管制，施蒂格勒认为管制是国家"强制权力"的运用，即国家层面通过相关法律法规在补贴、价格、市场竞争性、健康、安全和环境问题等方面进行干预。因

---

① 赵光辉. 大数据与交通融合发展的特点与展望［J］. 宏观经济管理，2018（8）：60-67.
② 赵光辉. 基于交通强国的大数据交通治理：挑战、机遇与对策［J］. 当代经济管理，2018，40（12）：42-50.
③ Chang V. An ethical framework for big data and smart cities［J］. Technological Forecasting and Social Change，2021，165：120559.
④ 刘宗毅，谢珊珊，莫中秋等. 大国博弈背景下的新时代国防科技情报转型发展研究［J］. 情报理论与实践，2021，44（4）：1-7.

为管制在经济中扮演着越来越重要的角色,形成的相应管制经济学学科从反垄断、经济性管制和社会性管制层面分别针对人为垄断、自然垄断、外部性等市场失灵问题进行了研究。第二部分和第三部分是对"运输"字眼的详细解读,运输管制可以从两个维度进行表述,一个是交通管制,另一个是运输过程中产生的交通大数据管制。交通管制只能是公安机关及其交通管理部门对行驶在道路上的车辆和行人的通行以及其他与交通有关的活动的管制,其他组织和个人都无权实施,其目的是保证交通安全和维护社会秩序。在特定时间和地点实施交通管制时,还应当通过适当的法律措施疏散人群,为实施交通管制创造条件,并且在管制结束后及时恢复秩序。而对于管制程度,不同学者持有不同意见,应当更多地强调方法理论体系建设的规范化,并对管制带来的问题加以解决。有些学者则强调在民航领域应当放宽政府管制,由市场自动进行调节。第三部分分析了运输过程中产生的交通大数据管制,交通大数据包含的信息量大、涉及面广,不仅涉及用户的隐私安全,还涉及国家层面的交通安全,一旦发生数据泄露将会造成巨大的损失。以至于一些学者认为有必要从大数据存储、应用、管理方面采取相应对策,如完善国防交通大数据支撑环境、建立相应的管理机制、加大数据安全技术研发投入等,唯有大数据安全可靠,才能发挥其真正价值。

第六节 交通行为

一 行为理论

个体行为理论研究最早起源于地理学和规划学,主要分析个人在时间和空间约束下的行动,并进一步讨论时间和空间约束与个人移动之间的特征关系。地理学家 Zhao 等发展了时间-地理方法,说明了在时间和空间上活动参与的约束体系,提出了时空棱柱的概念。[1]

根据理性行为理论(Theory of Reasoned Action),人的行为被认为是

---

[1] Zhao P, Jonietz D, Raubal M. Applying frequent-pattern mining and time geography to impute gaps in smartphone-based human-movement data [J]. International Journal of Geographical Information Science, 2021, 35 (11): 2187-2215.

由行为意图、使用态度和主观规范共同决定的,其中行为意图直接决定人的行为,而使用态度和主观规范通过影响行为意图间接影响人的行为。① 1985 年,Ajzen 初次提出了计划行为理论。根据这个理论,个人的特性、政策的影响、个人的信念、跟风的意识等外部变量会直接影响行为意图。与理性行为理论相比,该理论增加了感知行动控制的因素,弥补了理性行为理论无视客观因素的缺陷。Tedesco 等基于扩展的计划行为理论,同时考虑社会经济统计特性和心理因素,研究了都市圈城际出行者对长途汽车、普通列车和高铁三种方式的选择行为。② 李华强等基于计划行为理论(TPB)和技术接受模型(TAM),构建了研究绿色智能出行的居民出行行为影响因素模型。③ Qin 等以提高城市道路交通安全水平为出发点,基于计划行为理论框架,采用问卷调查的方法,研究外卖配送员闯红灯行为。④

长期以来,我国交通行业更关注道路安全和车辆技术的发展,对交通行为方面的研究起步相对较晚。随着"互联网+"技术的不断发展和居民生活水平的不断提高,人们的物质文化需求不断增长,需求层次更高、需求内容更广泛。在人的出行行为方面,居民在满足传统出行需求的基础上更追求个性化的多元化出行,因此有必要对居民的出行行为进行深入调查。居民的出行行为是指出行者在外出之前,综合考虑出行目的地、自身因素、外部因素,从而达到出行者选择最佳出行方式的目的。这种决策不仅仅是个人进行信息选择的结果,更是出行者、载体、环境共同行动的结果。作为城市活动系统内的动态联系,出行行为实际上是从人们日常活动中衍生出来的交通活动,反映了城市居民的时空参与。基于活动的出行行为理论主要研究人们的出行行为规律和选择特征,也

---

① Mital M, Chang V, Choudhary P, et al. Adoption of internet of things in India: A test of competing models using a structured equation modeling approach [J]. Technological Forecasting and Social Change, 2018, 136: 339-346.

② Tedesco M, Keenan J M, Hultquist C. Measuring, mapping, and anticipating climate gentrification in Florida: Miami and Tampa case studies [J]. Cities, 2022, 131: 103991.

③ 李华强,武晨,范春梅. 智能交通技术下居民绿色出行影响因素研究——基于 TPB 和 TAM 整合模型的扎根分析 [J]. 现代城市研究, 2018 (12): 2-8.

④ Qin H, Wei Y, Zhang Q, et al. An observational study on the risk behaviors of electric bicycle riders performing meal delivery at urban intersections in China [J]. Transportation Research Part F: Traffic Psychology and Behaviour, 2021, 79: 107-117.

就是个人和家庭关于出行行为的决策特性,是交通管理和控制中最为重要的理论之一。① 对个人出行行为进行研究是指研究城市交通规划、建设和管理的基础性工作落实情况,特别是随着我国经济的发展、城市化进程的加快以及交通管理的科学化,人们越来越重视对出行行为的研究。

自20世纪50年代以来,行为经济学家莫里斯·阿莱(Maurice Allais)观测到行为悖论的存在,赫伯特·西蒙(Herbert Simon)提出有限理性的概念,丹尼尔·卡内曼(Daniel Kahneman)提出前景理论等,这些行为经济学模型综合了经济学和心理学的观点,适用于个人和团体的多种决策情况,也特别适用于解决交通运输问题。② 因为交通系统是典型的不确定性系统,在不确定性条件下的出行行为呈现有限理性的特征。前景理论是一个有限理性决策理论,符合现实中出行者的实际行为特征,可以用于研究交通模式、出行路径、出发时间等选择问题。Malokin等在探讨运输时间价值与路径选择行为之间的关系时,以累积前景理论为基本分析框架,在一定程度上弥补了行动者"绝对理性"的缺陷,对路径选择的描述更接近现实。③ Zhu等利用后悔理论对出行者的路径选择行为进行了研究,发现随着后悔和厌恶水平的提高,选择最短路径的出行者越来越多,而选择非最短路径的出行者越来越少。④ 通勤出行是城市居民最基本的出行目的。宗刚等以累积前景理论为基础,研究最优交通方式选择行为。⑤

二 交通行为理论

交通行为是指在交通环境影响下,具有某种特定属性的交通个体做

---

① Lucas K, Bates J, Moore J, et al. Modelling the relationship between travel behaviours and social disadvantage [J]. Transportation Research Part A: Policy and Practice, 2016, 85: 157-173.
② 荣朝和,林晓言,李红昌等. 运输经济学通论 [M]. 经济科学出版社, 2021.
③ Malokin A, Circella G, Mokhtarian P L. Do millennials value travel time differently because of productive multitasking? A revealed-preference study of Northern California commuters [J]. Transportation, 2021, 48: 2787-2823.
④ Zhu J, Ma X, Kou G, et al. A three-way consensus model with regret theory under the framework of probabilistic linguistic term sets [J]. Information Fusion, 2023, 95: 250-274.
⑤ 宗刚,曾庆华,魏素豪. 基于时间价值的交通出行方式选择行为研究 [J]. 管理工程学报, 2020, 34 (3): 142-150.

出的反映其心理变化的活动。现实中的交通行为是非常复杂的，是人们寻求最优出行方式的体现，是社会空间组织化程度不断提高的过程。Hersbach 等提出，交通行为是近期活动选择、生活和工作中长期场所选择共同作用的结果，受到社会网络和空间结构的影响，包括理性因素与非理性因素。[1]

从社会发展的角度看，交通行为反映了社会系统运营过程中的空间位置关系，随着社会交通的发展，社会系统内部及子系统之间呈现一个从封闭到开放、从松散到紧密接触、从互不影响到密切配合的过程；交通的发展提高了社会关系的相互依存性，各种交通行为之间不仅相互牵制，还相互影响，形成了一个相互依存的运行系统。交通行为被视为一种独特的社会行动，其实质在于在社会活动中促成人际联系和社交互动。正是通过这种交通相互作用，满足了人们出行的需求。从系统理论的角度来看，道路交通系统包括四个主要因素：人、车辆、道路和环境。车辆和道路的存在旨在服务于社会行为，环境则起着调节交通行为相互关系的重要作用，而人则是交通系统的主要参与者。

Lee 等认为个人选择交通工具被称为个人交通行为，交通政策则被视为集体交通行为。[2] 交通政策可能只影响个人的交通行为，无法替代个人做出交通工具的选择。人类的交通行为反映了人类对随着社会经济水平的提高和运输技术的发展而不断变化的交通方式的需求。有人指出，人的交通行为不仅可以定性描述，还可以定量描述，这提供了确定交通综合网络结构的方法。Kang 等通过对基年模式、客运量相关因素等进行分析，提出了使用交通行为理论来计算乘客数量。他们认为交通行为理论的基本思想是，交通工具的选择是由数十亿不同经济收入水平的乘客的偏好决定的，政策制定者所决定的政策需要尽可能地适应这一选择。在运输供给小于需求的情况下，乘客的偏好会受到抑制；在需求和供给平衡的情况下，它会促进交通网络流的平衡分配；在运输供给大于需求

---

[1] Hersbach H, Bell B, Berrisford P, et al. The ERA5 global reanalysis [J]. Quarterly Journal of the Royal Meteorological Society, 2020, 146 (730): 1999-2049.

[2] Lee S, Ryu I, Ngoduy D, et al. A stochastic behaviour model of a personal mobility under heterogeneous low-carbon traffic flow [J]. Transportation Research Part C: Emerging Technologies, 2021, 128: 103163.

的情况下，乘客的偏好是决定交通发展水平的唯一因素。同时他们指出，交通政策对乘客的偏好有一定的指导和调节效果。① 随着我国现代信息技术的高速发展并广泛应用于交通运输领域，比如共享单车、网约车的兴起均与人们的出行息息相关，这一趋势的发展也在不断改变着大多数人的交通行为。

三　交通大数据与交通行为

交通大数据与交通行为之间的关系密不可分，交通大数据的采集即监测交通运输基础设施和运营管理数据，同时获取出行用户需求数据，是确保交通系统运营高效的前提条件。这些数据必须准确且及时可用，以便用户选择合适的管理策略，满足用户需求。交通大数据经过汇总整合、算法分析后，可以有针对性地对不同领域的交通行为进行设计、监测和预警。② 通过对交通行为的出行特征、交通流、出行轨迹等的进一步分析，可以研究员工职住不平衡、交通线网规划、交通基础设施的安全设计等民生问题。

交通大数据在保障交通安全方面具有重要意义。比如，针对地铁车站内人流密集，容易在地铁口、通道、扶梯等处发生踩踏事故的问题，可以通过收集车站内人的交通行为信息，采用大数据分析的方法获取人的交通行为特征，进而采取相应的解决办法。魏万旭等主要运用Hadoop平台提取和存储大量的人的交通行为特征数据，他们先通过视频采集人的交通行为数据，然后将人的交通行为划分为单体行为、交互行为、避障行为三类，进而根据基础数据集及特征参数计算公式对行为特征参数进行提取。这为城市轨道车站内的行人安全管理以及安全疏导基础设施的设计提供了重要的参考。③ 另外，对货车而言，由于其具有行车时间长、行驶路程远等交通行为特点，驾驶员容易出现超速、疲劳驾驶、超

---

① Kang Y, Mao S, Zhang Y. Fractional time-varying grey traffic flow model based on viscoelastic fluid and its application [J]. Transportation Research Part B：Methodological，2022，157：149-174.
② Tijan E, Jović M, Aksentijević S, et al. Digital transformation in the maritime transport sector [J]. Technological Forecasting and Social Change，2021，170：120879.
③ 魏万旭，方勇，胡华等. 基于视频数据挖掘的城市轨道交通车站行人交通行为特征提取系统研究 [J]. 铁道运输与经济，2021，43（8）：119-125.

载等违法行为，其发生事故的可能性与严重程度都高于其他机动车，所以其道路运输安全亟须改善。交通大数据的应用可以在很大程度上缓解上述安全问题，通过建立全国统一的货车数据平台，可以甄别事故逃逸车辆从而增加违法成本；可以在事故多发地带建设特别设施；可以通过实证分析车辆的速度或者加速度，研究影响驾驶员行驶速度的因素，从而为政策制定提供参考；可以对车辆、运输企业和道路进行安全等级评价，以及时锁定隐患；可以对驾驶员进行智能提醒；可以对逃逸车辆进行虚拟拦截，从而为部署警力争取时间，全方位提高车辆行驶的安全性。

交通大数据还可以通过 GPS 数据、手机信令数据、地铁公交刷卡数据、路网数据和卡口数据等分析人们的出行行为，其在优化交通运营策略、建立更好的城市公共交通系统、促进智慧城市建设、帮助管理部门制定政策以及预防交通事故等方面具有巨大的应用前景。类似于互联网平台通过消费者的网页浏览数据分析其购买需求，交通大数据可以刻画每个出行者的用户画像，这里的用户画像包括其出行轨迹、出行时间、年龄、收入、工作等不同因素，再结合精确的仿真技术，就可以应用于新政策制定前后的对比，有利于政策的精准实施。杨艳妮等通过分析人们在公共交通中的方式选择，获得不同群体对票价、速度的敏感度，从而为公共交通系统制定差异化的票价提供了量化依据。[①] 李亮等采用聚类分析方法，基于时空维度变量研究杭州市轨道交通站点情况。[②] 此外，很多学者还通过手机应用与无线通信网络数据交互时产生的 CI 定位出行数据来研究居民的出行行为，为优化小区周围的公共交通工具调度、行车路线规划等提供了重要参考。[③]

四　文献述评

交通行为理论是将行为理论应用到交通领域，采用时空分析方法对个体行为进行进一步研究。学者们对行为理论的研究主要集中于理性行

[①] 杨艳妮,席与焜,申嫒菲等. 大数据驱动的公共交通系统出行方式选择特性研究 [J]. 交通运输系统工程与信息, 2019, 19 (1)：69-75.

[②] 李亮,赵星,张海燕等. 基于时空维度变量的杭州市轨道交通站点聚类研究 [J]. 北京交通大学学报, 2022, 46 (4)：31-42.

[③] 张昕雨,吕迪,赵鹏军. 基于居民出行大数据的我国都市圈识别及其分布格局 [J]. 人文地理, 2022, 37 (6)：171-182.

为理论、计划行为理论和出行行为理论等方面。国内学者从出行者路径选择对交通的影响角度来研究时间和路径选择行为是更接近现实的，也为交通规划和政策制定奠定了坚实的理论基础。交通行为通过交通大数据分析演变成了可以定量解释的私人选择行为，在该过程中交通大数据分析提供了一种全面的交通综合网络结构的决定方法。在制订未来的交通计划时，不仅要考虑本国人民受交通行为的限制，而且要更加科学地制订未来的交通计划，为将来全面的交通网络做适当的安排。更多学者对交通大数据进行分析，得出人们交通出行的行为规律，为人们的出行规划提供参考，以满足人们的出行需求。

在当前大数据普及的情况下，数据分析和研究往往倾向于将重点放在数据的主流知识价值上，重点关注的是主流趋势、热门信息，处于边缘化的个体与异常行为模式在很多情况下都没有引起应有的重视。而在实践中，这些边缘化的个体和异常行为模式也具有重要的研究和应用价值。运输服务的一体化整合，是运输服务的高品质表现，属于高级的运输组织形态。构建创新型运输产业是提高运输服务综合能力和运输质量的有效措施，也是实现运输现代化的重要途径。通过信息技术变革传统的运输行业、开发智慧交通系统，能够提高运输系统的经济技术水平、生态环境水平。深化运输行业制度改革，能够提高运输服务质量，加快运输行业的市场化进程。未来的运输需求会从量的需求向质的需求变化，从"满足"向"满意"转移。本章文献述评的结论是，基于运输经济技术特征的时空经济分析框架有待建立，交通大数据在高铁、民航等领域的理论与实证研究有待进一步深化。

第三章 交通大数据的时空经济理论分析框架

内容提要：首先，分析了交通大数据的基本特征，概括了交通大数据所具有的时空移动性、多维结构、社会关联性等特征。其次，从时间元素、空间元素两方面分析了交通大数据的基本影响因素。再次，从交通大数据的物信关系、时空经济、供需匹配等作用出发，构建了基于匹配理论的交通大数据分析框架。最后，从几何模型、数理模型、计量模型维度对交通大数据时空匹配进行了多维度的分析。

第一节 交通大数据的基本特征

大数据时代到来了。这毫无疑问是对城市交通的机遇和挑战，城市交通在传统的交通方式中具有根本性作用。大数据时代的特征可使用以 Velocity、Variety、Volume、Value 4个"V"开头的英语单词来表达。以快速可预测为主要特征的大数据可以提高交通预测水平。为了验证未来的交通运营状况和可行性，技术方案依赖于各部门提供的有效数据，以建立适当的交通预测模型，实现准确提炼和有效模拟。在实时交通预测领域，根据大数据的高速信息处理能力，可以实时预测车辆碰撞、车道变更、驾驶员的行为状态。在大数据时代，城市交通和大数据必然会在各个链接上相吻合。大数据带来的技术革新将推动城市交通朝全面信息化方向发展。在大数据时代，大数据技术的突破将创造城市交通综合信息时代，因为城市交通和大数据在各个环节上相互融合是必然的。

交通大数据与传统交通数据的不同之处主要体现在数据特征上，目前对大数据特征的描述主要有3V、4V和5V等。本章结合交通大数据的基本特征，认为交通大数据具有6V特征，具体如表3-1所示。

表 3-1 交通大数据的特征

特征	描述
Volume：体量巨大	结构化数据和非结构化数据的来源广泛与长期存储
Velocity：处理快速	交通流具有时变性，交通管理与服务具有时效性，需要较快的数据处理速度
Variety：种类多样	数据来源广泛、类型丰富，交通系统具有多状态特征
Veracity：真假共存	数据存在缺失、错误、冗余等异常现象
Value：价值丰富	具有时间、空间、历史等多维特征，是多元服务的基础
Visualization：可视化	交通运行状态、城市路网特征等需要可视化的呈现

资料来源：Lakshmanaprabu S K, Shankar K, Khanna A, et al. Effective features to classify big data using social internet of things [J]. IEEE Access, 2018, 6：24196-24204。

城市大数据是具有多源、多模式和异构特点的大量数据。它在城市的管理、生活、建设、发展过程中，是由信息空间、物理空间、人类社会的"三维空间"产生的，具有丰富的知识和价值。它与大数据领域中一直被提及的网络大数据、金融大数据、科学大数据有很大的不同。因此，交通大数据具有时空移动性、多维结构和社会关联性。

一 时空移动性

交通事件有地域性和时间性的特征。如果要完全和深刻地了解交通大数据，就必须从时间和空间的角度分析其动态演化特征。

二 多维结构

例如一段高速公路上，既有交通流的属性，也有路面介质信息，还有路基构造等特性。

三 社会关联性

人类社会大量的运动同时存在于信息空间和物理空间，因此信息空间、物理空间和人类社会的关联性体现在城市发展中，即动态信息、个体流动规律、人群生活以及城市交通发展的深度交互上。

随着交通方式的增加，交通堵塞、废气排放、交通事故等严重的交通问题也频繁发生。因此，智能道路交通系统的构建和改善已成为不可或缺的话题。在此基础上，结合大数据技术建立智能交通数据处理模式，可以有效解决上述问题。

第二节　基本分析元素

时间和空间既是交通领域的重大话题,也是其他领域如新制度经济学领域强调的重要变量。[①] 城市交通系统范围很广,其大数据规模庞大,生命周期短,时间跨度长。交通的时空数据是指用于描述交通系统的实时交通状况的数据,如路段的交通流量信息数据、交通拥挤信息数据、交通热点事件信息数据等。这些数据具有复杂的时空属性、强烈的时空关联性,从而使得进行相关数据分析时非常困难。因此,需要从时间和空间两个角度分析交通大数据。

一　交通时间元素

旅行时间是指完成一次旅行所需的时间。这取决于移动距离、移动速度和各种非驾驶时间。以个人交通为例,旅行时间包括从目的地或出发点到停车场的时间、取车或存放车辆的时间、步行时间、等待时间和驾驶时间,这些是城市交通质量的主要评价指标。出行时间,又称"出行时刻""出行时耗"。学界经常把城市出行时间作为解决以城市拥挤为代表的"城市病"的有效指标和"发展红利"的标志。研究人员解释,出行时间可以用来判断一个城市的规划和设计是否合理、功能分区和产业布局是否合适、交通基础设施建设的程度、居住适宜性、城市的科学管理水平以及人力资源利用程度,这是因为出行时间反映了城市的面积、人口规模、功能属性、交通网络等基本特征。[②]

时空压缩(compression of time and space)是一种研究因运输和通信技术的进步而引起的人际交往在时间和空间方面变化的理论。这个理论认为,在一定区域内,人际交往所需的时间和距离会随着运输和通信技术的进步而缩短。

---

① Donthu N, Kumar S, Mukherjee D, et al. How to conduct a bibliometric analysis: An overview and guidelines [J]. Journal of Business Research, 2021, 133: 285-296.
② Chiang T C. Economic policy uncertainty, risk and stock returns: Evidence from G7 stock markets [J]. Finance Research Letters, 2019, 29: 41-49.

第三章　交通大数据的时空经济理论分析框架

大卫·哈维（David Harvey）在他的经典论著《后现代的状况》一书中提出时空压缩概念，指出"资本主义的历史具有在生产生活步伐方面加速的特征，而同时又克服了空间上的各种障碍，以致世界有时看起来是内在地朝着我们崩溃了"[1]。哈维运用人文地理学的方法，结合《资本论》中马克思主义方法论[2]，在历史唯物主义的框架下提出，科学、技术和工业革命已经渗透到生活的各个方面，大大缩短了运输和网络通信的时间，促进了资本全球化的进程，加快了人们生活的步伐。

大数据不仅影响城市交通出行的规划、管理和优化，还可直接帮助用户更好地出行。比如人们日常生活中使用的地图导航就是基于大数据做好拥堵预测，给用户提供更好的路径规划，在进行智能分流、提升用户体验的同时，降低城市的拥堵系数。

随着网络技术、信息通信技术、传感技术和控制技术的普及和发展，计算机技术在道路监控系统中得到了有效而统一的应用，大大提高了监控、管理和运行的效率。每个功能系统都会高速生成大量数据，并利用大数据分析和处理技术来收集、分析和处理这些数据，为交通管理和交通信息服务提供实时、准确的交通信息和数据驱动支持。例如，传感技术可获取道路结冰、雨雪、浓雾、事故、施工等路况信息，建立交通信息发布和服务系统，提供准确的出行信息，以便于出行者选择最佳的出行方式。它还可以通过运营商的网络向乘客的移动设备传输服务信息。利用这一功能，它可以向驾驶员提供有关天气、路况、事故多发区的信息，并推荐最佳路线。

2016年10月，作为高德母公司的阿里巴巴集团提出了"城市大脑"项目，其经典应用就是对城市交通进行智能化管理。其后台应用原理就是基于对交通大数据的分析来对出行进行预测，再进行智能化的调控，比如调整红绿灯时间，或者决定一个路口是否允许左转。高德和阿里云则是在2012年的交通运输大会上正式发布了这个项目的战略计划，准备落地50多个城市。"城市大脑"会把政府交管部门和企业的信息放开，为不同城市提供适合自身的交通方案，希望给用户节约10%左右的平均

---

[1]　Harvey D. Time-space compression and the postmodern condition [J]. Modernity: Critical Concepts, 1999, 4: 98-118.

[2]　马克思. 资本论（第一卷）[M]. 人民出版社, 1975.

出行时间。在高德看来，交通拥堵的原因是不合理的资源供需、路网匹配，以及比例较低的公共交通分担。使用常规的方法是很难短时间解决这些问题的，不过"城市大脑"却能短时间解决这些问题，带来更高的交通资源利用率。交通体系中的大局最优与个别最优的动态平衡可以由"城市大脑"来完成。

专栏 1　城市大脑

城市大脑是互联网大脑构造与智慧城市建设相结合的产物。这是一个复杂的、智能的、智能化的系统。城市神经网络和城市云反射弧是城市大脑建设的焦点。城市大脑的作用是提高城市管理的效率，解决城市管理面临的复杂问题，更好地满足城市成员的需求。城市发展目标并不局限于特定的城市或地区。当世界上的城市大脑相互连接时，城市大脑最终形成了世界的神经系统，并提供了像大脑一样的智能支撑平台。

根据互联网大脑的三大特征，可以形成城市大脑全球标准的9个研究方向。

①城市大脑的顶层建设标准；②城市神经元的分类标准；③城市神经元的功能标准；④城市神经元的全球空间定位标准；⑤城市神经元的世界统一编码标准；⑥城市神经元的权限关系标准；⑦城市大脑的技术框架标准；⑧城市大脑的云反射弧建设标准；⑨城市大脑的运行安全标准。

二　交通空间元素

可达性理论研究起源于古典区位理论。对空间可达性的理解主要基于以下两种观点：可达性是指在一定空间范围内突破路网阻碍的难度；可达性是指空间要素相互影响的能力。随着可达性研究的不断深化，空间维度中的可达性被赋予了新的含义，因为不同的空间元素通过空间链接实现了空间的完全接近，而这一过程导致了时间延迟。这种时间延迟是元素在空间中移动所需要的时间。对可达性概念的研究大致可分为宏观和微观两个层面。在宏观层面，利用现有的多式联运方式，可达性可以表示一般旅客从起点到终点的便利程度。在微观层面，可达性是指乘客在时间和空间影响下使用交通工具和基础设施的便利程度，反映了交通基础设施和交通管理资源的利用程度。如图 3-1 所示，在此坐标轴中，出行者从起点开始，经过活动点到达终点。图中虚线区域为可达范围。

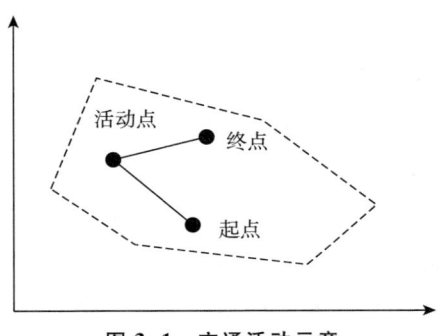

图 3-1　交通活动示意

可达性的定义在不同领域有很大的不同。常见的定义如下。第一，可达性是指克服空间障碍的难度。两个地点之间的空间障碍越大，可达性越低；反之，两地之间的空间障碍越小，可达性越高。[①] 第二，可达性是指在特定时间或距离内可获得的发展机会的数量。发展机会越多，可达性越高。第三，可达性是指个体参与具体活动的自由程度。第四，可达性是指在特定的交通系统中从一个地方移动到另一个地方的自由度。第五，可达性是指空间互动的可能性。第六，可达性是指个人出行的效用，效用越高，可达性越高。第七，可达性是指接近特定机会（雇用、购物、医疗、娱乐等）的可能性。第八，有些学者甚至将可达性定义为人们的交通能力。比如说，有钱人的可达性比穷人的可达性更高，健全人的可达性比残障人的可达性更高。

在信息、通信、交通大数据等新技术的影响下，全球化浪潮中社会发展和空间秩序的历史轨迹通过现代主义和后现代主义的时空压缩效应在城市空间中得以体现。

交通大数据可以有效突破行政区域的限制。目前，随着社会人口流

---

① Levinson D M, Wu H. Towards a general theory of access [J]. Journal of Transport and Land Use, 2020, 13 (1): 129-158.

动性的提高，人口的高流动性给行政区域的管理带来了一定的压力和困难。特别是在交通运输领域，行政区域限制下的交通管理不能满足社会发展的需要，亟须打破行政区域的限制，实现和促进区域间信息资源的高效循环。① 在大数据技术的支持下，可以有效地共享各行政区域间的信息，将不同地区间的管理和建设问题综合解决，从而促进整体水平的提高。

交通大数据可以提供交通指导。中国是一个地域广阔的国家，为了有效且全面地管理各地区的业务，必须实行基于行政区域划分的管理模式。考虑到现在的城市交通状况，汽车的增加使交通堵塞越来越严重，不合理的交通规划和不完善的基础设施建设使这个问题不断恶化，所以我们必须将大数据的理念应用于交通指导领域，这主要体现在以下方面。

首先，对各道路交通状况、交通流量进行数据信息收集，以使专业人员能够进行科学评估；其次，根据评估的结果对交通流量进行合理的调整和配置，这样不仅可以利用交通网络来缩短行驶距离，还可以避免拥挤现象发生。例如，城市交通使用大数据收集各交通口的 GPS 数据、IC 卡数据等，以图像形式处理信息，然后判断和评价各道路的交通状况，从而制定交通指导方案，避免堵塞。

第三节 基本分析框架

交通大数据深刻改变了交通领域中的物理与信息关系，并通过时空维度下的供需匹配，改变和影响了交通运输及社会经济的时间和空间价值、可达性、效用水平等，最终作用于交通领域和经济社会的交易效率和生产效率。

一 交通大数据的物信关系作用

物信关系是经济学能够在一个更合适的时空尺度上去认识和解释信息化、大数据或"互联网+"等的重大变化趋势的关键。物信关系是将经济活动的物理过程与相关领域的信息联系起来的模式和时空效率。从

---

① von Lüpke H, Leopold L, Tosun J. Institutional coordination arrangements as elements of policy design spaces: Insights from climate policy [J]. Policy Sciences, 2023, 56 (1): 49-68.

微观视角看,任何经济行为在产生相应实体活动的同时,都会产生一系列相关的特征信息,包括活动发生的时间、地点、主体、客体、活动内容、活动过程、活动结果、活动绩效、影响因素、决策过程等。其中,有些信息包括非常大量和细致的时空特征。

由于经济活动的特征信息在早期很难像现在这样被记录、传输、处理、使用和保存,因此在前工业化时期虽然信息在当时的经济活动中也存在,但其所起的作用相对来说比较弱,实体活动在经济过程中一直占据绝对主导地位。工业时代的交通革命和通信革命使得信息作用大大提升,但从整体上看工业化时期的信息仍旧从属于实体经济活动,因为信息虽然被较多地记录并传输,但信息的作用一般来说是相对滞后的。而在目前的信息时代,信息的作用开始凸显出来,甚至在很多领域开始出现信息反过来主导实体过程的趋势。"互联网+"的特征之一就是把大量原来不被重视和利用的信息数据变成新资源。

图 3-2 是实体经济与信息的相互关系示意,图中实曲线反映了随着社会经济发展阶段从前工业社会到工业社会再到信息社会的变化,实体经济活动与信息所起作用和地位的变化,从信息与实体难以分开的传统物信关系与时空结构,到信息与实体相对分离并逐步得到利用,物信关

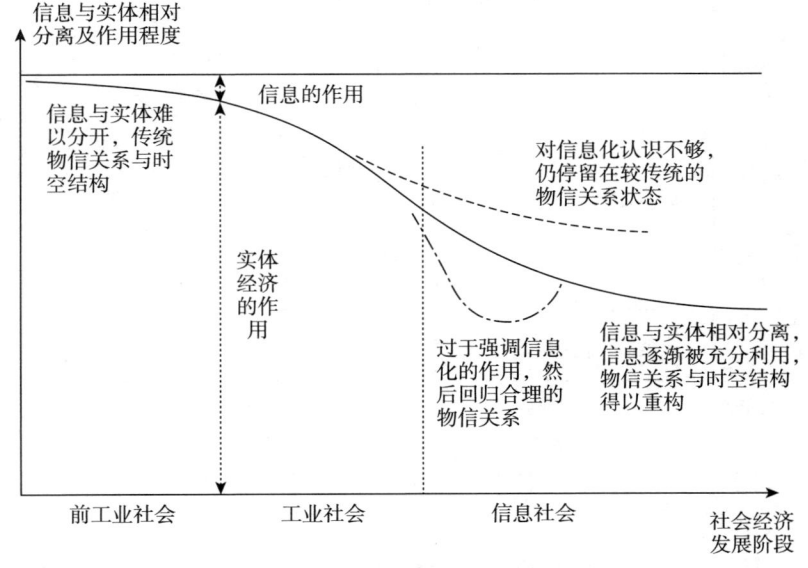

图 3-2 实体经济与信息的相互关系示意

系与时空结构得以重构。实线上方的虚线反映了部分传统行业中的企业对信息化认识不够，仍长时间停留在较传统的物信关系状态；下方虚线则反映了部分互联网企业过于强调信息化的作用，然后回归比较合理的物信关系，例如阿里巴巴和京东重新强调电商线上与线下的结合，滴滴出行也重拾对运输业安全红线的敬畏之心。

交通与通信都可实现传递的功能，但二者差异同样不容忽视。下面我们以城市交通为例，对交通大数据的物信关系作用进行分析。从服务对象、资源共用程度两个维度，可将城市客运大致划分为四大类，即私人交通、准私人交通、集体公共交通以及准公共交通（见图3-3），分别对应使用私人小型车对自己服务、使用中大型车对限定人群服务（主要为单位自有车辆服务，如公务车、班车等）、使用大型交通工具对社会服务及使用商用小型车对社会服务。由于传统公共交通及私人交通两分法具有局限性，在较长时期里学者对准公共交通的必要认识较为缺乏，采用相对忽略其存在乃至推进不合理的抑制政策等措施，导致准公共交通不能有效发展。对于出租车，其在传统准公共交通中占比最大，同时几乎所有城市"黑出租"或"黑摩的"屡禁不止。

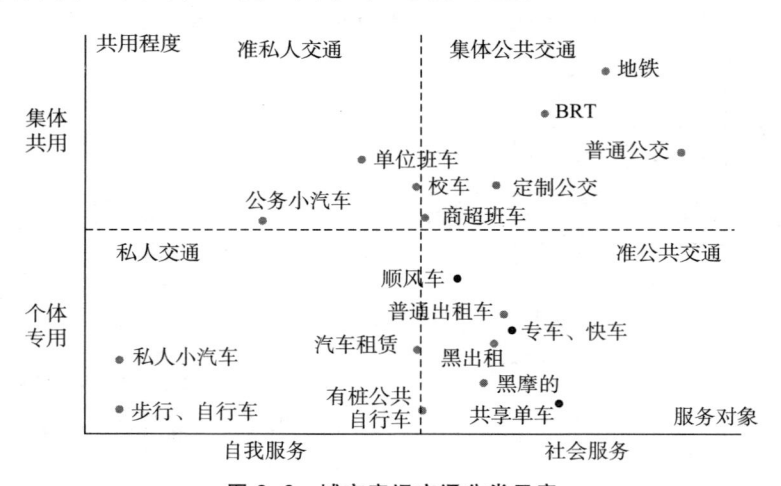

图3-3 城市客运交通分类示意

资料来源：荣朝和．互联网共享出行的物信关系与时空经济分析［J］．管理世界，2018，34（4）：101-112。

人们的出行需求越来越呈现高度分散性，然而，伴随城市的扩张和日益严重的交通拥堵问题，更高效的公共交通应该在城市规划和管理中得到优先考虑。由于固定站点、路线、班次的集体公交服务与高度分散的个体出行需求并不匹配，如何使个性化出行需求得到满足，是城市交通运输业长久以来面临的难题。因为由政府供给的公共交通和传统出租车效率较差，当其他准公共交通没有得到适当发展时，人们往往需要选择更昂贵的私人交通工具出行，企业和公共机构则使用自己的公交车和商务车，其成本高，问题多。

在互联网技术与资本的推进下，准公共交通在市场力量的助推下迅速发展，在很短的时间里，网约车、共享单车等都显现出极强的业务拓展能力。政府对交通资源的整合及利用更加重视，这使高度分散的出行需求和各类交通供给完成了更有效的对接，更合理的交通物信关系以及结构被构筑起来。

其实，交通运输领域一直存在自有客货运服务和由自有运输演变而来的有偿搭乘、回程捎运等共用行为，存在运输工具的各种租赁业务，也存在代售车船票和货运代理以及由代理演变而来的无船、无车承运人等制度。但在互联网平台出现之前，这些都只是实体运输主业的附属业务，性质模糊，我国20世纪90年代还曾出现过货代服务应该归属于运输部门管理还是外贸部门管理的争论。但互联网却在很短的时期内使在线租赁服务成为发展最快、影响最大的出行模式之一，致使共享出行在某种程度上成了数据化出行服务的代名词。

交通大数据的出现，为交通行业提供了更加准确、详尽、实时的数据，帮助交通部门在道路、公共交通和物流管理方面做出了更加科学、高效、精准的决策。而交通大数据中所含的物信关系，更是发挥了独特的作用。

其一，地铁物信关系的作用。在地铁运营中，我们通常会看到电视上的列车时间与实际列车到站时间一致。这背后的科技原理是什么？物信关系！通过地铁车站、列车、信号设施、票务系统之间的数据交互，地铁公司能够非常准确地掌握列车位置、行驶速度等信息，从而精准控制列车到站时间。不仅如此，地铁物信关系还能更好地监测地铁设施的使用情况，能及时发现设施故障，以及方便地铁的安全管理等，为地铁乘客提供更加安全、便捷、快速的出行体验。

其二，公交物信关系的作用。对于公交行业，物信关系同样起到了重要作用。通过公交车辆安装的 GPS 设备和后台管理系统，公交公司可实时掌握公交车辆的运行状态、行驶轨迹等信息。这不仅可以使公交公司更好地管理和调度公交车辆，提高公交运营效率，还能为乘客提供实时的公交到站时间，避免因等待而耽误时间和出行计划。此外，随着人工智能技术的发展，公交公司还能通过数据分析来预测不同路段的客流量，从而调整班次和车辆数量，为乘客提供更加便捷的服务。

其三，物流物信关系的作用。交通行业的物流体系关系到现代城市经济的发展和国际贸易的开展。在传统物流体系中，物流信息需要依靠物流企业管理者的耳目能力，而在物流大数据时代，交通大数据为物流行业构建了物流物信关系，将货物的物流信息与其他信息紧密联系起来，使得物流企业能够更加高效地进行物流管理。通过物流大数据，物流企业可以更好地掌握货物的来源、去向、运输路线和状态等信息，终端客户也能够实时掌握货物的位置、状态和送达时间。这为物流企业提供了更加高效、可跟踪的物流管理，为客户提供了更加快速、安全、准确的物流服务。

总之，交通大数据的物信关系，是交通行业应用新一代信息技术的必然产物。通过构建物信关系，交通部门可以更好地实现交通设施的安全、高效、现代化管理，为经济社会提供更加优质、精准、便捷的交通服务。

二 交通大数据的时空经济作用

交通大数据是指通过各类技术手段，对不同地理空间和时间维度下不同公司、政府和社会组织拥有的交通工具和设施，以及影响交通运行的各种因素等信息进行采集、存储、整理、挖掘、分析和应用的大型数据集合。这个数据集合可以帮助我们深入了解交通运输体系和交通组织，优化交通系统，提高运输效率，促进交通经济的发展。

随着数字技术的发展和应用，交通大数据已成为支撑现代交通运输管理和发展的重要工具。交通大数据的时空特征对于我们研究交通经济学有着重要的意义。首先，通过对各种地理空间、时间维度的大数据采集和分析，交通大数据可以帮助我们更好地了解各类公共交通、出租车、私家车等交通工具的运行状态和特征，以及人们的出行时间和路线选择等方面的变化规律，进而为交通规划提供科学依据。其次，交通大数据可以帮助我们更好地把握不同城市之间的交通经济发展特点，了解不同研究对象之间的联系和作用，并通过分析各种空间和时序影响因素，探究交通运输对城市经济增长的作用，并制定相应的政策。最后，交通大数据可以帮助我们从时空角度深入了解人们出行的规律与需求，并促进交通资源的合理配置。通过分析数据，我们可以更好地了解交通运输服务的供需关系，从而达到优化资源配置、提高通勤效率、提升公共出行质量的目的。因此，交通大数据的研究应该是交通运输改革和发展的重要内容之一。

就此而言，交通大数据在时空经济作用上的重要性不言而喻。不过，这些数据的准确性、完整性和有效性也是需要进一步增强的。我们需要将交通大数据研究与现实交通系统的需求相结合，充分发挥其潜力，利用大数据科技创新推动交通运输业的发展，推动城市交通朝绿色化、智能化、低碳化的方向发展。

（一）交通技术经济特征

第一，交通技术经济是一个综合性的产业链。交通技术经济涉及车辆、道路、航空、航天、物流、旅游等多个领域，是一个综合性的产业链。这个产业链的各个环节是相互联系、环环相扣的，其中任何一个环节的突破都可以引领整个行业的发展。随着人们生活水平的提高，交通技术的进步使得交通运输更快捷、更便利，从而释放出更多的经济活力。

第二，交通技术经济与其他行业的融合度较高。在现代经济活动中，各个行业之间的融合度越来越高。交通技术经济与其他行业如能源、金融、旅游、物流等的融合也越来越深入。例如，智能交通的广泛应用带动了物流行业的发展，这种相互依存、相互促进的关系进一步推动了经济的发展。

第三，交通技术经济的市场需求稳定且广泛。交通技术经济的市场需求受到人们出行需求和物流交通需求的影响，这种需求是非常稳定且广泛的。尽管交通行业受到季节、天气等因素的影响，但总体上，随着城市化进程的推进以及公路、铁路、航空等设施的完善，交通技术经济的市场需求将会更加广泛。

总之，交通技术经济是一个涵盖范围广、融合度高、市场需求稳定的综合性产业链。随着技术的不断进步，交通技术经济将会带动经济的发展，并持续为社会创造价值。

（二）时间价值

1. 基本理论观点

随着我国经济 40 多年的高速发展，交通运输业也迎来了快速增长阶段，进入历史上发展最快、持续时间最长、规模最大的最佳发展期，完成了跨越式发展。随着人民生活水平和人均收入的提升，人们越来越追求高速的旅行方式，社会对高铁产生了越来越明显的需求。

高速这个概念是相对的，随着时代的变迁、技术的发展和其他客观条件的变化而变化。国际铁路联盟（UIC）将高速铁路定义为：通过标准化和轨距拉直等措施，将现有线路升级为时速 200 公里或以上，或新建时速 250 公里或以上高速铁路的铁路系统。我国《铁路安全管理条例》将高速铁路定义为：设计开行时速 250 公里以上（含预留），并且初期运营时速 200 公里以上的客运列车专线铁路。尽管定义各有不同，但速度是高速铁路最显著的标志，世界各国都在不断努力提高本国铁路的速度。目前，动车的最高建设速度为 240 公里/时，一般不超过 200 公里/时，而高速公路一般限速为 120 公里/时，虽然飞机的飞行速度快于高铁，但如果考虑到往返机场的时间和登机时间，高铁在 300~700 公里范围内仍有优势。

综合比较几种运输方式，高速铁路优势明显。与航空相比，高铁显然具有安全优势、准时优势、价格优势、低碳优势等；与传统铁路、高速公路等地面交通相比，高铁的快速特点大大缩短了两地间的时间距离。因此，对于作为公共服务基础设施的高速铁路而言，其创造的可计算的社会价值有相当大部分是以旅行时间的节约来体现的。与此同时，作为一种快速运输工具，高速铁路最根本的作用是缩短旅行时间，进而加强地区之间的联系。高速铁路对区域间联系的作用可用可达性进行计算。科学合理地计算高铁节约出行时间所带来的社会效益和空间可达性影响，对于全面评价高铁价值具有非常重要的意义。

2. 时间价值影响因素

一般来说，实际生活中旅行者的时间价值是受出行环境和个人特征影响的，出行目的、出行方式、旅行时间或距离、广义服务质量等出行环境因素和收入等个人因素会对时间价值研究产生影响。

(1) 出行目的

由于交通是其他经济活动的衍生品，出行目的反映了旅行者的动机，因此出行目的成为影响时间价值的重要因素。此外，基于不同的出行目的，旅行者对时间价值的评价也可能不同。例如，在因公出行与因私出行方面，旅行者各自的时间价值将会不同。同类型旅行中，因公出行的时间价值高于因私出行的时间价值，前者是后者的2~4倍。

(2) 出行方式

实际生活中，旅行者在选择出行方式时往往比较注重各运载工具的时间价值 (IVT)。英国学者 Abrantes 和 Wardman 比较了不同出行方式对市内通勤和城际通勤中运载工具平均时间价值的影响。[1] 他们发现不同交通方式对城市内和城市间交通的影响不同。与实际情况一样，地铁的 IVT 对城市内通勤的影响更大，而公共汽车的影响较小。Shires 和 Jong 则重点研究了时间价值在不同国家或地区的影响，并通过元分析发现，出行方式可能是时间价值的重要决定因素。[2] 表 3-2 为欧盟地区不同出行方式的时间价值估计。

表 3-2　欧盟地区不同出行方式的时间价值估计

单位：欧元/时

项目	飞机	公交车	其他 （火车、私家车）
商务出行	33.05	19.26	24.00
短距离通勤	—	8.84	10.69
其他（短距离出行）	—	6.32	8.97

资料来源：Shires J D, Jong G C. An international meta-analysis of values travel time savings [J]. Evaluation and Program Planning, 2009, 32 (4): 315-325。

在完整的旅行过程中不仅要考虑中转时间的价值，还要考虑每种方式的中转时间价值。例如，在公路、铁路和航空旅行中，航空旅行的价值较高，但运输时间的价值较低，而铁路和公路旅行的价值较低，但运

---

[1] Abrantes P A L, Wardman M R. Meta-analysis of UK values of travel time: An update [J]. Transportation Research Part A: Policy and Practice, 2011, 45 (1): 1-17.

[2] Shires J D, Jong G C. An international meta-analysis of values of travel time savings [J]. Evaluation and Program Planning, 2009, 32 (4): 315-725.

输时间的价值高于航空旅行。此外，同样的交通工具也存在这种现象。就公路而言，私家车提供了方便的门到门服务和较高的交通时间价值，而公共汽车不仅交通时间价值较低，而且等候和换乘时间价值也较低。

（3）旅行时间或距离

一般来说，旅行时间的价值取决于旅行者花费的旅行时间长短。一方面，旅行者的疲劳程度会随着旅行时间的增加而增加；另一方面，旅行过程中花费时间较多的旅行者，由于时间分配自由度受到影响，其时间价值也较高。[1] 以往的研究结果表明，旅行时间的长短是影响时间价值的一个重要因素，但其与时间价值的关系并不十分明确。

此外，一些实证分析研究了时间价值与运输距离之间的关系，结果表明，运输距离越长，节省的时间越多。Guo 等通过分析得到了时间价值节约的运输距离弹性为 0.26。[2] Abrantes 和 Wardman 通过对英国时间价值研究的回顾分析了时间价值与运输距离之间的关系，研究发现，运输距离每增加 10%，时间价值就会增加约 2%。[3]

（4）广义服务质量

广义服务质量是指运输过程中各种服务特征的总和，如出行可靠性、及时性和拥堵程度，这些特征对时间价值有重大影响。

Gaver 可能是最早提出旅行时间可靠性与准时性研究的人之一，他观察到当旅行者发现运输过程中存在不确定性时，其旅行时间会发生调整以避免旅行时间延误，因此他认为在研究时间价值变化时应建立一个考虑个体行为反应的效用最大化分析框架。[4] Brownstone 和 Small 研究发现，旅行时间可靠性评估对提高美国收费公路的使用效率具有重要影响。旅行者也愿意为提高旅行时间的可靠性和准时性而额外支付报酬。有的研究结果甚至显示：针对时间价值的节约，旅行者更看重旅行时间可靠性

---

[1] Givoni M. Development and impact of the modern high-speed train: A review [J]. Transport Reviews, 2006, 26 (5): 593-611.

[2] Guo R, Wang Y, Egbert G D, et al. An efficient multigrid solver based on a four-color cell-block Gauss-Seidel smoother for 3D magnetotelluric forward modeling [J]. Geophysics, 2022, 87 (3): E121-E133.

[3] Abrantes P A L, Wardman M R. Meta-analysis of UK values of travel time: An update [J]. Transportation Research Part A: Policy and Practice, 2011, 45 (1): 1-17.

[4] Gaver D P. Headstart strategies for combating congestion [J]. Transportation Science, 1968, 2 (2): 172-181.

和准时性。①

(5) 收入

收入作为个人特征的显性指标,已逐渐成为影响时间价值的最重要因素之一。对于不同收入的乘客,时间价值是不同的,有时同一乘客的不同收入的时间价值也可能不同。反过来,如果一个人的收入发生变化,或者时间价值因工作时间的变化而发生变化,时间价值也应随之变化。

研究表明,旅行者的收入越高,他们的时间价值就越高。例如,假设有两种方式能前往同一目的地——乘火车或乘飞机,那么乘火车比乘飞机花费的时间长,而乘火车比乘飞机花费的金额少,这是符合实际情况的。对个人而言,无论是旅行时间还是可自由转换的旅行时间,乘坐火车的正面效益都低于乘坐飞机,但相对于个人收入而言,乘坐火车的成本和边际成本都低于乘坐飞机,因此,乘坐火车的估计时间价值高于乘坐飞机,反之亦然。造成这种差异的主要原因是铁路和航空旅行的个人收入不同。个人选择乘飞机旅行是因为其收入和旅行时间估计值较高,而乘火车旅行是因为其收入和旅行时间估计值较低。

3. 基于时间价值的广义出行成本

出行者选择诸多交通方式以达到其出行目的,实现空间位移,同时为了满足其对安全、经济、准时、舒适等属性的要求,需付出相应的费用,即广义出行成本。从出行成本角度看,对出行方式和路径的选择因素可综合表示为:

$$W = f(t) + g(m) + h(s) + z(e) \qquad (3-1)$$

其中,t 为到达目的地的总时间,m 为到达目的地花费的总金额,s 为选择出行路径的长度,e 为其他服务属性。由于出行者对路径长度的选择主要由时间、金钱和服务属性决定,且特定的交通方式路径长度一定。所以,研究中忽略路径长度对出行者的影响,一般认为广义出行成本的影响因素包括出行时间、票价、舒适性、可靠性、安全性等。

---

① Brownstone D, Small K A. Valuing time and reliability: Assessing the evidence from road pricing demonstrations [J]. Transportation Research Part A: Policy and Practice, 2005, 39 (4): 279-293.

（1）出行时间

出行时间为乘客到达目的地所需总时间，包括各种交通工具的行驶时间、等待时间、换乘时间及少量步行时间。其中，将等待时间和可能存在的换乘时间及步行时间统称为等待时间 Tw，将交通工具的行驶时间称为在途时间 TD。因此乘客出行总时间 T 可以表示为：

$$T = Tw + TD \qquad (3-2)$$

（2）票价

票价是乘客从初始地到达目的地，因选择交通工具而支付的全部直接费用（P）。

（3）舒适性

舒适性为使用某种交通工具给乘客带来的主观感受，主要受拥挤程度、行驶中的平稳性、内部环境等因素影响。目前，舒适性尚未有统一的定量衡量方法，由于票价在一定程度上体现了某种交通工具的舒适性，因此利用票价作为基准衡量舒适性（C）。其中，在运营高峰时期舒适性指数为票价的 5%，在非高峰时期舒适性指数为票价的 10%。

（4）可靠性

可靠性主要表示利用各种交通方式到达目的地的延误情况，可由到达目的地的实际延误时间来衡量，用 D 表示。

（5）安全性

安全性为乘客选择出行方式时考虑的关键因素，可由各种交通方式的伤亡人数比例进行量化，伤亡人数越多，安全性越低，在函数中单独设定系数，用 A 表示。

取 ψ 为时间转换价值系数，即乘客的单位时间价值，则各种交通方式的广义出行成本 W_i 可表示为：

$$W_i = [\psi(T_i + D_i) + C_i + P_i]A_i \qquad (3-3)$$

在现代交通体系中，不同交通方式呈网状分布并相互交错，因此出行者往往选择多种交通方式、多条路径进行组合。由于不同路径和不同交通方式所需付出的成本不同，出行选择不均，因此结合广义出行成本模型构建基于 Nash 均衡的出行成本模型，公式为：

$$W = [w(i,j)]_{m \times n} = \begin{bmatrix} w(1,1) & \cdots & w(1,n) \\ \vdots & & \vdots \\ w(m,1) & \cdots & w(m,n) \end{bmatrix} \quad (3-4)$$

出行者选择交通方式 i 和出行路径 j 时形成的广义出行成本 $w(i,j)$ 的组合可由 $m \times n$ 阶矩阵 W 表示，其中有 m 种交通方式和 n 条出行路径。取向量 $Q = [Q_1, Q_2, \cdots, Q_m]^T$，$Q_i = \sum_{i=1}^{m} w(i,n)$ 表示某一时段包含不同交通方式在内的各条出行路径的单位广义出行成本总和。取向量 $q = [q_1, q_2, \cdots, q_n]^T$，$q_j = \sum_{j=1}^{n} w(m,j)$ 表示某一时段包含所有路径在内的各种交通方式的单位广义出行成本总和。

根据客观实际情况，出行者会选择不同的交通方式和出行路径，因此将二者进行组合可以得到满足出行需求的组合，可利用以下线性规划方程进行求解。其中，$a(i,j)$ 表示选择第 i 种交通方式和第 j 种路径出行，如果选择则取 1，如果不选择则取 0，W^* 为出行成本的最小值。

$$W^* = \min \sum_{i=1}^{m} \sum_{j=1}^{n} w(i,j) a(i,j) \quad (3-5)$$

$$\text{s.t.} \begin{cases} \sum_{i=1}^{m} a(i,j) = 1; i = 1, 2, \cdots, m & (3-6) \\ \sum_{j=1}^{n} a(i,j) \leq 1; j = 1, 2, \cdots, n & (3-7) \\ a(i,j) = 0, 1 & (3-8) \end{cases}$$

（三）空间价值

在交通研究中，可达性（accessibility）是一个相当重要的概念，从古典区位论提出开始就能够发现其中蕴含的可达性含义。可达性概念是由 Hansen 于 1959 年最早提出的，他将其定义为各个节点在交通网络中互相作用机会的大小，并使用重力方法分析了城市土地利用与可达性之间的关系。可达性表示一个地方可以从另一个地方到达的容易程度，是刻画交通系统运行状况的基本指标。[1]

从那时开始，可达性受到了研究交通地理、城市规划以及区域和空间关系的众多学者的关注。然而至今，学者们在对可达性的精确定义上

---

[1] Miller E J. Accessibility: Measurement and application in transportation planning [J]. Transport Reviews, 2018, 38 (5): 551-555.

仍没有达成一致意见,但是学者们普遍认为交通系统可以将可达性的基本含义和个体在空间中移动的能力联系起来。Boisjoly 和 El-Geneidy 认为,可达性是一个空间位置相对于其他空间位置而言能够被到达的难易程度,而非物理距离。① Sze 和 Christensen 将可达性定义为与特定的经济、社会机会要素和所在位置相接触或互动的能力。② 现在可达性被作为评价区域交通网络的一项综合性指标,用以评价是否能够高效、高质量地完成运输任务,能否满足充分、高效、平衡、协调的基本要求。

荣朝和综合了各学者的观点,提出完整的可达性概念应该包括以下三个方面:一是行为主体的可到达或可参与能力(ability of participation),二是位置或地点的可接近性(accessibility),三是交通通信网络的连通性与可靠性(connectivity and reliability)。③ 此外,可进一步将可达性概念拓展至交通以外的思想传播、信息传递以及企业经营等领域。

三　交通大数据的供需匹配作用

(一) 匹配理论与方法

针对匹配问题的研究④,最初学者们较为关心劳动力市场中的摩擦失业现象。如 Stigler 就提出人们搜索信息是有成本的,认为待业者在寻找工作机会的过程中会遇到不同选择,其是否接受录用取决于继续搜索的边际成本是否大于接受录用的边际收益。⑤ 类似观点还有 Mortensen 的非均衡就业搜索理论,他指出劳动力市场匹配难以达成或者说存在摩擦性失业的原因是,待业者需要一段时间的搜索和匹配来达成预期效用最大化。⑥ 在搜索成本的来源方面,信息经济学认为主要来源是信息不对

---

① Boisjoly G, El-Geneidy A M. How to get there? A critical assessment of accessibility objectives and indicators in metropolitan transportation plans [J]. Transport Policy, 2017, 55: 38-50.
② Sze N N, Christensen K M. Access to urban transportation system for individuals with disabilities [J]. IATSS Research, 2017, 41 (2): 66-73.
③ 荣朝和. 关于运输经济研究基础性分析框架的思考 [J]. 北京交通大学学报(社会科学版), 2009, 8 (2): 1-9.
④ Lovász L, Plummer M D. Matching Theory [M]. American Mathematical Soc., 2009.
⑤ Stigler G. The economics of information [J]. Journal of Political Economy, 1961, 69 (3): 213-225.
⑥ Mortensen D T. Job search and labor market analysis [J]. Handbook of Labor Economics, 1986, 2: 849-919.

称和经济个体倾向于隐藏私人信息，而制度经济学则认为主要来源是交易成本和机会主义倾向。

Gale 和 Shapley 对匹配的定义和算法后来被应用于实证研究[①]，Roth 和 Sotomayor 在这方面做出大量贡献[②]。Roth 和 Sotomayor 发现美国医学院学生就业市场存在严重错配问题，但是当匹配机制调整到符合 Gale 和 Shapley 算法条件时，就业市场即可达到稳定状态。对匹配理论的类似实证研究还有 Abdulkadiroglu 和 Sönmez 对学生与学校双边匹配的分析。[③] 为了更有效地实现稳定匹配，学者们广泛讨论了基于 Gale 和 Shapley 算法的匹配机制的设计。信息经济学指出，匹配机制设计有两个条件：参与约束和激励相容。前者是指接受主合同的代理人的预期收入不得低于同等成本约束下从其他客户获得的收入；后者是指代理人根据最大化行动效用的原则实施具体的操作行为。Hall 和 Schulhofer-Wohl 的研究表明，劳动者和管理者之间的不匹配包括工人获得的技能和工厂所需的技能不匹配、工作地点和公司所在的城市不匹配、工人期望的工作时间和公司期望的工人工作时间不匹配。[④]

匹配并不是经济学家发现的东西，它是一种非常普遍和非常古老的自然和人类活动。如果没有匹配，生物不能形成和进化，自然也无法发挥作用，匹配更是作为建立交易与契约关系的前提。匹配是生命形成和发展的条件，也是物理和化学反应的基础，是市场必须完成的资源配置的使命。

基于此，我们暂时给出匹配的概念定义：匹配意味着在某个领域内供需两侧的对象之间满足相应的条件或目标，并基于信息指导克服时空障碍，建立相对稳定的交互和匹配过程。首先，任何匹配都是在时间和空间分离的条件下生成的，因为没有分离的东西不需要再次匹配；其次，匹配是一种交互配对过程，同时为完成此过程需要建立某些条件；最后，

---

① Gale D, Shapley L S. College admissions and the stability of marriage [J]. The American Mathematical Monthly, 1962, 69 (1): 9-15.
② Roth A, Sotomayor M. Two-sided matching [J]. Handbook of Game Theory with Economic Applications, 1992, 1: 485-541.
③ Abdulkadiroglu A, Sönmez T. School choice: A mechanism design approach [J]. American Economic Review, 2003, 93 (3): 729-747.
④ Hall R E, Schulhofer-Wohl S. Measuring job-finding rates and matching efficiency with heterogeneous job-seekers [J]. American Economic Journal: Macroeconomics, 2018, 10 (1): 1-32.

匹配需要承担克服时空障碍的成本，因此匹配范围具有边界。

其他相关概念还包括：匹配失败，意味着供需双方无法建立相对稳定的交互或配对关系；不匹配，意味着由于信息引导错误或匹配机制效率低下，已建立的匹配关系不稳定；匹配破裂，意味着通过匹配建立的相互关系由于某种原因并不能长时间存在；匹配效率，代表通过匹配达到的效果与付出的成本之间的关系。如何在匹配过程中使相关信息能合理发挥作用是经济学针对匹配问题研究的核心问题。

匹配过程的规则作为自然界运作与人类社会经济活动的基本规则，决定了过程能否实现以及过程中的效率高低。匹配规则多种多样，有的依赖强权，如雄狮对交配权的争夺等；有的依赖互惠互利原则，如蜜蜂采蜜的过程。事实上，包括人在内的自然也反映了各自社会中在相应演变中避免伤害的标准，并且必须有利于其自身系统的可持续发展。

匹配是一个中性概念，因此需要分类。通过匹配双方的意愿与行动可以分为双方商定的商誉匹配，如交易、求职等；一方被动或无法抗拒的匹配，例如寻找地点、分发物品等；一方强加的恶意匹配，如狩猎、谋杀等。此外，区别于一方恶意匹配，也存在由于信息不完善或配对机制不健全，一方利用信息弱点故意向对方提供错误信息而导致欺诈性恶意匹配的现象，如虚假销售、财务欺诈等。根据匹配过程中做出决策的主体数量可以分为单边匹配和双边匹配，而根据决策所涉及的物体数量可以分为一对一、一对多、多对一、多对多等类别，如表3-3所示。

表3-3 匹配的典型分类

匹配类别	单边匹配	双边匹配
一对一	单车停车、个人寻物、自己发明创造、航天在轨对接	个体捕猎、两人找对象、收购企业、银行贷款、诈骗
一对多	个体采集、个人在实体店采购商品或网淘	某岗位招聘、设计产品、发布广告、发行股票、拍卖某商品、制定政策
多对一	动物迁徙、众人去看同一电影、众人买同一股票	合作捕猎、多人应聘某岗位、竞买所拍卖商品
多对多	多车停车、多人选购商品、众人旅游季节出游	学生高考录取、相亲网站交友、出租车揽客、公路零担车货配对

资料来源：荣朝和，韩舒怡，闫申等．关于匹配概念及其时空经济分析框架的思考 [J]．北京交通大学学报（社会科学版），2017，16（2）：12-21。

匹配也可分为实质性匹配和流程匹配。实质性匹配意味着供需双方至少有一个对象是需要做出选择决定的参与者，主要是指上述单边匹配或双边匹配；流程匹配意味着供需双方的对象不是明确的行为主体，但是有配对的要求，反映了交易发展和演变的内在逻辑所需的客观时间和空间对接，例如生产、交易等社会经济生活各个方面的时间或期限，也可以将其称为虚拟匹配。

一些研究根据价格是不是主要的决策信息载体将匹配过程分为按价格匹配和非价格影响匹配；也有研究根据时间将匹配分为即刻匹配与延时匹配；也有研究从随机程度进行划分，将匹配分为确定性匹配和随机匹配；另有研究根据匹配结果的稳定性，将匹配分为不稳定匹配、稳定匹配和最佳匹配。此外，匹配过程根据匹配的方式还可以分为自愿组合、强制匹配以及第三方的干预或指导等。目前经济学家已经尝试过将一些随机分散的匹配由配对中心进行事前计算设计，以促成较高效率的匹配。匹配的形成过程是基于市场机制，自发形成的匹配过程也可以通过机制设计达到优化效果，但优化过程必须遵循市场基本规律。

由于匹配现象非常普遍，并且性质上的差异非常大，有些甚至发生在人类活动之外，因此必须将其分类以区分或处理。经济学的主要关注点是人类行为关系中的实质性匹配，因此目前针对恶意匹配以及欺骗性恶意匹配的研究较少，此类匹配又具有较为丰富的案例基础，远超那些双边讨论的案例。

（二）交通运输供需匹配

1. 运输供需关系

（1）运输需求

运输需求是指社会经济流动性需要，能够在特定时间段内以特定价格水平支持乘客和货物转移。经济发展水平、人口情况、收入水平、服务质量、运输替代方法和运费变化都是影响运输需求的因素。货物运输受自然因素、生产力、国民经济、产业结构及产品结构、运费变动、运输网络等因素的影响。通过引进高级的运输机器、雇用运输公司、减少货物运费、提高运输服务质量，可以有效地降低运输成本，节约运输时间。运输需求主要有如下特点。

广泛性。如今社会经济活动的各个方面都和人与物的空间位移紧密相关。部分位移是由私人或制造公司自己完成的，不会产生运输需求，但是大部分运输活动需要由公共交通行业完成。作为一个独立的工业部门，运输行业不会独立于任何社会活动，因此和其他商品和服务的需求相比，运输行业的需求更加广泛，是具有普遍性的需求。

多样性。货物运输行业供应商面临着种类多样的商品。承载的货物因在形状、体积、重量以及包装方面存在不同，所以对运输条件的具体要求也不尽相同，所必须具备的运输技术手段也不同。例如，化学品、危险品和超长件货物需要特殊的运输条件。对于客运需求，由于客运需求的旅行目的地、收入水平以及乘客的自身组成不同，运输服务的质量要求也具有多样性。因此，除了对数量具有要求，运输服务还具有质量要求，例如运输的速度、安全性等，运输服务供给者必须适应运输质量的多样性、多层次需求。

派生性。[①] 运输需求通常是派生需求。在经济生活中，如果对商品或服务的需求来自其他商品或服务，那么对该商品或服务的需求就被称为派生需求。对某种商品或服务产生了派生需求，这种需求被称为主要需求。运输需求的派生性是一个重要特征。显然，货物的客主或乘客的目的并不是移动本身，但实现空间移动却是满足生产和生活中其他需求的不可或缺的部分。

空间特定性。[②] 空间特定性是指运输需求是空间中固有的，是用于满足消费者指定的两点之间定向位移的需求。运输需求的这种特性构成了运输需求的两个要素，即流向和流程。其中，流向指的是货物或乘客移动的地理方向，即从哪里开始出发；流程也指运输距离，是位移的开始点和终点之间的距离。对于货运来讲，特别是煤炭、石油、矿石等大宗商品的货运，其运输需求往往是不均衡的。有明确的流向，是货物运输需求不均衡的主要原因。

时间特定性。[③] 旅客运输和货物运输的需求在发生时点上也具有同

[①] Tavasszy L A. Predicting the effects of logistics innovations on freight systems: Directions for research [J]. Transport Policy, 2020, 86: A1-A6.

[②] Hering L, Poncet S. Economic Geography, Spacial Dependence and Income Inequality in China [M]. CEPII, 2007.

[③] Henning M. Time should tell (more): Evolutionary economic geography and the challenge of history [J]. Regional Studies, 2019, 53 (4): 602-613.

样的规律，例如，城市高峰时段主要是通勤时段，收获季节也是货运繁忙时段。这些现象都反映在运输需求上，而运输需求又是分时段的。运输需求的时间失衡会导致运输产出的时间失衡。时间特定性还指运输过程中对速度的要求。由于运输经常会有很强的时间要求，所以运输供给也必须满足这样的时间要求。从货物运输需求的角度来看，由于商品市场是不断变化的，托运人对起止时间的要求也各不相同，对不同种类货物的要求也不同。就客运而言，旅行的目的和旅行时间也因人而异。

部分可替代性。不同的运输需求一般是不能相互替代的。工业产品运输的需求和农产品运输的需求之间不具有替代性。但是，在其他的情况下，可以为一些不同物品的位移做出替代的决定。例如，煤炭的运输可以用长距离的高压输电线路代替；工业生产中，在原材料的供给市场和产品销售市场分离的情况下，可以通过生产地点选择产品、半成品的运输方式。这种交通需求的部分可替代性是解决区位问题的基础，也是国家主要经济项目的技术经济分析基础。

（2）运输供给

运输服务的供给是指运输服务提供商在特定时间和特定价格水平下愿意并能够提供的运输产品数量。运输服务具有及时性、经济性、便利性、安全性、制度不平衡性和部分可替代性的特点。运输服务的供应受货运水平、技术发展、政策制度和管理水平的影响。

运输业是一种特殊的产业，所以运输产品的供给也具有与其他产业不同的特点。[①]

运输产品的非储存性。运输产品的特点之一是其生产和消费是同时进行的，所以运输产品不能从生产过程中分离出来，不能作为工业产品和农产品进行保存，具有非储存性。运输行业通过储存运输能力来应对市场需求的变化。运输能力是根据高峰运输量的需求而设计的，这就需要在运量设计过程中设定一定的超前量。而且，超前的运输能力建设和适量的运输能力储备可以应对市场需求扩大的挑战，但也需要防范供过于求的风险。因此，不仅要确保足够的运输能力，还要提高运载工具的使用效率，充分保证市场需求。

---

① 乔东中. 运输经济学[M]. 成都科技大学出版社, 1993.

供给的不平衡性。[①] 运输供给的不平衡性体现在时间和空间两个维度上。由于随着季节的变化，运输产品需求存在较大的波动性与不平衡性，所以运输供给也会随之出现高峰与低谷。由于各地经贸发展不平衡，产业特点也不尽相同，交通运输供给呈现在不同地区之间的不平衡性。

运输供给在运输方向上同样存在不平衡性。例如，一些运输产品对运输车辆有特殊要求，导致运输能力浪费。供需时间和空间的差异导致生产与消费的不同，所以运输供给必须承受像运量损失、空载驾驶等经济风险。所以，供给与需求正确地在空间与时间上结合，对实现良好的经济效益来说极其重要，而这就要求运输供给方时刻掌握全面的市场信息，做好生产的调整与管理。

部分可替代性。铁路、公路、水运、航空与管道是五种主要的运输方式。有时也存在通过多种运输方式对同一运输对象进行运输的情况，也就是说运输方式之间可以互相替代，而因为存在这样的替代性，不同运输方式之间存在竞争关系。

同时，由于需求方对运输服务的经济、便利和舒适的要求，以及运输产品在时间和空间上的限制，运输方式之间的替代性受到限制，这反过来使得运输方式之间因存在服务的差异性而形成在具体某一领域的一定程度的垄断性。因此，运输方式之间既存在替代性，也存在一定程度的垄断性。[②]

（3）供求关系[③]

"均衡"一词起源于物理学，后来被广泛应用于经济学、政治学、军事学、文学、心理学、教育学、化学和艺术等领域，用来表达两个对立面的微妙状态。经济系统的均衡状态并不是混乱的。自凯恩斯提出宏观经济体系以来，经济学家们逐渐用均衡的概念来观察和解释经济波动、经济危机、货币政策等。均衡概念并非均衡状态。系统科学认为，均衡并不是系统存在的条件。一个经济系统并不是一成不变的，在其发展过程中，某些因素会使其偏离最初的均衡状态，这种不均衡会影响整个系

---

① Gwilliam K. A review of issues in transit economics [J]. Research in Transport Economics, 2008, 23 (1): 4-22.
② Boyer K D. Principles of Transportation Economics [M]. Reading, MA: Addison-Wesley Longman, Inc., 1998.
③ Small K A, Verhoef E T. The Economics of Urban Transportation [M]. Routledge, 2007.

统。然后，系统会克服阻力，最终找到一个最佳点，达到新的平衡状态。

运输的供需关系体现了一种既相互联系又相互制约的辩证关系。在以传统运输方式为核心的时期，随着社会整体发展水平的提升，交通需求随之增长；由于传统运输方式不能满足逐渐增长的运输需求，新的运输方式渐渐出现，从而实现运输系统的顺利发展与过渡。此时，有必要不断增加供给以满足交通需求，供需由需求推动；当一种新型的交通运输方式出现和发展时，它将产生积极的影响，促使运输业进步。由此可见，供给与需求之间存在相互作用。

（4）供求均衡：以城市交通运输供求均衡为分析对象[①]

随着中国经济的迅速发展，运输市场将难以维持总供给和总需求的有效匹配，很难达到"绝对平衡"。近年来，随着人们生活水平的不断提高，越来越多的人选择乘私家车出行。地面客运交通工具主要是城市公交，自行车、摩托车和出租车的需求量远低于城市公交，城市轨道交通的需求量相对较少，发展相对滞后。在货物方面，由于运输市场的监督松懈，运输和货运代理的力量过剩，超限和过载运行持续扩大。非专业化、过度分散的货物运输系统，不仅会导致社会性的货物运输能力和成本的大幅提升，而且不利于货物资源的分配控制。

我国交通运输供需不平衡不仅导致道路容量分配失衡，而且导致交通拥堵严重。与此同时，这种多样化和竞争性的运输方式也会对供需平衡产生影响。如何充分利用多种运输方式，确保运输的有效供应能力，有待研究与思考。

交通需求具有需求时间和空间不均衡、目的不同，而需求模式的实现是可变的等特点。而运输供给包括为了满足需求所提供的运输服务以及运输基础设施。从运输供求的特性可以看出，运输供给是有限的，运输需求可以调整。但是，运输供给必须满足社会对运输的基本需求，运输供给必须在社会运输系统可接受的负荷条件下运转，因此运输需求也要受到一定程度的调控。

运输供需是一对错综复杂的矛盾，在处理运输供需关系方面主要存

[①] Gómez-Ibáñez J, Tye W B, Winston C. Essays in Transportation Economics and Policy: A Handbook in Honor of John R. Meyer [M]. Brookings Institution Press, 2011.

在以下问题。

一是过分强调供给不足。[①] 一种比较流行的观点是，中国大城市的道路设施增长率远远落后于汽车。但是，道路和机动车辆之间实际上没有比例关系。从经济和资源的角度来看，不可能完全满足大城市道路建设的需要。因此，道路建设的目的是防止交通堵塞的过度恶化，为大部分地区提供必要的交通便利。

二是供给方向上的偏差。目前的运输供给过度集中于高速投资的交通设施上，如高速公路、主要道路、高架道路、立交桥、地铁和轻轨等，而忽视城市分支网络的建设和传统公共蒸汽（电动）车辆的发展，如加油站、步行道，以及交通管理和服务的供应等。这种方向偏差直接导致城市交通系统运行效率低下。

三是对部分需求的忽视。运输方式不存在先进和落后之分，各种方式都有优点和缺点，有各自适用的范围。例如，自行车在城市里有着无可替代的优点和适用性。但是，现在我们对自行车、摩托车等运输方式经常有歧视的限制。而且，不重视行人通行也是普遍存在的问题。

四是价格政策不合理。[②] 价格是调整需求和供给的重要方法。如果是效率高的交通工具（公共交通工具等），价格提高的话用户会变少，城市整体的交通效率会降低，成本也会变高。如果是效率低的交通工具（私家车或出租车等），由于价格太低，用户会增加，整体效率会降低，成本也会增加。现在，我们的许多价格政策自相矛盾，其结果是城市交通成本的增加、整体运营效率的下降。例如，巴士的票价上涨会导致宏观经济成本的上升，出租车的票价上涨也会导致政府投资收益的不合理转换。随着1995年海运费的增加，巴士的乘客数量急剧减少。但是，很多乘客把目光投向自行车和轻便摩托车，导致交通费的增加、交通堵塞更加严重、道路需求的增加和环境的恶化。

需求与供给的关系影响国民经济与产业经济的发展，良好的供需关系有利于整体运输成本的下降。因此，把握需求和供给的正确关系尤为

---

① Liu Y, Li Y. Pricing scheme design of ridesharing program in morning commute problem [J]. Transportation Research Part C: Emerging Technologies, 2017, 79: 156-177.

② Llop M. Measuring the influence of energy prices in the price formation mechanism [J]. Energy Policy, 2018, 117: 39-48.

重要。正确的需求和供给关系需要包含以下方面。

一是明确供需相对平衡的概念。一方面要扩大有效的运输供给，另一方面要建立基于经济手段的需求管理系统，运用各种方法调整运输供求能力。增强交通可达性，减少城市土地使用需求；尽量使交通运输需求在时间和空间上分布得更均匀；为实现供需相对平衡，还应鼓励使用高效的交通工具，特别是公共交通工具。

二是维持供给方向的均衡，包括维持基础设施建设和服务交付之间的均衡，维持个人机动运输和低成本运输的均衡，维持干线道路供给和一般道路供给的均衡。运输服务的供给需要包含运输管理、价格设定、运营、环境及安全等方面的政策。

三是反映社会公平。在遵守用户收费的原则下，所有运输方式都应有自己的空间，用户应有充分的选择自由；照顾低收入和弱势群体的运输需求，在方法符合市场规则的前提下，给他们提供交通设施服务和必要的财政补贴。

四是正确运用价格机制。合理分配并有偿使用运输资源。逐步建立包括运输基础设施和综合服务在内的收费体系，使个人承担所有机动运输的费用，并取消政府隐性补贴。尽可能地使税金和费用的支付与行动联系起来，引导用户做出对社会有益的选择。

2. 运输供需均衡

运输市场供需均衡调节机制包括以下几个方面。

价格政策调节。为保证市场竞争的公平性与竞争规则的合理性，应由政府作为主体对宏观环境进行调控。同时，还需保证供给方与需求方的利益。通过对运输市场实行最低或最高限价等干预政策影响市场供需。

财政政策调节。其主要包括补贴政策和税收政策。补贴政策是各国为了维持特定的运输手段而给予的特许权。政府向特定运输服务支付补贴时运费将下降，需求也会相应增加。政府可以通过增加或减少税收来影响运输服务的成本和价格。不同的税种对运输市场的影响也存在差异。

交通管理措施调节。在改善城市交通供需情况的过程中不能一味增加运输供给，如道路面积。城市路网是城市交通的基本骨架，合理改善城市供需均衡，更应该考虑如何高效分配道路资源，如何更合理地设计道路等级，提高城市交通路网运行效率，节约成本与资源，高效利用城市路网等。

交通运输需求治理调节。[①] 为使需求在时间和空间上实现均衡,可以通过相应政策或技术调整运输需求,从而保证运输供给和运输需求之间的相对均衡。为减轻中国的交通压力、提供便捷的运输服务,当某些路段在某些时间出现拥堵时,应利用交通政策的管理功能和某些管理方法和技术来平衡交通流量。在可持续发展方面,鼓励人们尽量减少使用私家车,减少不必要的出行。通过有效限制和管理城市交通需求,可以保证城市的社会和经济流动性,满足居民的最小交通需求。

(三) 交通大数据供需匹配

1. 交通大数据调节供求关系

本部分首先进行交通大数据研究综述,之后综合前人研究总结出其具体作用。关于大数据与供需匹配理论的典型分析有来自出租车的供需匹配分析。

近年来,中国学者对"互联网+"背景下出租车资源如何配置问题越来越关注。Bade等对"互联网+"时代出租车服务平台的资源分配进行了研究。为解决交通拥堵问题,他们设计了基于时间的整体补贴以及基于"里程"的补贴计划,并验证了其合理性;利用高峰时段拥堵道路的 GPS 数据、出租车的分布数据和候车乘客的地理分布数据,分析了出租车乘坐时间以及空间分布的差异;对出租车资源供需在不同时间和空间上的匹配程度进行了论证,并利用神经网络的多层感知器对出租车补贴方案进行了评价,对补贴方案的适用性条件进行了完善。[②]

经过上述研究,我们发现在"互联网+"的时代背景下测量出租车供需资源匹配度的方法是多种多样的,其中大部分还处于理论探讨阶段。从上述文献综述中不难看出,大数据在运输供求匹配中已经占据了非常重要的地位。

首先,大数据使得价格可以灵活调整。一方面,大数据可帮助政府制定价格政策,保证竞争的公平有序;另一方面,大数据平台可作为支撑,帮助建立完善的交通设施和服务收费系统,让个体用户承担全部费

[①] Lucas K. A new evolution for transport-related social exclusion research? [J]. Journal of Transport Geography, 2019, 81: 102529.

[②] Bade S G R, Li J, Shan X, et al. Fully printed halide perovskite light-emitting diodes with silver nanowire electrodes [J]. ACS Nano, 2016, 10 (2): 1795–1801.

用，取消政府隐性补贴。在这一方面，大数据平台相对于之前的信息采集系统，可以实现全天候更为全面的价格监控，在信息对称的前提下使竞争性价格得到动态调整，引导使用者合理使用。①

其次，大数据可以根据供需匹配及其信息指导交通资源的分配，最大限度地利用平台供需匹配的功能，提升供需匹配的效率以及成功率，进而优化运输资源配置，最终提升节能减排的环境效率和快速响应需求的服务效率；还可以改善环境，同时提高需求方满意度，提高社会福利。

最后，交通大数据可以反向助力交通举措与城市路网的改良，有助于交通需求的治理。通过大数据提供的历史信息，城市可以采取灵活举措调控交通需求，例如在中远期，可以对城市路网进行反馈，使城市改变布局、增添新的交通基础设施，比较有意义和借鉴作用的就是"城市大脑"。早在2016年，经由杭州市政府以及阿里云的大力推动，"城市大脑"率先部署于杭州萧山区。一年测试之后，"城市大脑1.0系统"正式发布。当前，该系统已对主要道路进行覆盖，例如位于杭州主城区的莫干山路区域、南北城区的一些高速公路和萧山区。

为城市安装"大脑"，是为了使城市学会"思考"。"城市大脑"和人类大脑非常相似。"城市大脑"的信息来源于由道路监控和其他技术提供的城市大数据。阿里云计算负责人告诉《经济日报》记者，"城市大脑"将深入城市的各个角落，收集大量数据。通过整合大数据和人工智能技术，将创建一个智能平台，识别城市的关键点，并在数据之间建立信息传递的桥梁，以对"数据互斗"问题进行解决，进而有效化解城市发展进程中的各种问题。

立足交通运输解决方案的角度，"城市大脑"可以使资源快速匹配最需要的目标。在杭州萧山区，当救护车前往某地抢救病人并将其送往医院治疗时，"城市大脑"收到相关信息后，可以在一秒钟内计算出救护车的行驶路线，例如到达交叉路口的时间，可精确到分钟甚至是秒，实时向应急指挥中心发送该信息。指挥中心依据救护车的到达时间，对红绿灯时间提前进行调整，清空在该区间等待的社交车辆，让救护车在

---

① Wu Y, Tan H, Qin L, et al. A hybrid deep learning based traffic flow prediction method and its understanding [J]. Transportation Research Part C：Emerging Technologies，2018，90：166-180.

"绿灯"下行驶至医院,进而将营救时间缩短一半。

不仅如此,在杭州的主要城市,在早晚高峰时段,"城市大脑"将实时调节高架道路以及医院门口的交通信号灯。和过去相比较,高架路上车辆的旅程将缩短4.6分钟。通过对道路资源以及时间资源的重新分配,公众可以每天早点回家。

综合以上分析,大数据有利于完善供需均衡的价格机制、政策机制、治理机制,通过灵活高效的信息交互与公众参与,在保证信息公开透明的同时对行为个体实现了约束,避免了由外部效应导致的城市拥堵、由重复运输带来的环境污染等问题,最终实现了交通供给与需求的匹配。

2. 交通大数据匹配供求路径

匹配平台的定义是在"互联网+"的背景下,充分利用线上环节实现运输过程的去中介化,通过互联网的优势提高信息检索能力和匹配质量与效率,减少由信息不对称造成的诸如资源错配、供需搭配不当等种种问题,达到去中介化的目的,提高运载与通行效率。其主要功能表现在如下几个方面。

业务交易功能[①]:平台可提供供给与需求两方面的信息,例如,运输需求方可获取客货运输中各类车型、货源类型和线路信息的详细内容;同时运输供给者可获取周边货源信息,掌握车辆位置和联系信息等。类似滴滴出行等客运平台可以掌握客源信息与司乘人员信息,从而匹配路线信息与支付意愿。

在线支付功能[②]:基于大数据背景的匹配平台可支持使用网银、支付宝以及银行卡来支付运费、客票费用与货款等,方便客户线上支付,降低平台与供求方的支付风险。

在途管理功能:以货运为例,在车货匹配交互平台上交接的货物,货主可以依靠GPS随时跟踪其在途运输情况,掌握货物运输节点信息。运输供给方也可以随时登录定位平台,确认车辆运行状态与所在位置,方便进行维护保养。在客运方面,在客运匹配平台上搭乘车辆的乘客,

---

[①] Vallas S, Schor J B. What do platforms do? Understanding the gig economy [J]. Annual Review of Sociology, 2020, 46: 273-294.

[②] 梅国平,刘珊,封福育. 文化产业的产业关联研究——基于网络交易大数据 [J]. 经济管理, 2014, 36 (11): 25-36.

可以通过软件实时查看路线信息与距离目的地的信息，遇到危险时还可以实现一键报警，发送位置信息给警察。

交易评价功能①：大部分平台保存了使用平台的供需双方的评价记录，在交互界面可以直观地查看供需双方信用并实现相互评价功能。这样有利于实现司机服务的透明化，在为其他运输需求方提供运输服务质量参考的同时也使一些不法行为无处隐匿。

3. 交通大数据匹配平台模式

大数据匹配平台的主要模式包括以下几方面。②

纯平台模式。纯平台模式是指平台运营商仅提供一个在线信息查询的交互平台，用户可通过该平台找到与自己需求匹配的供给方并进行交易，我国较早出现的货运网站平台物通网以及近几年出现的货拉拉 App 等都属于这种类型。客运平台中的滴滴出行、Uber 属于此种类型，近年来兴起的美团打车也属于此种类型。③

线上+线下模式。线上+线下模式的定义是服务商在全国范围内设网，使服务网点位于各个地区，对该供应商当地的运力资源进行以点带面的整合，进而构筑起行之有效的线下运力资源网络，相当于庞大的后备运力池；在线上利用互联网技术开发移动客户端在线平台，与线下实现融合与服务结合。在客运方面，租车平台是该种模式的重要代表，通过实现线上线下的布网，实现供需匹配。

4. 交通大数据匹配平台作用效果

（1）交通大数据匹配平台的总体效果

根据有关平台的相关理论分析④，交通大数据匹配平台的作用效果包括以下几方面。

一是满足供需双方旺盛的物流需求。大数据匹配平台的最大特点是

---

① 茶洪旺，袁航. 中国大数据交易发展的问题及对策研究 [J]. 区域经济评论，2018（4）：89-95.
② Belleflamme P, Peitz M. Managing competition on a two-sided platform [J]. Journal of Economics & Management Strategy, 2019, 28 (1): 5-22.
③ Kretschmer T, Leiponen A, Schilling M, et al. Platform ecosystems as meta-organizations: Implications for platform strategies [J]. Strategic Management Journal, 2022, 43 (3): 405-424.
④ Vallas S, Schor J B. What do platforms do? Understanding the gig economy [J]. Annual Review of Sociology, 2020, 46: 273-294.

使供需信息更加透明，提高供需匹配效率，减少供需双方因信息不对称而导致的无谓成本。当前，我国短途、中长途客货运市场的需求仍旧十分旺盛，巨大的网络流量导致如果供需匹配效率低下则会形成巨大的资源浪费。交通大数据正是基于此提高匹配效率，从而缓解运力紧张的现象，减少资源浪费。

二是节省供需双方广义运输成本。广义运输成本不仅仅涉及运输时间，更体现在运输价格方面。供需匹配平台的出现能够显著缓解过分依赖中介的问题，实现去中介化，减少交易环节，同时平台的公开透明避免了供需市场中因垄断势力或者信息不对称而导致的不合理定价。另外，互联网供需双方可以直接通过在线平台进行沟通、确认需求，这在一定程度上节省了双方的人力成本。

三是整合物流资源以及客流资源。大数据匹配平台使匹配工作得以专业化分包，运输供需双方可以将精力集中于自身核心业务。平台通过灵活运用新技术、智能化技术实现匹配工作，获得了自身价值的增长。通过核心功能可以吸引更多潜在客户入驻平台，有利于平台增值，提升平台效益。

四是推进节能减排，改善环境。大数据匹配平台若获得广泛应用，则可以大幅度提高供需匹配的效率及成功率。从宏观角度看，实现网络中交通运输资源的优化与规模经济，能够大大降低货源车辆的空载率，减少客源运输的巡航等等行为，这将减少二氧化碳的排放，节省油耗，进一步推进节能减排，有利于改善环境、低碳出行。

（2）交通大数据匹配平台的具体效果：以构建智慧城市和改善城市基础设施运行效率为例

所谓智慧城市（smart city）[①]，即使用各类信息技术和创新理念，对城市组成系统以及服务进行整合，进而提升资源使用效率，对城市管理及服务进行优化，使居民生活质量提高。在智慧城市背景下，城市各行各业可以充分运用新一代信息技术，使信息化、工业化与城镇化实现深度结合，这对缓解"大城市病"有积极作用，有利于提升城镇化发展水

---

① Hatuka T, Zur H. From smart cities to smart social urbanism: A framework for shaping the socio-technological ecosystems in cities [J]. Telematics and Informatics, 2020, 55: 101430.

平，实现精细化、动态管理，使居民生活质量提高。① 智慧城市以知识社会为背景，以新一代信息技术为支撑，不只是对物联网、云计算等一系列新一代信息技术应用的强调，更关键的是在方法论层面应用知识社会的创新理念，构建以绿色、协调、开放、共享为特征的可持续的城市创新生态圈层。以上定义目前在国际上是被广泛认同的。

专栏2　智慧城市之四大基础特征

一是全方位感知。利用传感技术，对城市管理的各个方面进行监测和综合感知。智慧城市借助各类传感器和智能系统，对城市环境、状态和位置等信息的全方位变化进行智能识别、立体感知，将感知数据进行整合、分析及处理，并将智能化与业务流程整合，进而做出积极响应，使城市所有关键系统高效运行。

二是宽带普遍互联。各种宽带有线和无线网络技术的发展，提供了城市中物和物、人和物、人和人间的全面互联互通，为城市中各类应用的实现奠定了基础。宽带泛在网络被称为智慧城市的"神经网络"，可以极大地增强智慧城市获取信息、实时反馈以及为智能服务提供随时随地自适应系统的能力。

三是智能融合应用。将云计算视作基础，应用智能融合技术，进行海量数据的存储、计算和分析，使用综合集成方法，经由人们的"智慧"参与，提高智慧城市的决策支持力以及应急指挥能力。以云计算平台为基础的大成智慧项目将组成智慧城市的"大脑"。

四是智慧城市建设特别重视塑造以人为本、公民参与、社会协同的开放创新空间，以及创造公共价值和独特价值。聚焦市民需求，经由Wiki、微博、Fab Lab、Living Lab等工具以及方法，强化用户参与，汇集大众智慧，持续推进用户创新、开放创新、大众创新和协同创新，进而实现以人为本的经济、社会与环境可持续发展。

大数据在智慧城市中所起的作用至关重要，在交通运输领域，主要

---

① Nilssen M. To the smart city and beyond? Developing a typology of smart urban innovation [J]. Technological Forecasting and Social Change, 2019, 142: 98-104.

是建立智能交通。构建"数字交通"工程项目,经由监控技术、交通流优化技术,对公安、城管、高速公路监控系统以及信息网络系统等进行完善,构建诱导通行、应急指挥、智能化、以出租车和公交车为重点的出行管理系统,建设统一全面的智慧城市交通管理和服务体系,加强综合交通信息共享,实现高速公路交通状况的实时监控以及动态管理,全面提升智慧管理水平,确保运输安全、畅通。

具体而言,交通大数据可以通过智能交通系统解决四个方面的应用需求。①交通实时监控。了解交通事故发生的地点、交通拥挤程度、道路通畅度,并尽快为驾驶员和交警人员提供实时分析与建议。②公共车辆管理。驾驶员与调度管理中心实现双向沟通,进而使私人车辆、公共汽车和出租车的运营效率提升。③旅行信息服务。经由多媒体多交互、多终端、多途径的特点,向外来旅行者供给各类综合交通信息。④车辆辅助控制。根据实时数据,为驾驶员驾驶汽车提供辅助参考,或应用统一管理技术,替代驾驶员自动驾驶汽车。

通过以上应用需求的满足,交通大数据实现了时间与空间的匹配、交通资源与交通需求的匹配、交通信息与交通人员的匹配、交通人员与交通人员的匹配,通过构建整体网络,切实提高了匹配效率,使整个城市的交通智慧化水平得到提升。

5. 交通大数据在智能交通决策中的作用

交通大数据为我们提供了无与伦比的机会来提取我们所需要的信息,正因如此,交通管理部门开始在大数据分析能力上进行投资,以寻求合理的政策导向,交通管理部门开始趋向于被数据驱动。这种从大数据分析中获得真知灼见的新途径无疑正在改变交通行业组织的传统决策方式。长期以来,决策的制定依赖于决策者的直觉和专业知识,但是当在决策中加入大数据时,决策的制定过程更加科学合理。El Houari 等认为,大数据使在组织中生产知识成为可能,交通大数据在智能交通决策中的作用主要体现在以下方面。①

---

① El Houari M, Rhanoui M, El Asri B. From Big Data to Big Knowledge: The art of making Big Data alive [C]. International Conference on Cloud Technologies & Applications, 2015.

(1) 提高效率

当锁定在大数据中的趋势和其他相关见解被识别出来时，组织决策就会变得更容易、更快。这是通过使用流处理工具和其他处理技术生成的实时数据来实现的。必要工具的可用性使所有用户都能高效地利用大数据查找信息、做出明智的决策，并更好地享受服务。交通管理部门的更好选择意味着为公民提供更好的交通服务。

(2) 使用预测分析工具增强预测能力

预测分析是大数据分析的一个领域，它使识别趋势、异常值和集群变得更容易，同时能预测未来的趋势。因此，它是组织的一个极其强大的工具。决策制定者可以利用各种机器学习算法和统计方法来预测某一事件在未来发生的概率。以公共交通为例，预测分析有助于确定公共交通（如公共汽车和铁路等）的时间表，预测天气状况，分析两者对通勤者的影响。更高级的分析可以用于跟踪公交和火车的时刻表、故障，并通过确定备选方案和减小其影响来消除信号或网络问题。预测分析有助于确定交通拥堵和正在进行的维护项目对公共交通网络的影响，使决策制定者可以据此设计可选的运输计划和应对策略。此外，交通大数据分析可以预测意外事件，如交通事故、车辆故障、交通运输工人罢工等对当地经济的影响，这些信息都可以给决策制定者提供有价值的参考。

(3) 使用说明性分析加强决策制定

说明性分析旨在帮助决策制定者决定需要做什么。说明性分析结合了大数据和人工智能，主要目标是规定针对可预见的未来挑战需要采取的行动。预测分析的下一个阶段是帮助决策制定者了解问题背后的原因，并提出可能的最佳行动方案。以出租车为例，虽然大数据分析中出租车的概念在本质上看起来很复杂，但当企业使用大数据分析出租车时，它会对未来的商业成功和整体运营产生重大影响。目前的趋势表明，越来越多的决策制定者开始重视大数据解决方案，并计划实施数据分析。选择合适的分析解决方案对提高交通服务质量和降低运营成本是非常重要的。

总而言之，大数据对未来的决策至关重要。在不久的将来，决策制定过程将更强烈地受到大数据变化的影响。决策制定者需要意识到这些变化，并充分利用这些变化，依靠大数据来最大限度地利用已有资源，进一步加大对大数据分析能力的投资。

第四节 交通大数据时空匹配的几何模型分析

交通大数据或数据匹配，可以对交易效率、生产效率、管理效率、配置效率等产生各种影响，因此，可以用经济学或产业经济学的几何模型进行刻画。

一 时空视角的供求均衡关系模型

交通大数据可以改变供给和需求曲线的相对位置，从而增加均衡数量，均衡价格则存在确定性情况。但从实际情况来看，由于需求增加幅度大于供给增加幅度，特别是交通大数据构建了差异化的双边市场服务平台，提供了具有水平差异化（horizontal differentiation）和垂直差异化（vertical differentiation）的产品服务，导致市场均衡价格的相对提升。

交通运输行业的市场均衡状态受到外部因素和内部因素的共同影响。交通运输行业内部相互制约的影响因素被统称为内部力量，用 F_n 表示，如果有 k 个内力，则分别表示为 F_{n1}, F_{n2}, $\cdots$, F_{nk}；外部的影响因素被统称为外部力量，用 F_w 表示，如果有 m 个外力，则分别表示为 F_{w1}, F_{w2}, $\cdots$, F_{wm}。系统的状态点由内力和外力在某一时刻 t 组合而成，一系列状态点轨迹（t, F_{n1}, F_{n2}, $\cdots$, F_{nk}, F_{w1}, F_{w2}, $\cdots$, F_{wm}）是整个运输系统的运行状态的体现，运输系统也处于一个不断变化的状态。

交通运输行业的供求均衡关系式为 $D=S$，其中 $D=D$（t, F_{n1}, F_{n2}, $\cdots$, F_{nk}, F_{w1}, F_{w2}, $\cdots$, F_{wm}），$S=S$（t, F_{n1}, F_{n2}, $\cdots$, F_{nk}, F_{w1}, F_{w2}, $\cdots$, F_{wm}），分别为交通运输行业的需求函数和供给函数。当且仅当 $t=t_0$，状态点 $F_0=S$（t, F_{n1}, F_{n2}, $\cdots$, F_{nk}, F_{w1}, F_{w2}, $\cdots$, F_{wm}）使该式成立，那么存在唯一均衡点 $F_0=S$（t, F_{n1}, F_{n2}, $\cdots$, F_{nk}, F_{w1}, F_{w2}, $\cdots$, F_{wm}）。

当交通运输市场中供给方和需求方的力量逐渐趋于平衡的时候，会存在一个供求双方都接受的均衡运价（P_0），这时需求量和供给量也达到均衡，此时的运量被称为均衡运量（Q_0）（见图3-4）。

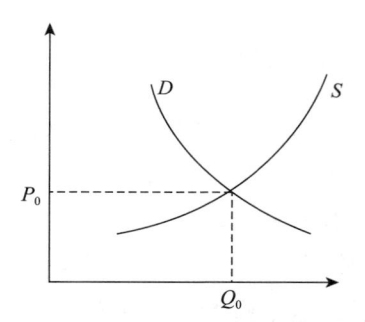

图 3-4　交通大数据影响供求均衡

如图 3-5 所示，均衡运价提高，均衡运量也有所增加。

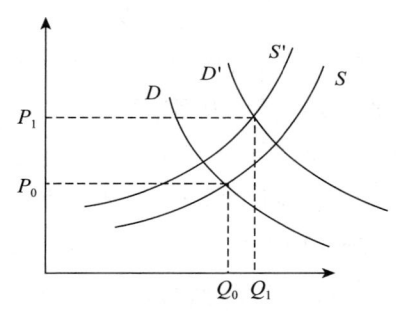

图 3-5　交通大数据影响供求均衡变动

上述对均衡运价与均衡运量之间变化关系的分析，只是一种静态分析，而分析原有的均衡点至新的均衡点的变化和发展过程，则应使用动态均衡分析方法。对于动态均衡，t 时间的供给量 S_t 取决于前一时间段的运价，而 t 时间的需求量 D_t 则取决于现在的运价，t 时间的运价 P_t 取决于前一段时间的价格 P_{t-1}、需求 D_{t-1} 和供给 S_{t-1}。其可由以下方程组表示：

$$\begin{cases} D_t = T(P_t) \\ S_t = T(P_{t-1}) \\ P_t = P_{t-1} + \sigma(D_{t-1} - S_{t-1}) \end{cases} \quad (3-9)$$

其中 σ 为参数，正值表示供不应求时价格趋于上涨。当 σ 小到足以达到上述静态平衡时，价格波动同时作用于交通运输的供给和需求，并最终收敛于均衡点，但二者之间的作用会产生许多不同的结果。在市场经济中，运输市场能够自动平衡需求和供给，前提是基础设施的运力总体上能够满足运输需求，车辆的投入会随着需求的变化和市场的调节而变化。

二 时空视角的中间层组织模型

交通大数据供给者往往具有中间层组织特点,具有创造市场和匹配供求的作用。中间层理论是由斯帕尔伯提出的,在这之前,对于企业的解释,许多经济学家持有相异的观点。1776年,亚当·斯密出版了《国富论》,为分工和专业化理论奠定了基础。马歇尔等新古典经济学家着重于研究如何在既定社会组织结构下,完成稀缺资源的最优配置。中间层理论并不是对之前理论的颠覆,而是将之前的理论立足新的角度进行整合。斯帕尔伯的观点是:中间层组织与直接交换相比,具有一定的比较优势。这些优势主要体现在:①交易集中化、规模化,有效降低了平均交易成本;②信息搜索成本、议价成本得以降低;③逆向选择的影响被削减;④经过组织优化和授权降低内部监督成本。

中间层组织模型可以帮助我们更好地理解中间层组织是如何获得利润的,因为对于中间层组织,其利润构成可视作上游销售者出价和下游购买者报价之间的差值。现在假设供给函数为 $X=S(w)$,需求函数为 $Q=D(p)$。而中间层组织向旅客要求的出价是 w,对运输企业的要价是 p,于是中间层组织的利润函数可表示为:

$$\Pi(p,w) = p \times D(p) - w \times S(w) \quad (3-10)$$

中间层组织的决策为 $\max \Pi(p,w) = p \times D(p) - w \times S(w)$,且 $D(p) \leqslant S(w)$。

这样可以推导出中间层组织制定的均衡价格为 (p^*, w^*),产量为 Q^*。按照市场机制得到的出清价格为 p^{**},产量为 Q^{**},最终市场价格因为中间层组织的存在为 (p^*, w^*)。

三 时空视角的数据特征性模型

伴随以时空数据库为基础的地理信息系统研究及应用的发展,越来越多的人开始关注时变信息,因此时态地理信息系统(TGIS)的概念被提出。然而,因为空间、属性和时间之间复杂的关系和结构,理想的时空数据库及时态地理信息系统尚未出现。目前,有如下6种有影响力的时空数据模型。

(一) 时空复合模型

Langran 等在前人研究的基础上，得到了时空复合模型（space-time composite），认为时空单元是其基础。[①] 时空单元，即同一时空变化过程的最大单元。在存储中，每个时空单元被视为一个静态对象，其时空变化过程由关系表表示为一个属性。系统空间凭借时空复合模型将其划分为多个时空单元。当一个时空单元被拆分时，就会应用一个与时空单元相对应的新元组。每次时空过程发生变化时，都会在链接表中添加代表该时空过程的新时间表。基于此，时空复合模型允许使用静态属性表来表示动态时空过程。这种模型的缺点是修改数据库中对象标识符较复杂，标识符必须一个一个反转，当涉及更多的关系链级别时比较麻烦。

在时空复合模型中，时间维度是线性的、离散的和相对的。空间维度是利用一个或多个叠加，将空间平面分解为包含相同时空过程的最小可变时空单元。如图 3-6 所示，时空复合模型的基态是时间 T_1，当投影到基态的时空平面 T 上时，在 T_3 时刻生成了可变时空单元 F，其属性信息也发生了变化。可见，该模型基本上是序列快照模型与基态修正模型的融合，既能清晰反映实体变化过程的语义描述，又保留了基态修正模型的优点。

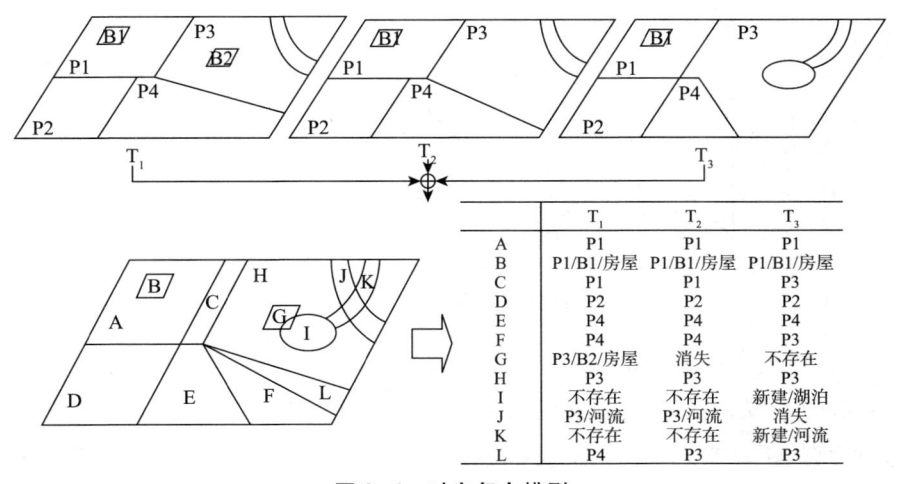

图 3-6 时空复合模型

[①] Langran M, Moran B J, Murphy J L, et al. Adaptation to a diet low in protein: Effect of complex carbohydrate upon urea kinetics in normal man [J]. Clinical Science, 1992, 82 (2): 191-198.

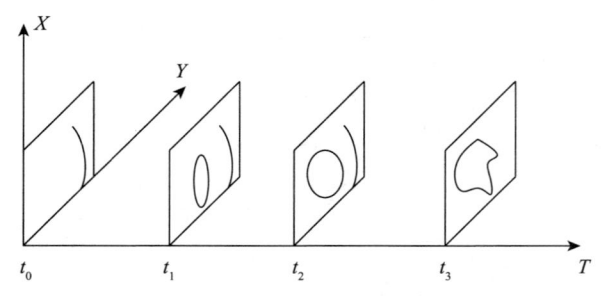

（二）连续快照模型

连续快照模型指的是数据库中只对当前数据状态进行记录，数据变更后旧数据的变化值不作留存[①]，即过去的状态被"遗忘"。连续快照模型可保存时间片段的一系列快照，以对整个空间特征的状态进行反映。快照都存储在中间图像中，不会重复更改，从而大量减少了数据记录。如果事件变化频繁并产生大量数据，系统的效率就会迅速下降。

序列快照模型是连续快照模型的又一称谓，在快照数据库（Snapshot Database）中，该模型仅对当前数据状态进行记录，会"忘记"过去，即旧的数据变化将在数据更新后不再保留。其基本思想是将某一时间段内的地理现象演化过程借中间序列快照进行表述，而快照彼此之间的时间间隔可能不同。

连续快照模型将时间信息融入空间数据模型当中，并将时间看作代管理场景的属性，认为其具有线性、离散性和绝对性。该模型的基本原理是：经过连续的时间离散化处理后，不同时间段的完整空间信息和特征信息就可以被存储下来，并被视为该时间段的快照输出（见图3-7）。从这个模型可以看出，时间只是文件存储时间的指标，而不是内部数据的要素。

图 3-7　连续快照模型

此类模型的好处是：十分直观又简单易懂，实现难度小；便于查询独立时刻下的空间信息或属性信息，是地理现象随时间变化的原始表达。该模型的不足之处是：只对地理现象的状态进行描述，而没有表述地理现象中空间对象快照间的联系，从本质上看，它是在位置或要素时变特

---

① Alam M M, Torgo L, Bifet A. A survey on spatio-temporal data analytics systems [J]. ACM Computing Surveys, 2022, 54 (10s): 1-38.

征的基础上建模。序列快照模型之所以被发明出来，是因为各种状态下地理现象进行完整存储会致使数据冗余。①

（三）基态修正模型

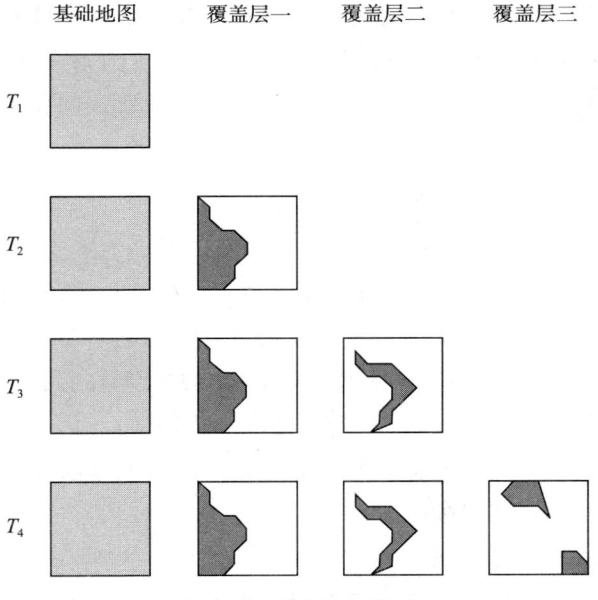

1. 基态修正模型的定义

基态修正模型是 Langran 和 Chrisman 在 1988 年提出的，为避免连续快照模型把没发生变化部分的特征重复记录，基态修正模型存储的内容只是某个时间点的数据状态（基态）还有对应的基态变化量，纳入系统中的仅仅是事件、对象产生变化时的数据，时态分辨率所标示的刻度值完全对应于事件或对象发生变化的时刻。如图 3-8 所示，以一个不透明的基映射来定义数据的原始状态，当数据在一定的间隔内发生变化时，插入一个不同的阴影覆盖来记录变化。每当数据更新时，都仅是对数据变化的记录，这即为基态修正模型。

图 3-8 基态修正模型

资料来源：Langran G，Chrisman N R. A framework for temporal geographic information [J]. Cartographica：The International Journal for Geographic Information and Geovisualization，1988，25（3）：1-14。

---

① 曹闻. 时空数据模型及其应用研究 [D]. 解放军信息工程大学，2011.

2. 基态修正模型的评价

基态修正模型好处在于：它只需要存储一次各个对象，虽然会面临变化，但需要记录的数据量较少。它的不足之处在于：若时刻给定，时空对象间的空间关系较难处理，同时当检索很远的过去状态时，要对整个历史状况进行阅读操作，会致使效率低下。

3. 基态修正模型的发展

由于基态修正模型不能直接反映目标在时间和空间上的内在联系，这将给时空分析带来一定困难。因此，后续学者纷纷对基态修正模型提出了改进方案。张祖勋和黄明智最早提出使用分级索引方法加以改进。[①] 吴信才和曹志月认为分级索引方法在时间跨度比较大的情况下仍会导致检索效率低下的问题，基于此，他们提出了动态多级索引方法。[②] 该方法提高了数据存取效率，使其不受历史久远情况的影响。李勇等指出影响检索效率的因素重点在于基态的数据量以及相邻基态之间对象发生变化的次数，基于此，他们认为可以使用对象变化临界指数对基态距进行优化。[③] 综上所述，基态修正模型的改进是学者们不断在提高数据检索效率和降低数据冗余度之间权衡取舍的过程，针对该问题，未来依旧有很大的研究空间。

（四）时空立方体模型

1. 时空立方体模型的定义

1970年，Hagerstrand首次提出时空立方体模型，该模型表示几何立体图形作用于二维图形沿时间维度发展变化的进程。如图3-9所示，T轴为时间维度，XY轴为空间维度。对于给定的时间位置，可以从三维立方体中获得相应部分的状态，三维空间在时间上的变化过程也可以用其展开式来表示。缺点是随着数据量的增加，对立方体的操作也越来越复杂，最终会导致处理困难。

2. 时空立方体模型的评价

时空立方体模型的优势在于适用于管理运动对象的信息，可以用一

---

① 张祖勋，黄明智. 时态GIS数据结构的研讨 [J]. 测绘通报, 1996 (1): 19-22.
② 吴信才，曹志月. 时态GIS的基本概念、功能及实现方法 [J]. 地球科学, 2002 (3): 241-245.
③ 李勇，陈少沛，谭建军. 基于基态距优化的改进基态修正时空数据模型研究 [J]. 测绘科学, 2007 (1): 26-29+160-161.

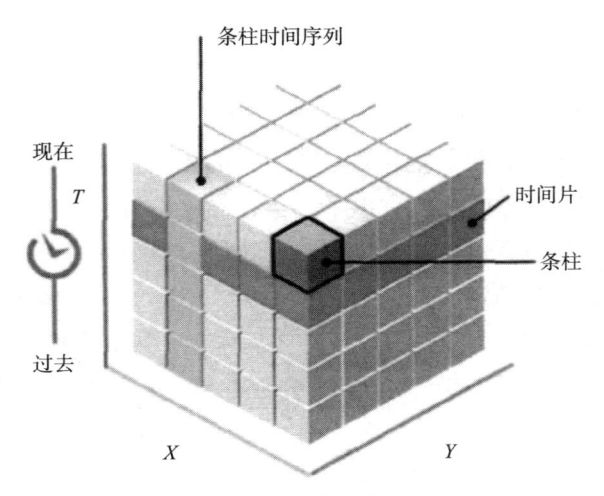

图 3-9 时空立方体结构

资料来源：洪安东. 基于时空立方体的交通拥堵点时空模式挖掘与分析[D]. 西南交通大学，2017。

种形象、简单易懂的方式对空间实体的地理变化进行描绘。时空立方体模型的构建对时态地理信息系统的研究产生了十分重要的影响。其缺点是：首先，随着数据量的增加，对立方体的操作会变得更加复杂，从而增加了处理难度；其次，模型的空间和时间维度的选择至关重要，很难推广到实际应用的设计中。

（五）时空对象模型

世界由时空原子组成是时空对象模型的观点，时空原子是一个兼备时空属性的实体。该模型中，时间维度垂直于空间维度，可以对实体在空间和属性上的变化进行表示，但并不涉及渐变实体的表示。其缺点是：空间随时间变化无法在时空对象模型中表现出来，没有概念来描述变化和过程。

对象的空间位置及其静态特征是传统的地理信息系统（GIS）数据模型的基本概念，虽然时间被作为附加属性，但其性质是静态的。在设计时没有考虑到空间物体和人的性质的变化过程，因此不能为 GIS 中的建模过程提供足够的时空支持。

新应用软件体系结构是一种发挥重要作用的方法。基于过程的建模作为一种表示方法，是以复杂现实世界系统中的空间过程和交互作用为基础的，可以实现不同学科之间空间知识的整合与交流。本节介绍的是一种基于框架的时空对象模型。

1. 地理对象类结构

客观地理现象必须根据时间和空间离散化的需要来描述。目前，用于空间离散表述的 GIS 主要有以下三类：对象模型、场模型以及网络模型。基于框架的时空对象模型也将现有数据模型纳入考虑范围之内，除了能描述地理对象的空间特征和属性特征，还能对知识特征进行具体描述。知识特征代表了有关空间对象的知识体系，如编辑规则、分类规则、应用分析模型等。图 3-10 为这个模型的基本结构。由图 3-10 可以看出，地理对象可被视为一个基类，其中每个具体的地理对象都由三个特征元素组成：空间特征、属性特征和知识特征。

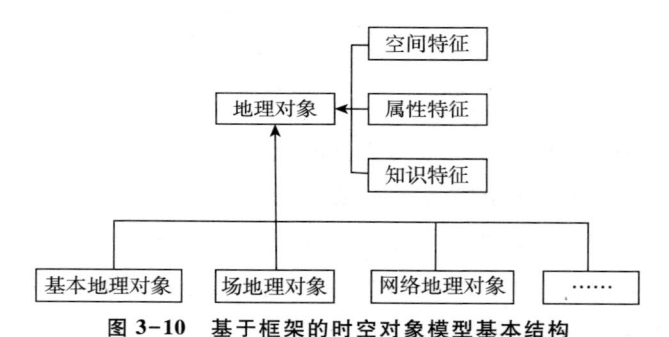

图 3-10　基于框架的时空对象模型基本结构

基本地理对象指的是在地理空间中具有一定边界和规则的几何体结构，图 3-11 展示了基本地理对象类层次。

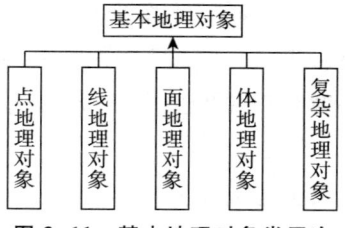

图 3-11　基本地理对象类层次

2. 基于框架的对象表达

作为一种结构化的知识表示方法，表示框架以一致的格式来概括抽象概念，可应用于软件数据结构。框架用于表示地理对象类层次结构，而生成规则通过某些自动空间过程将地理对象转化为"智能对象"，从而表示有关地理对象的知识。

该表示方法使用框架结构描绘各种实体单元及它们之间的关系，使用框架槽以及框架槽的每一侧，抽象描述实体单元的属性和状态。框架之间的语义连接使得不同层级的多种框架能构筑成复杂的网络结构。网络结构的节点以及连线分别对应实体单元以及实体单元之间的关系。

至于"智能对象"，可将其定义为基于空间过程引出辅助方法的一类实体单元。现实中具备一定结构的抽象对象或者实体对象，均可使用实体单元来表示。数据层、知识层、数据处理和知识推理的各种方法，由智能对象内部封装，可看作一种内部独立、通过接口及方法对外通信的结构化对象模式。

（六）面向对象的时空数据模型

通过在节点、圆弧及多边形等几何要素的表达上增添时间信息，面向对象的方法考虑的是空间拓扑结构以及时态拓扑结构。无论多么复杂的地理实体，总是能够被建模为一个对象。其不足是对地理现象的时空特征及内在联系没有充分考虑，缺乏对地理实体或现象的明确定义及基本关系描绘。

从内容上看，交通大数据可以划分为两部分，即交通信息与交通事件；从时态上看，可以划分为实时交通信息、历史交通信息。

1. 交通信息

交通大数据供给的动态交通信息能对交通流量进行反映。时间粒度/尺度（temporal scale）及时间序列（temporal sequence）这两个时态参量能用来表示交通信息的动态特性。其数据模型如图 3-12 所示。

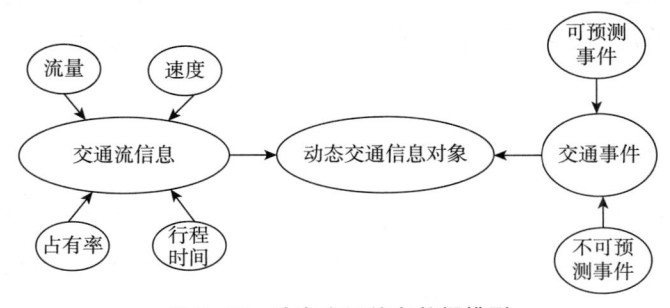

图 3-12 动态交通信息数据模型

交通大数据可以全面支持过程分析，包括但不限于因果关系分析、解决方案设计以及信息集预测，很好地反映了交通的时变空间特征。

2. 交通事件

现实中，偶发性交通拥挤的诱因往往是交通事件，交通事件也会对交通流状态产生影响。在交通事件作用下，道路网络拓扑关系、交通网络的路阻将临时转变。总体来看，立足整个道路网络，这两种情况的发生影响了交通流状况，亦会作用于交通流状态变化。交通事件具有难以预测性。如表3-4所示，交通事件可划分为可预测事件和不可预测事件。

表3-4 交通事件的种类

可预测事件	不可预测事件
道路养护	交通事故
道路修筑	车辆抛锚
大型活动	恶劣天气
交叉口转向的临时变化	道路设施损坏
道路上下行的临时变化	货物散落

立足时空角度，无论是可预测还是不可预测，交通事件在时间上均是离散的，呈现时间点以及时间区间这两种特点；若立足空间角度，其主要表现在一定的拓扑关系变化上。交通事件和动态交通信息直接影响着出行者和交通管理者的决策，这体现了交通大数据的重要作用。[①]

第五节 交通大数据时空匹配的数理模型分析

交通大数据或数据匹配，可以对交易效率、生产效率、管理效率、配置效率等产生各种影响，因此，可以用经济学或产业经济学的数理模型进行刻画。

一 时空视角的"四阶段"模型

通过预测交通需求、输入用地和社会经济等相关数据，可通过"四阶段"模型（见图3-13），计算未来不同路段的交通流量数据，并作为

---

① Ozener O, Ozkan M, Orak E, et al. A fuel consumption model for public transportation with 3D road geometry approach [J]. Thermal Science, 2018, 22 (3): 1505-1514.

新建道路或者道路拓宽等交通设施建设的依据。

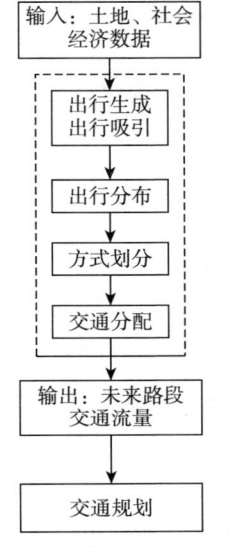

图 3-13 "四阶段"模型

(一) 阶段一：出行生成模型和出行吸引模型

依据交通小区的经济、人口和就业岗位等属性特征，交通小区的交通量可由社会活动引起的交通需求量化，包含出行生成以及出行吸引两部分，可分开进行远期预测，如图 3-14 所示。

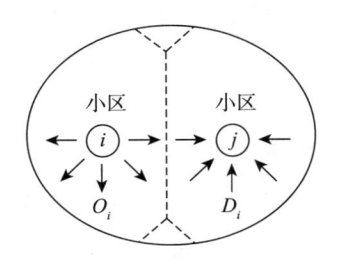

图 3-14 出行生成和出行吸引

出行生成模型、出行吸引模型常用增长率模型、回归分析模型及类型分析模型等来表示。

1. 增长率模型

该模型的基本思路是通过 OD 调查，能够获得单位人口、单位土地面积或单位经济指标的交通生成量和吸引量。假使交通量稳定，可以依据未来各交通区域的土地面积、人口数量或经济指标预测交通生成量。

2. 回归分析模型

该模型的基本思路是假设未来交通生成与各种因素（自变量）的关系和前年相同。依据调查数据，构建回归方程，并把构建的回归方程用于预测交通生成量，即：

$$P_i = b_0 + b_1 X_1 + b_2 X_2 + \cdots + b_n X_n + \varepsilon \tag{3-11}$$

式中：P_i——特定分区的出行生成量；

b_k——偏回归系数，$k = 1, 2, \cdots, n$；

X_k——选取的自变量，例如收入；

ε——残差项，是一个随机变量，表示其他影响因素对生成量的综合作用。

3. 类型分析模型

家庭是此模型的分析单元，根据决定出行的因素，将辖区内家庭划分为不同类型。假设同类型家庭出行因素相似，各家庭出行频次几乎相同，且各家庭当年出行率保持不变直至未来年，根据各家庭下一年出行率及各交通小区家庭数量完成交通生成预测，即：

$$P_i = \sum_s a_s N_{si} = a_s \gamma_{si} \tag{3-12}$$

其中，P_i 表示第 i 分区规划年单位时间出行生成量；a_s 表示全市规划年第 s 类家庭出行率；N_{si} 表示第 i 分区规划年第 s 类家庭数量；γ_{si} 表示第 i 分区规划年第 s 类家庭比例。

(二) 阶段二：出行分布模型

对每个交通小区，家庭的旅行都去哪了？这些旅行从何而来？出行分布是对未来规划年地区出行量的预测，如图 3-15 所示。

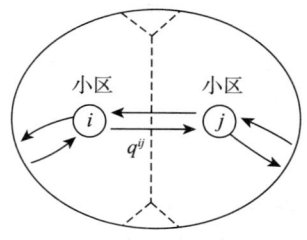

图 3-15 出行分布

交通出行分布模型是计算从交通小区 i 到吸引出行的每个交通小区 j 的出行交通流量 q，从而形成分布矩阵。出行分布模型有多种类型，如增长系数模型、引力模型和机会模型，其中最常用的是引力模型。

引力模型的基本思路是，假设流量分布格局在当年和下一年变化不大，可以用一定的增长系数来对下一年的流量分布进行预测。将增长系数模型作为分布模型是较为简单的，包含平均增长率模型、Detroit 模型与 Frator 模型。

（三）阶段三：方式划分模型

方式划分目的在于对不同交通方式的交通量分担率进行预测，如图 3-16 所示。

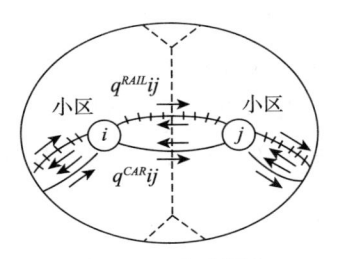

图 3-16　方式划分

早期研究立足的角度主要为集计模型，后来又研究了非集计模型。非集计模型较为复杂，目前广泛采用的是集计模型。交通方式划分模型主要包括转移曲线模型、概率模型、重力模型的转换模型、回归模型等。

对于转移曲线模型，其基本思想为：对与交通方式划分有关的种种影响因素进行分析，立足大量的调查统计，利用转移曲线反映不同交通运输方式的分担率及影响因素。

对于概率模型，其基本思想为：假使交通方式是以由时间、费用这类阻抗参数组成的各种交通方式间阻抗大小为基础进行选择，且以某种特定概率进行选择。该模型可看作一类较为实用的非集计模型。

对于重力模型的转换模型，其基本思想为：以重力模型的建模思想为借鉴，将重力模型内的交通小区间的交通阻抗转变成交通方式阻抗。

对于回归模型，其基本思想为：使用以往的交通调查资料，构建交通方式分担率和相关因素间的回归方程。模型要求大量的调查资料，只适用于有限范围，很多时候会与交通生成的回归方法结合使用。

(四) 阶段四：交通分配模型

此模型将不同交通小区间出行分布量向交通网络的各条边上分配，进而预测起点与终点间各道路交通网络上的交通流量，如图3-17所示。

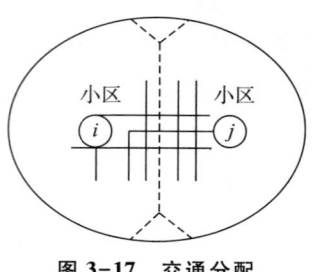

图 3-17　交通分配

对于交通分配模型，类型较为丰富，国际上通常以模型所根据的行为原理为尺度，把交通分配方法划定为均衡及非均衡模型两大类。均衡分配模型主要包含用户均衡分配模型、随机分配模型等；非均衡分配模型主要包含全有全无分配模型、阻抗可变多路径分配模型等。

二　时空视角的交通接驳模型

本节以大城市铁路主要客站接驳的时空效率分析为基础，刻画时空视角的交通接驳模型。根据翔实的路网信息，铁路主要客站的地铁接驳时间可划分为三部分：从起点到地铁站的时间、地铁上花费的时间（包含进地铁站时间、换乘时间、等待时间）、由地铁站进入铁路客站的时间。

计算各交通方式接驳时间所需变量如表3-5所示。

表 3-5　计算各交通方式接驳时间所需变量

交通方式	所需路网	所需变量	较难获得变量
地铁	地铁站、地铁线路、支路	形心至地铁站之间支路路段长度、次接驳交通方式的实时运行速度、地铁路段长度、地铁实时运行速度、发车间隔、地铁停站时间、换乘路段长度、换乘步行速度、各类道路饱和度	地铁实时运行速度、地铁停站时间

续表

交通方式	所需路网	所需变量	较难获得变量
公交	公交站、公交线路、支路	形心至公交站之间支路路段长度、次接驳交通方式的实时运行速度、公交路段长度、公交实时运行速度、公交停站时间、发车间隔、各类道路饱和度	公交实时运行速度、公交停站时间
出租车	快速路、干道、支路	形心至道路交叉口支路路段长度、平均步行速度、快速路及干道路段长度、各类道路实时车速、各类道路饱和度、出租车等待时间	各类道路实时车速
私家车	快速路、干道、支路	快速路、干道及支路路段长度、各类道路实时车速、各类道路饱和度	各类道路实时车速

为获取不同交通方式接驳时间，要计算所需的变量和路网组建差异，构建四种机动方式的接驳时间计算模型如下：

$$T_m = \left(\sum \frac{L_{mj}}{v_{mj}} + t_{wtb} \right) + \left[\sum \frac{L_m}{v_m} + \sum \left(\frac{L_{mt}}{v_{mt}} + t_{mwt} \right) \right] + \frac{L_p}{v_p} \quad (3-13)$$

$$T_b = \sum \frac{L_{bj}}{v_{bj}} + \sum \left\{ \frac{L_b}{v_b} \left[1 + \alpha \left(\frac{V}{C} \right)^\beta \right] + t_{bwt} \right\} + \frac{L_p}{v_p} \quad (3-14)$$

$$T_t = t_{tw} + \sum \frac{L_r}{v_r} \left[1 + \alpha \left(\frac{V}{C} \right)^\beta \right] + \frac{L_p}{v_p} \quad (3-15)$$

$$T_c = t_{cw} + \sum \frac{L_r}{v_r} \left[1 + \alpha \left(\frac{V}{C} \right)^\beta \right] + \frac{L_p}{v_p} \quad (3-16)$$

式中，T_m、T_b、T_t、T_c 分别为铁路主要客站的地铁、公交、出租车以及私家车的不同接驳时间；L_{mj}、L_{bj} 是接驳至地铁站、公交站的路段距离；v_{mj}、v_{bj} 是接驳至地铁站、公交站的不同速度；j 可看作 j 种接驳至地铁站、公交站的交通运输类型；t_{wtb} 是通过公交接驳至地铁站的等车时间；t_{mwt} 是通过地铁换乘的等车时间；L_m、L_b 是地铁、公交的不同路段距离；v_m、v_b 是地铁、公交的不同实时运行速度；t_{bwt} 是通过公交换乘的等车时间；L_{mt}、v_{mt} 分别是地铁换乘的路段距离、步行速度。L_r、v_r 分别是不同道路的路段距离、速度；L_p、v_p 分别是出地铁站后行至不同主要客站站厅的路段距离、速度；V、C 分别是不同道路的路段流量、通行能力；α、β 是拥挤函数的系数；t_{tw}、t_{cw} 分别是出租车、私家车的等待时间。

不同城市内出租车的价格计算方式相对固定，其差别在于超过起步里程的价格，所以，出租车接驳费用计算公式为：

$$f_t = f_{0t} + (L_{tt} - L_{0t}) a_{0t} \tag{3-17}$$

式中，出租车起步价是 f_{0t}，单位为元；超过出租车起步里程的价格是 a_{0t}，单位为元/公里；出租车的行驶总里程是 L_{tt}，单位为公里；出租车起步里程是 L_{0t}，单位为公里。

而私家车出行费用是：

$$f_c = L_{tc} a_{0c} \tag{3-18}$$

式中，接驳至铁路车站的总距离是 L_{tc}，单位为公里；私家车的使用成本是 a_{0c}，单位为元/公里。

对于市区公交线（起终点至少一端在中心城），总体采用单一票价；对于郊区公交线（起终点都处于中心城外），多由于较长线路而采取分级票价，所以，依据出发地所处的城市区位，公交车票价可表述为：

$$f_n = \begin{cases} f_{0b} + a_{0b} L_{tb}, & \text{出发地在郊区} \\ f_b, & \text{出发地在市区} \end{cases} \tag{3-19}$$

式中，公交车单一票价可看作 f_b，单位为元；公交车多级票价的起步价为 f_{0b}，单位为元；等级费率为 a_{0b}，单位为元/公里；公交车行驶总里程为 L_{tb}，单位为公里。

城市地铁总体采取等级票价制度，所以，地铁出行费用可表示为：

$$f_m = f_{0m} + (L_{tm} - L_{0m}) a_{0m} \tag{3-20}$$

式中，f_{0m} 为地铁起步价，单位为元；L_{tm} 可视作地铁行驶总里程，单位为公里；L_{0m} 为乘坐地铁起步里程，单位为公里；超过起步里程的价格是 a_{0m}，单位为元/公里。

考虑多层级的分区规则和路网组建与计算模型的差异，全面考虑不同辖区的出行人口数、时间、费用和总效用值，以此分别考虑不同辖区规则，并分析最为合理的层级。具体而言，某种接驳交通方式的分析指标可表示为：

$$C_{TZ} = C_F + VC_T \tag{3-21}$$

$$C_T = \sum P_{TZi} T_i \tag{3-22}$$

$$C_F = \sum P_{TZi} F_i \qquad (3-23)$$

式中，C_{TZ} 可视作一层级下分区总接驳成本；而一层级下分区的总接驳时间成本可视为 C_T；C_F 可看成一层级下分区的总接驳费用；第 i 个分区的出行人口为 P_{TZi}；第 i 个分区的单人接驳时间为 T_i；F_i 是第 i 个分区的单人接驳费用；分区人口的平均时间价值是 V。

上述指标是基于绝对数值的比较，主要是为了合理地说明各规则之间的差异，本节使用相异层级分区内一类接驳交通方式的接驳时间与其总接驳效用的偏差来计算，具体如下：

$$\Delta T_{TZi} = \left| \frac{\sum NT_{MTZi} - \sum T_{STZi}}{\sum T_{STZi}} \right| \qquad (3-24)$$

$$\Delta C_{TZi} = \left| \frac{\sum NC_{MTZi} - \sum C_{STZi}}{\sum C_{STZi}} \right| \qquad (3-25)$$

式中，分区中第 i 种接驳交通方式时间的偏差值是 ΔT_{TZi}；分区中第 i 种接驳交通方式总效用的偏差值是 ΔC_{TZi}；较大分区内部的较小分区个数是 N；较小分区中第 i 种接驳交通方式时间是 T_{STZi}；较大分区中第 i 种接驳交通方式时间是 T_{MTZi}；较小分区中第 i 种接驳交通方式总效用是 C_{STZi}；较大分区中第 i 种接驳交通方式总效用是 C_{MTZi}。

三 时空视角的双边市场模型

从双边市场（two-sided market）出发，分析作为匹配时空的大数据平台的作用。同原有的交通信息平台一样，新兴的交通大数据平台也是一个典型的双边市场。

构建模型时，应当假设交通大数据平台的固定成本为零，而它的边际成本则是一样的。不同平台之间用户的交叉网络外部性也是相同的。

根据以上假设，设 M 为交通大数据对平台两端企业用户的影响，由此可知，社会的总福利与变量 M 之间存在正相关关系，即社会福利与 M 同步增长。

如图 3-18 所示，本章假设消费者和生产者均匀分布在市场上，而且平台 i，j 分别位于市场的两端。t_1 表示消费者在两个平台的单位差异，t_2 表示生产者在两个平台的单位差异。平台两边的交叉网络外部性具有一致性，即 $\alpha_1^i = \alpha_1^j = \alpha_1$、$\alpha_2^i = \alpha_2^j = \alpha_2$。根据 Armstrong 模型以及 Hotelling 模型，可知交通大数据平台 i 的消费者和生产者的效用为：

$$U_1^i = \alpha_1 n_2^i - p_1^i - t_1 x_1 + M \tag{3-26}$$

$$U_2^i = \alpha_2 n_1^i - p_2^i - t_2 x_2 + M \tag{3-27}$$

接受原有支付平台 j 的消费者和生产者的效用为：

$$U_1^j = \alpha_1 n_2^j - p_1^j - t_1(1-x_1) \tag{3-28}$$

$$U_2^j = \alpha_2 n_1^j - p_2^j - t_2(1-x_2) \tag{3-29}$$

其中，p_1^i 和 p_2^i 分别表示支付平台 i 对消费者和生产者收取的价格，p_1^j 和 p_2^j 分别表示支付平台 j 对消费者和生产者收取的价格，$n_1^i = x_1$，$n_2^i = x_2$。

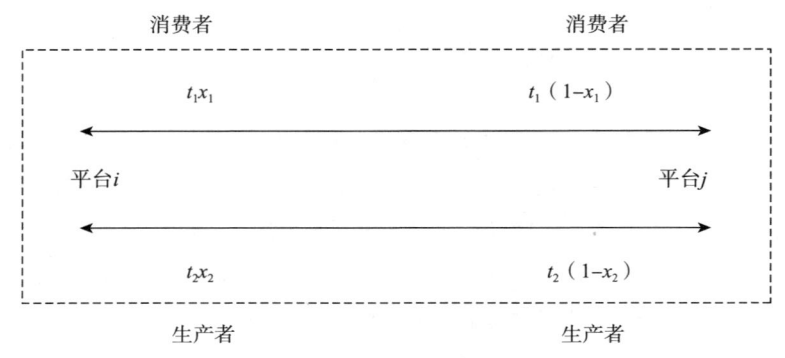

图 3-18 双边市场

交通大数据平台相较于传统交通信息平台效率更高。这里我们假设大数据平台为两端的用户提供服务的边际成本分别为 c_1^i、c_2^i，而相反，传统信息平台提供服务的边际成本分别为 c_1^j、c_2^j，假设两个平台的固定成本为 0，并且两个平台的边际成本相同，即 $c_1^i = c_1^j = c_1$，$c_2^i = c_2^j = c_2$，分别得到两个平台的利润函数为：

$$W^i = (p_1^i - c_1^i) n_1^i + (p_2^i - c_2^i) n_2^i \tag{3-30}$$

$$W^j = (p_1^j - c_1^j) n_1^j + (p_2^j - c_2^j) n_2^j \tag{3-31}$$

为了简化计算，假设两个平台对两端的用户收取相同的价格，即 $p_1^i = p_1^j = p_1$，$p_2^i = p_2^j = p_2$，$t_1 = t_2 = t$，所以可得平台两端用户利润最大化为：

$$p_1 = t + c_1 - \alpha_2 + \frac{(\alpha_1)^2 + \alpha_2 t + (\alpha_1 + t)t}{t^2 - \alpha_1 \alpha_2} M \tag{3-32}$$

$$p_2 = t+c_2-\alpha_1+\frac{(\alpha_1)^2+\alpha_1 t+(\alpha_2+t)t}{t^2-\alpha_1\alpha_2}M \quad (3-33)$$

为方便计算，设定 $N=\dfrac{M}{t^2-\alpha_1\alpha_2}$，则有：

$$p_1 = t+c_1-\alpha_2+[(\alpha_2)^2+\alpha_2 t+(\alpha_1+t)t]N \quad (3-34)$$

$$p_2 = t+c_2-\alpha_1+[(\alpha_1)^2+\alpha_1 t+(\alpha_2+t)t]N \quad (3-35)$$

可知平台利润为：

$$W = W^i+W^j = 2t+2t^2 N-\alpha_1-\alpha_2-(\alpha_1)^2 N-(\alpha_2)^2 N \quad (3-36)$$

消费者剩余为：

$$CS = \int_0^{n_2^i}(\alpha_1 n_2^i - p_1^i - t_1 x_1)\mathrm{d}x_1 + \int_{n_2^i}^1[\alpha_1 n_2^j - p_1^j - t_1(1-x_1)]\mathrm{d}x_1 +$$

$$\int_0^{n_2^i}(\alpha_2 n_1^i - p_2^i - t_2 x_2)\mathrm{d}x_2 + \int_{n_2^i}^1[\alpha_2 n_1^j - p_2^j - t_2(1-x_2)]\mathrm{d}x_2 \quad (3-37)$$

最终求得社会总福利为：

$$S = W+CS = \frac{1}{2}(\alpha_1+\alpha_2-t)-(c_1+c_2)+\frac{1}{4}[2(\alpha_1)^2\alpha_2+2(\alpha_2)^2\alpha_1+t(\alpha_1)^2+$$

$$t(\alpha_2)^2+4\alpha_1\alpha_2-2(t)^3]N^2 \quad (3-38)$$

经过计算可知，$\dfrac{\partial S}{\partial M}=\dfrac{\partial S}{\partial N}\dfrac{\partial N}{\partial M}>0$，所以交通大数据平台的出现与发展，降低了交易成本，提高了消费者以及生产者的效用，增加了社会总福利，即提高了交通服务市场效率。

四 时空视角的效用最大模型

针对不同的公共交通工具，人的出行行为在高峰时期呈现明显不同的特征。因此有学者基于不同容量交通工具的特点（如地铁、轻轨、公共汽车、双层巴士等），在交通大数据背景下，分别建立了人们高峰期出行的均衡选择模型。[①]

[①] Xu S X, Liu T L, Huang H J, et al. Mode choice and railway subsidy in a congested monocentric city with endogenous population distribution [J]. Transportation Research Part A: Policy and Practice, 2018, 116: 413-433.

（一）高峰期大容量交通工具的均衡分析

我们通常认为像地铁、轻轨这样单次运输数百数千名乘客的公共交通工具为大容量公共交通工具。此类车辆运输容量大，乘客如果能承受拥挤便可乘坐。因此乘客可以根据自己的意愿选乘，实现效用最大化。其均衡状态可表示为：

$$\begin{cases} TV_j^i = V^i, n_j^i > 0 \\ TV_j^i < V^i, n_j^i = 0 \end{cases} \quad (3-39)$$

TV_j^i 为 O_i 站处乘客乘坐第 j 班次的效用，V^i 则是 O_i 站处的整个模型达到均衡时的出行效用，n_j^i 表示在站台 O_i 处乘坐第 j 班次的人数。若 O_i 站处有人选乘第 j 班次，则此时出行效用实现均衡状态；相反，如果没有乘客选择该班次，那么该班次的出行效用低于均衡状态下的效用。

通过利用交通大数据，在同一站上车的每一位乘客都以效用最大化为原则，对出行时间和乘坐班次做出选择，即乘客在拥挤程度和时间延误惩罚之间做出抉择，进而选择使出行效用最大的班次。

（二）高峰期小容量交通工具的均衡分析

一般而言，小容量的交通工具代表着容量设计较小的交通工具，主要包括公共汽车、双层巴士和无轨电车等，而其之所以被划分为小容量交通工具，就是因为存在容量限制，这导致在高峰期会有乘客因容量已满而无法上车的情况出现。

对于小容量交通工具而言，优先权掌握在上游乘客的手中，这意味着出行顺序将影响最终的乘坐结果，那么排队等待费用的概念也就应运而生了。

当 $\sum_{m=1}^{i} n_j^m < N_0$ （车厢容量）时，O_i 站处的乘客不用支付等待费用，即 $\delta_j^i = 0$；当 $\sum_{m=1}^{i} n_j^m = N_0$ 时，则可能需要支付等待费用，即 $\delta_j^i > 0$。

均衡状态对应的数学表达式为：

$$\begin{cases} TV_j^i = V^i, n_j^i > 0 \\ TV_j^i > V^i, n_j^i = 0 \end{cases} \quad (3-40)$$

若 O_i 站处有人选乘第 j 班次，则出行效用等于均衡状态下的出行效用；若在均衡状态下第 j 班次不被乘客选择，则乘坐该班次的出行效用大于均衡状态下的出行效用。

选择小容量交通工具的乘客，利用交通大数据提供的实时路况等信息，选择自己的出行时间，使每个人的出行效用最大化，实现整体均衡。

添加容量约束之后，大容量与小容量交通工具并没有别的显著差异。但乘客出行行为出现了本质上的区别。虽然乘客需要忍受乘坐过程中的拥挤，但是大容量交通工具能准时地运送更多的乘客到达目的地，更小的车辆可以让更多的人乘坐得更舒适，但代价是延误惩罚更高。

第六节　交通大数据时空匹配的计量模型分析

交通大数据或数据匹配，可以对交易效率、生产效率、管理效率、配置效率等产生各种影响，因此，可以用经济学或产业经济学的计量模型进行刻画。

一　时空视角的可达性（accessibility）模型

可达性是指区域之间社会经济交往的便利程度，目前学术界对于可达性的研究主要分为单独测算区域的可达性以及对可达性与经济社会之间的相互影响关系进行实证研究。其中，通过构建计量模型来对可达性与经济社会之间的关系进行探讨逐渐成为主流。

（一）可达性指标测度

在构建计量模型之前要先确定用什么指标来衡量可达性。目前的研究结果表明，加权平均时间、经济潜力值和日常可达性是评价可达性水平的常用指标。加权平均时间是衡量从一个特定城市到其他城市所需的平均时间。李红昌等采用加权平均出行时间法和广义加权平均出行时间法研究中国高铁开通对沿线城市可达性的影响。结果显示，高铁沿线城市的可达性随着高铁的开通而得到了显著的提升。[①] 加权平均出行时间只需考虑时间因素，计算公式为：

[①] 李红昌，Tjia L，胡顺香. 中国高速铁路对沿线城市经济集聚与均等化的影响 [J]. 数量经济技术经济研究，2016，33（11）：127-143.

$$WT_{it} = \sum_{j=1}^{n} M_{jt} T_{ijt} \Big/ \sum_{j=1}^{n} M_{jt} \qquad (3-41)$$

式中，WT_{it} 表示城市 i 在所考察年份的加权平均出行时间；T_{ijt} 表示从城市 i 到达城市 j 所花费的最短出行时间；M_{jt} 表示权重值，衡量的是最短出行时间 T_{ijt} 的价值；n 表示所研究城市的数量。

由于不同的城市之间发展水平存在异质性，所以不同城市对其周边地区的辐射力和吸引力各不相同。基于这种认识，每个城市在模型中都应当加上一个权重 M_{jt}，权重大小一般是根据 GDP 和人口总数等社会经济指标进行综合测算。在此处，M_{jt} 是城市 j 的某种社会经济要素的流量，表示该城市对周边区域的辐射力和吸引力。在可达性计算中，一般采用人口规模或 GDP 来反映各地综合规模，因此可采用 GDP 和人口来计算 M_{jt}，即：

$$M_{jt} = (GDP_{jt} \times peo_{jt})^{1/2} \qquad (3-42)$$

式中，GDP_{jt} 表示城市 j 在 t 年的 GDP；peo_{jt} 表示城市 j 在 t 年末居民人口数，用来衡量城市 j 的劳动力市场规模以及就业机会的大小。

而广义加权平均出行时间既考虑了时间因素，又考虑了价格因素，计算公式为：

$$gwt_{ijt} = \min\left[(M_{jt} \times T_{ijt,k}) \Big/ \sum_{j=1}^{n} M_{jt} + (F_{ijt,k}/TV_{jt}) \Big/ \sum_{j=1}^{n} (1/TV_{jt}) \right] \qquad (3-43)$$

式中，gwt_{ijt} 表示城市 i 和城市 j 之间的广义加权平均出行时间；$T_{ijt,k}$ 表示选择 k 交通方式时，从城市 i 到城市 j 的最短出行时间；M_{jt} 表示权重值，含义同式（3-41）是一样的；n 表示所研究城市的数量；TV_{jt} 表示城市 j 的广义加权平均出行时间价值；$F_{ijt,k}$ 表示选择 k 交通方式时，从城市 i 到城市 j 的出行费用。

经济潜力值是衡量某一城市能够提供各种服务的能力的指标，也包括该城市对周边城市的辐射能力，经济潜力值与可达性呈正相关。姜博等利用加权平均时间指标和经济潜力值测度了哈大高铁通车前后沿线城市的可达性。[1] 经济潜力值的测度需要综合考虑城市的经济规模、时间

---

[1] 姜博，初楠臣，王媛等．高速铁路影响下的城市可达性测度及其空间格局模拟分析——以哈大高铁为例［J］．经济地理，2014，34（11）：58-62+68．

成本、金钱成本和距离等因素，具体可以表示为：

$$p_i = \sum_{j=1}^{n} \frac{F_j}{D_{ij}^a} \quad (3-44)$$

式中，p_i 表示所研究的城市 i 的经济潜力值；F_j 表示节点城市 j 的经济潜力值和对周边城市的辐射力，D_{ij}^a 表示从城市 i 到达城市 j 需要的时间、费用和距离等因素，其中 a 表示两个城市之间的摩擦系数。

日常可达性则是指在一天内从某一特定地区前往其他地区进行各种活动的程度和数量，通常用等时圈来衡量，等时圈越紧密则可达性越低。张超亚等在研究快速交通对区域中心城市的可达性影响时便是以日常可达性为测度指标，得出结论：高速公路和高速铁路均能提高城市的日常可达性。[1]

（二）计量模型构建

在构建计量模型对时空视角的可达性与经济社会之间的关系进行实证研究时，研究内容的多样性导致了具体研究方法的不同，现有研究构建的模型通常有如下几种。

1. 动态面板模型（GMM）

解释变量中含有滞后变量的面板模型即为动态面板模型。在研究交通可达性对社会经济的影响时，可以利用各个城市历年的面板数据构建动态面板模型进行计量分析。以高速铁路对中国城市经济增长的影响研究为例，要研究某种交通方式可达性的增强是否会导致一个城市后期的经济增长，可以构建如下计量模型：

$$Y_{it} = a_1 + r_1 Y_{i,t-1} + b_1 ACC_{i,t-1} + e_{it} \quad (3-45)$$

$$ACC_{it} = a_2 + r_2 ACC_{i,t-1} + b_2 Y_{i,t-1} + w_{it} \quad (3-46)$$

式中，Y_{it} 表示城市 i 在 t 年的国内生产总值；ACC_{it} 表示城市 i 在 t 年的某种交通方式的可达性指标；a_1 和 a_2 表示常数项；r_1、r_2、b_1 和 b_2 表示回归系数；e_{it} 和 w_{it} 表示误差项。如果 $b_1 > 0$，那么滞后的可达性 $ACC_{i,t-1}$ 会推动因变量 Y_{it} 增长；如果 $b_2 > 0$，那么滞后的 $Y_{i,t-1}$ 指标会推动

---

[1] 张超亚，张小林，李红波. 快速交通对区域中心城市日常可达性影响——以长江三角洲地区为例 [J]. 长江流域资源与环境, 2015, 24（2）: 194-201.

可达性 ACC_{it} 提高。

用于构建动态面板模型的面板数据集通常在横截面上是相当不同的，不受虚假的时间趋势或聚合效应（如商业周期）的影响，这可以降低模型的预测误差。但是这种方法也存在一些缺点：一是扩大滞后差异以减少偏差的 GMM 解决方案会导致观测值的丢失，这在时间序列样本量很小时可能很重要；二是 GMM 估计可能对工具选择及其滞后长度比较敏感；三是如果异方差模型不正确，GMM 估计可能会产生标准误差，虽然可使用 White 异方差校正，但其仍然假定误差具有同时性或与横截面相关。因此，使用动态面板模型后续还需要经过一系列检验和修正，以确保模型估计结果的合理性。

2. 倍差估计模型（DID）

倍差估计模型又叫双重差分模型，其原理是利用反设法来估计一项政策或者某项重大事件未发生和发生后某一观测变量的变化。在交通可达性研究中，这种模型通常用来探讨某项交通设施未建设和建设后可达性的变化，进而导致某项社会经济指标的变化。本部分构建的一般化多期 DID 模型为：

$$Y_{it} = \alpha_0 + \alpha_1 G_{it} + \gamma X_{it} + \lambda_t + a_i + \varepsilon_{it} \qquad (3-47)$$

式中，Y_{it} 表示要研究的城市 i 在时期 t 的社会经济指标；G_{it} 表示城市 i 在时期 t 是否建设某项交通设施的虚拟变量；X_{it} 表示其他控制变量；λ_t 表示时间趋势效应；a_i 表示城市的固定效应；α_0 表示常数项；α_1 表示变量 G_{it} 的系数；γ 表示其他控制变量的系数；ε_{it} 表示随机干扰项。差分之后与式（3-47）等价的模型为：

$$\Delta Y_{it} = \alpha_1 \Delta G_{it} + \gamma \Delta X_{it} + \Delta \lambda_t + \Delta \varepsilon_{it} \qquad (3-48)$$

此时，模型关注的焦点集中在公式（3-48）中的系数 α_1 上，因为它有明确的经济学含义，表示完成交通设施建设的城市比未完成的城市所带来的社会经济指标的额外变化。鉴于模型研究对象是可达性，因此把可达性变量 ACC_{it} 引入模型中，从而确定最终模型为：

$$Y_{it} = \alpha_0 + \alpha_1 G_{it} + \beta ACC_{it} + \gamma X_{it} + \lambda_t + a_i + \varepsilon_{it} \qquad (3-49)$$

其中，β 刻画了交通可达性对经济社会的影响。

倍差估计模型的优点在于既能控制时间趋势效应又能控制个体固有的特征，从而可以得到相应的无偏估计。但在使用该方法时也要注意模型的内生性、个体之间的异质性和概念混淆等问题，否则会导致估计发生偏误。①

（三） 可达性的空间价值评价

在不同的区域划分下，相同的地区可能有着不同的可达性，通过计算交通基础设施建成前后的旅行时间的差异，可以得到区域可达性在数值上的变化。旅行时间变短，则可达性提高。本节以高铁为例进行分析，考察高铁开通前后线路起止点的旅行时间，发现高铁开通对提升可达性具有一定作用（见表3-6）。

表3-6　高铁开通前后起止点的旅行时间变化

单位：公里，分钟

线路名称	起止点	全长	通车前旅行时间	通车后旅行时间
秦沈客专	秦皇岛—沈阳	405	196	148
合宁铁路	合肥—南京	166	89	67
京津城际	北京—天津	120	60	34
胶济四线	青岛—济南	363	214	142
石太客专	石家庄—太原	190	102	92
合武铁路	合肥—武汉	359	135	123
达成铁路	达州—成都	374	202	161
甬台温铁路	宁波—台州	142	126（公）	53
甬台温铁路	台州—温州	140	123（公）	50
甬台温铁路	宁波—温州	282	218（公）	100
温福铁路	温州—福州	298	149	119
武广客专	武汉—广州	1068	640	253
郑西客专	郑州—西安	485	349	114
福厦铁路	福州—厦门	275	190	97
成灌铁路	成都—都江堰	66	240（公）	20

---

① 陈林，伍海军. 国内双重差分法的研究现状与潜在问题 [J]. 数量经济技术经济研究，2015，32（7）：133-148.

续表

线路名称	起止点	全长	通车前旅行时间	通车后旅行时间
沪宁城际	上海—南京	300	93	67
昌九城际	九江—南昌	92	62	55
沪杭客专	上海—杭州	202	58	45
宜万铁路	宜昌东—万州	377	278	247
长吉城际	长春—吉林	96	130	40
海南东环	海口—三亚	308	233	95
京沪高铁	北京—上海	1318	548	323
广深港客专	广州—深圳	105	72	29
龙厦铁路	龙岩—厦门	171	122	64
汉宜铁路	武汉—宜昌	291	135	116
郑武高铁	郑州东—武汉	536	253	132
合蚌高铁	合肥—蚌埠	131	104	57
哈大客专	哈尔滨—大连	904	593	215
京石郑客专	北京—石家庄	281	110	80
	北京—郑州	693	392	144
	石家庄—郑州	412	233	143
广珠城际	广州—珠海	142	59	55
宁杭客专	南京—杭州	249	89	67
杭甬客专	杭州—宁波	152	163	45
盘营客专	盘锦—营口	90	70（公）	26
向莆铁路	向塘—莆田	636	300	240
津秦客专	天津—秦皇岛	261	85	72
厦深铁路	厦门—深圳	502	439	216
西宝客专	西安—宝鸡	138	89	65
渝利铁路	重庆—利川	164	237	102
柳南客专	柳州—南宁	227	116	76
衡柳铁路	衡阳—柳州	498	296	216
广西沿海南钦、钦北、钦防铁路	南宁—钦州	259	105（公）	46
	钦州—北海		45	41
	钦州—防城港		32	21
武宁城际	武汉—咸宁	90	54	24

第三章 交通大数据的时空经济理论分析框架

续表

线路名称	起止点	全长	通车前旅行时间	通车后旅行时间
成灌铁路彭州支线	郫县西—彭州	21	40（公）	10
武黄城际铁路	武汉—大冶北	97	66	42
武冈城际铁路	葛店南—黄冈东	36	42（公）	22
大西高铁太原南西安北段	太原—西安	570	485	180
杭长客专	杭州—长沙	933	694	216
成绵乐城际	成都—乐山	323	110（公）	53
兰新铁路第二双线	兰州—乌鲁木齐	1776	974	815
贵广铁路	贵阳—广州	857	1170	254
南广铁路	南宁—广州	577	750	119
郑开城际铁路	郑州—开封	50	39	31
青荣城际	青岛（即墨北）—荣城	299	194	126
沪昆高铁新晃西至贵阳段	新晃西—贵阳	286	317	92
郑焦铁路	郑州—焦作	78	160	40
合福高铁	合肥南—福州	850	1240	218
哈齐高铁	哈尔滨—齐齐哈尔南	282	198	78
沈丹客专	沈阳—丹东	207	223	71
吉珲客专	吉林—珲春	361	350（公）	137
京津城际延伸线	天津—于家堡	45	60（公）	22
宁安高铁	南京南—安庆	258	362	114
南昆客专南段	南宁—百色	223	172	94
丹大铁路	丹东—大连	292	270	105
成渝客专	成都—重庆	308	175	88
金丽温铁路	金华—温州南	188	238	83
赣瑞龙铁路	赣州—龙岩	273	177	109
津保铁路	天津—保定	158	130	53
海南西环高速铁路	海口—三亚	344	233	95

注："通车前旅行时间"列中"（公）"指由公路距离计算的时间。其余为普通铁路的旅行时间。
资料来源：铁路旅行时间根据铁路列车时刻表查得。

由表3-6可见，高速铁路开通后，起止点的旅行时间均有了一定程度的缩短。旅行时间的缩短将会进一步影响区域之间的可达性。可达性的定量研究对于评价各节点城市的交通可达性及交通基础设施对城市发展的影响都发挥着很重要的作用。

二 时空视角的连通性（connectivity）模型

连通性也叫通达性。通达性是衡量交通网络结构的一个非常有效和有意义的指标，在区域社会经济发展的测算与研究中也有着举足轻重的地位。连通性的定义由 Davidson 在 1977 年提出，他将其定义为：交通网络中各节点相互作用的机会大小。Fakhari 等也曾评价过欧洲铁路网络的连通性变化，并提出各节点之间的铁路旅行时间和运输距离的变化可引起彼此之间相对距离的改变，从而导致连通性的变化。[1]

更重要的是，交通网络结构可以通过通达性直观地呈现出来。交通网络的完善引起空间通达性和区域间相互关系的变化，创造了差异突出的经济发展环境。中国交通枢纽城市的广泛形成，以及城市密集区和交通经济带的经济发展都在交通网络的逐步完善中得以实现。城市发展体系也得到了迅速的扩张[2]，进而推动了国民经济发展以及空间格局演化。

通达性可根据网络最短路径来计算，即网络中某一节点到其他所有节点最快运行时间的总和，其值越小，通达性越好，其计算公式为 $A_i = \sum_{j=1}^{n} T_{ij}$，其中 n 代表节点数目，T_{ij} 是从 i 点到 j 点的最短运行时间。

拓扑是网络分析方法的基本视角，在拓扑视角下，区域交通网络的完整性、复杂性和连通性均可用数学形式进行描述。反映网络连接程度的指标有连接率（β）和环路指数（μ）：

$$\beta = \frac{e}{v} \qquad (3-50)$$

$$\mu = e - v + p \qquad (3-51)$$

---

[1] Fakhari S N S, Ghaderi F, Tehrani-Doost M, et al. EEG-based brain connectivity analysis in autism spectrum disorder: Unraveling the effects of bumetanide treatment [J]. Biomedical Signal Processing and Control, 2023, 86: 105054.

[2] Zhang L, Chen D, Peng S, et al. Carbon emissions in the transportation sector of Yangtze River Economic Belt: Decoupling drivers and inequality [J]. Environmental Science and Pollution Research, 2020, 27: 21098-21108.

其中，e 表示网络中线路数；v 表示网络节点数；比值 β 反映每个节点平均连接的线路数（$\beta<1$ 时，为树状网络；$\beta>1$ 时，为回路网络）。p 表示网络子图个数，μ 表示网络中的环路数，网络越发达，μ 值越大。

交通运输是地区之间密切联系的关键。随着区域交通网络的完善和交通技术的逐步发展，区域间可达性和经济关系的研究已成为经济学等领域的重要课题。目前，国外学者对区域经济联系的研究主要包括铁路、航运、公路等形式。王妙妙和曹小曙研究发现，不同交通方式的通达性提高幅度与其经济联系总量增幅呈现耦合性，但前者存在显著的空间自相关性和集聚性，后者存在弱相关性和集聚性，城市综合质量与基于不同交通方式的城市经济联系总量呈显著正相关。[①]

通达性受交通网络发展的影响，是影响经济发展的主要因素之一。在众多通达性的影响因素中，最根本的是基础设施的建设和完善程度。网络结构的变化可以影响通达性。以东莞市为例，从1980年到1990年，东莞市交通基础设施建设取得了很大的进步，尤其在新建道路里程以及道路等级两方面实现显著突破。20世纪90年代，高速公路的建成对通达性产生了显著影响。东莞西部地区通达性因高速公路的建成而发生变化。从理论上讲，区域通达性越好，越能促进经济发展。由于优越的通达性条件和经济发展的需求，东莞通达性最好的区域的房地产开发正面向香港迅速发展。[②]

交通网络结构的不断完善，使空间格局也将再次得到优化，东莞城市交通网络的变化是一个过程，它能发展先进的交通网络，加强网络节点之间的联系，增加流通量，平衡不同节点在网络中的枢纽角色，实现多极化发展。经济上，随着珠江三角洲进入工业化后期，其生产技术进步、产业扩散，形成多极化格局并呈现综合发展趋势。

---

① 王妙妙，曹小曙. 基于交通通达性的关中—天水经济区县际经济联系测度及时空动态分析 [J]. 地理研究，2016，35（6）：1107-1126.

② Calsamiglia A, Fortesa J, García-Comendador J, et al. Spatial patterns of sediment connectivity in terraced lands: Anthropogenic controls of catchment sensitivity [J]. Land Degradation & Development, 2018, 29 (4): 1198-1210.

三 时空视角的柯布-道格拉斯模型

生产函数是一定技术条件下投入与产出之间的关系函数。柯布-道格拉斯生产函数是经济学中广泛使用的一个非常重要的生产函数,是由经济学家保罗·道格拉斯(P. H. Douglas)和数学家柯布(C. W. Cobb)在探讨投入和所能形成的最大产量之间的关系时创造的。该函数主要运用于预测国家或地区的产业生产状况,并分析生产途径,简称生产函数。基本形式为 $Q=AK^{\alpha}L^{\beta}$,其中 A 是一个与技术水平有关的参数;K 代表资本变量;L 代表劳动变量;$0<\alpha<1$、$0<\beta<1$。

交通是时间和空间的统一形式,交通活动是人或物在一定时间内进行的伴随空间位移的一种形式,故当我们考察交通现象时不能认为交通仅仅是空间意义上的,或把它看成脱离时空的独立事件,而应通过其中的关系分析交通如何在时间和空间中得到统一。没有时间的理论,时空视角的交通理论就无法形成。由于交通的空间位移性质,交通的时间过程也必须和空间过程结合在一起形成完整的时空交通系统。

已有的研究结果显示,交通基础设施毫无疑问是社会经济增长的关键影响因素之一。根据柯布-道格拉斯(Cobb-Douglas)模型的扩展函数形式,交通变量可以作为影响技术进步的扩展因子引入模型[①],公式为:

$$GDP_{it} = [A_{it} e^{f_{it}(TI)}] K_{it}^{\alpha} L_{it}^{\beta} \qquad (3-52)$$

其中,GDP_{it} 表示 i 省份在年度 t 的实际产出;A_{it} 表示 i 省份在年度 t 的生产率;$e^{f_{it}(TI)}$ 表示 i 省份在年度 t 的交通变量对全要素生产率(TFP)的影响;$f_{it}(TI)$ 表示 i 省份在年度 t 的交通变量的作用;TI 表示 i 省份在年度 t 的交通基础设施规模;K_{it} 表示 i 省份在年度 t 的投资;L_{it} 表示 i 省份在年度 t 的劳动力规模。

对公式两边取对数,得到:

$$\ln GDP_{it} = c_{it} + f_{it}(TI) + \alpha \ln K_{it} + \beta \ln L_{it} \qquad (3-53)$$

交通变量包括公路、高速铁路、普通铁路、民航和水运 5 种交通运

---

① 苏红键,赵坚. 产业专业化、职能专业化与城市经济增长——基于中国地级单位面板数据的研究[J]. 中国工业经济,2011(4):25-34.

输方式,交通作用的公式为:

$$f_{it}(TI) = \gamma_1 Railway_{it} + \gamma_2 HSR_{it} + \gamma_3 Road_{it} + \gamma_4 Water_{it} + \gamma_5 AIR_{it} \quad (3-54)$$

其中,$Railway_{it}$ 表示 i 省份在年度 t 的普通铁路发展指标;HSR_{it} 表示 i 省份在年度 t 的高速铁路发展指标;$Road_{it}$ 表示 i 省份在年度 t 的公路发展指标;$Water_{it}$ 表示 i 省份在年度 t 的水运发展指标;AIR_{it} 表示 i 省份在年度 t 的民航发展指标。

劳动力是一种重要的人力资本,换一个角度看,人力资本是反映劳动力素质最重要的指标,所以本章采用各省的平均教育年限来代表各省的人力资本。当然,研究也可以将人力资本与劳动力分开。但与真正意义上的人力资本概念相比,省级劳动力总数的变化非常缓慢,而且采用两种计算方法得到的结果十分接近。结合上述公式,可以得到交通变量与各省经济增长之间的关系模型为:

$$GDP_{it} = c_{it} + \gamma_1 Railway_{it} + \gamma_2 Road_{it} + \gamma_3 Water_{it} + \gamma_4 HSR_{it} + \gamma_5 AIR_{it} + \beta_1 K_{it} + \beta_2 L_{it} + \varepsilon_{it}$$
$$(3-55)$$

为了保证模型的稳定性,同时避免错误推断,我们将式(3-55)中的数据进行分组,以检验各省实际产出或实际 GDP 增长变化的稳健性。

四 时空视角的空间计量模型

本部分先明确空间计量经济学区别于传统计量经济学的特征:空间计量经济学强调空间依赖性和空间异质性的存在;考虑空间计量模型中的因子定量化,使用空间计量模型的前提是研究对象之间存在空间自相关,需要对研究对象进行空间自相关分析。

(一)空间自相关分析

空间自相关是指分布在同一区域的观测数据和变量之间可能存在的相互依存关系。它们在空间上越是相邻,其属性和空间现象的相似程度就越高。这种认识来源于地理学的第一定律:一切都与其他一切相关联,但彼此较近的事物比彼此较远的事物相互关联的程度更为强烈。这种相关关系也被称为空间依赖关系。

由于各种经济现象的空间依赖性,它们可能互不独立、相互联系。

在空间计量经济学中，通常使用莫兰指数（Moran's I）来计算相关性。莫兰指数通常用于检验整个分析区域内的相邻区域是否具有相似、不同、相互独立的特征。全球空间自相关（Global Spatial Autocorrelation）表示经济活动的空间分布。其模型为：

$$\text{Moran's I} = \frac{n}{\sum_{i=1}^{n}\sum_{j=1}^{n}W_{ij}} \times \frac{\sum_{i=1}^{n}\sum_{j=1}^{n}W_{ij}(X_i - \overline{X})(X_j - \overline{X})}{\sum_{i=1}^{n}(X_i - \overline{X})^2} \quad (3-56)$$

其中，X_i 表示第 i 地区的观测值，在这里表示城市化和各集聚外部性变量；n 表示地区总数（如省域和城市等）；W_{ij} 为空间地理距离权重矩阵。Moran's I 指数的取值范围在 -1 和 1 之间，在特定显著水平下，当 Moran's I 值大于 0 时呈正相关，这表明具有类似特性的观测值呈现空间集聚分布状态。空间权重矩阵主要包括空间邻接矩阵、表示空间元素之间相互依存度和相关度的地理距离权重矩阵。其中，空间邻接矩阵的对角元素是 0。当两个区域相邻时取 1，否则取 0。

（二）空间滞后模型（SLM）

空间滞后模型（Spatial Lag Model，SLM）主要探讨变量在一个区域内是否存在扩散/溢出效应。由于空间滞后模型类似于时间序列中的自回归模型，因此空间滞后模型也被称为空间自回归模型，形式为：

$$y = \rho W y + X\beta + \varepsilon \quad (3-57)$$

其中，y 是因变量；X 是自变量；W 是空间权重矩阵；Wy 是因变量空间滞后项，体现了邻近省域的因变量对当地因变量的影响；ρ 是空间自回归系数；β 是自变量的系数；ε 是残差项。

（三）空间误差模型（SEM）

空间误差模型（Spatial Error Model，SEM）是一种用于检验误差项的空间模型。它主要分析序列相关性。该模型可以反映相邻省份自变量引起的误差效应对因变量的空间影响，一般用于省份间因相对位置不同而产生交互作用的情况。其表达式为：

$$y = X\beta + \mu, \mu = \lambda W\mu + \varepsilon \quad (3-58)$$

其中，y 是因变量，X 是自变量，W 是空间权重矩阵，ε 是回归残差向量，λ 是自回归系数，β 是自变量的系数。

（四）空间杜宾模型（SDM）

空间杜宾模型（Spatial Durbin Model，SDM）是从空间滞后模型发展而来的。由于因变量之间很可能存在空间相关性，空间杜宾模型会相应地考虑到这一点。此外，空间杜宾模型还考虑了自变量的空间相关性。因此，它可以用来研究一个地区的解释变量受该地区自变量影响的问题，而自变量包括该地区解释变量的空间滞后项。该模型的数学表达式为：

$$y = \rho W y + X\beta + W X\theta + \varepsilon \tag{3-59}$$

其中，y 是因变量；X 是自变量；W 是空间权重矩阵；Wy 是因变量空间滞后项，它体现了邻近省域的因变量对自身因变量的影响；β 是自变量的系数；ρ 是空间滞后项 Wy 的系数；WX 是自变量空间滞后项；θ 是自变量空间滞后项的系数；ε 是残差项。

五　时空视角的效用模型

在经济学中，效用可用于衡量消费者从消费一篮子商品或服务中获得的满足程度。效用理论关注的是消费者行为，即消费者在各种因素的影响下选择一篮子商品或服务，使其效用最大化。效用理论将交通方式的选择视为消费者对商品或服务的消费，可用来解释旅客选择特定交通方式的行为。鉴于旅客的偏好和收入，他们总是选择能使其效用最大化的交通方式。

出行时间节省价值（$VTTS$）是决定出行行为和交通方式的一个重要参数，旅客必须考虑选择某种交通方式所能节省的时间价值，并权衡选择该交通方式所要付出的代价。如果我们假定旅客在做决定时主要考虑三个因素，即节省的时间价值、支付的价格和对某种交通方式的偏好，那么旅客选择某种交通方式的效用函数可以表示为：

$$U_i = U\{VTTS_i(T_i, T_0, aI), P_i, Pre_i\} \tag{3-60}$$

其中，T_i 为选择第 i 种交通方式的出行时间；T_0 为选择另一种交通方式的出行时间；I 为旅客的收入水平；Pre_i 为旅客对交通方式 i 的偏好程度。出行时间是指从出发地到目的地所花费的全部时间，包括以下三部分：一是旅客从出发地到客运站的时间，二是乘坐某种交通运输工具的在途时间，三是从客运站到目的地的时间。$VTTS_i$ 为节省的时间价值，是指选择一种交通方式相比于另一种交通方式所能够节省的时间价值。它受旅客收入的影响，我们通常认为旅客收入越高，越偏好选择价格高但时间短的出行方式。

旅客必须比较选择不同交通方式所节省的旅行时间带来的好处 $VTTS_i$ 和选择该交通方式所支付的交通费用 P_i，只有当旅客选择某种交通方式所节省的旅行时间带来的好处超过所支付的价格时，旅客才会选择该交通方式，而且选择该交通方式可能会使旅客自身的利益最大化。旅客在选择交通方式时会考虑两个重要因素：旅行时间和运输成本。当旅客选择高铁时，旅行时间短和高铁票价低是促使旅客选择高铁的两个最重要原因。当旅客选择高铁时节省的时间价值大于高铁票价，旅客就会选择高铁这种交通方式。

六 其他相关模型

（一）空间变系数模型

为了将局部回归的应用从一维扩展到多维，1991年，Cleveland 和 Grosse 提出并引入了变系数模型的思想。1993年，Hastie 和 Tibshirani 进一步揭示了变系数模型的形式：

$$Y = \sum_{j=1}^{m} a_j(U) X_j + \epsilon \qquad (3-61)$$

其中，$a_j(\cdot)$ 为未知函数，Y 为因变量，X_1，X_2，$\cdots$，X_m 为自变量，U 为一维变量。误差项为 ϵ，且满足 E$(\epsilon \mid U, X_1, \cdots, X_m) = 0$，Var$(\epsilon \mid U, X_1, \cdots, X_m) = \sigma^2(U)$。通常，如果 $X_1 = 1$，模型含变截距项 $a_1(U)$。

变系数模型具有许多优点，具有广泛的应用前景。然而，随着社会的发展，空间数据的研究问题也逐渐增多。为了更好地研究数据的空间特征，变系数模型被逐渐推广到空间数据分析中。这种模型称为空间变系数模型。

设 Y 为因变量，X_1，X_2，$\cdots$，X_m 为自变量，$U = (u_i, v_i)$ 为地理位置坐标，则空间变系数模型的形式为：

$$Y = \sum_{j=1}^{m} a_j(u_i, v_i) + \epsilon_i \qquad (3-62)$$

其中，$i=1,2,\cdots,n$，$a_j(u_i,v_i)$ 为空间地理位置 (u_i,v_i) 的位置函数。ϵ 为独立同分布的误差项，且满足 E$(\epsilon_i)=0$，Var$(\epsilon_i)=\sigma^2$。以观测点之间的距离作为权重，得到模型的非参数平滑估计。

（二）大数据"杀熟"模型

近年来，各大商家平台对大数据的滥用，彻底改变了过去的传统社会认知以及商业逻辑。各大平台，尤其是电商平台实施价格歧视的可能性大大提高。这也就是今天所说的"杀熟"行为。

可针对大数据"杀熟"行为构建演化博弈模型。将消费者和电商平台作为进化博弈的参与者，那么当下可供消费者进行选择的策略主要包括两种：第一种是网络消费，第二种则是实体消费。另外，道德风险同样广泛存在于电商平台之中，尤其体现在其产品定价的环节。因此，一般而言电商平台也采取两种不同的定价策略，分别是公平定价和"杀熟"定价。在初始的博弈模型构建之后，我们开始假设消费者作为博弈的参与者，其选择两种购买策略的概率分别为 x 和 $1-x$，而电商平台选择公平定价和"杀熟"定价策略的概率分别为 y 和 $1-y$。当消费者选择网络消费渠道购物时，电商平台没有对客户进行大数据"杀熟"时消费者付出的正常成本为 C_L，反之，倘若遇到了平台"杀熟"，则消费者的成本为 C_H。当消费者选择实体消费渠道购物时，其所支付的商品或服务的成本为 C_T，出于一般性的考虑，我们可以假设 $C_H>C_L$、$C_T>C_L$。

此外，与实体消费不同的是，传统的时空限制在网络消费中被消除了。消费者可以通过网络快速了解商品信息，交易成本被大大降低。因此，这里仅考虑消费者实体消费时的交易成本 C，而不考虑消费者网络消费时的交易成本。

之后，我们对效用进行假设。假设采用网络消费策略的时候，为消费者带来的基本效用为 R_1，而进行实体消费时也往往存在效用的折扣系数，在这里将其定义为 θ（$0\leq\theta\leq1$），θ 值与消费者对实体消费的满意程度呈正相关。当电商平台采取"杀熟"定价策略时，平台对忠诚消费者购物的"杀熟"程度为 α，这里代表的是采用"杀熟"定价策略时平台的定价和正常情况下定价的差异程度。消费者对平台"杀熟"定价行为

的公平关切程度为 λ（λ≥0）。电商平台采取"杀熟"定价策略时所获得的额外收益为 $\omega\alpha$，参数 ω 为平台"杀熟"定价的边际收益，即平台获得的额外收益对"杀熟"程度的敏感系数。针对忠诚消费者和不忠诚消费者，电商平台正常运营的基本收益分别为 R_2 和 R_3，平台对忠诚消费者和不忠诚消费者的补贴分别为 S_H 和 S_L。政府对平台"杀熟"定价行为给予的惩罚为 $C(P,\alpha)=P\alpha^2$。在政府监管模式下，消费者和电商平台演化博弈的支付矩阵如表 3-7 所示。

表 3-7 消费者和电商平台演化博弈的支付矩阵

消费者		电商平台	
		公平定价	"杀熟"定价
网络消费	忠诚消费者	$R_1-C_L+S_H$	$R_1-C_H-\lambda\alpha+S_H$
		R_2-S_H	$R_2+\omega\alpha-P\alpha^2-S_H$
	不忠诚消费者	$R_1-C_L+S_L$	$R_1-C_L+S_L$
		R_3-S_L	$R_3-S_L-P\alpha^2$
实体消费		θR_1-C_T-C	θR_1-C_T-C
		0	$-P\alpha^2$

（三）大数据监管模型

本部分对进化博弈进行建模，上文已经说明了其基本前提。在政府和消费者的合作监管体系中，消费者作为博弈的参与者，面临着｛积极监管，消极监管｝两种替代策略。在积极的监管战略下，消费者积极管理系统平台；消极监管战略是指消费者在没有意识到监督和权利保护的情况下，对平台的"杀熟"行为采取不作为的态度。当消费者和政府为了监视平台的价格设定行动积极合作，并在此过程中对"杀熟"的现象进行揭露时，平台会面临一定的声誉损失 L_1。当然，如果消费者要配合政府的"自我监督"平台来"截断"行动，就必须付出一定的时间和精力 C_1（利他性惩罚成本）。积极监管所带来的社会效益为 R_3。

根据以上分析，设政府—消费者协同监管下电商平台和消费者博弈的支付矩阵如表 3-8 所示。

表 3-8 协同监管下电商平台和消费者博弈的支付矩阵

消费者	电商平台	
	公平定价	"杀熟"定价
积极监管	$R_1-C_L+S_H-C_1+R_3$	$R_1-C_H-\lambda\alpha+S_H-C_1+R_3$
	R_2-S_H	$R_2+\omega\alpha-P\alpha^2-S_H-L_1$
消极监管	$R_1-C_L+S_H$	$R_1-C_H-\lambda\alpha+S_H$
	R_2-S_H	$R_2+\omega\alpha-P\alpha^2-S_H$

(四) 交通时间价值理论模型

社会生活节奏的加快和收入水平的提高导致人们时间价值的提高，由于时间的特性无法改变，所以时间价值的提高今后将高于其他资源，时间资源的相对价值将发生变化。交通大数据的应用可以提高人们在等待过程中感受到的时间价值，因此交通时间当然也很宝贵。

货币替代率可以作为时间价值的具体表示。但是，由于时间本身是不可交换的，所以时间的价值是主观的，取决于时间所有者或其他资源对象对价值的判断。时间价值的差异反映在机会的增加或损失上。一般而言，在某一个具体的时间点或者一个时间段所获得的机会收入可以被理解为时间价值，但如果要更深入地探讨，时间价值必须是人们可能失去的机会收入。如果计划和活动的过程中包含机会收入，人们就必须竭尽全力不让这个收入消失。从避免损失的角度看，时间价值分析将合理的利益倾向与价值感性统一起来，与大多数人对损失比收益更敏感的心理经济原则一致。图 3-19 显示了收益与损失的价值感受对比。第一象限的曲线是人们获得金钱时的一般心理收益曲线，第三象限的曲线是人们因金钱损失而痛苦的心理损失曲线。从心理感知的角度来看，与金钱收益或相同价值的损失相比，人们在遭受损失时感受到的价值比获得收益时更高。

(五) 出行者公共交通依赖性影响模型

离散选择模型常用来表示公交依赖程度与其影响变量之间的直接关系，但目前还缺乏构建影响因素之间以及影响因素与公交依赖程度和范围之间关系的相对能力。SEM 模型则提供了一种可行的方法，在对模型参数进行全局和独立估计时，可以推测公交乘客依赖度等多维变量之间

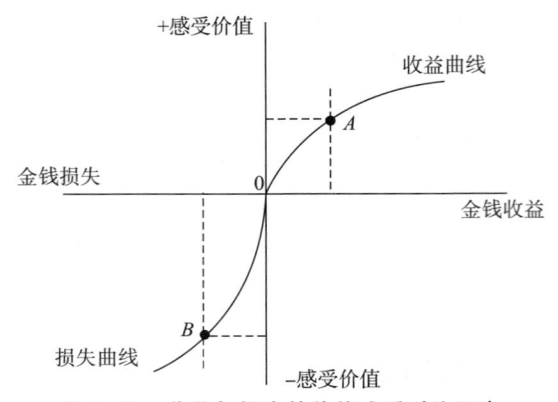

图 3-19 收益与损失的价值感受对比示意

的相互作用和多重中介效应。因此，本节选择 SEM 方法来模拟乘客对公共交通的依赖性。为了评估变量之间的相关性，SEM 模型被分解为测量方程和结构方程。测量方程主要测量潜在的公共交通依赖变量与观测变量之间的关系，其计算公式为：

$$\begin{cases} x = \Lambda_x \xi + \delta \\ y = \Lambda_y \eta + \varepsilon \end{cases} \quad (3-63)$$

式中，Λ_x 为公共交通依赖性客观条件因素观测变量 x 对其潜在变量 ξ 的因子载荷矩阵，δ 为 x 的测量误差项，Λ_y 为公共交通依赖性主观心理因素观测变量 y 对其潜在变量 η 的因子载荷矩阵，ε 为 y 的测量误差项。SEM 模型在构建变量间影响关系路径结构的基础上，估计内生与外生潜变量间的因果效应，即公共交通依赖性客观条件因素与主观心理因素间的关系，结构方程公式为：

$$\eta = B\eta + \Gamma\xi + \zeta \quad (3-64)$$

式中，B 为变量 η 间的结构系数矩阵，Γ 为变量 ξ 对变量 η 的结构系数矩阵，ζ 为结构方程的残差项。

第四章　交通大数据的匹配作用及效果分析

内容提要：首先，对交通大数据的匹配作用进行了分析，交通大数据领域存在数据平台缺乏核心竞争力、缺乏信任监管机制、信息系统不完善、安全性有待提升等匹配问题，但也发挥着打破信息壁垒、数据积累全面、数据处理高效等匹配作用。其次，从交易效率、生产效率以及其他效率的角度分析其经济效率。最后，对交通大数据的经济、社会、技术、政治等多维影响进行分析，并对交通动态化管理、运输决策效果和管理水平提高、综合信息整合、交通违规响应和处理效率提高、交通违法行为公平处理等具体影响进行分析。

第一节　交通大数据的匹配作用分析

一　交通大数据的信息匹配问题

交通领域正逐渐融入"互联网+"的潮流，这使得交通大数据平台变得至关重要。这些平台的核心目标是消除传统信息不对称的问题，从而促进资源的有效利用。举例来说，在城市交通管理中，传统方法通常依赖于人工规划和数据采集，这导致了信息的不均衡。而交通大数据平台通过信息的集中处理，可以实现更加动态和高效的资源配置。在这一背景下，信息匹配平台的概念被提出，这些平台在各个领域都得到了广泛应用。[1]

---

[1] 赵光辉．大数据与交通融合发展的特点与展望［J］．宏观经济管理，2018（8）：60-67．

(一) 平台核心竞争力有待提升[①]

当前,流量数据平台正面临着广泛的挑战,其中一个突出问题是商业模式较容易被模仿,具有核心竞争力的盈利策略有待进一步推进,其竞争优势有待进一步提升。通常情况下,轻资产模式的平台倾向于采取免费策略,即通过提供多样化的增值服务来吸引会员,然后免费提供信息,以在随后的市场服务中实现盈利。然而,如果这些平台在没有明确市场支持的情况下与传统交通大数据平台提供的服务相似,就会导致其竞争能力不足,甚至会出现生存问题。

(二) 平台信任监管机制有待建立[②]

目前,绝大多数提供交通数据匹配服务的平台都强制要求用户进行实名认证。然而,近年来发生的一系列服务失信事件导致了需求方和供给方之间的信任危机。在没有完善的信任监管机制的情况下,虚假信息和网络诈骗等问题不断涌现。这不仅对交通大数据的发展构成了阻碍,还导致需求方客户数量减少,客户黏性和使用习惯受到了负面影响。因此,为了推动交通大数据的发展,迫切需要建立一个健全可信赖的信任监管机制,以建立需求方和供给方之间的信任,减少虚假信息和网络诈骗等问题的发生。

(三) 平台信息系统不完善[③]

信息匹配系统是交通大数据应用的核心要素之一。通过数据信息网络,我们能够更快速、更高效地为供需双方提供匹配服务。然而,当前尚未出现统一的智能供需匹配系统。在某种程度上,信息匹配仍然依赖人工决策,需要耗费时间和人力。目前的挑战在于信息匹配的信息化和智能化水平相对较低,深度学习技术的作用尚未充分发挥,这制约了大数据流量的充分发展。因此,为了更好地利用交通大数据,我们需要加快信息化和智能化技术的发展,提高智能供需匹配系统的性能,以促进

---

① Bonina C, Koskinen K, Eaton B, et al. Digital platforms for development: Foundations and research agenda [J]. Information Systems Journal, 2021, 31 (6): 869-902.
② Nooren P, van Gorp N, van Eijk N, et al. Should we regulate digital platforms? A new framework for evaluating policy options [J]. Policy & Internet, 2018, 10 (3): 264-301.
③ Berente N, Gu B, Recker J, et al. Managing artificial intelligence [J]. MIS Quarterly, 2021, 45 (3): 1433-1450.

交通大数据的更广泛流通和应用。

（四）平台存在安全性问题[①]

在运输领域，大数据承载着大量的敏感机密数据和个人信息，例如，在捕获、追踪和管理城市交通工具的过程中，需要处理大量车主信息，这些信息的安全性至关重要。然而，目前在交通大数据领域我们面临着一个挑战，即数据的开放共享与保密安全之间缺乏明确的边界，导致个人数据和公共数据之间的界限模糊，数据分类工作进展缓慢。这一问题对未来流量数据的可持续发展构成了直接威胁。

另外，目前实施数据安全措施和保护措施的风险不断增加。随着数据量的不断增加，前端设备承受着越来越大的压力，故障频率也随之上升，这可能会导致数据在传输和存储过程中出现问题。为了确保数据的完整性、一致性和可靠性，需要采取有效的措施，以降低数据丢失的风险。

为了解决上述问题，迫切需要明确数据开放共享和保密安全之间的边界，明确个人数据和公共数据的范围，加快推进数据分类工作。此外，必须实施数据安全措施和保护措施，以确保前端设备的可靠性和稳定性。这些措施的实施将有助于更好地推动交通大数据的发展，同时也能够保障数据的安全性和可靠性，促进数据的合理应用。

二 交通大数据的信息匹配作用

（一）打破信息壁垒[②]

在中国的城市交通领域，供给方构成复杂，包括大型国有企业和许多个体户，这种多元化的结构往往导致信息流通不畅，引发供需信息不对称问题，进而造成无休止的资源浪费。当前，我国面临的一个挑战是，如何整合各个部门的交通信息，并实现信息共享，以促进交通信息与大数据的融合。交通运输行业面临的一个重要问题是信息流通不畅，而建立一个庞大的信息网络可以打破这个信息壁垒，从而解决这一问题。大

---

① 王路遥. 大数据时代的网络信息安全及防范措施［J］. 电子技术与软件工程，2019（5）：215.

② 于戈，聂铁铮，李晓华等. 区块链系统中的分布式数据管理技术——挑战与展望［J］. 计算机学报，2021，44（1）：28-54.

数据、云计算等技术的普及,可以有效实现运输市场信息的连接,从而为打破信息壁垒做出贡献。可以从供应商提供的信息入手并收集各种运输产品或服务的信息,再利用数据处理技术进行信息统一加工整合,最终准确实现信息匹配。大数据与交通信息的整合,使整个运输部门的信息资源可以相互参考,从而提高信息资源的利用率,促进交通领域的健康发展。

(二) 数据积累全面[①]

目前,交通运输业正处于信息交通等实体经济转型的重要机遇期。与国外相比,中国拥有一个庞大的原始生态市场。在信息时代,基础信息的积累至关重要,需求方和供给方所积累的资源和数据量越大,涉及的范围就越广,从而有利于实现真正有效而迅速的匹配。交通运输业是一个极具流动性的行业,数据集成平台所包含的城市间数据网点的增加,能够提升匹配的效率。

然而,传统的信息收集方法存在诸多限制。首先,传统方法的人工成本高昂。调查的有效实施需要大量人力,导致人力成本高昂。其次,传统方法耗时较长,调查工作周期漫长,无法保证实时性。最后,传统抽样调查的误差率会严重影响城市规划的有效性。随着大数据的出现和"互联网+"的发展,社会正处于快速演变的状态,滞后的数据已经无法满足全新的供求关系匹配需求。

大数据具有诸多优势。首先,大数据具有实时性,能够随时评估城市交通状况。通过GPS定位系统和交通监控等先进技术手段,可以对城市交通进行持续跟踪和监控,实时了解交通动态。将静态数据与动态数据相结合,构建科学合理的交通模型,极大地提高了供需关系匹配的时效性。其次,大数据可以通过手机、电脑等设备获取用户数据,消除个人主观因素和选择的不确定性,使调查结论更加真实可信。最后,大数据可以反复利用,省去了人工成本和调查时间,有效提高了匹配的效率和质量。

城市交通的乘客通常可分为三类:①使用者,指城市的居民;②公交、地铁、出租车等交通工具的运输服务提供者;③管理者,例如城管、

---

① Saad W, Bennis M, Chen M. A vision of 6G wireless systems: Applications, trends, technologies, and open research problems [J]. IEEE Network, 2019, 34 (3): 134-142.

交警以及部分协助者和志愿者。每个人在接受适当服务后都有权对其进行评估，例如，乘客上车后会评估车内空调的温度、司机和售票工作人员的态度、司机的驾驶技术、公交车和有轨电车的准时性以及车内的拥挤程度。通过整合不同交通模式下乘客对服务的客观评价，可以进一步预测城市交通发展对不同群体的影响。决策者通过收集和对比各种数据，不断提高交通运输产品的供求关系匹配精度。

(三) 数据处理高效[①]

有效的交通信息处理需要建立一个规模逐渐扩大的高效数据网络。随着平台精准数据所占比例的增加，匹配算法变得更加准确，数据优化结果也更可靠，从而能吸引更多用户。智能匹配算法精度的提升、用户画像系统的完善以及数据分析效率的提升，显著提升了匹配的速度和效率。同时，通过大数据分析，可以不断挖掘用户信息，预测潜在用户需求和业务规模。在信息匹配过程中，需求者能够利用大数据分析准确找到所需的产品，从而减少时间浪费，提高匹配效率。此外，平台化的数据分析将使数据处理更加准确和完整，因为平台本身也是大数据的产物。基于平台的分析，我们能够更有效地利用、处理和分析数据，实现更准确地匹配。[②]

如今，城市交通的复杂性与日俱增，但借助大数据，交通需求匹配研究的压力得到了显著减轻，相关负责人和研究人员得以深入研究算法，以进一步提高匹配效率。这一突破传统匹配模式的进展，为我们提供了更为精确的计算方法和匹配方式。为实现这一目标，大数据需具备以下特点。①预测及时性：交通需求匹配需要预测所有可能的因素，并根据实际情况提供相应解决方案，以避免出现问题。交通需求匹配不再依赖手动定期抽样调查，而是通过24小时系统监测城市交通状况，随时收集观测数据，以确保全面规划城市交通。②要素增加：建立一个详尽、完整、理想

[①] Oussous A, Benjelloun F Z, Lahcen A A, et al. Big data technologies: A survey [J]. Journal of King Saud University-Computer and Information Sciences, 2018, 30 (4): 431-448.

[②] Zhu L, Yu F R, Wang Y, et al. Big data analytics in intelligent transportation systems: A survey [J]. IEEE Transactions on Intelligent Transportation Systems, 2018, 20 (1): 383-398; Wen C, Yang J, Gan L, et al. Big data driven Internet of Things for credit evaluation and early warning in finance [J]. Future Generation Computer Systems, 2021, 124: 295-307; 封志明，游世情，游珍. 基于交通大数据网络的中国城市群空间识别和结构特征研究 [J]. 地理研究, 2023, 42 (7): 1729-1742.

的城市交通体系，不仅需要考虑城市交通的供求关系，还需要考虑所有相关的重要因素。通过运用大数据思维开展全面分析，可以制定考虑环境承载力、旅客评价以及交通服务网站建设等方面的更完善的匹配方案。

利用智能计算技术高速处理大量数据是使交通管理系统有效配置资源的关键。它提升了服务水平，并在后续分析和决策中提供了更多技术支持。举例来说，一个普通用户在去公司上班之前，可以在家里通过 App 进行路线规划和分析，选择最佳上班路径，从而优化交通产品的选择。这种优化是基于大量数据和实时计算的。道路上的摄像头和电子警察不仅维护了城市交通系统，还记录了大量道路交通信息。这些信息经过合理地整合和处理后，首先会被推送给用户，帮助他们筛选信息，然后通过各种技术手段对数据信息进行处理和采集，最终以各种途径将处理后的信息传递给广大信息需求者。因此，可以说大数据为每个用户的产品选择和匹配提供了便利，从而提高了交通需求匹配的效率。①

大数据理论不再是一种空洞的理论，在中国，上海成为第一个在交通管理中应用大数据的城市。上海正在建设一个由物联网技术支持的汽车运营信息发布系统。市民可以使用智能手机查看公交线路和实时到站信息；交警部门可以实时监测全上海 37 个陆路匝道入口的车流量，快速比对本地车辆和外地车辆数量占比，分析外地人的来源（例如从江苏和浙江进入上海），还能实时监控车道内车辆的速度，甚至车牌号码。此外，南京也建立了独特的交通云平台，通过 GPS、摄像头和传感器等设备收集大量数据进行智能监控和分析，通过主动报警和通知，实现对南京超过 140 万辆车的实时统一调度。②

综上所述，大数据的出现为运输领域带来了重大的变革机遇。它为信息匹配提供了丰富的机会，整合了高度分散的出行供求数据。这使个性化的运输需求能够得到尊重和高效响应。此外，它有助于建立新的运输公司责任和信用体系，提升了整体交通服务体验。共享出行解决方案可以在时间分割条件下最大化利用资源，而汽车服务市场可以获得有效监督。

---

① 罗建强，戴冬烨，李丫丫. 基于技术生命周期的服务创新轨道演化路径 [J]. 科学学研究，2020，38（4）：759-768.

② 任保平，苗新宇. 新发展阶段物联网赋能经济高质量发展的路径与支持体系研究 [J]. 经济与管理评论，2022，38（3）：14-24.

此外，基于大数据的交通出行服务不仅将影响传统交通领域，如出租车、站点共享单车和地面公共交通，还将挑战现有的运输模式。这需要对当前的运输方式进行深刻反思。它从注重系统效率转向优先考虑用户体验，特别是在整个运输链上提供集成运输服务方面。这一转变旨在将运输行业从以基础设施为中心的发展引导到资源整合和高效利用上来，最终实现基于市场动态、时间和空间考虑的分散式运输服务。

第二节 交通大数据的经济效率分析

"效率"这个词最早出现在拉丁文中。从字面上理解，它指的是在某种经济活动中，将各种投入要素（例如资本、劳动等）转化为产出的有效程度，可以称之为有效比率。生产效率一般可根据投入要素的情况进行讨论，第一种情况只考虑一种投入，这时我们可以将生产效率分为不同类型，如劳动生产率、资本生产率等，统称为单一要素生产率；而第二种情况同时考虑多种投入，此时的效率指全要素生产率。

古典经济学的核心理念强调资本积累和劳动分工的相互作用，它们不断地推动社会的经济增长。简言之，资本积累促进了生产专业化和劳动分工的发展，而劳动分工又进一步提高了总产出，总产出的增加为社会带来了更多的资本积累，并将这些积累的资本引导到最有效的生产领域。

目前，西方广泛接受新古典经济学对"效率"的定义，其中最典型的是帕累托提出的"帕累托最优效率"的概念。它指的是在某种资源配置下，不能使至少一人的状况得到改善而不损害其他人的状况，这种资源配置效率被认为是最优的，也被称为"帕累托最优效率"。从宏观角度看，经济效率通常表示利用社会现有资源进行生产所得效用的满足程度，也可以理解为资源的有效利用程度。交通大数据的出现为交通运输业的资源分配奠定了基础，从而提高了资源利用效率。这无疑将对交通运输业的经济效率产生深远影响。[①]

作为当代最受关注的新兴技术力量，大数据具有不可忽视的重要性。

---

① 刘斌全，吴威，苏勤等. 中国铁路运输效率时空演化特征及机理研究 [J]. 地理研究，2018，37（3）：512-526.

自 2014 年以来，国内大数据企业的发展如画卷一般迅速变化。在 2014年，《政府工作报告》首次引入"大数据"，标志着大数据作为一项新兴产业正式登上中国的舞台。随后，党的十八届五中全会将大数据战略提升为国家级战略，而国家《"十四五"大数据产业发展规划》的发布进一步推动了大数据与实体经济的深度融合。因此，大数据如今已经成为中国数字经济建设中不可或缺的要素。①

目前，大数据已与传统领域如电子商务、金融、医疗、商务、文化、教育等深度融合，推动了传统产业革新和升级转型。以京津冀地区为例，该地区的大数据发展呈现日益深化的趋势，京津冀大数据中心正在努力构建以大数据为核心的全新产业特色体系，以支持未来的发展目标。这一举措旨在促进京津冀大数据产业的建设与发展，通过多层次、多方位的实时信息采集和数据分析，为智慧医疗、智慧环保、智慧城市、智慧运输、智慧能源等各种应用提供支持。

论及交通大数据的经济效率，主要涉及交易效率、生产效率以及管理效率等多个方面。

一　交易效率②

本部分简要概述了交易成本的基本理论和效率性质。本节从交易效率的外部和内部因素出发，探讨了在交通大数据的发展过程中交易效率的演变趋势，包括从未使用大数据的交易活动到依赖交通大数据进行的交易活动。

（一）交易成本③

科斯是首位提出广义交易成本概念的学者，随后这一概念被广泛应用于经济问题的分析中，推动了新制度经济学的兴起。新制度经济学派主张，交易成本包括寻找交易伙伴、制定契约、监督和履行契约、建立

---

① 习近平在中国共产党第十九次全国代表大会上的报告［EB/OL］.（2017-10-28）［2023-03-15］. http://cpc.people.com.cn/n1/2017/1028/c64094-29613660.html.
② 范柏乃，吕丹阳，顾贾能. 城市技术创新能力、交易效率与经济发展质量［J］. 科学学研究，2022，40（10）：1864-1873.
③ Ahluwalia S, Mahto R V, Guerrero M. Blockchain technology and startup financing: A transaction cost economics perspective［J］. Technological Forecasting and Social Change，2020，151：119854.

制度以确保契约履行等环节的成本，这些都是市场运作所需的费用。

任何一项经济活动的交易都需要预先获取关于生产和需求的信息，进而进行契约谈判、监督等过程。交易成本有时会高到可能导致交易失败。因此，衡量交易成本并不简单，有关概念的问题尚未得到一致解决。

交易成本理论通常用于解释经济问题和企业组织行为，然而，对交易成本的准确度量并不容易。有学者认为，交易成本包括价格发现、谈判、契约制定等过程的成本。另一些学者则认为，它还包括契约后可能涉及的争端解决、维护和履行成本。还有学者认为，交易成本包括权益的获取、保护和转让成本。

总的来说，生产成本和交易成本相互影响，因此仅仅估算交易成本十分复杂。基本经济理论认为，降低交易成本意味着更多的贸易、更高的专业化水平和更强的生产能力。简而言之，降低生产成本将导致生产效率提高，最终也会降低交易成本。

（二）交易效率的本质

在古典经济学领域，对于"运输效率"的探讨深刻揭示了交易效率的本质。亚当·斯密在他的著作《国富论》中强调，低效的运输将限制市场的范围，从而对分工产生负面影响。相反，高效的运输则有助于拓展劳动力市场的范围，这凸显了运输效率的重要性。

杨小凯在20世纪80年代末提出了交易效率的概念，即一个人在购买一个单位的商品时，实际只得到商品中 k 单位的部分，而失去的 $1-k$ 单位商品则称为交易成本，这个人得到的 k 单位商品就是本次的交易效率。[①]后期学者又提出其他观点：盛洪将交易效率定义为交易所得收益与交易成本之比，假设用 R 代表交易所得收益，C_j 代表交易成本，交易效率就可以表示为 $\frac{R}{C_j}$。[②] 交易效率是指在经济的一定时期内，行政事业活动或商业交易的速度或效率。交易效率具有内生性，是指在经济体中交易效率的决定因素来自经济体内。简单来说，如果交易效率是由经济系统自身因素决定，

---

① 杨小凯. 贸易理论和经济增长理论的重新思考及产权经济学 [M]. 商务印书馆，1993.
② 盛洪. 分工与交易——一个一般理论及其对中国非专业化问题的应用分析 [M]. 上海三联书店，上海人民出版社，1994.

那它就是内生（endogenous）的，反之则称为外生（exogenous）。[1]

（三） 交易效率的影响因素[2]

在社会发展的早期阶段，交易效率受到了各种自然因素的制约。然而，更高级别的交易效率受到交通水平、交易技术以及各种社会制度因素的共同影响。如果我们假设理性的经济主体具有自由进行经济活动和追求利益最大化的倾向，那么这些影响因素可以被理性的经济主体克服。但是，不利的地理和经济条件可能仍然会对这些主体的活动产生不利影响。因此，如果经济活动的成本上升，理性的经济主体将采取相应的措施，以内部化部分成本。在这种情况下，相关的规则和规章制度将在某一历史时期出现，并最终内部化到经济主体的交易效率中。

然而，如果理性的经济主体无法自由进行经济活动或不追求利益最大化，那么交易效率将失去意义，也无法成为讨论的焦点。尽管在经济转型国家和发展中国家中，理性经济主体的自利特征可能不太明显，但它仍然存在。这意味着交易效率仍然可以视为内生的。交易效率的构成涉及社会运行的多个层面，本章将重点分析与交通运输相关的因素。

交通技术和基础设施的发展显著促进了经济活动的交易效率提升。在19世纪汽车问世之前，人力车和马车是用于商品运输的主要工具。这种运输方式不仅容量有限、速度缓慢、效率低下，而且运输成本极高。因此，几乎所有的生产和交易活动都局限在有限的范围内。然而，随着汽车的发明，运输方式得到了极大的改善。新型交通工具具有更大的容量、更快的速度和更高的效率，降低了运输成本，扩大了生产和交易的范围。此后，诸如火车、轮船、电报、电话和互联网等的发明进一步提升了生产效率和贸易效率。[3]

此外，经济活动的交易效率提升可以归因为运输技术和基础设施两

---

[1] 庞春. 交易效率、人口密度与厚实市场——内生分工的经济分析 [J]. 经济学报, 2019, 6 (4): 158-214.

[2] Roeck D, Sternberg H, Hofmann E. Distributed ledger technology in supply chains: A transaction cost perspective [J]. International Journal of Production Research, 2020, 58 (7): 2124-2141.

[3] 李红昌. 第七届"运输与时空经济论坛"国际会议在北京交通大学隆重召开 [J]. 北京交通大学学报（社会科学版）, 2019, 18 (4): 78.

方面的贡献。① 首先，交通、通信、水电等是不可或缺的中间输入要素，对经济活动至关重要。这些要素的质量提高和操作效率提升，显著降低了单位产品成本，提高了实体经济的交易效率。其次，运输技术、通信技术和基础设施的改善减少了交易所需的时间，从而降低了交易成本，提高了交易效率。最后，基础设施的技术进步和服务改善显著提高了其他生产投入的回报率，吸引了其他生产要素的集聚，进一步降低了成本。例如，建设基础设施的地区会吸引资本和人才流入，从而降低生产投入成本，最终降低交易成本。②

（四）交易成本与交易效率

事实上，交易效率的内涵与交易成本紧密相关③，尽管它们在本质上有相似之处，但强调的方面各有不同，具体体现在以下三个方面。第一，交易成本的测量注重交易过程，强调了在交易中所投入的资源，包括交易结束后的总人力和物力投入等。而交易效率关心的是交易的速度，它衡量了单位交易活动的质量、时间，以及对交易结果的评估。若要准确理解交易活动的本质，交易效率可能更适合作为评估指标。第二，交易效率和交易成本的主要区别在于：前者是相对的概念，而后者则是绝对的概念。交易效率反映的是单位经济交易活动的速度，属于相对数值指标；交易成本是单位经济交易活动的成本，属于绝对数值指标。第三，影响交易成本的因素也是影响交易效率的因素，交易成本与交易效率呈负相关。实际上，通过进一步改善交通设施和通信设备，可以有效降低交易成本，提高交易效率。通过优化外部环境，可以有效降低制度运行成本，即交易成本，提高交易效率。因此，交易成本和交易效率可以被视为衡量单位经济活动交易效率的直接标准，而且通过这种方法也可以

---

① Lema R, Vang J. Collective efficiency: A prerequisite for cluster development? [J]. World Review of Entrepreneurship, Management and Sustainable Development, 2018, 14 (3): 348-376.

② Banerjee A, Duflo E, Qian N. On the road: Access to transportation infrastructure and economic growth in China [J]. Journal of Development Economics, 2020, 145: 102442.

③ 宗刚，张雪薇，张江朋. 空间视角下交通基础设施对经济集聚的影响分析 [J]. 经济问题探索, 2018 (8): 67-74.

评估交通大数据的交易效率。[①]

地理和自然条件的改善、运输技术的进步和生活基础设施的完善将有助于提高交易效率。然而，制度环境的改善也是不可忽视的，包括完善产权保护法律体系、提高政府效率、推进竞争性银行体系建设、实施开放政策、促进人才和生产要素的竞争与自由流动等，这些因素都对整个社会的交易效率产生了明显影响。通过提高可达性水平、降低交通和物流成本、提高交易效率，促进了交通运输业和国民经济的发展。综上，交易效率的决定因素如图 4-1 所示。

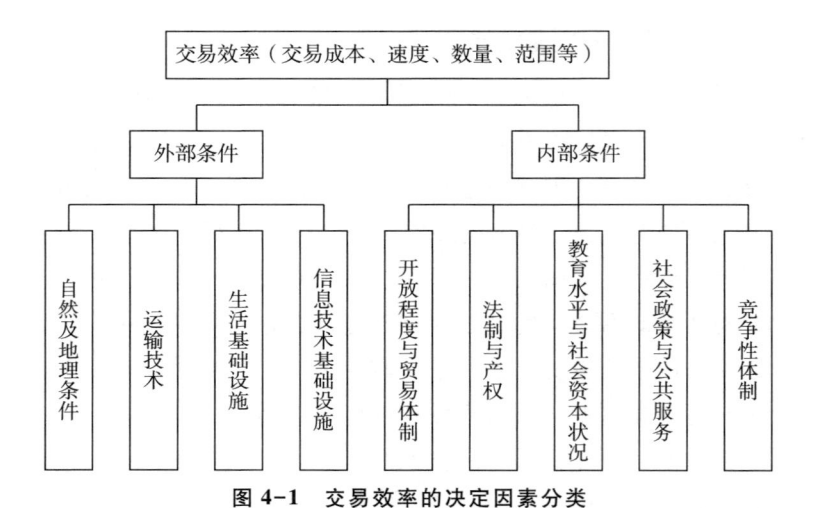

图 4-1 交易效率的决定因素分类

交通行业的交易活动效率可以是完成每次交易所耗费的平均时间，交通大数据的交易效率可以看作交通大数据出现后对传统交易效率的改变。[②]

（五）单纯的市场交易效率

交易[③]一词从字面上理解即为"互动行为"，交易活动则可理解为在

---

① Schmidt C G, Wagner S M. Blockchain and supply chain relations: A transaction cost theory perspective [J]. Journal of Purchasing and Supply Management, 2019, 25 (4): 100552.

② Henderson J V, Squires T, Storeygard A, et al. The global distribution of economic activity: Nature, history, and the role of trade [J]. The Quarterly Journal of Economics, 2018, 133 (1): 357-406.

③ 马滔, 刘婷, 皇甫震等. 价值互补性、数据披露与交易策略 [J]. 系统管理学报, 2022, 31 (4): 660-669.

某一经济活动中不同个体之间的互动行为。理性的经济主体在追求最大化利益时，通常需要动用一定的劳动力、资本以及土地等资源来满足日常需求。完整的交易活动包括搜索交易对象、明确和评估产权、获取交易相关信息、进行谈判、签署合同、执行和监督交易、对违约行为进行赔偿等环节。在大数据市场成熟之前，执行这些环节所需要的成本不可避免地导致了交易成本的增加。在这种情况下，一次交易所获得的效益相对有限，因此交易效率较低。[①]

（六）借助交通大数据的交易效率

交通大数据的发展在很大程度上提高了交通市场的交易效率，这一影响十分显著。这是因为交通大数据市场同时满足了交易双方降低交易成本和提升自身收益的需求。在交通产业中，交易活动多种多样，不胜枚举。在交通大数据兴起之前，由于信息不对称和交易过程耗时较长等原因，传统交易成本相对较高，且难以在短时间内降低。然而，随着交通大数据的涌现，传统的交易模式被颠覆，信息传播更为便捷，交易成本得以迅速降低，这一趋势是不可忽视的。

接下来，本部分进一步剖析交通大数据对交易效率的外部影响和内部影响。

1. 交通大数据对交易效率的外部影响[②]

交通大数据的兴起，毫无疑问有助于提高交易效率，这一点可以从以下四个方面详细阐述。

第一，交通大数据通过其独特的优势，汇集了各类交通信息，大幅增加了需求方的选择余地，从而降低了他们的搜索成本。同时，它也减少了供给方获取市场反馈信息的成本。这些因素使得交易成本明显降低，与之紧密相关的交易效率将大幅提升。

第二，交通大数据的出现引发了信息的集聚效应，吸引了大量需求方和供给方参与市场交易，进一步促进了竞争型市场的形成。这导致市场上的交易活动规模大幅扩大，交易数量显著增加，交易质量明显提高，

[①] 范柏乃，吕丹阳，顾贾能. 城市技术创新能力、交易效率与经济发展质量 [J]. 科学学研究，2022，40（10）：1864-1873.

[②] 赵光辉，田芳，田仪顺. 大数据交通市场监管：研究进展与技术创新 [J]. 中国软科学，2019（5）：53-59+79.

市场辐射范围也明显扩大。在这种情况下，平均交易成本大幅下降，吸引了更多的经济主体参与市场交易。这种良性循环最终产生了累积的规模经济效应，促进了专业市场的扩大，从而大幅提高了平均交易效率。

第三，随着各类交通大数据规模的不断扩大，供给方的经营范围也得到了极大扩展，这进一步丰富了市场主体的多样性，培育了与交通大数据市场相关的上下游产业，形成了一个完整的配套服务合作体系。这一发展带来了运营成本的降低，自然也提高了交易效率。这些因素的共同作用，使得交通大数据市场对交易效率的提升有着显著而积极的影响。[1]

第四，在政府政策层面，除了交通大数据市场，还存在其他有效的政府政策，有助于提高交易效率。在交通大数据的发展过程中，可能会出现一些市场自身监管机制无法解决的问题。这时，政府需要参与市场的规划、协调和调控，运用适当的公共政策和完善的治理机制，以引导交通大数据市场的顺利发展。中央财经领导小组第十一次会议提出了在扩大社会需求的同时，要加强供给方的结构性改革，持续增强经济增长的推动力，从而促进中国社会生产力的整体提高。

综上所述，政府部门通过上述手段引导大数据市场逐步发展，改善了交通数据开发行业的市场环境，也使得未来的市场交易更加规范和高效。[2]

总的来说，交通大数据通过改变外部环境的影响因素，提高了交易效率。从改革开放初期一直到21世纪，大数据市场所面临的社会环境发生了翻天覆地的变化。中国一直在不断完善社会主义市场经济体制，近年来市场化程度显著提高，尤其大数据市场发展迅猛。

2. 交通大数据对交易效率的内部影响

交通大数据的出现开辟了一个共享交易网络平台，该平台实现了信息的快速流通，使交易双方可以轻松获取公共信息，有效减少了信息不对称和机会性行为所导致的交易成本。此外，交易双方还能从这个平台获取关于交通市场未来发展的信息，从而更好地预测未来的生产和交易行为。

---

[1] 李卫波. 交通运输推动发达国家现代化进程的作用和启示［J］. 宏观经济管理, 2022（12）: 28-36.

[2] 池仁勇, 王国强, 周芷琪等. 数字化能力、价值共创与企业绩效: 基于数据安全的调节作用［J］. 技术经济, 2023, 42（2）: 133-142.

分析交通大数据的内部成本可以从以下三个方面入手。

第一，从成本角度看，随着经济主体数量的增多，交易次数也相应增多。在交通大数据的支持下，交易活动与传统运输市场相比，具有更高的回报和更大的交易效率。

第二，从资本角度看，社会交通大数据市场的运营商通常需要进行复杂的融资，这导致了资本使用成本的增加，降低了相对收入，并增加了融资交易的成本，从而降低了交易效率。

第三，从劳动投入角度看，交通大数据市场的员工通常需要具备一定的知识和技能，这与教育水平密切相关。更高的教育水平、丰富的专业知识和技能有助于员工及时制定完善的解决方案，减少损失，提高交易效率。

总的来说，交通大数据的内部建设成本与市场运营负担呈正相关关系，即降低内部建设成本有助于减轻市场运营负担。这将为市场经济主体提供足够的资金进行交易活动，增加交易频率和时间，从而提高交易效率。

综上所述，交通大数据的出现为传统交通产业注入了新元素，解决了传统交通产业中存在的问题，显著降低了传统交通产业的交易成本，毫无疑问提高了交通产业的交易效率。[1]

二 生产效率

(一) 生产效率的本质[2]

生产效率是指一个过程，它基于特定的技术、经济和社会背景，旨在将生产过程中资源和生产要素的投入与产出之间的复杂关系，通过一系列概念和量化指标系统地总结与呈现出来。它反映了资源要素的配置效果和利用程度。

在 18 世纪中叶之前，生产理论尚未形成，确切地说，是法国经济学家魁奈赋予了"生产"这个词确切的含义。亚当·斯密提出，分工提高

---

[1] 赵光辉，李玲玲. 大数据时代新型交通服务商业模式的监管——以网约车为例 [J]. 管理世界，2019，35 (6)：109-118.

[2] 马歇尔. 经济学原理 [M]. 朱志泰，陈良璧译. 商务印书馆，1964.

了劳动生产效率，从而使产量成倍增加，使社会财富增加。① 基于斯密关于分工能提高生产效率的理论，马歇尔提出了新的理论，认为"新的工业组织大大提高了生产效率"。凯恩斯主义的核心理论是"有效需求"，其观点是有效需求的下降将导致总需求水平下降，进而使产出水平也下降，与此同时总储蓄增加，企业为了维护自身利益采取解雇工人、压低工资等措施。

在衡量生产效率方面，全要素生产率（TFP）② 是当今经济研究领域最广泛认可和应用的指标。现代学者更多地关注对全要素生产率的研究，全要素生产率逐渐受到重视。目前，学者们通常通过计算要素指标的投入产出率来计算全要素生产率。

（二）交通大数据应用

在交通领域，大数据的应用有助于发现城市交通拥堵问题的成因，以解决交通问题，如减轻交通压力、提高城市宜居性、实现交通与生活的协调，并为政府提供基于交通大数据的综合决策的证据。大数据时代为智慧交通的发展带来了重大机遇。交通大数据可以合理有效地整合多维和大量的交通数据，充分挖掘各种交通数据之间的联系，并提供更及时、更准确的交通服务。根据交通运输部的《推进智慧交通发展行动计划（2017—2020年）》，大数据在推动交通基础设施建设、智能化管理、智能化企业发展、提高交通出行服务水平和交通运输决策能力方面发挥了重要作用。

首先，大数据有助于优化交通路线。它在整合交通出行服务信息后，可以提供多层次、综合性信息服务，包括交通资讯，交通实时路况，公交车辆动态信息，机动车停车动态信息，水上客运、航班和铁路等动态信息服务，以及出行路径规划、出租召车等信息交互服务。用户可以查询公交实时到站信息，以及了解道路是否出现交通事故、道路维修、交通管制等特殊情况，以便做出最佳选择。

其次，大数据可以提供交通规划决策支持。若城市道路规划、交通

---

① 亚当·斯密. 国富论 [M]. 富强译. 北京联合出版公司，2014.
② Hsieh C T, Hurst E, Jones C I, et al. The allocation of talent and U.S. economic growth [J]. Econometrica, 2019, 87 (5)：1439-1474.

信号灯设置、道路转向设置等方面存在问题，可能会导致城市各区域长期交通拥堵、交通事故高发等。通过分析海量大数据，可以有效进行交通规划决策，特别是在公共交通规划、公交路线设置、地铁班线安排、出租车网约车配额等问题上，利用数据挖掘技术可以深入研究交通网优化措施，分析行业发展趋势并进行政策效果评估。

最后，大数据与人工智能和物联网相结合将引领未来交通。无人驾驶车辆被认为是解决交通问题的终极方案，而大数据、人工智能和物联网是无人驾驶和自动驾驶的前提。无人驾驶车辆的安全上路需要依赖政府提供的实时而全面的交通数据，而这需要依靠公共交通大数据技术的精准性和全面性。

百度（Baidu）一直专注于自动驾驶技术，并在这一领域处于领先地位。[①] 2014 年 7 月，百度启动了"百度无人驾驶汽车"研发计划，它是最早提出"无人车计划"的公司之一。未来，百度计划向所有合作伙伴免费提供无人驾驶技术，这一举措在行业内产生了巨大影响。同时，百度的创始人李彦宏还亲自示范了一段乘坐无人驾驶汽车在北京五环行驶的视频，这引发了社会对智能驾驶技术的广泛讨论。

此外，百度宣布与 50 多家生态合作伙伴共同创建 Apollo 平台，这些合作伙伴来自全球范围内的自动驾驶行业。这个伙伴网络包括领先的 Tier1 厂商、OEM 厂商、关键零部件制造商、初创企业、出行服务提供商以及政府部门和机构。这一合作计划使百度成了自动驾驶领域中的关键参与者，并展示了其在推动自动驾驶技术发展方面的决心。

（三）交通大数据的生产效率

20 世纪 80 年代中期，内生增长理论崭露头角，作为一种宏观经济理论，它突出了内生技术进步作为维持持续经济增长的关键因素。

本部分着重关注生产效率，其衡量方法是对比要素投入和产出率。在传统交通行业中，技术是最关键的要素，而交通大数据则是技术的代表。生产效率在这里可以解释为技术要素的投入与产出效率，也就是技

---

① Millard-Ball A. The autonomous vehicle parking problem [J]. Transport Policy, 2019, 75: 99-108.

术效率。[1]

有效地利用现有资源提升科技水平,从而改善技术效率。这体现了生产部门在给定投入条件下的最大产出能力。换句话说,它指的是在特定要素条件下实现最大产出或在特定价格和生产科技水平下实现最优的要素组合。

交通拥堵是城市交通的普遍问题,能对交通产业的产出效率造成不利影响。然而,交通大数据通过采集各种信息,如GPS数据、路况信息等,可以帮助车主了解实时交通情况,选择最佳路线,节省时间和成本。对于公共交通,大数据技术也能提供实时公交信息,引导市民选择最佳的出行方式,进一步降低成本。[2]

广东省的大数据应用示范项目是一个典型案例[3],它利用大数据技术分析高速公路运营情况,包括交通事件、交通事故、车速等数据,为政府和管理单位提供了及时的决策支持。此外,货运行业也受益于交通大数据,通过分析货车行驶数据,可以优化路线、降低运输成本,从而提高效率。

在固定要素条件下,交通大数据的技术进步带来了更高的产出或更低的投入,从而显著提高了交通产业的技术效率和生产效率。不论是客运还是货运,交通大数据都给传统交通行业带来了便利,节省了时间和成本,推动了其发展。

三 其他效率

(一) 管理效率

从广义上看,管理效率可被定义为经济主体在管理活动中投入与产出的相对比例。对企业而言,管理效率与公司效率通常紧密相关,特别是在财务方面难以区分。从狭义上看,管理效率表示经济主体(例如公司)在

---

[1] 杨文溥,曾会锋. 数字经济促进全要素生产率提升的效应评价 [J]. 技术经济,2022,41 (9): 1-9.

[2] Porru S, Misso F E, Pani F E, et al. Smart mobility and public transport: Opportunities and challenges in rural and urban areas [J]. Journal of Traffic and Transportation Engineering (English Edition), 2020, 7 (1): 88-97.

[3] 广东省: 2017年大数据应用示范项目申报通知 [EB/OL]. (2017-05-16) [2023-03-20]. https://www.sohu.com/a/140987049_353595.

管理活动中花费的管理成本与相应的收益之间的比例关系，即管理费用与因其而产生的公司收益的关系。在本节中，我们讨论的是狭义的管理效率。[①]

管理效率作为效率的一个分支，是随着科学管理概念的提出而兴起的，它在科学管理领域扮演着重要的角色，也是科学管理的核心原则之一。对于管理效率的度量，主要是从管理成本和管理收益的角度进行评估。管理成本通常与管理效率呈负相关，而与管理收益则呈正相关。

自人类开始有意识地认识和改造自然以来，学者们就开始关注管理效率的概念，提高效率一直是广受关注的焦点。管理效率的研究经历了三个关键阶段：早期管理阶段、传统管理阶段和现代管理阶段。传统管理阶段的管理思想起源于1924年的霍桑实验，该实验得出外部激励条件对提高员工工作效率至关重要的结论。随着管理者对激励问题的关注，管理效率得到了极大的提升。在现代管理阶段，管理者更加强调个体的自我实现，即个体的自我实现是企业持续发展的主要动力。

交通大数据为交通产业带来了另一个不可忽视的好处，即提高政府管理效率。[②]

大数据技术使得城市交通的高效运转成为可能，通过实时分析车流量等数据，政府能够更好地诊断和解决各种问题，而无须进行烦琐的社会调查，从而降低了管理成本。

大数据技术还提高了交通管理部门的路面监控和交通管控能力，提高了交通运行的质量和管理水平。此外，大数据还支持城市交通规划，例如道路规划、路口交通信号灯设置和公交站点规划，从而避免了不必要的损失。这一切都有助于提高政府的管理效率，降低管理成本，提高管理收益。

本书建立了运输经济的基础分析框架，将其与时空分析相结合，以数据化交通出行分析为手段，从而更好地解决交通运输过程中发生的问题。数据化的交通领域主要依赖市场化，但其发展与政策体制密切相关。

[①] 曾卓然，韩仁杰，任跃文．企业管理效率、政府补贴与技术创新［J］．统计与决策，2021，37（2）：181-184．

[②] 赵光辉．大数据与交通融合发展的特点与展望［J］．宏观经济管理，2018（8）：60-67；Raman S，Patwa N，Niranjan I，et al. Impact of big data on supply chain management［J］．International Journal of Logistics Research and Applications，2018，21（6）：579-596．

政府对于新兴交通业态所展现的宽容度、所采取的管理方式，以及对其可持续发展的支持，均具有至关重要的影响。为了有效管理这一领域，必须填补相关法律的空白，建立完善的监管制度，确立关键技术和信用规范。[①]

以广州为例，该市采用数据分析方法，迅速识别了道路拥堵的根本原因，并采取了相应措施。这一方法节省了传统社会调查所需的时间和人力成本，从而提高了管理效率并降低了管理成本。政府利用相关交通数据和车辆历史行为，绘制城市路网交通状况图和拥堵点分布图，详细了解道路情况，并进行相关规划，如道路规划和路口交通信号设置，以避免由规划决策不当导致的不必要损失。这有助于更好地引导未来交通、提高监管效率并减少交通事故的发生。总之，大数据技术有助于政府减少路况管理成本、提高管理效益。

当前，许多企业已投身于交通大数据领域，以充分利用大数据技术的便利性。这不仅推动了企业自身的发展，还提高了社会管理效率。

（二）配置效率[②]

配置效率（allocative efficiency），是指通过优化资源组合，以最佳方式生产出所需的产品。在资源数量有限的情况下，通过有效配置，可以提高生产效率，增加产出。帕累托改进，也称为帕累托最优化，是一种资源分配方式，它使至少一个人的情况变得更好而不会使其他人变得更差。

社会经济活动中的资源，包括人力、物力和财力等各种要素，是经济发展的基础。随着社会经济的发展，资源相对于需求仍然是有限的，因此必须合理配置这些相对稀缺的资源，以最小的成本生产出最多的产品和服务，以获取最佳效益。资源配置的合理性对经济发展至关重要，如果资源配置合理，将显著提高经济效益，否则将阻碍经济发展。

大数据在交通出行领域的应用具有重要影响。随着人们出行活动的时空分散性不断提升，运输市场对供需匹配效率的要求也越来越高。交

---

① 荣朝和. 互联网共享出行的物信关系与时空经济分析[J]. 管理世界，2018，34（4）：101-112.

② Kueng L. Excess sensitivity of high-income consumers[J]. The Quarterly Journal of Economics, 2018, 133（4）：1693-1751.

通大数据成为构建新型物信关系与结构的关键资源。平台企业通过算法实时分析时空数据,识别行为主体的时空特征,并提出改善服务的建议,从而提高资源配置效率。算法在企业的数据化和信息化过程中起着重要的作用,并直接影响企业市场表现。平台企业通过数据化提高供需匹配效率,使算法成为大数据时代的核心技术之一。一些互联网企业将自己定义为数据运营商,将信息视为新型基础设施的一部分。

传统交通产业在资源配置方面能够满足日常出行需求,但交通大数据的出现使得客运和货运的需求信息变得透明化,从而显著提高了资源配置效率。[1]

以一个简单的案例为例,在网约车兴起之前,"打车难"一直是备受诟病的出行问题,包括出租车在雨雪天气加价,以及高峰时段供不应求等问题,这导致出租车市场资源分配存在一定的不合理性,对大众出行造成了严重影响。然而,随着网约车的崭露头角,交通大数据的引入开始改变这一现状。现在,有载客需求的司机和有乘坐需求的乘客能够通过交通大数据进行智能匹配,根据各个区域的实时乘客需求,实现了网约车资源的合理配置,确保了价格的公平性。这一系统使得各个地区和不同时段的供求关系基本趋于平衡,从而圆满解决了乘客的出行问题。[2]

交通大数据的引入在提高配置效率方面发挥了关键作用。它使信息变得更加透明,从而使资源配置更加合理。最终,配置效率得到了显著提升。

(三) 交通大数据与管理配置效率

以交通运输业为例,通常情况下,传统交通运输业中不同行业的运营管理和规划建设都存在差异,这导致了运输链的不连贯性。因此,人们的出行经常受到交通拥堵问题、交通衔接问题以及耗时较长问题的困扰。然而,随着大数据技术的出现,共享出行平台也崭露头角。这些平台通过充分利用时空信息和整合数据资源,实现了更为高效的出行供需

---

[1] Schaller B. Can sharing a ride make for less traffic? Evidence from Uber and Lyft and implications for cities [J]. Transport Policy, 2021, 102: 1-10.

[2] 房立波,钟晓敏. 网约车市场发展路径研究——基于内部竞争和政府监管的双重视角 [J]. 财经论丛, 2021 (10): 102-113.

匹配，在交通市场上表现出明显的竞争优势。例如，网约车平台提供了更加便捷和实时的叫车和乘车服务，与传统出租车的叫车困难和高费用形成了鲜明对比。同时，共享单车平台如摩拜和美团不断更新车辆、智能锁和应用程序功能，以优化用户体验，提高自身竞争力。

实际上，铁路运输业一直是一个信息高度密集的行业。在早期，电报和电话等技术就广泛应用于铁路运输中，因此铁路系统拥有庞大的信息收集和统计系统，客货票的销售和乘车信息都有实时记录。在计算机出现之前，铁路系统已经建立了每天按时填写相关数据表格的正式制度，并设有处理和分析票据、报表的统计工厂。然而，尽管铁路系统高度重视数据的统计，但很少有数据被用于调度客货、分析客货收入和装车数量以及提升内部机车车辆的运行效率等方面。大部分海量信息仍然"沉睡"在数据库中，没有被充分用于分析客户行为、提升用户体验、提高服务质量和支持运输市场决策。这表明，尽管传统铁路系统高度重视数据的统计，但由于缺乏数据化意识，未能真正与大数据经济必需的"算法"融合。因此，大数据对传统运输业的启示是必须改变这一思维方式，通过"互联网+"模式，实现数据信息资源与实体物理资源的充分融合，以转型升级并提供更优质的市场服务。

再以交通大数据的发展所带来的共享经济为例，从新古典经济学的理论分析来看，交通大数据和共享经济的出现所带来的主要突破在于，边际成本因大数据技术的应用而趋近于零。同时，工业经济时期的过剩产能使稀缺资源变得相对丰富，个体或私人公司可以提供原本只有政府才能提供的公共物品。此外，共享经济通过建立声誉体系和共享治理机制，有效地避免了"搭便车"和"公地悲剧"等问题的发生，进而将共享模式的治理水平提升到与市场机制和政府治理一样的高度。

从新制度经济学的角度来看，交通大数据和共享经济的发展拓展了交易成本理论、科斯定理，并突破了产权理论的界限。共享经济强调使用权，认为所有权会妨碍社会进步，特别是在涉及专利权的情况下。共享经济将科斯定理逆向应用，有利于规模效应和收入效应的实现。因此，共享经济的出现为资源配置提供了一种新的方式。

当前，不断进步的智能算法和大数据技术属于革命性的技术发展。如果说移动互联网推动了时空匹配模式的突破性变革，那么大数据和算法的进步则进一步提升了时空匹配的效率。[1]

第三节 交通大数据的多维影响分析

一 交通大数据影响的综合分析

本节通过总结交通大数据的影响，形成了表4-1，下文将进行具体分析。

表4-1 交通大数据的影响

	效益评价	具体体现
经济影响	节省公众出行时间和成本	节约运输成本
		节约出行时间
		减少交通事故
	节省财政投入	减少智能交通设施重复建设成本
		减少道路等交通基础设施建设成本
	节省人力投入	节省管理部门人力资源
		节省人工交通调查费用
	带动城市发展	带动信息化产业化发展
		提升土地价值
政治影响	交通规划决策	为管理者制定科学决策方案提供支持
	环保规划决策	明确各种交通方式对环境的负"贡献率"
	调动交通管理积极性	实现交通资源共享
	跨区域交通管理	解决异地发生的交通管理问题
社会影响	社会公平	提高低收入者出行质量（方便、舒适、安全）
		私家车向公交车出行转换
	社会进步	提高城市信息化水平
		提高行业监管力度和政府反应力
	减少环境污染	减少碳排放
		减少其他环境污染

---

[1] Sutherland W, Jarrahi M H. The sharing economy and digital platforms: A review and research agenda [J]. International Journal of Information Management, 2018, 43: 328-341.

二 交通大数据影响的具体分析

（一）交通大数据的经济影响[①]

大数据为信息产业的发展和应用提供了重要机遇，不仅成为信息产业持续高速增长的新动能，也成为提升行业用户竞争力的新引擎。在科学研究领域，大数据引入了第四范式，使查找相关信息更加容易，有助于人们更清晰、更真实地理解客观世界。各个领域和行业的研究人员都可以充分利用大数据来快速探索事物之间的相互关系。

交通大数据与信息技术相结合，对运输经济产生了积极影响。交通大数据技术在控制成本的前提下，通过快速采集、发现和统计分析各种数据，从多样、大量的信息中提取有效信息，发现了交通运营中需要提高效率的方面。这有助于提高多方的效益。同时，交通大数据的应用还降低了个人出行的成本，提高了个人的效益。交通大数据的应用也推动了交通大数据生态系统的发展，这个生态系统包括运输数据解决方案提供商、运输数据处理服务提供商、运输数据资源提供商和运输大数据平台提供商等。这些提供商向交通大数据的使用者提供流量数据服务和数据资源，从而创造了可观的经济利益，维持了良好的发展势头。

对于个人而言，交通大数据的应用有助于降低出行成本，可以为旅行者提供决策支持，帮助其确定旅行路线和出行方式。交通大数据的成熟应用使各种交通方式之间的衔接成为可能。利用广泛的互联互通和实时更新的平台，出行者可以在出行前通过个人客户端来规划出行时间、出行路线和出行方式，减少了出行延误。此外，这也为旅行者提供了全方位、个性化、全天候和立体化的出行服务。以北京市为例，高德地图基于交通大数据进行算法分析，发布了出行人流的时间线和热力图，使用者可以根据这些信息提前规划出行路线。通过及时传输交通信息，交通节点的通行能力显著提高，居民可以避开拥堵的节点，从而有效抑制了拥堵范围的扩大。通过交通大数据的引导，居民的出行效率得到了有效提高，大大降低了拥堵带来的经济成本，同时也节省了时间。在相关

[①] Raman S, Patwa N, Niranjan I, et al. Impact of big data on supply chain management [J]. International Journal of Logistics Research and Applications, 2018, 21 (6): 579-596.

学者的研究中，时间价值以城市国民经济和社会发展的相关统计数据计算，公式为：每分钟收入×每辆车乘客数×旅行时间的缩短值×流量。因此，居民的每分钟人均收入与其有效工作时间高度相关，同时，不同的交通状态也会影响有效工作时间，从而影响居民的每分钟收入，进而影响社会整体的经济效益。

从社会成本的角度来看，交通大数据除了在供给侧结构性改革、产能升级和新业态催生方面发挥作用，还有望在宏观社会层面创造经济效益，真正提升全社会的生产运作效率。通过充分利用交通大数据，还可以更合理地匹配交通资源与需求，进一步提高交通的通行效率和运载效率。在信息创新2.0时代到来之前，交通控制和道路流量管理主要依赖人工操作，这导致了交通所产生的海量数据难以被有效地处理和分析，只能从规划层面辅助制定交通规则，但它具有很大的滞后性。而大数据系统的引入，首先可以降低交通管理部门的人力和物力成本，其次可以更有效地整合交通资源。此外，大数据的广泛应用也降低了企业的信息化成本，从而可以将资源用于其他研发领域。从更广泛的宏观角度看，大数据的应用不仅可以帮助政府保障和改善民生，还推动了城市化进程，并促进了农产品市场运输环节的进一步拓展，从技术层面推动了城乡一体化发展。从企业层面来看，大数据的开发和应用能够提高生产率，从而提高企业的经济效益。这一方面来自企业对消费者需求的深入了解，另一方面来自企业能实时掌握市场动态，有助于企业调整运营策略以满足市场需求，这进一步提高了企业的经济效率。

保障交通系统的稳定和安全，以及合理分配交通资源，是实现良好社会治理的关键要求。在这一过程中，大数据的应用有助于使决策机制更加科学化，从而促进社会治理发挥应有的作用。例如，交通管理部门可以通过交通大数据直观地了解道路上发生的交通事故或违法行为，还可以通过大数据实施跨区域逃犯的网络布控。这有助于提高警务部门的工作水平和管理能力，实现不同区域之间的数据共享和联通，使犯罪分子无处可逃，使违法行为变得透明且可追踪。[1]

---

[1] 赵光辉. 基于交通强国的大数据交通治理：挑战、机遇与对策［J］. 当代经济管理，2018，40（12）：42-50.

与此同时，交通大数据的应用显著提高了预测道路通行情况的准确性，从而降低了社会成本。交通预测的对象通常是道路通行状况，一般情况下，道路通行具有潮汐性和周期性，因此，如何准确预测交通拥堵节点一直是交通管理部门面临的难题。借助大数据分析，我们能够更准确地预测交通拥堵节点，提前通知相关人员，在拥堵发生前采取疏导措施，而不是等到拥堵发生后才发布通知，从而避免进一步的交通堵塞。这降低了个人出行成本和行车成本，减少了车辆等待时间，节省了能源，减少了机械磨损等车辆自身的损耗，大幅提高了行车效率和载运车辆的能源利用效率。

过去，由于载运车辆的运动路线难以预测，交通事故频发，造成了大量的经济损失、人员伤亡和环境损害等，还伴随一些潜在的损失。但通过应用交通大数据，交通管理水平显著提高，控制路网得到实质性扩大，车辆运动情况变得清晰可控，交通事故带来的直接和间接损失得到有效控制。此外，在事故发生后，交通管理部门还能够利用交通大数据进行事故分析和责任认定，从而快速解决事故，帮助恢复道路秩序。

在顶层规划方面，交通大数据也带来了新的疏通拥堵的方法。过去，疏通拥堵主要依赖道路基础设施建设，但最终结果常常是"新建一条道路就堵一条"，还伴随土地资源的浪费和设计方案与未来需求脱节的问题。然而，应用交通大数据后，我们可以通过对管理部门相关数据的提炼，建立相应的模型，有效模拟新基础设施建设方案的合理性和有效性。通过模拟，我们能够进一步观察道路的可承载极限，通过网络疏通道路，维持现有网络并进行潮汐性判定分析，灵活调整可通行道路的宽度。实时交通预测依赖于大数据高速加载和运行海量数据的能力，这为车辆频繁变道和监测司机的行车与车辆状态提供了有力的技术支持。[1]

首先，交通大数据平台的作用不仅仅局限于科学规划道路总里程，还能通过信息发布来平衡不同车流量下的路网，从而实现道路网络运输效率的最大化。车辆获得信息后行驶得更加平稳，百公里油耗因此降低，运输成本也随之减少。通过发布出行或旅游热点信息，可以改变人们的

---

[1] 孔繁辉，李健. 深度信念网络优化 BP 神经网络的交通流预测模型 [J]. 管理评论，2020，32（3）：300-306.

交通出行方式，将个人汽车出行转向公共汽车出行，从而减少能源消耗和排放。其次，交通大数据平台还可以提高公共交通系统的准时性和服务质量，通过设立专用公交道路来缩短公共交通的行驶时间，在私人交通与公共交通的竞争中为公共交通赢得优势。这有助于减少个体机动车辆的使用，从而降低社会总体的出行成本。此外，交通大数据能够精确预测出行时间，帮助居民更好地规划个人时间。最后，交通大数据平台可以通过数据共享，减少跨区域和跨行业交通管理部门在设备、系统和人员方面的重复投资，替代传统的人工调查和数据采集方式，从而降低人力成本。[1]

交通大数据不仅有助于解决交通问题，还能够推动周边交通行业及其上下游相关产业的发展，包括旅游业、制造业、信息技术、电子商务和社区服务等产业。这进一步优化了区域的商业环境，提高了交通运输效率。它对区域内的旅游业发展有着显著的促进作用，促使人们充分挖掘旅游资源和设计旅游路线，为区域经济带来新的可持续增长点。

此外，交通大数据与多媒体应用等产业密切相关，其在电子或广播新闻、自然灾害防范、在线旅游和 GPS 导航等领域的应用也在不断成熟。交通大数据的兴起推动了下游相关设备制造业、车载移动终端制造业以及传输与信号处理设备等领域的迅猛发展。借助大数据和现代技术，这些制造业企业开拓了新的增长点，提高了自身的核心竞争能力和水平。

总体而言，交通大数据的发展及应用成功融合了多个领域的前沿科技，实现了综合应用、产业发展及服务增值的目标。同时，这一进程也对交通大数据领域提出了更高要求，即不断创新并积累核心技术的要求，以提升产品附加值。这对相关产业的发展至关重要，不仅优化了产业结构，还推动了城市产业向可持续发展方向转型，进一步激发了新技术、低能耗及环保等领域的发展潜力。

（二）交通大数据的社会影响[2]

智慧交通代表了在交通领域广泛应用的智能技术，其中包括数据分

---

[1] Zhang Q, Yang L T, Chen Z, et al. A survey on deep learning for big data [J]. Information Fusion, 2018, 42: 146-157.
[2] Rasheed A, San O, Kvamsdal T. Digital twin: Values, challenges and enablers from a modeling perspective [J]. IEEE Access, 2020, 8: 21980-22012.

析、人工智能学习等,这些技术深度融入了交通领域,互联网技术构成了智慧交通的基础。而通过深度挖掘交通大数据,我们可以为来自不同层次的用户提供便捷、高效、可视、安全的信息服务和决策支持。智慧交通的运行流程包括信息采集、信息处理、逆向再处理以及信息反馈等一整套环节。

与此同时,关键技术如自动识别、生物识别、物联网自动化控制等的应用使我们能够全面地监控综合交通系统的各个要素,包括线网、设备、组织和使用者,并识别可能出现的问题。这些关键技术所收集到的关于综合交通系统的各种信息还可以与人工数据相结合,相互验证和补充,从而形成处理城市交通问题的综合应用框架。这一系列逆向开发形成的系统可以对日常问题进行数据化处理和筛选,通过机器学习进一步深化开发,实现智能综合交通系统的建设,同时与其他系统融合,提高居民出行的便利性。

智慧交通的发展还体现在城市交通的智能化管理上。它可以监控大量数据,使规划和管理部门能够更充分地利用这些数据来管理城市交通。通过数据可视化等方式,居民可以更好地了解城市交通状况。此外,大数据还在应对交通事故等方面发挥着重要作用。如果某个城市的某条道路发生了问题,大数据分析可以帮助附近可能经过该道路的乘客迅速获取信息并提供问题解决方案,从而迅速恢复道路交通,最大限度地减小对居民的影响。

第一,城市交通的智能化体现在交通工具方面,公交智能终端能够实时采集并传输公交业务信息。这些信息还可以与其他监控系统集成,提供额外的功能,从而使乘客更便捷地乘车,同时也使司机更容易驾驶。

第二,城市交通的智能化体现在交通管理方面。前文提到,大数据具有快速处理数据的特点,可以实时监测海量的交通数据。在城市交通管理中,我们可以充分利用这些数据,通过一些软件将其展示给公众,让他们了解交通状况。此外,大数据还促进了城市交通智能化管理,特别是在应对交通事故等方面发挥了重要作用。

第三,城市交通的智能化体现在事故处理方面。一旦发生交通事故,首要任务是进行事故分析和处理。随着交通行业信息化水平的大幅提升,不同管理部门在各地逐渐建立和完善了驾驶员信息系统和车辆管理系统,同时还建立了不同程度的道路交通事故统计系统。这些系统现在已经实现兼容，可以进行数据交流和计算。通过对多年交通事故的全面数据统计分析，结合大数据定律和事故黑点预测模型，可以识别事故多发路段和事故黑点，并深入挖掘事故的相似诱因，这有助于道路和交通管理部门有针对性地采取措施促进交通安全。此外，结合当前道路运行状况以及系统对交通量发展趋势的预测，可以深度预测道路安全性，为道路交通的预警系统提供技术支持，以提前发现和预防潜在的安全问题。[1]

第四，城市交通的智能化体现在交通效率方面。提升城市交通效率离不开大量的计算工作，大数据技术的引入，正是为了应对这一挑战。大规模的数据可以有效地应对城市交通调整和改进时涉及的复杂计算任务。随着城市交通的改善和优化工作的推进，数据库中的数据也在不断增加，与之相反的是，配置这些数据的成本逐渐下降。因此，我们可以依靠高效的大数据计算来提高道路上的车辆行驶效率，从而增强城市交通的整体效能。通过观察近五年的《中国交通运输统计年鉴》，可以发现城市人流量逐渐增加，这给城市交通带来了巨大的压力，因此大数据分析与应用在这方面势在必行。

专栏1 城市轨道交通运营管理大数据的应用原则

1. 智慧城市原则

城市化进程伴随经济高速增长，信息在人们生活中扮演着日益重要的角色。在智慧城市的建设中，大数据无处不在，而城市轨道交通运营管理也深受智慧城市发展的影响。智慧城市的理念要求将信息系统与城市运营发展相融合，将各类信息资源相互连接，通过新一代信息技术来提升城市的感知、处理和决策等水平，从而使城市的各项功能更加合理、科学。在城市轨道交通运营管理中，大数据应用需要与智慧城市的要求相结合，以提高公共资源的共享程度和利用效率，改善市民生活并提升城市服务水平。

---

[1] Washington S, Karlaftis M G, Mannering F, et al. Statistical and Econometric Methods for Transportation Data Analysis (3rd Edition) [M]. Chapman and Hall/CRC, 2020.

2. 数据集成原则

城市轨道交通运营过程中产生了大量的数据，包括结构化数据、半结构化数据和非结构化数据。大数据的应用对城市轨道交通行业的发展至关重要。城市轨道交通需要充分整合各种常见的数据，这些数据包括以下三种。

客流数据：记录市民选择轨道交通出行的信息，通过刷卡记录等方式收集客流数据，这些数据蕴藏着丰富的分析价值，可以用于预测人口流动和评估交通拥挤程度。

移动终端数据：当前，移动终端设备成了主流的通信工具，市民可以通过网络实时查看各种交通信息。很多城市轨道交通平台都开通了微信公众号来提供服务，便于市民获取信息，以调整出行方式和出行路线。

视频监控数据：视频监控数据广泛应用于城市轨道交通管理中，通过监控设备采集的信息能够动态监测市民出行状况。

城市轨道交通运营数据具有大规模、多样性、价值密度较低等特点。面对如此庞大的数据信息，我们需要有效地整合这些数据，结合数学模型生成高级别的决策支持信息，以提高运输能力和交通服务水平。

3. 科学规划原则

城市轨道交通的运营管理涉及多个方面，包括行车组织、设备维修、物资管理、应急处置、票价模式、补贴机制、架构管理等。在应用大数据时，需要遵循科学规划的原则。

科学规划一方面需要考虑整体性，要统筹规划，明确各项指标的定义及数据收集方法，建立包括安全、车辆、客流、能耗、故障等各类指标的体系；另一方面，需要合理组织计划工作，预测可能出现的问题，明确任务分工，规避潜在问题和风险。此外，根据实际情况，需要分阶段、分步骤地进行数据收集，并按照规定步骤来整理和分析数据。

科学规划能够使城市轨道交通的管理更加规范和高效，同时也能够在数据应用的过程中保障数据的安全性和全面性。这一原则有助于推动城市轨道交通运营管理的发展，实现更高水平的服务。

第五，城市交通的智能化体现在交通安全方面。大数据技术在此方面具有潜力，它可以自动监测驾驶员的状态。车载装置能够监测其身体状况是否正常，还能与路边监测设备相互协作，以追踪车辆的轨迹。通过迅速整合各传感器传输的信息，大数据技术构建了安全模型，能全面地分析车辆驾驶的安全情况，从而有效减少交通事故的发生。

第六，城市交通的智能化体现在环境污染方面。交通碳排放模型通常需要多源数据，包括气象信息、车辆技术参数等。但要获取这些数据，特别是实时数据，往往十分困难。然而，大数据技术可以充分利用路政、交警、环保等部门的数据资源，包括车牌、路牌等基础数据，以获取不同区域和路段的车型构成和交通流量信息。这使得我们可以建立车队结构模型，并根据此模型计算交通能耗和排放。通过监测交通排放变化，我们可以从宏观上了解城市整体的交通碳排放总量，这将为交通决策机构、管理者以及社会公众带来巨大好处。[①]

在这个信息时代，我们必须充分借助尖端技术，例如大数据等，以有效应对气候变化的挑战。MRV（监测、报告和核查）是帮助决策者更准确地评估排放合规情况的关键标准，也是推动碳责任制建立的核心要素。随着云计算、大数据和车辆互联网等新兴技术的发展，我们有机会实时获取交通出行数据，并用这些数据分析城市交通的变化情况。例如，打车软件积累的出行大数据可以用来分析复杂的交通供需关系，同时，交通运输部门的大数据也能直观地反映城市居民的出行需求。根据能源与交通创新中心（iCET）的研究，有高达80%的交通出行具有高度的起点和终点重合性，也就是说，这些行程具备拼车的潜力。以成都为例，通过数据模型的仿真模拟，如果能将车辆利用率提高到20%，那么成都的整体交通碳排放量将减少28%。而如果将利用率提高到60%，不仅将显著缓解成都的交通拥堵，还可以减少70%的交通碳排放。

（三）交通大数据的技术影响

1. 大数据平台构建出行人全息视图

交通大数据平台是一个完整的基于Hadoop的生态系统，可以在云计

---

① Allam Z, Dhunny Z A. On big data, artificial intelligence and smart cities [J]. Cities, 2019, 89: 80-91.

算平台上部署,并为大数据处理提供可视化功能,从而简化复杂的大数据处理流程。它为流量管理提供了友好的用户界面,让用户能够专注于创建针对智能通信的有价值的应用程序,而不必花费大量时间来处理烦琐的交通数据。这种平台使用户能够更好地获得正确的行业分析解决方案和商业信息。

基于这个大数据平台,我们可以获取来自多个渠道和多个角度的驾驶员信息,总计超过1400个维度。这些信息包括在线旅行记录、GPS数据、信用卡记录等,以深入了解每位驾驶员的特征。有些维度和属性通常用于用户描述,可以从现有数据源的属性或业务需求中提取定义用户维度和属性的信息。将全息用户视图与智能流量相结合,必将产生更多关于驾驶员的维度信息,如日常行车路线、车辆信息、行驶时间、停车信息、驾驶习惯等。通过清晰而有效地对用户维度和属性进行划分,不仅可以提高数据分析效率,还能够全面地勾勒出用户的画像。

专栏2 Hadoop生态体系

受到谷歌实验室研发的Google File System (GFS) 和MapReduce的启发,Apache基金会推动了Hadoop分布式系统的开发,这一架构已经在全球范围内崭露头角。Hadoop为用户提供了构建和运用分布式计算平台的便捷途径,它充分利用每台计算机上的存储和计算资源,实现了对PB级别的海量数据的计算和存储。Hadoop的系统设计架构拥有多项优点,包括强大的扩展性、高容错性、高效性以及简单易实现的编程模型,且搭建成本低。

Hadoop作为大数据分布式计算的全面且高效的解决方案,包括了多个核心组件,如HDFS(分布式文件系统)、MapReduce(分布式离线计算框架)、Tez(DAG运算框架)、HBase(DAG分布式实时数据库)、ZooKeeper(分布式协调器)等。在此基础上,还诞生了一系列工具和组件,例如Hive(数据仓库工具)、Pig(ad-hoc脚本工具)、Sqoop(数据库ETL工具)等。Hadoop由两个核心部分组成,即HDFS和MapReduce。其中,HDFS用于存储静态数据,而MapReduce则负责将计算任务分派到各个数据节点上执行。

2. 标签分类，掌握每位旅客的信息

第一，进行数据采集。收集来自多个来源的数据，包括道路网络、停车场信息以及浮动车数据（FCD）（例如租赁、公共交通和其他车辆的 GPS 数据），并采用用户身份识别方法将这些多渠道用户数据进行整合。

第二，进行人群分析。使用特有的数据处理技术和人群分析模型（例如统计和聚类），实现实时数据更新和分析。

第三，为不同人群打上标签。例如，用户 A 的标签可以包括性别（女性）、年龄（25~29 岁）、常用路线（莲前西路）、工作地点（软件园二期）、驾龄（新手）、驾驶习惯（速度较快）等类别。这些标签有助于更好地区分不同的用户群体。

3. 多维度把握出行者信息

从多个维度上分析和挖掘标签，结合交通视频监控、停车位、路面、交叉口、公交车辆 FCD、私家车手机基站定位以及交通事件等数据，经过分类提取、数据筛选和清理等预处理，采用多种学术前沿的建模方法和双层规划模型进行多源道路交通数据的时空模拟分析，以多视角切入智慧交通的点、线和面，全面地了解和控制交通情况。这可以为高级交通决策提供支持，有助于构建事件空间转化的思路。情境交互感知信息的情景收集和刻画维度包括如下方面。

第一，路况数据的分析和判断。利用传统的 FCD 数据源，同时整合 RFID、地面线圈、地磁、微波以及道路建设、道路控制和其他交通事件数据，如极端天气（台风、暴雨对临山路段和低洼路段的交通影响等）、突发交通事件（如节日烟花等），通过多源大数据的访问和整合，获取城市能源消耗、噪声、空气污染、交通事故和道路建设等方面的大量数据。这有助于了解高峰时段和闲置时段的道路状况规律，确定关键部分和关键时期，并制订有针对性的应急计划，向公众提供准确可视的实时交通信息。

第二，进行城市交通的客流分析。收集整合公交车、出租车、地铁运营数据，以及信用卡交易与手机定位信息，综合分析涵盖公交车辆运营状况、城市客流格局、公共交通客流量对城市吸引力的影响、OD 空间分布特征、公交客流特点及分担率的信息，为交通规划与管理提供精准数据支持。根据旅行特点，预测交通道路状况，进行交通分析和交通仿真,并制定及时疏通城市交通拥堵的应急预案。①

第三,综合评估车辆驾驶员的安全风险。可以通过分析车辆(包括卡车和公共汽车)的定位数据、违规和事故记录、手机数据、卡口数据以及视频监控数据等多方面数据,了解驾驶员的驾驶习惯。这种全面的分析可以帮助我们准确判断驾驶员的安全风险水平,并进行量化评估,从而更好地规范驾驶员的行为。这对于安全监管机构和车辆操作单位的驾驶员管理非常重要。

交通大数据涵盖了整个交通系统的各个方面,包括人员、车辆、路网、环境等多个维度,因此规模和总量相较于传统数据更加庞大。

交通数据具有不同的类型。例如,有人员和车辆位置数据与移动路径和轨迹数据、监控摄像头长时间录制的视频数据、天气细节变化数据、交通事故细节数据等,种类繁多。

由于交通大数据的多样性,对其进行筛选和深度挖掘通常需要借助人工智能深度学习和挖掘技术。然而,在当前的技术条件下,深度学习依赖技术支持,故在筛选模式下,交通大数据的价值密度较低,需借助技术深入发掘其深层价值。

交通大数据是实时的、全天候的,而且更新速度快。以城市居民的基本出行服务为例,数据通过摄像机和感应线圈等设备被实时采集,经过技术处理和筛选,无效数据被剔除,数据被深度挖掘,从而揭示交通数据背后的基本规律,并及时反馈给顶层和基础数据使用层。基于这些数据,居民可以进行出行规划,根据反馈的信息选择出行方式和时间。②

我们可以看到在中国的许多城市,由于各种交通管理被分配给不同的监管单位,出现了分散管理的局面。实际上,有十多个相关的运输管理部门,每个管理部门都拥有自己的内部信息系统,与相邻的其他业务系统的互动很有限。这导致了交通管理和控制的分散局面。而大数据技术恰好可以解决这一问题,它构建了一个综合性的交通系统,可以整合

---

① 邹璇,黄萌,余燕团.交通、信息通达性与区域生态效率——考虑空间溢出效应的研究[J].中南大学学报(社会科学版),2018,24(2):87-95+158.

② Ismagilova E, Hughes L, Dwivedi Y K, et al. Smart cities: Advances in research—An information systems perspective [J]. International Journal of Information Management, 2019, 47: 88-100.

来自不同地区、不同领域、不同范围的"数据信息仓库",从而建立起交通信息的综合利用系统。这个系统中交通功能的充分发挥可以帮助我们发现新的价值和机会。

(四) 交通大数据的政治影响

交通大数据的应用可以帮助我们做出交通规划决策,可以支持管理者科学制定相关方案,并验证方案的合理性与适应性。国务院印发的《"十三五"现代综合交通运输体系发展规划》指出,在交通运输体系规划建设的过程中,我们不仅要关注规划的制定过程和结果,还需要对规划的可执行性和可操作性进行评估。交通大数据的开发和应用在这方面发挥着重要作用。一方面,它为宏观产业管理者提供了支持,帮助他们科学决策并制定全寿命周期的综合交通运输体系发展规划。另一方面,交通大数据有助于整合综合交通运输体系中的信息和数据,提高信息化水平和高效分析水平。在底层实施中,它还可以实现各种运输方式之间的互联互通。这种信息共享有助于管理者制订各种交通运输方式之间的接驳和多式联运计划,从而缩短接驳时间,进一步提高服务水平和服务质量。

此外,通过整理、存储和分析历史数据,系统可以识别出综合运输网络当前存在的安全隐患或薄弱点,并提出针对性的改善建议,为管理者决策提供便利,进一步确保安全。从设施层面来看,监测和分析交通基础设施的健康状况有助于管理者及时制订定期和不定期的维护计划。这可以在确保设备安全运行的同时提高维护效率,减少维护费用。

以南京市为例,交通管理部门和道路规划部门可以根据大数据平台,如高德地图定期公布的南京市拥堵延时指数,有针对性地制定缓解拥堵的措施,提高交通通行水平。此外,通过该大数据平台,可以观察地面交通基础设施的使用程度和频率,及时更新道路划线和信号灯。

交通大数据在环保规划决策方面具有重要作用,能够为环境保护规划提供支持。在"互联网+交通"的背景下,应用交通大数据有助于交通管理部门和环境主管部门了解各种交通方式在不同情境和路段下对环境的直接和间接影响。通过历史数据,可以明确各类交通工具的流量和污染排放量对环境的影响程度,为环境保护法规、规范的科学制定提供数据支持,以有针对性地减少环境污染,并惩罚环境破坏行为。

交通大数据的应用还有助于制定交通基础设施建设规划和运输设备采购规划，从而节约成本。通过大数据分析，实行全天候智能管理，在提高工作效率的同时最大限度地减少重大交通事故的发生。实时有效地管理城市交通系统可以降低道路拥堵水平，提高现有道路的利用效率，减少不必要的扩建。有些城市甚至可以减少地铁的规划和建设，从而节约城市土地。此外，还可以节省人力和物力，使城市资源能够更多地投入其他民生建设领域，降低城市建设成本，实现资源的优化配置，提高人民生活水平。

交通大数据还有助于摆脱行政区域的限制，实行跨区域管理。过去，我国划分了许多行政区域以有效管理各城市，但这也导致了资源在行政区域内部的流动受到阻碍。大数据应用可以在全国范围内统一技术接口，便于跨区域管理，例如在春运时跨区域组织运力以满足客运需求等。这有助于简化居民跨区域出行和交通事务办理的流程，增强居民幸福感。

近年来，运输行业的市场化改革和财政税收体制改革调动了各地和企业的积极性。然而，市场化改革也引发了激烈的竞争，可能导致地方政府更加关注税收，增加了地方保护主义的风险。这产生了政策壁垒，对跨区域交通设施建设和信息管理构成了障碍。通过灵活利用大数据的优势和技术，可以打破政策壁垒和克服地方保护主义，实现网络信息共享和接口协议的一致性，有效地解决异地交通问题，有助于实现交通资源的共建共享和跨区域统一综合管理，提高行政效率，方便居民办事。

（五）交通大数据的其他影响

第一，实现交通动态化管理。[①] 传统的交通管理主要依靠人工规划、人工数据收集与人工管理，处于手动化或者半自动化处理的状态。大数据技术提供了信息处理、规划反馈和数据采集收集等方面的支持，使得交通运行状况、道路网络通行状态、交通设施设备的使用情况、交通控制系统与交通控制状态、交通流量需求等交通动态信息能够被实时分析，从而有效地反映设备、路网和组织多方面的交通状况。通过24小时的监测和动态收集，大大减少了人为收集引起的误差，同时有助于实时采集人

---

① 钮心毅，林诗佳. 城市规划研究中的时空大数据：技术演进、研究议题与前沿趋势[J]. 城市规划学刊，2022（6）：50-57.

们的出行行为和货流状态信息，还可以不断评估交通政策的效果。

第二，提高运输决策效果和管理水平。[①] 传统的解决交通拥堵问题的方法通常依赖于基础设施建设，比如增加道路面积和通联道路数量。然而，这种方法并不能长期保障道路通行能力，可能导致越修越堵的问题。大数据分析能够预测道路未来通行流量以及模拟高峰时段的情景，评估新建道路方案的合理性，为交通管理者制定更优质的综合解决方案提供政策参考。此外，交通大数据还可以对交通拥堵情况进行全面判断，通过及时发布交通信息、引导用户选择出行方式和线路、合理安排个人时间来减少拥堵和资源浪费。

第三，实现综合信息整合。[②] 传统的行政区划和行业划分在一定程度上限制了资源的跨区域流动。大数据应用通过整合不同区域、不同部门、不同领域、不同编制基础和不同时间跨度的数据，建立综合交通信息管理系统和管理体系，打破了数据之间的壁垒，充分发挥了数据整体性的优势。

第四，提高交通违规响应和处理效率。大数据可以帮助管理者快速找到发生交通违规行为的区域，识别违规司机和车辆，采取预警措施。对于频繁发生交通事故的地区，及时预警是必要的。针对违反交通规则的人，应该加强监管。大数据还可以定位交通事故多发地点，并提前采取对策。通过大数据的应用，可以监测每次交通事故的处理状态，如果在规定时间内未能解决，系统会催促运输部门加快处理速度。另外，对于缺乏经验的执法人员，他们可以通过相关网站学习如何处理交通事故，以提高应对和处理交通事故的能力。

第五，促进交通违规行为的公平处理。大数据的使用使交通违规处理更加标准化，所有处理过程和结果都受到电子设备的监测。这种处理方式以公平、公开和公正的方式呈现，有助于避免各种违规行为的发生，并促进交通违规行为的公平处理。[③]

---

① Welch T F, Widita A. Big data in public transportation: A review of sources and methods [J]. Transport Reviews, 2019, 39 (6): 795-818.
② 熊励，杨淑芬，张芸. 大数据背景下基于5S的城市交通拥堵评价模型研究 [J]. 运筹与管理, 2018, 27 (1): 117-124.
③ Li X. Intelligent transportation systems in big data [J]. Journal of Ambient Intelligence and Humanized Computing, 2019, 10: 305-306.

第五章　交通大数据的应用分析：高铁

内容提要： 首先，选用高铁站区新增企业数据作为研究对象，建立以城市为节点描述城市经济发展的"高铁网络+经济网络"的双重网络分析框架，分别从交通网络、经济网络以及二者之间的相互作用关系揭示中国城市系统的发展。其次，研究高铁经济演化的路径，通过探讨高铁开通对全国和城市群尺度下区域空间结构的影响，揭示高铁经济在区域空间结构层面的演化路径。再次，研究中国高铁网络与经济网络之间的动态关系，发现经济网络在1%的显著性水平下是高铁网络的非线性Granger因果原因。这表明高铁网络的建设巩固了节点城市的经济地位，同时推动了经济基础良好的核心城市改善交通基础设施。最后，研究时空视角下高铁开通对城市人口和产业结构的影响，发现高铁开通促进城市产业结构升级。高铁开通能够明显地缩短不同区域之间的空间距离，促使区域传统产业向新兴产业转型。高铁线路的开通能够使经济落后地区得到经济发达地区的产业转移，从而带动区域产业发展，促进第二、第三产业的发展，使得城市产业结构不断优化，但其存在明显的空间异质性。

第一节　高铁交通大数据

一　数据来源与案例选取

（一）数据来源

本章选取的高铁交通大数据主要包括数据名称、数据类型、数据来源、样本量等字段，主要涉及两方面数据。①高铁站区新增企业数据和高铁开通时间（见表5-1）。使用爱企查数据平台的地图查询工具，选取各高铁站点周边3000米内的企业，导出自高铁站开通以来新设立并运营至2023年底的企业数据，具体包括企业名称、注册地址、行业类别、企业类型、成立时间等信息，之后依据《国民经济行业分类》（GB/T 4754—2017）的定义，借鉴王少剑等的做法①，剔除4个明显的政务性和福利性行业以及文体教育类行业，剔除采掘业以及电力、煤气和水生产供应业等在很大程度上依赖于自然资源分布的行业，并兼顾行业特性，将样本量较少的金融业划归商务服务业，最终筛选出具有代表性的11个产业作为研究主体（见表5-2）。②企业空间点位数据。本章利用企业注册地址和百度地图开放平台，批量查询企业注册地址对应的经纬度坐标，从而形成高铁站区企业的GIS空间点位地图。通过分析，除去地址不清晰和无法识别的企业，本章选取的案例站区的企业总空间化率均超过80%。

表5-1 高铁交通大数据类型及来源

数据名称	数据类型	数据来源	样本量（个）	研究结论
高铁站区新增企业数据	面板数据	爱企查数据平台	89435	建立了以城市为节点描述城市经济发展的"高铁网络+经济网络"的双重网络分析框架，分别从交通网络、经济网络以及二者之间的相互作用关系揭示了中国城市系统的发展
高铁开通时间	面板数据	中国铁路12306网站	9100	高铁的开通促进了人口流动，使居民不必定居在某个区域，城市人口要素流动更加通畅，在一定程度上缓解了城市住房压力和城市内部交通拥堵问题，从而推进了城市化的发展进程

表5-2 产业分类说明

产业类型	具体产业
第一产业	① 农、林、牧、渔业
第二产业	① 制造业；② 建筑业

---

① 王少剑，莫惠敏，吕慧妮等. 区位因素影响下高铁站区产业结构特征——基于POI数据的实证分析[J]. 地理学报，2021，76（8）：2016-2031.

续表

产业类型		具体产业
第三产业	生活性服务业	①交通运输、仓储和邮政业（以下简称交通运输业）；②商务服务业；③科学研究和技术服务业（以下简称科技服务业）；④信息传输、计算机服务和软件业（以下简称计算机服务业）
	生产性服务业	①批发和零售业；②住宿和餐饮业；③房地产业；④居民服务、修理和其他服务业（以下简称居民服务业）

（二）案例选取

本章选取案例时重点考虑以下要素。①高铁站区类型：为系统地探究各类型高铁站区产业分布规律，本章从划分的高铁站区类型中分别挑选1~2个典型站区。②站点开通运营时间：开通运营较早的站区对于挖掘站区的产业分布规律更为有利，本章尽可能选取各类型站区中运营时间较长的站区，除低节点-高场所类型只有深圳机场北站可选择外，其他案例站区的运营时间均长于5年。③站点区位：许多研究表明，高铁站的区位对高铁效应的发挥以及高铁站区的产业结构优化具有重要意义，本章延续第三章第三节中站点区位的划分方法，保证选取的案例覆盖三种站点区位。④所属城市发展水平：选取的案例分别位于发展水平各异的城市，广州南、安亭北、沈阳南、军粮城北所在城市是直辖市或省会城市，城市经济发展水平较高、人口规模较大、城镇化率高、城市建成区面积大。而定远、鹿寨北修建在县级市，它们的经济体量、城市发展水平相对最低。⑤站区周边环境：站区内的环境要素可能也会影响站区产业空间布局，例如大型山体和湖泊、通达性较低的江河，以及对空间割裂作用较大的高铁站，将会大量挤占产业发展空间或导致站区内产业功能的定向倾斜，因此本章在进行样本选择时尽可能排除这类站区。经过综合考虑，本章最终选取了满足条件且具有代表性的13个高铁站区作为研究样本，这13个站区的数据具有较高的统计价值，且可以避免单一的样本类型造成研究结果的偏差。研究案例的基本信息如表5-3所示。

表 5-3 研究案例的基本信息

编号	省（区、市）	城市	站点简称	站区类型	站点区位	开通年份	节点位次	场所位次	企业数量（家）
1	广东	广州	广州南	高节点-高场所	边缘站	2010	2	92	10995
2	江苏	无锡	无锡东	高节点-高场所	边缘站	2011	108	101	12382
3	河北	保定	保定东	高节点-中场所	边缘站	2012	109	389	3859
4	河南	信阳	信阳东	高节点-中场所	外围站	2012	103	253	3032
5	辽宁	鞍山	鞍山西	中节点-高场所	边缘站	2012	273	134	7399
6	上海	上海	安亭北	中节点-高场所	外围站	2010	244	88	13781
7	辽宁	沈阳	沈阳南	中节点-中场所	边缘站	2015	162	251	12342
8	河南	商丘	民权北	中节点-中场所	中心站	2016	570	293	7220
9	安徽	滁州	定远	中节点-低场所	外围站	2011	—	740	111
10	江西	鹰潭	鹰潭北	中节点-低场所	边缘站	2014	243	644	235
11	广东	深圳	深圳机场北	低节点-高场所	外围站	2019	657	78	13232
12	天津	天津	军粮城北	低节点-中场所	边缘站	2013	698	165	4806
13	广西	柳州	鹿寨北	低节点-低场所	外围站	2013	668	760	41

二 研究方法

（一）核密度估计法

核密度估计法（Kernel Density Estimation，KDE）能够根据样本集合估计总体数据的概率密度函数，是识别城市空间结构的重要方法。该方法的核心思想是通过考察规则区域内点密度的空间变化，采用核函数对搜索区内节点赋予不同权重以使结果分布更为平滑，进而通过密度估计获得未知区域的点分布密度属性。本章借助 ArcGIS 10.7 软件空间分析模块中的核密度分析，直观地呈现高铁站点周边区域各个圈层企业的集聚热点区域。核密度估算的表达式为：

$$\widehat{\lambda_h}(p) = \sum_{i=1}^{n} \frac{1}{h^2} k\left(\frac{p - p_i}{h}\right) \tag{5-1}$$

其中，$k(\cdot)$ 为核函数，p 为企业点集 $\{p_1, \cdots, p_n\}$，h 为带宽，p_i 为落在以 p 为圆心、h 为半径的圆形范围内的第 i 个企业的位置，即以 p 为圆点的曲面在空间上延展的宽度。h 值的选择会影响到点分布密度估计的平滑程度。此外，鉴于不同数学形式的核函数对密度估计的影响较小，本章采用实践中常用的四次多项式核函数来估计。[①]

（二）Ripley's K 函数法

Ripley's K 函数法常用于反映不同空间尺度下点可能出现的集聚、均匀和随机等分布状态，并能够量化点的空间集聚程度。[②] 本章分析高铁站区企业的 POI 分布特征，属于微观区域研究范畴，适宜选用 Ripley's K 函数。本章引入 Ripley's K 函数法探讨高铁站点周边区域内不同尺度下各行业企业的地理分布特点和集聚程度，并识别各个行业最显著的集聚尺度，其计算公式为：

$$L(d) = A \sum_{i=1}^{n} \sum_{j=1}^{n} \frac{w_{ij}(d)}{n^2}$$

$$(i, j = 1, 2, \cdots, n; i \neq j, d_{ij} \leq d) \qquad (5-2)$$

其中，A 为研究区面积；d 为空间尺度；n 为以某一个点 i 为圆心、d 为半径的圆内的企业数量。d_{ij} 为点 i 与点 j 之间的距离，是一个估计量，当 $d_{ij} < d$ 时，$w_{ij}(d) = 1$；当 $d_{ij} > d$ 时，$w_{ij}(d) = 0$。在均质条件下，如果点过程是完全随机分布的模式，则 $\widehat{K}(d) = d^2$。$\widehat{K}(d)$ 与 $K(d)$ 的关系图能够反映研究对象的空间格局。当 $K(d) < \pi d^2$ 时，则认为企业呈均匀分布；当 $K(d) > \pi d^2$ 时，则认为企业呈集聚分布；当 $K(d) = \pi d^2$ 时，则认为企业呈随机分布。此外，本章采用蒙特卡罗模拟法对函数 $L(d)$ 进行显著性检验，置信度取 99%。

第二节 高铁经济演化路径：区域空间结构

"一带一路"倡议、长江经济带发展规划和京津冀协同发展规划等均将建设先进和完善的基础设施作为基本条件和重要抓手，这将促进区域基础设施（尤其是高铁）的发展。高铁作为地域空间组织的重要组成

---

① 王少剑，莫惠敏，吕慧妮等．区位因素影响下高铁站区产业结构特征——基于 POI 数据的实证分析 [J]．地理学报，2021，76（8）：2016-2031．

② 陈妍，秦昆，桂志鹏．基于工商企业注册数据的中国第二产业空间集聚研究 [J]．辽宁工程技术大学学报（自然科学版），2018，37（3）：602-610．

部分和主要影响因素，其快速发展也将对我国既有区域的空间格局产生重大影响。为此，本节将重点探讨高铁开通对全国和城市群尺度下区域空间结构的影响，揭示高铁经济在区域空间结构层面的演化路径。

一 高铁经济带的空间演化

目前，我国全国尺度下的空间组织模式基本上呈现依托主要交通廊道和城市群在不同地域组合构成的网状格局。我国已基本形成了"八纵八横"的综合运输通道。[①] 根据我国《综合交通网中长期发展规划》，我国将打造京沪运输大通道、满洲里至港澳台运输大通道、南北沿海运输大通道、包头至广州运输大通道、临河至防城港运输大通道、西北北部出海运输大通道、青岛至拉萨运输大通道、陆桥运输大通道、沿江运输大通道和上海至瑞丽运输大通道等"五纵五横"的综合运输通道，这些综合运输通道均为我国地域空间组织的重要框架。此外，我国高铁主要是依托既有的综合交通运输通道进行建设，其布局基本上与我国"五纵五横"的综合运输通道相吻合。根据我国经济分布格局可以发现，我国南北纵向的联系强度要明显高于东西横向的联系强度。为此，结合我国"五纵五横"的综合运输通道和高速铁路网络空间布局特征，本部分将重点对我国"四纵"客运专线所在的综合交通运输通道（交通经济带）的节点枢纽度及其分布特征进行分析。

（一）统计特征

高速铁路的建设扩大了交通经济带的空间范围，提升了经济带内节点的枢纽度。根据表 5-4 分析可知，高铁的建设促使杭福深交通经济带的空间范围获得最大的提升，城市数量提升了 50%；其次为青石太、京广和徐兰等与多条高铁线路有交会的经济带，其城市数量均提升了 40%以上。此外，高铁的建设促使交通经济带内节点枢纽度的提升率均高于 1.4 倍。但高铁的建设增大了除京广和杭福深外的其他所有交通经济带内节点枢纽度的空间差异，改变了其位序-规模分布特征。其中，京沪高铁的建设提升了杭州、常州、保定和枣庄等城市在交通经济带中的地位，

[①] 姚晓霞，荣朝和. 我国综合立体交通网规划性质及作用分析［J］. 城市规划，2020，44（5）：104-110.

而降低了滨州、莱芜、铜陵、宣城和芜湖等城市的地位；京广高铁的建设提升了清远等广州周边城市以及长沙、北京、岳阳等城市在交通经济带中的地位，而降低了益阳、济源、云浮和张家口等城市的地位；京哈高铁的建设提升了沈阳、长春周边城市在交通经济带中的地位，而降低了抚顺、绥化、辽源和松原等城市的地位；杭福深高铁的建设进一步提升了上海、杭州、广州在杭福深交通经济带中的地位，而降低了揭阳、惠州、肇庆和舟山等城市的地位。整体上看，高铁的建设提升了核心城市及其周边城市的地位，而处于两个核心城市腹地边缘处的城市的地位有所降低。

表 5-4　各交通经济带内节点枢纽度统计特征

线路		无高铁			有高铁		
		城市个数	均值	变异系数	城市个数	均值	变异系数
四纵	京沪（北京—上海）	39	0.096	0.95	49	0.391	1.28
	京广（北京—广州）	58	0.152	1.53	83	0.436	1.28
	京哈（北京—哈尔滨）	18	0.130	0.87	22	0.592	1.11
	杭福深（杭州—福州—深圳）	34	0.085	1.49	51	0.338	1.44
四横	青石太（青岛—石家庄—太原）	20	0.141	0.54	29	0.664	0.92
	徐兰（连云港—兰州）	28	0.062	1.19	39	0.252	1.24
	沪汉蓉（上海—武汉—成都）	42	0.095	1.23	48	0.232	1.51
	沪昆（上海—昆明）	41	0.050	1.65	45	0.226	1.98

（二）空间分布特征

目前，我国交通经济带的空间分布基本上呈现以主要城市群或都市圈为节点的点轴分布格局，城市群内组织较为紧密，而不同城市群之间的联系相对薄弱。高铁的建设，扩大了核心城市交通圈和腹地范围，提升了核心城市在地域空间组织中的地位，提升了周边城市对其的依赖度，促使部分高铁沿线城市群形成具有紧密联系的整体。其中，京沪高铁的建设扩大了以北京为中心城市群的空间范围，促使南京和上海城市群或都市圈形成一个整体，并提升了徐州和济南周边城市对其的依赖程度，基本上形成了以北京、济南、徐州、南京—上海四个城市群或都市圈为重要节点的组织模式。京广高铁的建设强化了以北京、郑州、武汉、长沙和广州为中心的城市群内城市间的联系，拓展了城市群的空间范围。同时，京广高铁的建设促使以武汉、长沙和广州为中心的城市群在空间上呈现连续的面状分布特征，加强了三大城市群之间的联系。京哈高铁的建设增加了沈阳周边城市与其的联系强度及对其的依赖性，扩大了沈阳城市群的空间范围，尤其是在京沈线方向。此外，京哈高铁的建设也增强了长春与周边城市的联系，对以哈尔滨为中心的城市群的影响较小，但强化了哈尔滨和长春的联系，使长春成为哈尔滨的首位联系城市，促使两个城市一体化发展。杭福深高铁的建设增强了沿线城市间的联系以及其与长三角和珠三角城市群的联系，促使上海和广州成为杭福深交通经济带的重要组成部分，使杭福深交通经济带基本上形成了以上海—杭州、福州—厦门和广州—深圳等为中心的点轴空间格局，但三个城市群之间的联系仍相对薄弱，这促使位于福州—厦门和广州—深圳城市群中间位置的汕头和揭阳被边缘化。根据空间分布特征，可以将京沪、京广和京哈交通经济带空间分布特征归纳为如图5-1所示的组织模式。

二 城市群层面高铁经济空间演化

城市群是区域内各城市社会、经济联系极为密切，具有类似的自然及历史发展基础、经济发展水平，发展趋势具有内部差异性、外部相对一致性的城市集合体。城市群的地域组合受到所在区域自然、历史基础设施、经济社会发展条件的综合影响。整体上看，不同类型和级别的城市群的地域空间组织模式受到综合交通运输网络的空间布局影响，因而存在较大的差异。高铁作为一种新型的交通方式，其开通将改变既有的综合交通网络空间格局，从而影响城市群的地域空间组织模式。为此，本章将选择我国经济发展水平较高的三大城市群作为研究对象，探讨高铁建设对其地域空间组织模式的影响。

（一）空间范围

通过研究发现，高铁的建设拓展了核心城市的交通圈，改变了核心城市与周边城市的相互作用关系，进而为城市群空间范围的拓展创造了条件。基于核心城市交通圈范围和相互作用机制的分析可以发现，高铁的建设拓展了城市群的空间范围。如表5-5所示，无高铁时，京津冀城

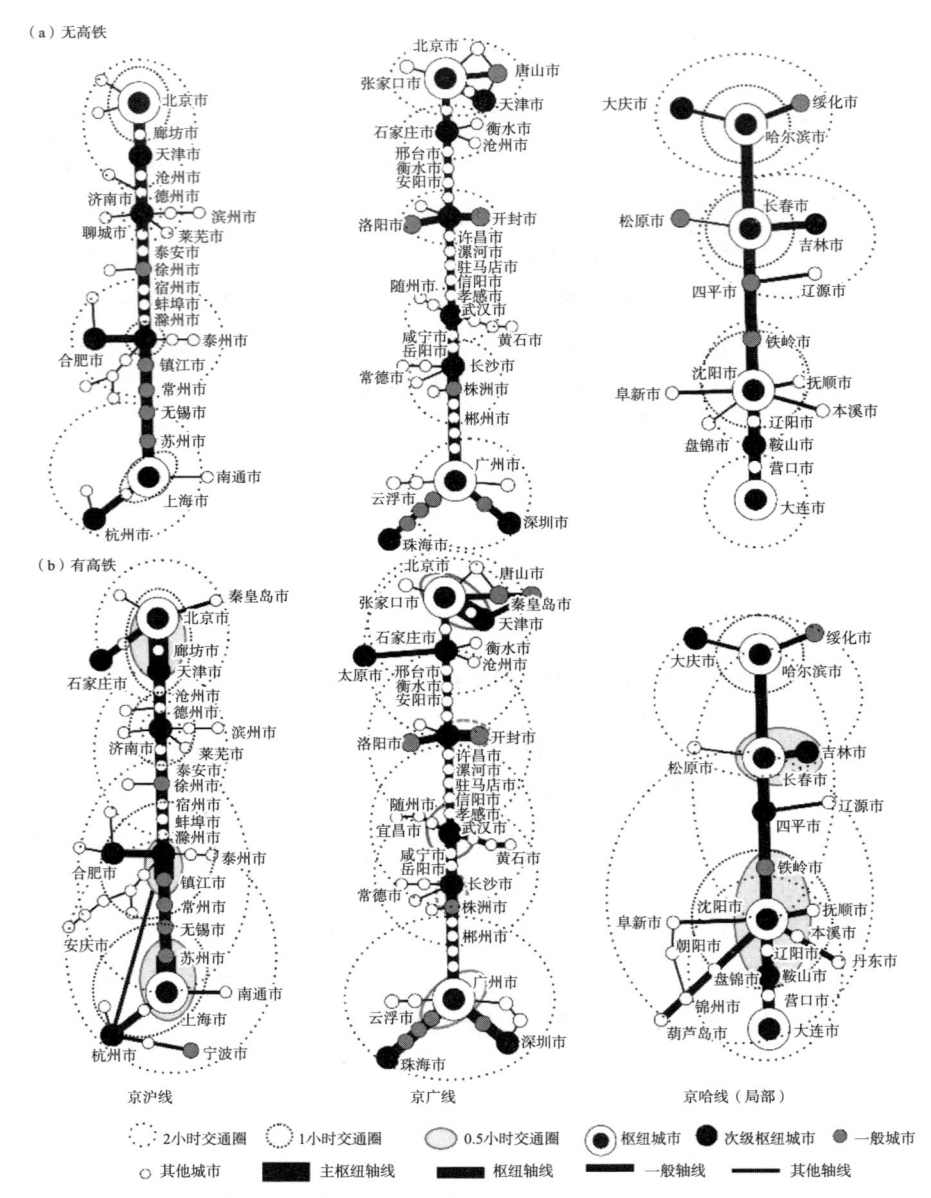

图 5-1 无高铁和有高铁两种情形下典型交通经济带地域空间组织模式

市群仅包含北京、天津、唐山、保定、廊坊、张家口和承德 7 个城市，有高铁时，京津冀城市群新增了秦皇岛、石家庄和邢台 3 个城市；长三角城市群也较无高铁时新增了衢州、台州、丽水、淮安和盐城 5 个城市；珠三角城市群较无高铁时新增了韶关和汕尾 2 个城市。整体上看，这些城市到三大城市群的核心城市北京、上海和广州的最短旅行时间均在 2 小时以内，且多数城市将北京、上海和广州作为其首位联系城市。

表 5-5 无高铁和有高铁两种情形下三大城市群空间范围

城市群	无高铁	有高铁
京津冀	北京、天津、唐山、保定、廊坊、张家口、承德	北京、天津、唐山、保定、廊坊、张家口、承德、秦皇岛、石家庄、邢台
长三角	上海、南京、杭州、镇江、扬州、泰州、苏州、南通、无锡、嘉兴、湖州、绍兴、宁波、金华	上海、南京、杭州、镇江、扬州、泰州、苏州、南通、无锡、嘉兴、湖州、绍兴、宁波、金华、衢州、台州、丽水、淮安、盐城
珠三角	广州、佛山、肇庆、云浮、东莞、惠州、深圳、江门、中山、珠海、清远	广州、佛山、肇庆、云浮、东莞、惠州、深圳、江门、中山、珠海、清远、韶关、汕尾

（二）空间组织模式

对我国京津冀、长三角和珠三角城市群在无高铁和有高铁两种情形下的地域空间组织模式进行识别，结果如图 5-2 所示。

无高铁时，京津冀城市群基本上呈现以北京市为主枢纽城市、天津市和唐山市为次枢纽城市的"北京—天津—唐山"三角形空间结构模式。京津城际的开通，使北京市至天津市的旅行时间缩短为 0.5 小时，加强了两地之间的经济联系，促进同城化发展；京广客运专线的开通，使北京市至石家庄市的旅行时间缩短为 1.3 小时左右，使石家庄市进入北京市 2 小时交通圈范围，加强了北京市和石家庄市的联系；京沈客运专线的开通运营，使北京市—秦皇岛市、天津市—秦皇岛市的最短旅行时间分别缩短为 1.6 小时和 1.2 小时左右，加强了三个城市之间的经济联系，从而促使"石家庄—北京—秦皇岛"外三角空间模式的形成。整体上看，高铁的建设将促使京津冀城市群形成以"北京—天津"一体化区域为主中心，以石家庄市、秦皇岛—唐山市为次中心的三角形空间分布模式，即逐渐形成网络化组织模式。

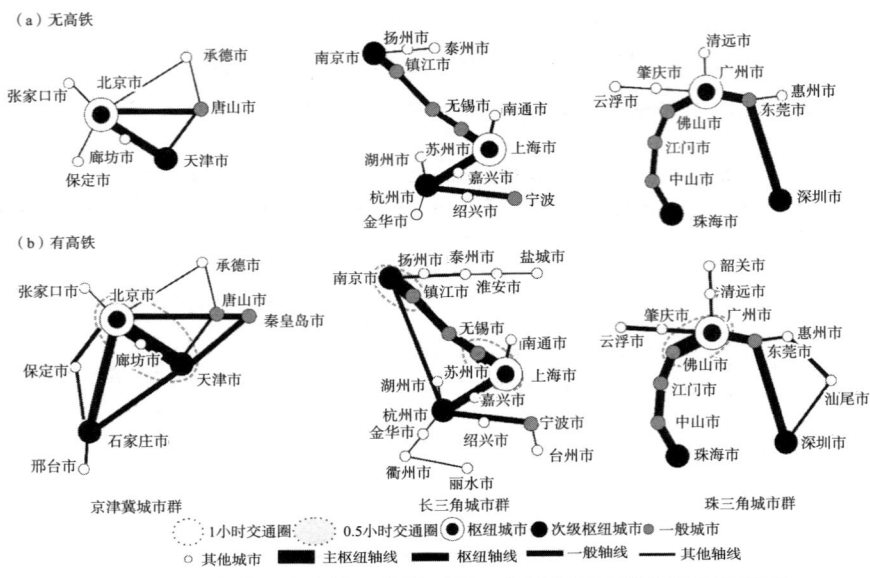

图 5-2 无高铁和有高铁两种情形下三大城市群地域空间组织模式

无高铁时，长三角城市群主要呈现以上海市为主枢纽城市、南京市和杭州市为次级枢纽城市的南京—上海—杭州的">"形空间布局模式。沪宁城际和京沪客运专线的开通，加强了上海市、南京市与上海—南京沿线城市的经济联系，尤其是上海市和苏州市、南京市和镇江市之间的经济联系，并促使上海—苏州、南京—镇江地区形成一体化地域空间组织模式；沪杭客运专线的开通缩短了上海市至杭州市的旅行时间，增强了两地之间的联系，从而进一步强化了其作为长三角城市群主枢纽轴线的地位；宁杭客运专线的开通，弥补了南京市和杭州市铁路联系需要在上海中转的不足，缩短了两地之间的旅行时间，增加了两地之间的列车频次，并促使其逐渐成为长三角地区的次级轴线，从而形成"南京—上海—杭州"的三角空间模式，其他城市均与这三个城市联系紧密。整体上看，长三角城市群呈现以上海为主中心，以杭州、南京为次中心的"轴辐式"组织模式。

无高铁时，珠三角城市群主要呈现以广州市为主枢纽城市、深圳市和珠海市为次级枢纽城市的"∧"形空间布局模式。广珠城际和广深城际的开通，将进一步强化广州—深圳、广州—珠海枢纽轴线的地位，同时促进"广州—佛山"的同城化发展。广州—云浮、广州—惠州以及京广高铁的开通，也加强了其他城市与广州市的联系。整体上看，珠三角城市群呈现以广州为中心的"放射状"组织模式。

三 高铁经济演化模式分析

通过对主要交通经济带和城市群空间组织模式的分析，发现高铁开通对全国尺度和城市群尺度下地域空间组织模式的影响主要表现为对核心城市集聚和扩散机制的影响。为此，根据高铁沿线核心城市集聚力和扩散力，可以将高铁沿线城市的发展划分为四个阶段（见图5-3）。①在高速铁路建设初期，更多地反映出对核心城市的集聚效应，这将导致核心城市的地位提升和空间辐射范围扩大，而周边中小城市的地位略有降低。②随着核心城市空间集聚程度的不断提升，核心城市的功能空间开始向周边城市转移，尤其是具有便捷交通联系的城市，这在一定程度上扩大了核心城市的空间辐射范围，而位于两个核心城市辐射范围中间的城市由于享受不到高铁的服务，而成为高铁效应的"洼地"。整体上看，该阶段核心城市仍以发挥集聚力为主，扩散力相对较小，对周边城市影响不明显。③当核心城市功能达到饱和时，其低端商业和服务业开始向

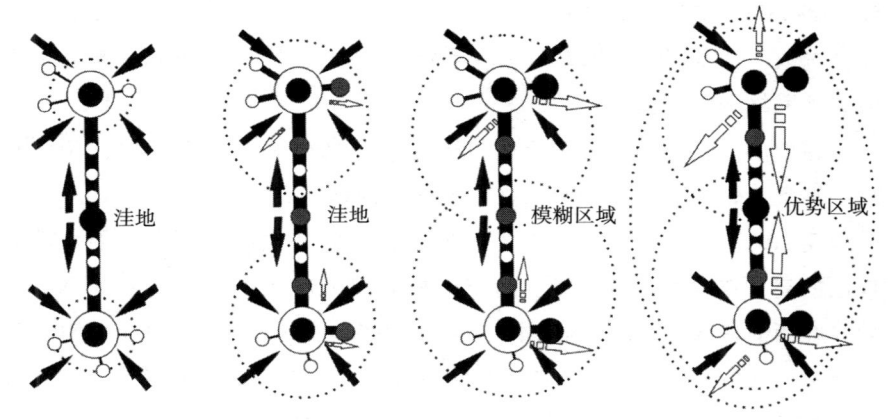

(a) 集聚力>>扩散力　(b) 集聚力>扩散力　(c) 集聚力≈扩散力　(d) 集聚力<扩散力

◌ 一体化区域　● 枢纽城市　● 次级枢纽城市　● 一般城市　○ 其他城市
━━ 主枢纽轴线　━━ 一般轴线　━━ 其他轴线　➤ 集聚力　⇨ 扩散力

图5-3　高速铁路对地域空间组织模式影响的四阶段模型

周边城市转移，尤其是向高铁沿线城市转移，扩大了核心城市的服务范围，并使部分相邻城市的服务范围在空间上呈现连续的面状分布特征。部分城市的"洼地效应"减弱，但其发展状况受自身发展水平以及与核心城市的功能分工等的影响。④高铁的建设促使核心城市空间服务范围扩大，核心城市集聚力逐渐减弱，而扩散力明显增强，加强了核心城市与其他城市之间的联系，并在高铁沿线地区形成一体化的功能区域。该区域主要是由若干个核心城市与其他城市相互作用形成的由若干个功能区域构成的一体化区域。高铁沿线城市的组织模式在不同尺度上的组合构成了全国尺度和城市群尺度下的地域空间组织模式。

第三节 高铁网络与经济网络之间的动态关系

一 国家空间尺度的网络动态关系分析

（一）中国高铁网络的演变

中国高铁发展迅速，2008~2020年，通过高铁连接的城市数量从46个增加到244个，增加了约4倍，城市间的高铁连接数量从312条增加到16380条，增加了50多倍。中国高铁发展的网络化特征不断显现。本部分选取了2008年、2012年、2016年和2020年四个时间截面来分析中国高铁网络的时空演变。

在中国高铁大规模发展之初，先是布局高铁通道。2008年，中国建成了多条高铁通道，主要分布在中国北方地区，以首都北京为核心节点，分别朝东北（哈尔滨）、东部（青岛）和中部（武汉）方向辐射，南方地区的高铁布局则是以上海、南京为核心向中部地区（长沙）扩散。此外，在西北区域（西安—咸阳）和南方沿海区域（广州—深圳）也出现了零星的城际高铁。这一时期，中国高铁发展尚未形成网络效应。2012年，东部沿海地区的高铁网络布局已经基本形成，北京、上海及周边城市成为高铁网络的核心节点。与此同时，高铁网络开始整体向中部地区蔓延，武汉成为中部地区高铁布局的核心城市。这一时期，南北地区的高铁网络密度基本一致，中国高铁网络发展的整体布局初现端倪。2016年，中国在东部和中部地区已经构建起了密集的高铁网络，而且西部地区的高铁也在不断发展，并逐步深入腹地区域。这一时期，南方地区的高铁网络密度超越了北方地区，中国高铁发展已经初现"四纵四横"①的网络布局。经过四年时间的发展，2020年，中国基本形成"四纵四横"的高铁网络格局，"四纵四横"干线上城市间的相互作用关系显著强于其他线路城市间的相互作用关系，与此同时，核心节点城市之间的连通关系也显著强于其他城市之间的连通关系。这些核心节点城市全部位于中国经济最为发达的区域，包括北京、上海、南京、广州、长沙、西安、郑州、杭州、成都和苏州等。

2008~2020年，中国高铁发展经历了由"高铁通道"到"高铁网络"的演变，可以得出以下重要结论：①中国高铁网络发展是从东部地区开始的，逐渐向中部地区和西部地区扩散；②中国高铁网络重心由北方地区向南方地区转移，南方地区的高铁网络密度明显高于北方地区的高铁网络密度；③中国已经基本形成了"四纵四横"的高铁网络格局，网络干线上城市间的相互作用关系和核心城市间的连通关系显著强于其他城市间的相应关系。

（二）中国经济网络的演变

2008年国际金融危机之后，全球经济萎靡，中国的经济发展也暂时停摆。为了扩大内需、刺激经济，中国政府宣布实施一揽子刺激计划，旨在加强国内城市间的经济联系，通过扩大国内市场需求，实现经济"起飞"。本部分同样选取了2008年、2012年、2016年和2020年四个时间截面来分析中国经济网络的时空演变。

2008年，金融危机发生后，城市间的经济联系基本保持在原有状态，城市间经济网络中心仍旧集中在东部沿海城市，例如天津、上海和深圳等；2012年，在一系列经济政策的引导下，城市间的经济联系增加，尤其是与经济网络中核心节点城市的经济联系越发密切，进一步巩固了原核心节点城市的重要地位，与此同时，更多的经济网络核心节点

---

① 2008年，《中长期铁路网规划（2008年调整）》提出，要规划建设"四纵四横"客运专线，客车速度目标值达到每小时200公里以上。其中，"四纵"为京沪高速铁路、京港高速铁路、京哈客运专线、杭福深客运专线，"四横"为沪汉蓉快速客运通道、徐兰客运专线、沪昆高速铁路、青太客运专线。

城市开始出现在中部地区和西部地区，例如郑州、武汉、西安和成都等；2016年，中国的经济网络格局并没有太大变化，但与北方地区相比，南方地区的经济网络核心城市得到了更快的发展，这说明南方地区城市间的经济联系强度要高于北方地区；2020年，中国经济网络中心基本出现在长三角城市群、环渤海城市群、珠三角城市群、中原城市群、成渝城市群。五大城市群格局基本形成，这五个城市群占据了中国不到10%的土地，却贡献了超过50%的GDP[①]。

自2008年起，随着中国经济的飞速发展，城市间经济联系强度不断增加，经济网络重组成为必然。综合上述分析，本节可以得出以下结论：①城市间经济联系的加强进一步巩固了经济网络中原核心城市的地位；②越来越多的网络核心城市出现在中部地区和西部地区，与此同时，经济网络中南方地区核心城市的经济联系强度要高于北方地区，其发展更快；③在城市间经济活动的集聚和扩散作用下，城市群已经成为中国经济发展的引擎，现已基本形成长三角、环渤海、珠三角、中原和成渝五大城市群。

二 国家空间尺度上高铁网络与经济网络的动态相互关系

（一）QAP检验结果

在国家空间尺度上，高铁网络与经济网络的相互作用关系如图5-4所示。我们发现，在研究的285个城市中，高铁网络与经济网络呈现较高的相关性，并且在统计意义上显著。相关性分析结果为正，说明二者在演化过程中存在相互促进作用。交通等基础设施是经济社会发展的"先行资本"，高铁网络建设的资本投入及相关产业投资不仅能够直接刺激经济增长，而且能够创造各种间接的正外部性来刺激经济的增长。例如，高铁网络化发展促进了劳动力等资源的跨区域流动，对拓展区域发展空间和改善区域互动关系意义重大。区域经济基础和相关经济活动在高铁网络建设中也发挥了重要作用。

结合相关关系的动态趋势分析，在发展初期，高铁网络与经济网络间的相关性并不明朗，具有一定的波动性，直到2015年以后，才趋于稳

---

① 根据2020年GDP数据计算。

图 5-4　QAP 相关性分析结果

定，保持在 0.32 左右。这可能是因为在中国高铁"从无到有"的发展初期，每年的高铁建设规模并不稳定。

（二）非线性 Granger 检验结果

QAP 分析结果指出，高铁网络（HN）与经济网络（EN）之间具有相关性，但并不能确定是高铁网络推动了经济网络的发展还是经济网络带动了高铁网络的发展，或是二者互为因果。因此，本部分进一步借助前沿的非线性 Granger 方法进行分析。

1. 非线性关系检验

在进行非线性因果关系检验之前，首先要明确高速铁路和城市经济之间是否存在显著的非线性动态变化关系。我们借鉴该领域的主流研究方法，采用 BDS 检验法对 HN 和 EN 线性过滤后的残差成分进行检验，结果如表 5-6 所示。

表 5-6　基于 VAR 模型的 BDS 检验结果

区域	基于 VAR 模型的 HN 回归残差		基于 VAR 模型的 EN 回归残差	
	BDS	P	BDS	P
全国	0.137835***	0.0001	0.044444**	0.0373
环渤海城市群	0.036235	0.1151	-0.289775***	0.0000
长三角城市群	-0.204798*	0.0564	-0.084068*	0.0814
珠三角城市群	0.286235***	0.0000	0.286235***	0.0006
中原城市群	-0.386323***	0.0000	0.006975	0.8996

续表

区域	基于 VAR 模型的 HN 回归残差		基于 VAR 模型的 EN 回归残差	
	BDS	P	BDS	P
成渝城市群	0.044444***	0.0025	0.011170*	0.0049

注：（1）VAR 模型的最优滞后阶数基于 AIC 信息准则选定；（2）基于 VAR 模型的 HN 回归残差是指 VAR 模型中以 HN 作为被解释变量得到的回归残差，基于 VAR 模型的 EN 回归残差是指 VAR 模型中以 EN 作为被解释变量得到的回归残差；（3）BDS 检验中嵌套维度 (embedding dimension) 为 4；（4）BDS 检验统计量服从正态分布；（5）***、** 和 * 分别表示在 1%、5% 和 10% 的水平下拒绝线性关系的原假设。

根据表 5-6 的检验结果，我们发现城市间高铁网络的规划建设与经济网络的发展存在一定的非线性动态变化关系，这使得二者之间可能存在显著的非线性因果关系。

2. 高铁网络和经济网络的非线性 Granger 因果关系检验

在高铁网络和经济网络之间存在非线性动态变化关系的基础上，我们主要采用 T_n 非参数检验方法对 HN 和 EN 两个综合指标进行非线性因果关系检验，结果如表 5-7 和表 5-8 所示。

表 5-7 基于 VAR 模型线性过滤后的非线性 Granger 因果关系检验（HN to EN）

	原假设：HN 不是 EN 的非线性 Granger 因果原因					
$L_x = L_y X$	全国		环渤海		长三角	
	T_n	TAVL	T_n	TAVL	T_n	TAVL
1	1.172230 [0.120552]	1.161553 [0.122709]	-0.097717 [0.538921]	0.126284 [0.449754]	1.267264 [0.102531]	1.300702* [0.096680]
2	1.399248* [0.080869]	1.368110* [0.085639]	-1.075500 [0.858924]	-0.921589 [0.821629]	1.658088** [0.048650]	1.670339** [0.047426]
3	1.438134* [0.075198]	1.416870* [0.078260]	-0.511357 [0.695449]	-0.594164 [0.723799]	2.036248** [0.020863]	2.226300** [0.012997]
$L_x = L_y$	珠三角		中原		成渝	
	T_n	TAVL	T_n	TAVL	T_n	TAVL
1	0.945341 [0.172089]	1.303733* [0.096162]	1.138857 [0.127381]	1.073888 [0.141436]	1.376444* [0.090864]	1.461312* [0.071965]
2	0.352140 [0.362367]	0.201755 [0.420054]	1.652316** [0.049235]	1.433298* [0.075886]	0.805609 [0.210834]	0.911540 [0.181005]

续表

$L_x=L_y$	珠三角		中原		成渝	
	T_n	TAVL	T_n	TAVL	T_n	TAVL
3	0.491230 [0.311632]	-0.360262 [0.640675]	1.205044 [0.114093]	1.233496 [0.108695]	0.803781 [0.210762]	0.992859 [0.160389]

注：(1) $L_x=L_y$ 表示检验中残差序列的滞后阶数；(2) T_n 和 TVAL 非参数统计量为右单侧检验，且服从标准正态分布；(3) ***、** 和 * 分别表示在 1%、5% 和 10% 的水平下显著；(4) 中括号内的值代表统计量的 P 值，当 P 值小于或等于预定的显著性水平时，认为统计结果是显著的，即可以拒绝原假设。下同。

表 5-8 基于 VAR 模型线性过滤后的非线性 Granger 因果关系检验（EN to HN）

	原假设：EN 不是 HN 的非线性 Granger 因果原因					
$L_x=L_y$	全国		环渤海		长三角	
	T_n	TAVL	T_n	TAVL	T_n	TAVL
1	4.324582*** [0.000008]	1.682175** [0.046267]	1.223864 [0.110502]	1.728426** [0.041956]	-3.157970 [0.999206]	-0.157416 [0.562541]
2	0.701078 [0.241627]	-2.940549 [0.998362]	-0.989080 [0.838688]	-0.819298 [0.793692]	-3.307420 [0.999529]	-1.441474 [0.925275]
3	-0.407448 [0.658160]	-3.440023 [0.999709]	2.281447** [0.011261]	2.692438*** [0.003547]	-2.958386 [0.998454]	-1.315324 [0.905800]
$L_x=L_y$	珠三角		中原		成渝	
	T_n	TAVL	T_n	TAVL	T_n	TAVL
1	3.203642*** [0.000679]	3.504251*** [0.000229]	-1.661251 [0.951669]	0.620588 [0.267435]	-0.716666 [0.763210]	-0.123015 [0.548952]
2	2.614470*** [0.004468]	2.860490*** [0.002115]	1.279459 [0.100368]	1.533931* [0.062523]	-1.497345 [0.932848]	-0.474442 [0.682408]
3	2.153699** [0.015632]	2.471052*** [0.006736]	1.447329* [0.073902]	1.506292* [0.065996]	2.142586** [0.016073]	2.193478* [0.014136]

本节列举了滞后三期的非线性 Granger 因果关系检验结果，可以看出，在全国尺度上，高铁网络与经济网络存在双向非线性 Granger 因果关系。检验结果表明，高铁网络在 10% 的显著性水平下是经济网络的非线性 Granger 因果原因，经济网络则在 1% 的显著性水平下是高铁网络的非线性 Granger 因果原因。这一结果表明，高铁网络的建设巩固了节点城市的经济地位，同时推动了经济基础良好的核心城市改善交通基础设施。为了保证研究的准确性，我们进一步采用了 TAVL 参数检验法，结果表

明两种方法的研究结果基本一致，说明本节研究结论具有可靠性。

第四节 高铁开通对城市人口和产业结构的时空演化分析

一 研究区域和研究数据

（一）研究区域

为了更好地研究高铁开通对城市人口和产业结构的影响，我们以截至 2018 年 5 月已开通高铁的城市为研究对象，除去香港和澳门两个特别行政区以及台湾，本节的研究区域涵盖中国 31 个省（区、市），该研究区域覆盖了主要人口集聚区域。

（二）数据来源和变量确定

本节选取 2006~2018 年中国 31 个省（区、市）的年度数据作为研究样本，区域经济、交通、常住人口与产业结构相关数据均来源于 EPS 数据平台，各个省份高铁的开通时间由高铁网查询和整理得来。表 5-9 为各个变量的说明。

表 5-9 DID 模型的变量说明

变量	指标	指标说明	单位
HSR	高铁因素	有高铁且高铁开通运行取值为1，否则为0	/
GRP	地区生产总值	三次产业增加值之和	亿元
TAX	税收收入	各省份税收收入	万元
DI	可支配收入	自由支配的收入	元
RSCG	社会消费品零售总额	各个省份的社会消费品零售总额	亿元
RPV	铁路客运量	一定时期内运送的旅客人数	万人
RED	房地产开发企业数	各个省份房地产开发企业数	个
RP	年底总人口数	常住人口数	万人
IS	产业结构	第三产业增加值/第二产业增加值	/

（三）模型构建

1. 全局空间自相关模型

空间自相关的核心含义是地理空间中不同位置之间的相关性。空间自相关模型测算了数据在空间上的依赖性,其中莫兰指数是最常见的空间自相关指标,能够判定在一定范围内的空间相关性。该模型能够有效检验地理空间中不同位置之间的相似性和差异性,从而更好地解释本节中高铁开通对城市人口和产业结构在空间上的影响。从空间维度看,高铁的开通对不同区域常住人口和产业结构的影响存在空间异质性,我们利用莫兰指数分析了高铁开通前后常住人口与产业结构在空间上的相关性。

常住人口的莫兰指数具体计算如下:

$$I^P = \frac{n \sum_{i=1}^{n} \sum_{j=1}^{n} w_{ij}(P_i - \overline{P})(P_j - \overline{P})}{\sum_{i=1}^{n} \sum_{j=1}^{n} w_{ij} \sum_{i=1}^{n} (P_i - \overline{P})^2} \tag{5-3}$$

其中,n 为区域内单元数,即研究区域的省份总数(本章 $n=31$);P_i 和 P_j 分别为省份 i 和 j($i=1,2,\cdots,31,i \neq j$)的常住人口数;$\overline{P}$ 为常住人口的均值;w_{ij} 为 i、j 两区域的距离权重。若 $0<I^P \leq 1$,说明两区域的常住人口呈正相关关系;若 $-1 \leq I^P<0$,说明两区域的常住人口存在负相关关系;若 $I^P=0$,说明两区域的常住人口不存在空间相关性。

同理,我们可以得到产业结构的莫兰指数,计算公式如下:

$$I^S = \frac{n \sum_{i=1}^{n} \sum_{j=1}^{n} w_{ij}(S_i - \overline{S})(S_j - \overline{S})}{\sum_{i=1}^{n} \sum_{j=1}^{n} w_{ij} \sum_{i=1}^{n} (S_i - \overline{S})^2} \tag{5-4}$$

这里,S_i 和 S_j 分别为省份 i 和 j($i=1,2,\cdots,31,i \neq j$)的产业结构数值;$\overline{S}$ 为产业结构的均值。

对于莫兰指数,一般用标准化统计量 Z 来检验 n 个区域空间自相关关系的显著性,其计算公式为:

$$Z^P = \frac{I-E(I^P)}{\sqrt{E[(I^P)^2]-E(I^P)^2}}, \quad Z^S = \frac{I-E(I^S)}{\sqrt{E[(I^S)^2]-E(I^S)^2}} \tag{5-5}$$

其中,$E(I)$ 为 I 的理论期望。若 Z 为正且显著,表明存在显著的正相关关系,即变量在空间上呈现空间集聚趋势;若 Z 为负且显著,表明变量在空间上呈现分散分布趋势;若 Z 值为 0,表明变量在空间上没有相关性,呈现随机性分布状态。

2. 局部空间自相关模型

局部空间自相关分析能够有效检测由空间相关性引起的空间差异，弥补全局空间自相关模型的不足。局部空间自相关指数反映了某区域周围相似属性值的空间集聚程度，局部空间自相关可以看作全局空间自相关的各区域分量。为了更好地了解高铁开通前后人口和产业结构在不同区域上的空间集聚状态，我们进一步利用局部空间自相关模型来测算人口和产业结构在空间上的集聚程度。通过计算 Getis-Ord G_i^* 指数来识别常住人口和产业结构在演化过程中的高低值分布，其计算公式如下：

$$G_i^{P*} = \frac{\sum_{j=1}^{n} w_{ij} P_j}{\sum_{i=1}^{n} P_i}, \quad G_i^{S*} = \frac{\sum_{j=1}^{n} w_{ij} S_j}{\sum_{i=1}^{n} S_i} \tag{5-6}$$

之后分别对 G_i^{P*} 和 G_i^{S*} 指数进行标准化处理，得到统计量 $Z^P(i)^*$ 和 $Z^S(i)^*$：

$$Z^P(i)^* = \frac{G_i^{P*} - E[G_i^{P*}]}{\sqrt{VAR[G_i^{P*}]}}, \quad Z^S(i)^* = \frac{G_i^{S*} - E[G_i^{S*}]}{\sqrt{VAR[G_i^{S*}]}} \tag{5-7}$$

若 $Z^P(i)^*$ 和 $Z^S(i)^*$ 的值为正且显著，表明在区域 i 周围呈现常住人口和产业结构的高值空间集聚；若 $Z^P(i)^*$ 和 $Z^S(i)^*$ 的值为负且显著，表明区域 i 周围呈现常住人口和产业结构的低值空间集聚。

3. 标准差椭圆模型

标准差椭圆模型能够有效地体现数据组在空间分布上的方向以及趋势，步骤主要包括：确定圆心，确定旋转角度，确定 XY 轴的长度。[①] 标准差椭圆模型是一种常见的 GIS 工具，本节用该模型来描述常住人口和产业结构的空间分布特征，总结两个要素在空间上的分散性和方向。本节利用 2006~2018 年中国 31 个省（区、市）的常住人口和产业结构数据进行了标准差椭圆分析，研究高铁开通对常住人口和产业结构的空间演化趋势的影响，进一步理解高铁开通对人口和产业结构影响的空间异质性。标准差椭圆模型的计算步骤如下。

[①] Guo K, Yuan Y. Research on spatial and temporal evolution trends and driving factors of green residences in China based on weighted standard deviational ellipse and panel tobit model [J]. Applied Sciences, 2022, 12 (17): 8788.

第一步，确定圆心。直接利用算术平均中心来计算椭圆的圆心，公式如下：

$$SDE_x = \sqrt{\frac{\sum_{i=1}^{k}(x_i - \overline{X})^2}{k}}, SDE_y = \sqrt{\frac{\sum_{i=1}^{k}(y_i - \overline{Y})^2}{k}} \qquad (5-8)$$

其中，x_i、y_i 分别是每个要素空间位置坐标的横轴值、纵轴值，$\overline{X}$、$\overline{Y}$ 是算术平均中心，k 为所有要素的数量。

第二步，确定旋转角度。以 X 轴为准，正北方（即 12 点方向）为 0 度，顺时针旋转角度 θ 可表示为：

$$\tan\theta = \frac{A+B}{C} \qquad (5-9)$$

其中，$A = \sum_{i=1}^{k} \bar{\bar{x}}_i^2 - \sum_{i=1}^{k} \bar{\bar{y}}_i^2$，$B = \sqrt{\left(\sum_{i=1}^{k} \bar{\bar{x}}_i^2 - \sum_{i=1}^{k} \bar{\bar{y}}_i^2\right)^2 + 4\left(\sum_{i=1}^{k} \bar{\bar{x}}_i \bar{\bar{y}}_i\right)^2}$，$C = 2\sum_{i=1}^{k} \bar{\bar{x}}_i \bar{\bar{y}}_i$。这里，$\bar{\bar{x}}_i$、$\bar{\bar{y}}_i$ 是算术平均中心和 (x, y) 坐标的偏差。

第三步，确定 XY 轴的长度，公式如下：

$$\alpha_x = \sqrt{2}\sqrt{\frac{\sum_{i=1}^{k}(\bar{\bar{x}}_i\cos\theta - \bar{\bar{y}}_i\sin\theta)^2}{k}}, \alpha_y = \sqrt{2}\sqrt{\frac{\sum_{i=1}^{k}(\bar{\bar{x}}_i\sin\theta + \bar{\bar{y}}_i\cos\theta)^2}{k}}$$

$$(5-10)$$

椭圆的大小反映了空间中总体要素的集中程度，偏角（长半轴）反映了不同变量在空间上的主导方向，而短半轴表示的是变量在空间分布上的范围。其中，中心点表示整个数据的中心位置，一般来说，只要数据的变异程度不是很大，这个中心点的位置大约与算术平均中心的位置是一致的。[1]

4. 双重差分模型

DID（Differences-in-Differences）模型由 Ashenfelter 和 Card 于 1985

---

[1] Wang S, Wang M, Liu Y. Access to urban parks: Comparing spatial accessibility measures using three GIS-based approaches [J]. Computers, Environment and Urban Systems, 2021, 90: 101713.

年首次引入经济学的数理研究中。① 双重差分模型可在很大程度上避免数据内生性问题，常应用到不同领域去评估某项政策实施前后的效果。②

为了更好地评估高铁开通对区域人口和产业结构的影响，本节将高铁开通视作一种"自然实验"，利用双重差分法评估高铁开通对区域人口和产业结构的影响。根据高铁在中国各个省份开通的时间节点，以及本章数据测算结果，最终选择以 2010 年是否开通高铁来定义高铁城市样本和非高铁城市样本。其中，2010 年开通高铁的样本占总样本的 69.23%。本节设置了对照组和实验组，将 2006~2010 年开通高铁的城市设为实验组，将未开通高铁的城市设为对照组。

首先，构建高铁开通对常住人口影响程度的 DID 模型如下：

$$Y_{it}^{P}=\beta_{0}+\beta_{1}HSR_{it}+\beta_{2}X_{it}+\mu_{i}+\gamma_{t}+\varepsilon_{it} \tag{5-11}$$

其中，i 为省份；t 为年份；Y^{P} 为因变量，这里表示年底总人口数；虚拟变量 HSR_{it} 表示第 t 年第 i 个省份是否开通高铁，在开通高铁的年份和省份 $HSR=1$，在未开通高铁的年份和省份 $HSR=0$。X_{it} 是一组控制变量，包括地区生产总值、税收收入、可支配收入、社会消费品零售总额、铁路客运量、房地产开发企业数等。另外，μ_{i} 为控制省份异质性的个体固定效应，γ_{t} 为控制时间趋势的时间固定效应，ε_{it} 为系数向量。

其次，构建高铁开通对产业结构影响程度的 DID 模型如下：

$$Y_{it}^{S}=\beta_{0}+\beta_{1}HSR_{it}+\beta_{2}X_{it}+\mu_{i}+\gamma_{t}+\varepsilon_{it} \tag{5-12}$$

其中，Y^{S} 为因变量，这里表示产业结构，本节的产业结构以第三产业增加值与第二产业增加值之比来衡量。

5. PSM-DID 模型

PSM-DID 法是倾向得分匹配法与双重差分法结合而成的一种用于检验政策效应的统计评估方法，由 Heckman 等在 1997 年提出。因为结合

---

① Ashenfelter O, Card D. Using the longitudinal structure of earnings to estimate the effect of training programs [J]. Review of Economics and Statistics, 1985, 67: 648-660.
② 黄晓燕，李禹，康晨晨等. 机动车限行政策对城市私人小汽车保有量的影响及空间分异——基于多期双重差分模型的实证 [J]. 地理科学进展, 2023, 42 (7): 1327-1340.

了倾向得分匹配法,该模型相较于基本的双重差分模型,更多地考虑到了样本的匹配问题,可以有效地消除样本的偏差给 DID 模型带来的估计偏误。本节在对基本的 DID 模型进行回归估计后,又进一步使用了 PSM-DID 模型来对主回归模型的结果进行检验。PSM-DID 的基本模型如下:

$$ATT = \frac{1}{N} \sum_{i \in (D=1)} \left[\Delta Y_{it} - \sum_{j=(D=0)} w(i,j) \Delta Y_{jt} \right] \quad (5-13)$$

其中,ATT 是某项政策实施后对处理组的净效应,ΔY_{it} 是处理组的个体 i 在政策实施前后 Y 的差值,ΔY_{jt} 是控制组的个体 j 在政策实施前后 Y 的差值,N 是处理组样本的个数,$w(i,j)$ 是倾向得分匹配的权重。

二 时空视角下高铁开通对城市人口和产业结构的影响分析

(一) 高铁开通前后城市人口和产业结构的时空分布

1. 常住人口和产业结构的时空分布

为了更好地了解高铁开通对区域城市化进程的影响,基于 2006~2018 年中国各个省份城市常住人口和产业结构的数据,本节进行了统计和可视化分析。从常住人口来看,我们可以发现 2006~2018 年各个省份常住人口的变化趋势一致。其中,广东的常住人口处于最高水平,山东次之(见图 5-5)。随着 2010 年高铁线路的不断开通,各个省份的常住人口没有大幅度的变化,这在一定程度上说明高铁开通对城市常住人口的增长并没有明显的促进作用。这主要是因为高铁的开通能够促进各种经济要素的流动,为居民出行提供更加便利的交通条件,使其在某区域定居的需求相对减弱。这与部分学者的研究结果一致。[1]

图 5-6 为 2006~2018 年不同省份产业结构的变化情况,从图中我们可以发现,各个省份的产业结构变化趋势一致。其中,北京的产业结构数值处于最高水平,海南次之。随着 2010 年高铁线路的不断开通,各个省份的产业结构数值呈现不断上升的趋势,并且增长幅度明显变大。这说明高铁的开通对各个省份的产业结构优化和升级起到了正向的促进作用,进而促进了区域城市化的发展。

---

[1] Li Y, Chen Z, Wang P. Impact of high-speed rail on urban economic efficiency in China [J]. Transport Policy, 2020, 97: 220-231.

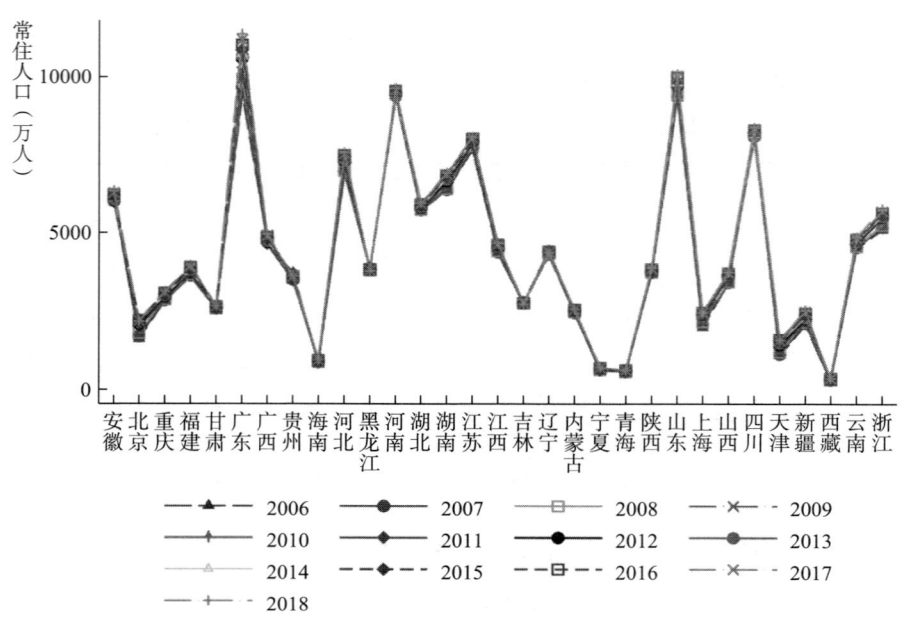

图 5-5　2006~2018 年常住人口时空分布分析

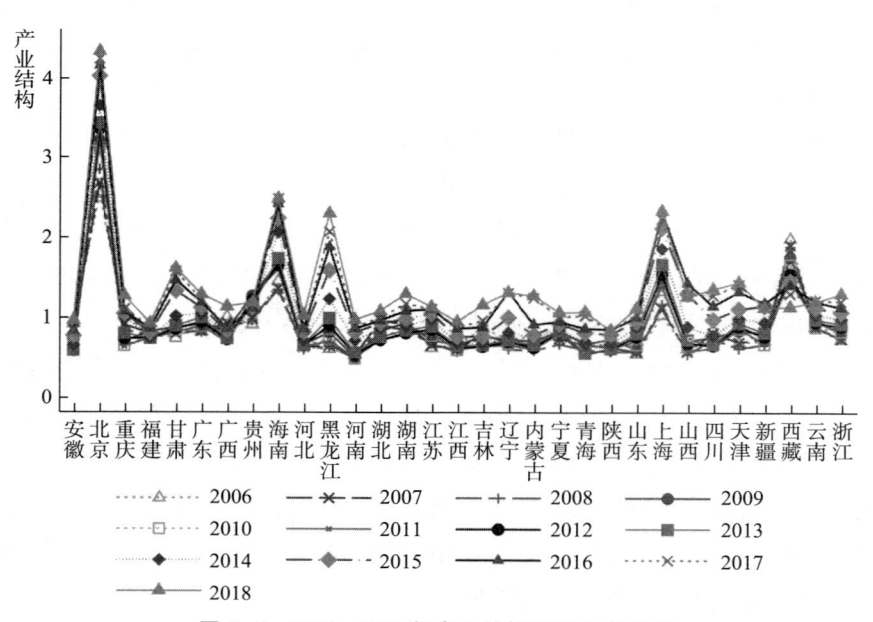

图 5-6　2006~2018 年产业结构时空分布分析

2. 变量描述性统计

本节将以年底总人口数和产业结构为被解释变量，以高铁因素为解释变量，同时加入地区生产总值、税收收入、可支配收入、社会消费品零售总额、铁路客运量、房地产开发企业数作为控制变量。为了消除异方差，地区生产总值、税收收入、可支配收入、社会消费品零售总额、铁路客运量、房地产开发企业数和年底总人口数均取对数，以尽可能使回归结果更加准确。表5-10对选取的变量进行了描述性统计。

表 5-10 DID 模型各变量的描述性统计

变量	含义	平均值	标准差	最小值	最大值	观测数
HSR	高铁因素	0.543	0.499	0	1	403
$\ln GRP$	地区生产总值取自然对数	9.358	1.078	5.673	11.485	403
$\ln TAX$	税收收入取自然对数	15.986	1.142	11.667	18.394	403
$\ln DI$	可支配收入取自然对数	9.971	0.436	9.091	11.128	403
$\ln RSCG$	社会消费品零售总额取自然对数	8.333	1.176	4.496	10.584	403
$\ln RPV$	铁路客运量取自然对数	8.398	1.192	3.135	10.438	403
$\ln RED$	房地产开发企业数取自然对数	7.618	0.995	3.367	9.073	403
$\ln RP$	年底总人口数取自然对数	8.103	0.850	5.652	9.337	403
IS	产业结构	1.046	0.576	0.500	4.348	403

（二）高铁开通对城市人口和产业结构在空间上的关联性分析

本部分利用莫兰指数，对各个省份的常住人口和产业结构进行了空间上的关联性分析。根据公式（5-3）和公式（5-4）得到2006~2018年常住人口和产业结构的莫兰指数，结果如图5-7所示。

从图5-7中我们可以发现，常住人口的莫兰指数大于0，说明在空间上常住人口呈现正相关。换句话说，空间分布集聚度较大的地方，常住人口数也相应较多。并且2006~2018年常住人口的莫兰指数一直处于相对平稳的状态，说明随着时间的推移，常住人口数量与空间分布的相关性处于相对稳定的状态。产业结构的莫兰指数小于0，说明产业结构在空间上呈现负相关。空间上的负相关代表随着空间分布位置的离散，相关性反而变得显著了。

根据公式（5-6）和公式（5-7）得到常住人口和产业结构的空间集

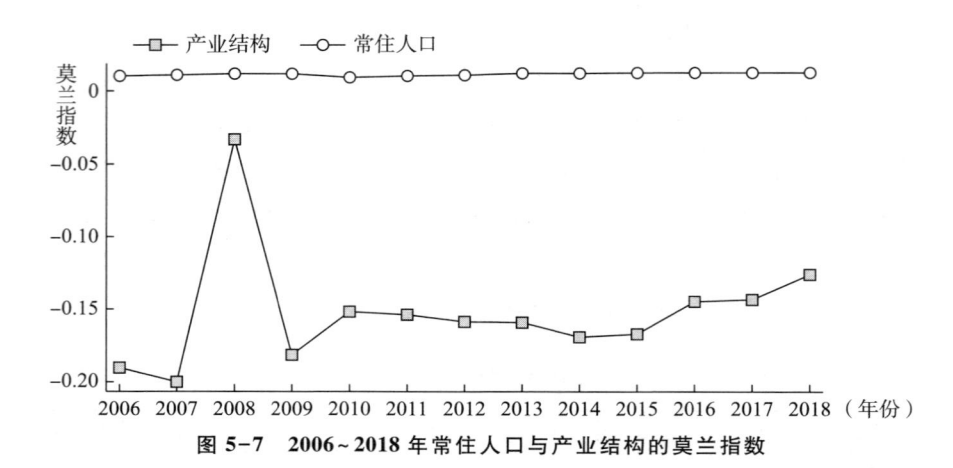

图 5-7 2006~2018 年常住人口与产业结构的莫兰指数

聚情况。从常住人口来看，2006~2018 年中国常住人口的集聚状态保持一致，主要集聚在中东部地区，如浙江、湖北、福建等地区。这说明经济因素和交通因素都会对人口集聚状态产生一定的影响。[①] 中国常住人口集聚在中东部地区，主要原因在于以下三方面。第一，经济因素。中国中东部地区经济发达，拥有强有力的产业体系支撑，而且基础设施及公共服务完善，就业机会相对充分。例如，2019 年中国 GDP 为 990865.1 亿元，比上年增长 7.8%。东部地区贡献了中国一半左右的 GDP，即 511161.2 亿元，占全国的比重为 51.6%。[②] 第二，交通因素。由于中东部地区位于长江流域和沿海区域，交通便捷，更容易发展经济，所以人口会更多地集聚到中东部地区。第三，气候因素。中东部地区气候温度适宜，更加适合居民生活。

从产业结构来看，东部地区、中部地区、西部地区和东北地区的高低值集聚情况存在较大的反差。产业结构在空间上的集聚呈现明显的区域不平衡现象。这说明促进区域之间的经济平衡，需要进一步完善高铁等交通基础设施的建设，以及加强政策指导和价值链治理。[③] 首先，2010年之前，中部、东部地区和东北地区产业结构呈现低值集聚和分散的现

---

① Lin C, Liu J, Li W. Influence of the high-speed railway (HSR) construction on industrial structure transformation [J]. Enterprise Information Systems, 2023, 17 (2): 1942998.
② 数据来自《中国统计年鉴 2020》。
③ Sun D, Zeng S, Ma H, et al. How do high-speed railways spur innovation? [J]. IEEE Transactions on Engineering Management, 2021, 70 (11): 3944-3957.

象，2010 年随着高铁线路的开通，中部、东部地区以及东北地区产业结构高值集聚的区域明显增多。这是因为中部、东部地区以及东北地区以第二产业为主。高铁线路的开通在带动各个区域经济发展的同时，促进了中部、东部以及东北地区交通运输业等服务型产业的发展，提高了第三产业的占比，促进了产业结构的升级。其次，新疆、西藏以及青海等西部地区在 2010 年之前主要表现为高值集聚状态，2010 年之后则相反。这是因为高铁线路的开通带动了西部地区采矿业、制造业等第二产业的发展，从而使得产业结构比值下降，呈现一般集聚状态。西部地区由于经济相对落后，主要产业为第一产业，这在一定程度上说明了高铁的开通对西部地区产业结构的优化升级起到了一定的促进作用。

（三） 高铁开通对城市人口和产业结构在时空上的演化趋势分析

基于标准差椭圆模型，我们得到了 2006~2018 年中国 31 个省（区、市）常住人口和产业结构的空间演化格局。首先，从整体上看，2006~2018 年中国常住人口和产业结构的标准差椭圆主要位于中国的东部和中部地区，基本呈现"东北—西南"的空间分布格局。这表明，常住人口增加和产业结构升级的区域集聚在中国的东部和中部地区，西部和东北地区将成为常住人口增加和产业结构升级的主体。第一，中国东部地区人口占全国的比重为 38.6%，然而中部地区、西部地区人口占全国的比重分别为 26.5%、27.2%，这使得常住人口总体上呈现"东北—西南"的空间演化趋势，覆盖区域主要是中国的东部和南部。第二，中国东部和南部经济发展水平和产业结构要明显优于中西部地区。例如，2019 年东部地区的社会消费品零售总额占比约为 50%，中部地区、西部地区的社会消费品零售总额占全国的比重分别为 24%、21%。在产业结构方面，四大经济区域第三产业占 GDP 的比重均超过 50%。其中，东部地区占比最高，达 56.5%；中部地区最低，为 50.0%。[①]

其次，从常住人口和产业结构的空间格局分布差异来看，随着高铁的开通，常住人口和产业结构在空间格局的演化趋势上存在明显差异。2006~2018 年常住人口的空间分布格局没有很大的差异，变化较小，这说明常住人口的空间演化范围和分散性都比较稳定，高铁开通对常住人

---

① 数据来自《中国统计年鉴 2020》。

口没有明显的空间集聚或分散的影响。然而，2006~2018年产业结构的椭圆扁平度逐渐变大，表明产业结构的方向性特征越来越明显，呈现"东北—西南"方向空间发散、"西北—东南"向心集聚的趋势。高铁线路的不断开通，带动了东北和西部地区的第三产业发展，对产业结构升级有着促进作用。因此，随着产业结构由东北向西南演化，产业结构也在不断优化和升级。

（四）回归结果和检验分析

1. 整体基准回归结果分析

根据式（5-11）和式（5-12）我们可以得到如表5-11所示的DID回归结果，从模型（1）和模型（3）可以发现，高铁开通对年底总人口数的回归系数均为负，并且具有统计显著性，这表明高铁的开通促进了人口流动，使得城市常住人口数存在一定的减少。由于城市和城镇的密集分布，高铁开通使居民在不同区域之间的通勤成为可能，方便了居民工作等出行活动，居民不必定居在某个区域，城市人口要素流动更加通畅，在一定程度上缓解了城市住房压力和城市内部交通拥堵问题，从而推进了城市化的发展进程。

表5-11 DID模型的基准回归结果

变量	（1） lnRP	（2） IS	（3） lnRP	（4） IS
HSR	-0.456*** (0.084)	0.267*** (0.053)	-0.025** (0.033)	0.044** (0.049)
lnGRP			0.563*** (0.105)	-2.276*** (0.253)
lnTAX			-0.260*** (0.049)	0.832*** (0.120)
lnDI			-0.870*** (0.055)	0.446*** (0.092)
ln$RSCG$			0.335*** (0.081)	1.116*** (0.177)
lnRPV			0.019 (0.021)	0.067 (0.052)
lnRED			0.230*** (0.037)	0.024 (0.065)

续表

变量	（1） lnRP	（2） IS	（3） lnRP	（4） IS
个体效应	√	√	√	√
时间效应	√	√	√	√
观测值	403	403	403	403
R^2	0.072	0.053	0.936	0.548

注：括号内为标准差；***、**分别表示在1%、5%的统计水平下显著。

基于整体的回归结果，我们得到了高铁开通对产业结构的影响。从表5-11中我们还可以发现，模型（2）和模型（4）中高铁因素的回归系数均为正值并且显著，这说明高铁开通促进了城市产业结构优化升级。这是因为，高铁开通能够明显缩短不同区域之间的空间距离，促使区域传统产业向新兴产业转型。高铁线路的开通能够使经济落后地区得到经济发达地区的产业转移，从而带动区域产业发展，促进第二、第三产业的发展，使得城市产业结构不断优化。

2. 局部基准回归结果分析

高铁的开通对不同区域常住人口和产业结构的影响存在明显差异。高铁的开通对不同区域常住人口的影响波动相对较小，但对产业结构的影响波动较大。从图5-8中我们可以发现，高铁开通对贵州、上海、浙江、山西、安徽、广西等区域的常住人口有着正向影响，促进了当地人口的增长。然而，在四川、广东、北京、河北等区域，高铁的开通与常

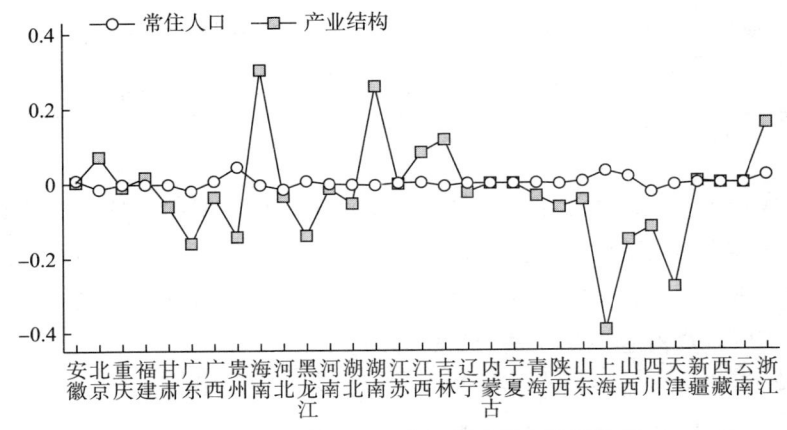

图5-8 31个省（区、市）基准回归结果分析

住人口呈现负相关关系，说明高铁的开通加速了人口流动，在一定程度上减轻了城市人口集聚的压力。

除此之外，高铁的开通对产业结构的影响存在明显的空间异质性。本节用第三产业增加值与第二产业增加值的比值来衡量产业结构，第三产业以居民服务业、交通运输业等为主，而第二产业以制造业、建筑业等为主。高铁的开通带动了区域间经济要素的流动，促进了一些区域第三产业的发展，例如海南、湖南、浙江和吉林等区域。然而，高铁的开通对上海、天津和广东等区域的产业结构没有明显的促进作用。这是因为上海、天津和广东等区域本身的交通运输业就比较发达，并且产业结构相对完善，所以高铁的开通对这些区域的影响相对较小。

3. 基于 PSM-DID 模型的稳健性检验

基于 PSM-DID 模型，即公式（5-13），利用 PSM 法匹配后的数据结合双重差分模型来检验高铁开通对地区常住人口和产业结构的影响效应，稳健性检验结果如表 5-12 所示。

表 5-12 PSM-DID 回归结果

变量	(1) $\ln RP$	(2) IS
处理组	-0.053** (0.092)	0.198*** (0.061)
常数项	8.067*** (0.076)	0.908*** (0.051)
N	403	403
Adj. R^2	-0.002	0.023
F	0.333	10.408

注：括号内为标准差；***、** 分别表示在 1%、5% 的统计水平下显著。

从表 5-12 中我们可以发现，PSM-DID 模型的回归系数至少通过了 5% 的显著性水平检验，这说明高铁开通对城市常住人口有着负向影响，但对产业结构有着正向影响，检验结果和前文中的 DID 回归结果是相符的，所以本章构建的 DID 模型是稳健的。

4. 平行性检验

一个地区高铁是否开通，以及开通时间都对地区城市化发展水平有着重要的影响。本部分利用平行性检验来验证高铁开通时间对不同区域常住人口和产业结构的影响效应。

从图5-9中我们可以发现，在 t 年之后，高铁开通对常住人口的影响为负。随着高铁的开通，区域常住人口呈现相对下降趋势，这说明高铁促进了区域之间的人口流动，缓解了城市人口增长的压力。这主要是因为随着高铁线路的不断开通，以往影响居民通勤的问题得到一定的解决，居民出行更加便利，出行时间明显缩短，有高铁开通的城市常住人口会相对减少。

图5-9 高铁开通对常住人口影响的平行性检验

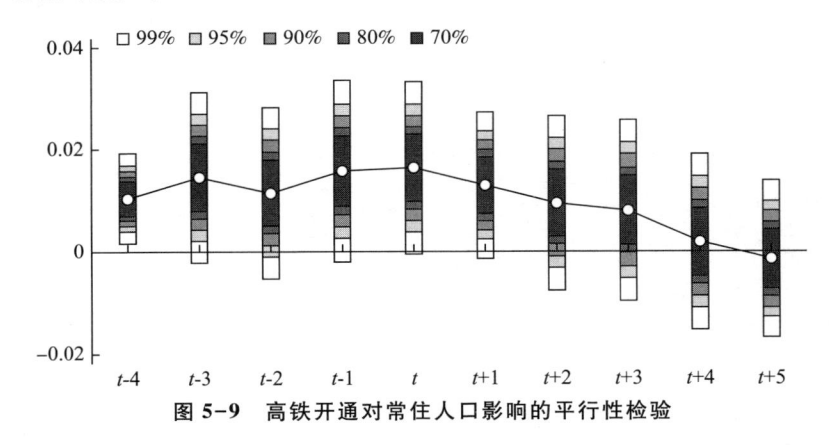

图5-10为高铁开通对产业结构影响的平行性检验结果，其通过了平行性检验，说明高铁的开通促进了产业结构的升级，促进了第三产业增加值的提升。这与之前的基准回归结果一致，证明了前文回归模型构建的合理性。

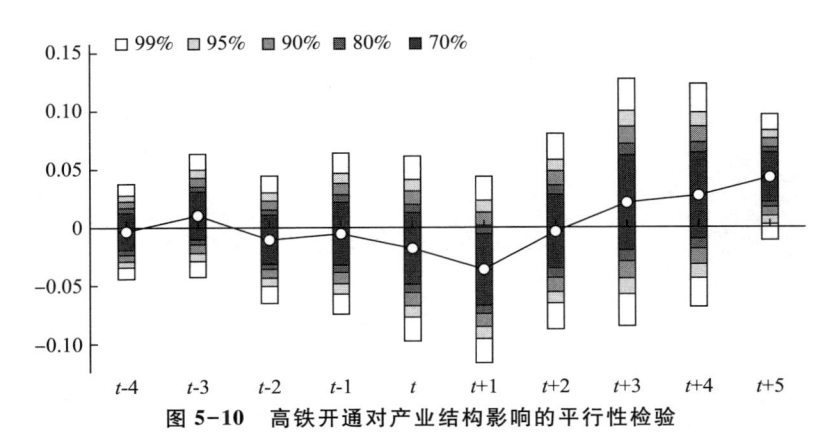

图5-10 高铁开通对产业结构影响的平行性检验

从图 5-10 中我们可以发现，高铁开通对产业结构的影响为正，从第 t 年开始（高铁开通之后）产业结构数值一直呈现不断增长的状态，表明高铁开通使得产业结构不断升级。这是因为高铁线路的开通连接了各个地区的人流、物流。高速铁路的快速发展，提高了区域之间的交通运输能力，加速了产业转型升级，降低了社会物流成本，从而促进了物资运输，对优化产业结构调整具有重要作用，为促进国家经济社会发展提供了有力支撑。

第六章 交通大数据的应用分析：民航

内容提要：首先，进行了民航大数据的应用分析，分别从客户管理、航运定价、业务发展方面进行了大数据作用分析，并说明了民航大数据的应用方法。其次，从网络层级、网络整体格局、网络节点演化三个角度对中国民航网络的演变进行了分析，得出以下结论：民航客运的发展水平对货运网络节点的影响极大；人均生产总值能够显著影响节点度与中介中心度；产业结构能够显著影响节点度和接近中心度；而人口和城市基础设施建设水平并不是主要影响因素。

2021年4月29日上午，北京交通大学与中国民用航空局空中交通管理局签订战略合作协议，双方围绕"十四五"发展规划和"双一流"建设规划，在科研创新、人才培养方面深化合作，促进科研成果转化、谋划未来发展，共同促进新时期、新机遇下民航领域的发展，共同为中国交通事业的发展做出贡献。

第一节 民航大数据的应用分析

一 客户管理大数据应用

（一）客户信息管理

进入大数据时代，社会经济发展和企业经营管理模式将从"注意力经济"变成"意向经济"。在"注意力经济"时代，企业注重客户关系管理（CRM），通过压倒性的宣传和营销吸引消费者的注意力。在"意向经济"时代，消费者会采取主动行为，只有了解更多客户，企业才能了解消费者的购买意愿。对客户的了解不仅是对客户分类的大体了解，而且是对每个客户的了解。通过大数据分析，对社交媒体内容中的热点问题、人们的态度和观点做量化处理，使其变成企业获取消费者关注和认可的新机会。①

航空公司及其客户有着大量"触点"，存在许多子系统为其提供技术支持。例如，服务于跑道的地面服务系统，服务于旅客的值机引导系统、客舱服务系统、常客系统、B2B、B2C 以及其他面向旅客的系统。如何有效地利用现有的各种系统并结合外部数据来构建一个满足自身需求的数据收集系统，克服不同行业不同数据收集的困难，构建一个能够实现信息共享的平台，是目前需要解决的问题。同时，还需要对擅长数据分析和处理的人才进行培训，借助相关数据模型推导出客户的构成和需求等特征，并基于此来设计新的产品。

通过大数据技术的应用，航空公司能够建立更加完整的客户档案。它可以在现有的客户系统中挖掘常客数据，不仅包含客户的基本信息，还包括客户的行为偏好以及购买产品的历史记录，或者投诉建议等信息，甚至是多方面的信息，比如社交媒体评论，还可以提供更为全面的客户画像，为公司相关业务提供数据支持。利用大数据，航空公司可以实施更加全面、更加精准的营销，整合营销业务，提高管理水平；可以有针对性地设计更加个性化的产品，实现更好的交叉营销；还可以通过在线数据信息抓住销售机会，通过人群关系网络实现更加高效的市场营销。②

此外，航空公司可以通过更新数据信息为客户提供清晰的座位信息，进而为客户提供更优质的服务。如果在经济形势出现较大转变时，公司没能做出及时的反应，就会出现机票定价过高、服务质量较差等问题，给客户留下不好的印象，从而使民航业整体收入大大降低。在基于信息和数据的大数据时代，民航业所利用的数据必须是最新的数据。所以，民航业在利用大数据提高自身经济效益的同时，最先考虑的就是数据来源的可靠性和数据的有效性。对数据进行收集和分析的专业人员也一定是具备较高专业素养的人员，他们可以随时根据最新的经济形势做出研判，确认内部航班信息，以保证航班剩余空位信息的准确性，避免由于

---

① 张蓉，潘竟虎，赖建波. 不同交通方式下居民城际出行网络结构特征——以"春运"为例 [J]. 地理科学进展，2021，40（5）：759-773.
② 谭美容. 短视和策略乘客并存的航空机票定价研究 [J]. 工业工程与管理，2018，23（3）：107-115.

信息错误造成乘客因购票而产生的抱怨。另外，数据本身讲究时效性，有一定的生命周期，民航业必须定期及时更新数据，不断发现内外部信息差异。例如，飞机上的空座位数可以每几分钟安排一次预订，那么超出该时间范围的数据信息就没有实际意义。所以，必须及时更新数据，为客户提供更完整、准确的购票信息，以确保客户获得优质服务。

（二）客流分析模型

大数据的兴起无疑给民航业的发展带来了一定的动力。我们不仅可以为高峰时段制订应急响应计划，安排更多航班，还可以及时调整航班信息，降低成本并优化运营决策。例如，每年国庆假期，华山旅游景区人流量巨大，近些年，人们形成了"先发制人"的心理，在国庆假期前几天，人流量就会急剧上升，这一结论可以通过大数据分析得出。与此同时，民航业可以根据假期华山游客的数量和售票情况，制定更加精确的景区运营方案，分析景区某一时间段的客流量，以及景区本身能够承受的客流量。一旦发现该景区的旅游需求急剧下降，就及时调整航班，避免不必要的损失。民航业还应该充分挖掘潜在客户，维护老客户。航空公司也可以以自身名义去协调一些公司的集体旅游安排。对于老客户，有必要定期确认其是否有旅行需求，并提供一定的优惠待遇，以实现民航业的高效运作。

二 航运定价大数据应用

在民航领域，如何确定机票的价格一直是一个难题。在假期，人们会经常旅行。在这种情况下，民航机票的价格是最高的，一旦假期结束，且之前的定价未能做出及时的调整，就会导致旅客人数骤减，降低航空公司的经济效益。在大数据技术的支持下，民航业设计出一种新的定价机制，即利用网络平台收集旅客信息并加以分析，然后进行定价。也就是说，民航会预测未来一段时间旅客的大致人数，然后估算价格趋势，并合理调整票价。此外，因为民航业的服务对象是大众，所以也可以根据大众需求积极调整价格，尽可能完善定价策略，确定收费标准和服务类型。这既能够满足人们乘坐飞机出行的需求，又能够为不同的旅客提供不同的价格选择，使得航空公司整体的营销更加有效，让更多的客户满意。

三 业务发展大数据应用

(一) 新航线开辟

近年来,航空市场的竞争日趋激烈,每个大型航空企业基于战略扩张和可持续发展的考虑,平均每年新开各种国内外航线高达几十条。尽管这些新航线是经过市场研究和成本估算而开辟的,但在现实中,多数航线在运行了一段时间后,经济效益普遍下降。航空公司不得不为这种尝试付出高额代价。

总的来说,新航线的开辟需要从多方面进行长期市场观察和调查,主要包括人口、客流量、飞行时间、绕行率、通行情况、经济发展等因素。对于国际目的地,还要考虑两国经贸往来、在外公司情况以及收益网络贡献度等综合因素。这些因素能够为新航线的开辟提供一定的支持,但是这一切都是建立在预测的基础上,并不是由十分准确的数据分析得出的。市场是否能够接纳新航线、需求有多大、有多少潜在的客户,与飞机的上座率、航线开辟的价值和市场容量有关,这些数据的获取十分困难。这也是新航线培养周期较长的原因之一。[1]

大数据技术的特点在于:通过全面的数据分析,帮助航空公司将所有的数据包括结构化和非结构化的数据整合到一个"大数据"库中,形成可观测的信息,帮助航空公司在新航线开辟、改进等过程中明确成本与收益的关系,降低运行中可能存在的风险。

(二) 实现多方合作

在当前环境下,大数据的应用前景十分广泛,在各行各业都能够发挥作用。所以,对于不同行业中的某些相同之处,可以利用大数据实现互联互通、形成合作平台,共同创造收益。比如,2014年11月本来应该是乘客较少的淡季,但在这段时期发生了一件大事,那就是中国 APEC 峰会的召开,带来了一段新的假期。对于传统的民航业来说,这就是一个无法预测到的信息,但在大数据时代就不同了,民航业能够与媒体新闻业进行合作,及时获取相关信息,做出航班的安排与调整。与此同时,

---

[1] 赵学武,吴宁,王军等. 航空大数据研究综述 [J]. 计算机科学与探索, 2021, 15 (6): 999–1025.

各大旅游网站都有关于旅客出行的目的地信息。航空公司可以与之合作，充分利用这些信息，有针对性地开设热门航线并设计相应的价格，以提高旅游淡季的盈利。这样，民航业和其他行业不仅可以交流合作，而且可以为人民出行提供更加舒适的服务，加快民航业的整体发展速度。

四 民航大数据应用方法

民航大数据信息化分析管理应用平台采用先进的监控技术，实时采集民航通信、导航、监控、气象等设备的运行状态数据，通过 ATM 网络构建了四级空管设备监控网络，利用 Hadoop 平台构建了动态分布式存储系统，采用 NoSQL 数据库存储海量数据。

对于民航数据的计算与分析，该平台采用了主流的 Hadoop 平台架构，使用 HDFS 作为分布式文件系统、HBase 作为分布式 NoSQL 列数据库、Hive 作为数据处理仓库，并使用 MapReduce 进行并行计算。该平台具有实时监控、专家系统服务、数据挖掘和趋势分析等功能，能够自动接收各空管设备采集接收单元监测的实时数据，并以图形、WebGIS 和表格等多种形式展现；也能提供实时警告与历史查询服务，通过分析引擎，根据事先规定好的模型进行数据挖掘与分析，分析空管设备运行趋势和关联性，同时为维修单位提供专家系统服务。在空管设备出现故障时在 WebGIS 地图上以闪烁等直观的方式加以提示。该平台还提供了设备状态历史查询、仿真界面、连接拓扑、历史回放、状态统计等功能，同时也为部分空管设备的国产化提供了大量宝贵的数据支持。[1]

第二节 民航大数据的网络分析应用

一 中国民航货运网络的演变

近年来，我国民航业的发展水平不断提升，不仅为地区的通达性、经济发展做出了重要的贡献，在世界航空网络中也开始扮演重要角色。根据《中国统计年鉴 2019》的相关数据，截至 2018 年，我国已经形成

---

[1] 史北祥，杨俊宴. 基于 GIS 平台的大尺度空间形态分析方法——以特大城市中心区高度、密度和强度为例 [J]. 国际城市规划，2019，34（2）：111-117.

了拥有233个通航机场、4945条定期航班航线，航线里程达到8379833公里的航空网络。航空运输也是我国自改革开放以来发展最快的交通运输方式。以我国各运输行业的客运量分析为例，2015～2019年民航客运量的增长率高达50%，居各运输行业之首。值得注意的是，2019年我国的民航客运量虽然仅占3.75%，但是旅客周转量占比高达33.11%（数据来自《中华人民共和国2019年国民经济和社会发展统计公报》），仅次于铁路旅客周转量占比（41.60%）。民航的旅客周转量和客运量占比也在逐年增高，2015～2019年这两项指标增长率均居各运输行业第一（数据来自历年《中国统计年鉴》）。由此可见，民航客运拥有蓬勃发展的潜力。

目前，网络分析法已经成为探究交通运输发展演化格局的主流方法。Lordan和Sallan运用复杂网络理论研究了全球由3883个城市、531574条直航客运航线或航段组成的世界航空网络，得出了世界航空网络是一个小世界网络的结论。[1] Huang等通过对由128个机场（节点）和1165条航线组成的中国航空网络的研究，发现中国航空网络的拓扑结构体现出了小世界网络的基本特征，即短平均路径长度和高聚类度。[2] 韩瑞玲等通过物理学统计方法研究指出，世界上包括航空网络在内的大部分网络皆属于典型的无标度网络和小世界网络。[3] 此外，城市航空网络的空间格局在很大程度上也能代表城市体系空间结构的特征。研究中国航空网络，不仅可以了解航空网络本身的特征，而且可以揭示中国城市体系空间结构的网络特征。虽然目前已有较多中国民航网络的相关研究，但是由于数据的缺乏，这些研究存在层次少、不全面的问题，尤其在民航货运方面的研究相对匮乏。因此，民航大数据的应用成为解决这一难题的关键所在。本章将采用2015～2019年国内航线的点对点民航货运大数据，对中国民航货运网络进行分析。

---

[1] Lordan O, Sallan J M. Core and critical cities of global region airport networks [J]. Physica A: Statistical Mechanics and Its Applications, 2019, 513: 724-733.

[2] Huang J, Xu Q, Liu Z, et al. Airport congestion propagation model for temporal airline network of China [C]. 2020 Chinese Control and Decision Conference (CCDC), 2020: 1912-1915.

[3] 韩瑞玲，李玲玲，姚海芳. 中国客运航空网络节点结构及其外部性因素的空间异质性研究 [J]. 世界地理研究，2022, 31 (5): 967-977.

（一）网络层级分析

为了研究中国民航货运网络的形态特征，本节使用了由中国民用航空局内部数据库（CAAC）提供的 2015~2019 年国内航线城市航空货物运输的数据记录（见表 6-1）。样本包括该期间 40665 条数据，可获得年份、航线类型、目的地机场（和城市）、每对城市之间的空运量（和周转量）以及飞机类型（客机或货机的腹舱）等信息。

表 6-1　民航大数据类型及来源

数据名称	数据类型	数据来源	样本量	研究结论
国内航线城市的航空货物运输数据	面板数据	中国民用航空局内部数据库（CAAC）	40665	民航客运的发展水平对货运网络节点的影响极大。节点的各种经济属性中，人均生产总值能够显著影响节点度与中介中心度。地区人口总量是客运形成的基本条件

资料来源：中国民用航空局空中交通管理局。

货运网络可以大致分为三个层级[①]：第一层为初始层级网络，这是依据每个城市的航空货运原始数据构建的网络，即网络中所有货运节点均包含在该层级内；第二层为中级层级网络，该网络由货运点权份额大于等于 0.1% 的城市组成；第三层为核心层级网络，该层由货运点权份额大于 1% 的城市组成。其中，核心城市为核心层级网络中的所有城市，中级城市为中级层级网络中除核心城市之外的其他节点城市，边缘城市为初始层级网络中除核心、中级城市以外的所有节点城市。

本节以货邮运输量为货运层级的划分依据，结合以上网络层级划分方法对 2015 年和 2019 年货运网络节点（其中 2015 年有 205 个节点，2019 年有 231 个节点）的货邮运输量进行统计分析，并在此基础上得出城市层级分布如表 6-2、表 6-3 所示。

表 6-2　2015 年我国航空货运网络城市层级分布

核心城市	深圳、北京、广州、上海、杭州、成都、昆明、南京、厦门、西安、海口、重庆、武汉、郑州、青岛、乌鲁木齐、沈阳、三亚、长沙、福州、大连、南宁、无锡、哈尔滨、温州

[①] 闫妍，张锦，唐秋宇等. 航线联盟下航空货运网络枢纽点选址问题研究 [J]. 运筹与管理，2021，30（9）：64-72.

	续表
中级城市	济南、宁波、天津、贵阳、泉州、长春、合肥、南昌、珠海、南通、石家庄、桂林、兰州、常州、汕头、银川、烟台、太原、呼和浩特、西宁、潍坊、德宏、西双版纳、拉萨、库尔勒
边缘城市	丽江、徐州、喀什、台州、湛江、淮安、延吉、北海、临沂、义乌、阿克苏、绵阳、伊宁、海拉尔、扬州、宜昌、盐城、柳州、包头、威海、黄山、宜宾、大理、运城、襄阳、武夷山、大同、连云港、锡林浩特、赣州、达州、丹东、泸州、西昌、惠州、腾冲、南充、满洲里、张家界、景德镇、和田、榆林、嘉峪关、鄂尔多斯、乌兰浩特、万州、恩施等

表 6-3　2019 年我国航空货运网络城市层级分布

核心城市	深圳、广州、上海、北京、杭州、成都、昆明、南京、西安、厦门、重庆、郑州、海口、青岛、沈阳、武汉、大连、乌鲁木齐、三亚、无锡、天津、南宁、贵阳、长沙、南昌、福州、哈尔滨、济南
中级城市	温州、宁波、泉州、珠海、合肥、银川、长春、兰州、南通、石家庄、烟台、常州、西宁、呼和浩特、太原、汕头、桂林、拉萨、德宏、库尔勒、丽江、潍坊、徐州、喀什、淮安、阿克苏、台州、伊宁、西双版纳、北海、临沂、惠州、盐城、义乌、大理、扬州、榆林
边缘城市	柳州、湛江、绵阳、海拉尔、泸州、运城、和田、赣州、包头、鄂尔多斯、威海、延吉、腾冲、遵义、宜昌、黄山、宜宾、西昌、攀枝花、锡林浩特、赤峰、万州、通辽、襄阳、保山、嘉峪关、汉中、连云港、日照、格尔木、兴义、乌兰浩特、莎车、张家界、达州、济宁、林芝、恩施、哈密、普洱、衡阳、德令哈、南充、邯郸等

其中，2019 年核心城市为 28 个，中级城市为 37 个，边缘城市为 166 个。对比 2015 年民航货运网络层级的分布情况可知，2015 年核心城市为 25 个，以北上广深为核心，而到 2019 年核心城市增加至 28 个；中级城市数量从 2015 年的 25 个增加至 2019 年的 37 个。

对分层级后的城市网络分别进行数据统计。2019 年货运网络核心城市的货邮运输量占全国航空网络货邮运输量的 85.46%，而核心城市数量仅占全国货运网络节点的 12.12%。而 37 个中级城市货邮运输量占整体货邮运输量的 12.51%，剩下的 166 个边缘城市货邮运输量所占份额仅为 2.02%。可见，我国的货运网络核心城市和中级城市有所增加，但边缘城市仍然占节点城市的绝大部分。可见，我国的航空运输依然呈现以枢纽节点为主、其他层次为辅的基本网络结构，货运网络依然呈小世界形态，枢纽节点在网络中起着至关重要的作用。

(二) 网络整体格局分析

为了进一步探讨我国民航货运网络的基本特征以及枢纽节点在网络中的地位与作用，本节接下来采用社会网络理论，将网络的形态特征抽象为统计指标。通过整合分析 2015 年与 2019 年我国民航货运大数据可知，2019 年我国货运网络拥有 231 个节点。具体的网络拓扑特征如表 6-4 所示。

表 6-4　2015 年与 2019 年我国民航货运网络整体拓扑特征

年份	总节点数	平均节点度	总节点度	聚类系数	平均路径长度
2015	205	39.16	6184.00	0.805	1.987
2019	231	41.30	9540.00	0.793	1.913

从表 6-4 中可以看出，2015~2019 年的五年间我国的货运网络节点数由 205 个增加到 231 个，即更多城市的机场开通了货运航线。网络总节点度与平均节点度都有大幅度提升。这意味着这五年我国民航货运网络节点之间的联系大大加强。较短的平均路径长度，则意味着我国的民航货运网络具有典型的小世界网络特征。网络的最短路径长度基本稳定在 2 左右，这表明网络中货邮运输平均要经过 2 个航段，符合小世界特征，这在过去五年里没有发生明显的变化。较大的聚类系数则意味着我国民航货运网络中各个城市节点与邻近节点所连接的航线相对比较密集，进一步说明整个货运网络的主干网络连通性较好。

为了探究我国民航货运网络的具体特征，本节分四大区域（东部、中部、西部、东北）对 2015 年与 2019 年的数据进行分析对比，以从区域层次对网络节点性质进行进一步探讨，结果如表 6-5 所示。

表 6-5　2015 年与 2019 年我国四大区域的民航货运网络节点性质对比

地区	2015 年 总节点数	2015 年 平均节点度	2015 年 总节点度	2019 年 总节点数	2019 年 平均节点度	2019 年 总节点度
东部	48	48.90	2347	52	67.71	3521
中部	31	28.87	895	36	44.19	1591
西部	105	23.35	2942	117	31.44	3679
东北	21	25.14	528	26	28.81	749

从整体的角度而言，我国货运网络的分布呈东西稠密、中部与东北稀疏的"鞍形结构"。西部地区节点数在四大区域里占比最高。但这并不意味着西部地区的民航货运网络最为发达。这是因为西部地区拥有大量处于偏远地区的城市，如黎平、祁连、甘南等，这些城市基本只与少数几个城市节点连接。且从西部地区的平均节点度可以看出，西部地区在2015年拥有全国51.22%的货运节点，但平均节点度却在四大区域中最低。

此外，东部地区是整个民航货运网络中最为发达的地区，其节点在2015年虽然只有48个，但是平均节点度却遥遥领先于其他三大区域。而在2019年，其城市节点数仅增加4个，但是平均节点度却增加了18.81，增长率高达38.47%；而总节点度增加1174，增长率高达50.02%。可见，东部地区始终牢牢占据民航货运网络的主导地位，且现有的城市节点还在飞速增加之中。

值得关注的是，中部地区的发达程度虽然相比东部地区仍然较低，但是其发展速度则快于东部地区。2015年其平均节点度尚与西部地区、东北地区相对接近，但是在2019年已经远远超过这两大地区。2015~2019年，其节点仅增长5个，但平均节点度上升至44.19，增长53.07%；总节点度增长696，增长率竟达77.77%。可见，中部地区正在民航货运网络中崛起，其地位逐渐逼近东部地区。这与我国的经济发展呈现"中部崛起"的现象亦相吻合。

五年间，东北地区虽然在各方面都有一定增长，但是相比其他地区则颇显颓势，这也许和东北地区经济发展的态势以及地区的位置有一定的关联。

（三）网络节点演化分析

前文对我国民航货运网络的整体形态进行了描述，本部分将对网络中枢纽节点进行提取分析。依据我国2015~2019年民航货运大数据进行网络分析，得出了所有节点的节点度。进行排序后，提取出五年来节点度排名前10的城市如表6-6所示。

表 6-6　2015~2019 年我国货运网络中城市节点度排序

排序	2015 年 城市	节点度	2016 年 城市	节点度	2017 年 城市	节点度	2018 年 城市	节点度	2019 年 城市	节点度
1	北京	161	北京	167	北京	174	北京	179	北京	184
2	上海	158	上海	162	上海	166	上海	171	上海	176
3	广州	145	广州	149	西安	161	西安	170	西安	175
4	西安	133	西安	149	成都	154	重庆	161	成都	171
5	成都	129	深圳	134	重庆	152	成都	156	重庆	163
6	重庆	125	成都	134	天津	147	深圳	153	深圳	156
7	深圳	122	重庆	134	广州	142	天津	152	广州	154
8	杭州	116	天津	131	深圳	142	杭州	146	天津	151
9	昆明	113	杭州	127	杭州	134	广州	145	杭州	150
10	长沙	102	昆明	124	昆明	130	昆明	129	昆明	134

节点度代表节点的连通性。2015~2019 年，北京和上海始终稳居节点度排名前两位，此外，广州、杭州、深圳、西安、成都、重庆、昆明和上海等城市也长期处于前十的位置，而其中西安、成都、重庆、昆明皆位于西部地区。而东北地区五年来无一城市进入前十；中部地区仅有长沙在 2015 年的节点度排名第十，2016~2019 年中部地区也再无节点度排名前十的城市。可见，节点度最高的典型枢纽城市主要位于东部、西部地区。

货运网络的强度用货邮运输量进行衡量。如图 6-1 所示，2015 年全国机场的货邮运输量为 3975543.400 吨，2019 年为 4750437.997 吨。

从图 6-1 中可以看出，节点度与货邮运输量（即强度）呈正相关，而我国民航货运的主要运输量也集中在节点度较大的城市。而从图中 2015 年与 2019 年的散点演化趋势对比可知，节点度较小的边缘城市的货邮运输量呈下降趋势，货邮运输量更多地集中在节点度较大的城市。这意味着我国的货邮运输有朝着枢纽节点（即核心城市及部分中级城市）集聚的趋势。

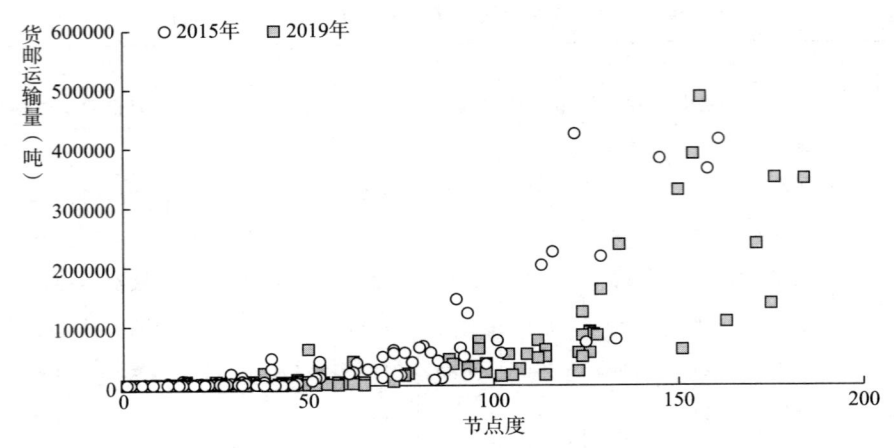

图 6-1 节点度与货邮运输量的演化关系

表 6-7 列出了货邮运输量排名前 20 的城市节点及其节点度。

表 6-7 2015 年与 2019 年我国民航货运网络节点度与货邮运输量排序

排序	2015 年 城市	节点度	货邮运输量（吨）	2019 年 城市	节点度	货邮运输量（吨）
1	深圳	122	424329.2	深圳	156	485804.645
2	北京	161	414432.6	广州	154	389835.704
3	广州	145	382797.7	上海	176	349618.999
4	上海	158	364626.1	北京	184	347671.932
5	杭州	116	225929.8	杭州	150	328956.127
6	成都	129	218218.1	成都	171	238978.682
7	昆明	113	203543.7	昆明	134	237924.937
8	南京	90	146269.9	南京	129	162470.019
9	厦门	93	122479.8	西安	175	138316.449
10	西安	133	78271.8	厦门	124	124245.794
11	海口	101	76346.2	重庆	163	107773.862
12	重庆	125	73124.4	郑州	126	91905.630
13	武汉	81	66600.8	海口	126	90299.299
14	郑州	80	64100.6	青岛	127	87379.378
15	青岛	91	63548.3	沈阳	124	84940.397
16	乌鲁木齐	73	60022.6	武汉	128	84870.600

续表

排序	2015年			2019年		
	城市	节点度	货邮运输量（吨）	城市	节点度	货邮运输量（吨）
17	沈阳	83	56024.7	大连	112	76203.323
18	三亚	76	55260.7	乌鲁木齐	96	75304.606
19	长沙	102	55010.0	三亚	96	62218.793
20	福州	73	54664.7	无锡	50	60909.842

从表6-7中能得出更加细致的判断，2015年与2019年货邮运输量稳居第一的是深圳市，而非节点度排名稳居第一的北京市。这可能是因为深圳位于广东南部，毗邻香港，作为我国第一个成立的经济特区，拥有特殊的地理与经济地位，并且承担着对外进出口的重要枢纽作用。因此，尽管本节的研究数据仅限于国内航线，但深圳的货邮运输量仍然稳居第一。

此外，2015年和2019年，北京、上海、广州、杭州位居货邮运输量前五，基本符合北上广深的四大一线城市的地位。而西部地区货邮运输量最大的五个枢纽为成都、昆明、重庆、西安、乌鲁木齐。这五个城市除成都和重庆较为接近之外，其余都相距较远，昆明位于大西南的云南，乌鲁木齐位于西陲新疆，西安位于陕西。这些西部节点各自分布在不同的省份，可见其承担着该省份不可替代的运输枢纽作用。东北地区的沈阳、大连货邮运输量相对较多。

值得关注的是，中部地区以武汉、郑州、长沙三城市较为突出。但是相比于西部地区的成都、重庆，以及大量东部沿海城市的枢纽节点，中部地区城市的货邮运输量则相形见绌。武汉的地位在下降，长沙则在2019年退出货邮运输量前二十的行列。这并不是由经济发展水平差异造成的。以武汉为例，其在航空货运网络中的地位虽然不突出，但是在我国的高铁网络中却是首屈一指的枢纽城市。发达的铁路运输会带来中部航空运输的相对萎靡可能是一种解释。但是值得注意的是，航空运输的总量与铁路运输不可同日而语，且这两种运输的特点、运输货物的特性都大不相同，显然用铁路运输的高替代性（或者说竞争）解释中部地区的民航运输格局并不能令人完全信服。一个相对完善的解释是，这种"中部稀疏"的民航货运网络格局很有可能是由航空的中远程距离运输导致的。已有学者对航空运输的距离效应进行了研究，对于中远程距离的运输（如从东部到西部地区），航空运输体现出了远超同侪的速度，且不受陆地上地理环境的制约，快捷、准时的运输所带来的就是高昂的成本。所以对于中长距离的运输需求而言，航空运输的优势得以体现。中部地区的位置，决定了其在航空运输中无论是对于东部地区还是对于西部地区，都不具有远距离运输优势。这也许是中部地区民航运输网络稀疏的主要原因之一。这也就可以解释为什么武汉被称为"九省通衢"，虽然武汉是铁路运输的枢纽，但其航空货邮运输量始终难以与东部沿海地区以及西部地区的枢纽城市相匹敌。

如表6-8、表6-9所示，2015年节点度超过100的城市仅有11个，而2019年节点度超过100的城市有31个，有较大幅度的增加。2019年节点度超过100的城市在四大地区的分布分别为：东部地区14个、西部地区9个、中部地区5个、东北地区3个。基于此，可以基本识别枢纽城市在全国的大致分布情况。但如果要进一步识别枢纽节点，还要进行网络中心性分析。

表6-8 2015年我国节点度大于100的城市

序号	城市	节点度	地区	序号	城市	节点度	地区
1	北京	161	东部	7	深圳	122	东部
2	上海	158	东部	8	杭州	116	东部
3	广州	145	东部	9	昆明	113	西部
4	西安	133	西部	10	长沙	102	中部
5	成都	129	西部	11	海口	101	东部
6	重庆	125	西部				

表6-9 2019年我国节点度大于100的城市

序号	城市	节点度	地区	序号	城市	节点度	地区
1	北京	184	东部	6	深圳	156	东部
2	上海	176	东部	7	广州	154	东部
3	西安	175	西部	8	天津	151	东部
4	成都	171	西部	9	杭州	150	东部
5	重庆	163	西部	10	昆明	134	西部

续表

序号	城市	节点度	地区	序号	城市	节点度	地区
11	南京	129	东部	22	太原	114	中部
12	武汉	128	中部	23	南宁	114	西部
13	青岛	127	东部	24	哈尔滨	114	东北
14	郑州	126	中部	25	温州	112	东部
15	长沙	126	中部	26	大连	112	东北
16	海口	126	东部	27	南昌	109	中部
17	沈阳	124	东北	28	兰州	107	西部
18	厦门	124	东部	29	呼和浩特	105	西部
19	济南	124	东部	30	福州	104	东部
20	石家庄	123	东部	31	桂林	102	西部
21	贵阳	123	西部				

为了进一步分析民航货运网络的可达性与可传递性，本节选取接近中心度、中介中心度作为分析指标，对我国民航货运网络进行中心性分析，以进一步识别枢纽节点，2015～2019年的中心性指标排名结果如表6-10、表6-11所示。

表 6-10 2015～2019 年节点接近中心度排序

排序	2015 年	2016 年	2017 年	2018 年	2019 年
1	北京	北京	北京	北京	北京
2	上海	上海	上海	西安	上海
3	广州	西安	西安	上海	西安
4	西安	广州	成都	重庆	成都
5	成都	重庆	重庆	成都	重庆
6	重庆	成都	广州	深圳	深圳
7	深圳	深圳	天津	杭州	广州
8	昆明	昆明	深圳	广州	杭州
9	杭州	杭州	杭州	天津	天津
10	海口	天津	昆明	昆明	昆明
11	长沙	海口	海口	海口	南京
12	天津	哈尔滨	郑州	青岛	青岛

续表

排序	2015 年	2016 年	2017 年	2018 年	2019 年
13	厦门	长沙	长沙	郑州	长沙
14	大连	郑州	厦门	哈尔滨	海口
15	哈尔滨	大连	青岛	长沙	郑州
16	青岛	武汉	哈尔滨	芜湖	贵阳
17	南京	青岛	大连	贵阳	武汉
18	沈阳	厦门	沈阳	厦门	厦门
19	郑州	南宁	南京	南京	济南
20	武汉	沈阳	济南	大连	哈尔滨

表 6-11　2015~2019 年节点中介中心度排序

排序	2015 年	2016 年	2017 年	2018 年	2019 年
1	北京	北京	北京	北京	北京
2	上海	西安	西安	西安	西安
3	西安	上海	上海	上海	成都
4	广州	重庆	成都	重庆	上海
5	乌鲁木齐	成都	重庆	成都	重庆
6	成都	昆明	天津	乌鲁木齐	深圳
7	重庆	广州	昆明	天津	天津
8	昆明	乌鲁木齐	乌鲁木齐	杭州	广州
9	深圳	天津	深圳	昆明	杭州
10	杭州	深圳	广州	深圳	乌鲁木齐
11	海口	杭州	杭州	广州	昆明
12	天津	海口	哈尔滨	哈尔滨	西宁
13	西宁	哈尔滨	海口	西宁	郑州
14	大连	呼和浩特	大连	贵阳	长沙
15	长沙	武汉	郑州	青岛	哈尔滨
16	呼和浩特	郑州	青岛	呼和浩特	沈阳
17	哈尔滨	大连	西宁	海口	南京
18	青岛	西宁	银川	郑州	青岛
19	厦门	长沙	呼和浩特	南京	呼和浩特
20	贵阳	桂林	武汉	长沙	贵阳

节点的接近中心度反映了节点的可达性。从五个观测年的数据来看，北京、上海、西安的接近中心度基本稳定在前三的位置。而广州逐渐跌出前五，取而代之的是西部地区的成都、重庆。而前十的节点城市集中在东部、西部地区，中部地区的长沙、武汉、郑州等城市与东北地区的沈阳、大连、哈尔滨等大多集中在10~20名，而从2017年起沈阳、大连排名也逐渐跌出前20。

节点的中介中心度反映了节点的可传递性，可传递性反映了节点转运货物的能力。其分布与接近中心度相差不大，同样是以东部、西部地区为主，而西安的中介中心度自2016年起便反超上海跃居第二。

值得关注的是，节点度与接近中心度均不突出的西部城市乌鲁木齐和呼和浩特，在中介中心度的排序中均有着突出表现。乌鲁木齐始终稳居前十，甚至一度进入全国前五的位置，呼和浩特稳居前二十。二者分别作为新疆和内蒙古两个自治区的首府。这种对比差异揭示出一个结论，即在我国的四大区域内存在一批区域性的枢纽节点。这种区域性枢纽节点的连通性与可达性在全国范围内也许并不是最为突出的，但其在区域网络内承担着重要的转运使命。因为这种以区域性枢纽节点（如乌鲁木齐、呼和浩特）为核心的区域内往往存在大量的零散节点，节点须依托枢纽方能与外界取得联系，同样，这些零散节点的货物输入也需要依靠区域性枢纽节点转运方能完成。因此，尽管这些区域性枢纽的连通性和可达性并不高，但是其在网络中的地位却格外重要。一旦取消这些节点，或者这些节点遭受攻击，便意味着该区域内的大量城市将成为零散的节点，区域内的货运网络陷入瘫痪的可能性将大大提升。

整体来看，近五年枢纽城市的中心度排序变化不大，主要集中于东部、西部地区。而西安作为西部重镇，其接近中心度稳居前四，而中介中心度更是自2016年起超越上海，仅次于北京。其他诸如成都、重庆、昆明、乌鲁木齐等西部枢纽也逐渐展现出与东部枢纽分庭抗礼的趋势。这种整体呈东西密、中部疏的"鞍形结构"分布现象，一方面很可能是因为近年来国家对西部地区的重点开发，使西部地区的经济活力得以释放，货运需求逐年增加；另一方面也许与航空的长距离运输优势具有一定关联，中短距离运输更多由公路、铁路运输完成，而作为边陲的西部地区，其航空货运便凭借距离优势获得长足的发展。

二 中国民航货运网络演化驱动机制分析

货运网络是由节点与边连接而成的。因此,要研究我国货运网络的影响因素,也应当以机场所在城市节点为研究对象。本节结合文献综述中的相关成果以及上文的研究结论,以节点度、接近中心度、中介中心度这三项统计指标衡量节点的网络属性。将节点的影响变量分为以下几类:运输属性变量、经济属性变量、社会属性变量、城市属性变量(见表6-12)。

表 6-12 变量描述

变量类别	变量属性	变量名称	变量表示
因变量	网络属性	节点度	d_{it}
		接近中心度	C_{cit}
		中介中心度	C_{bit}
自变量	运输属性	民航客运量	x_1
	经济属性	地区生产总值	x_2
		人均生产总值	x_3
		社会消费品零售总额	x_4
		第二产业增加值占比	x_5
		第三产业增加值占比	x_6
	社会属性	年末人口总量	x_7
	城市属性	城市基础设施建设水平	x_8

(一) 节点的四类影响变量

1. 运输属性

我国目前的货邮运输方式主要分为铁路、公路、水运、民航四种。民航只是四大运输方式中的一种。一般而言,各种运输方式之间可能存在竞争的关系,即有可能呈此消彼长的影响态势。但民航运输与铁路、公路、水运存在两个重要的区别。

其一,民航运输的货运量较低,相比于其他三种运输方式几乎可以忽略不计,如表6-13所示。

表6-13 2015~2019年四大运输方式货运量对比

单位：万吨

运输方式	2015年	2016年	2017年	2018年	2019年
铁路	335801	333186	368865	402631	432000
公路	3150019	3341259	3686858	3956871	3435000
水运	613567	638238	667846	702684	747000
民航	628	668	706	739	753
合计	4100015	4313351	4724275	5062925	4614753

资料来源：2016~2020年《中国统计年鉴》及《中华人民共和国2019年国民经济和社会发展统计公报》。

因此就数量而言，节点中民航的货邮运输与其他三者之间很难呈现竞争的此消彼长之态势。一个城市铁路的发达或者落后并不一定会直接影响民航货运的发展水平。

其二，民航运输相比于其他三种运输方式具有快速、安全、运费相对高的独特特点。因此，选择民航运输的货物主要由需要快速到达或者较为昂贵的物品组成，如保质期较短的生鲜、加急文件等。就运输货物的组成而言，民航与其他三种速度相对缓慢的运输方式有较大的异质性，相互影响的可能性较低。结合以上两点原因，本节在交通运输属性中，将忽略铁路、公路、水运发展水平对民航运输的影响。

目前我国的民航运输绝大部分是由客机腹舱承担，我们有理由认为，民航客运的发展在很大程度上影响着民航货运水平，故而本节选取民航客运水平作为某货运水平的影响因素，而在衡量民航客运的具体指标时则选取民航客运量。

2. 经济属性

地区的经济发展水平将在很大程度上影响节点的货运网络水平。过去已有文献对地区经济发展与航空网络发展的关联性进行了充分实证研究，本节在此基础上选取地区生产总值与人均生产总值衡量地区经济的整体发展水平，选取第二产业增加值与第三产业增加值所占比重衡量地区产业结构，选取社会消费品零售总额衡量地区的消费水平。

3. 社会属性

除了经济因素与交通运输因素外，地区的社会因素也有可能影响民航货运的网络结构。早在 2007 年便有学者分析了人口对民航网络的影响，故本节在社会属性方面选取年末人口总量作为影响变量。

4. 城市属性

一般而言，城市的地理区位、行政级别、基础设施建设水平对节点的货运网络地位可能会产生一定的影响。但民航网络符合小世界网络的特征，节点数较少，且主要集中在大城市，行政级别的同质性较高，因此本节不对城市的地理区位和行政级别进行讨论。城市基础设施建设水平有可能影响货物的运输条件，故而本节选取该指标作为影响变量，从而进行研究分析。

(二) 模型构建

本节结合上文的研究结果与《中国城市统计年鉴》的相关数据，构建了 2015~2019 年的网络节点面板数据，并采用个体固定效应模型进行分析。本节构建的网络属性影响因素模型如下：

$$y_{it} = \alpha_0 + \alpha_1 x_{1it} + \alpha_2 x_{2it} + \alpha_3 x_{3it} + \alpha_4 x_{4it} + \alpha_5 x_{5it} + \alpha_6 x_{6it} + \alpha_7 x_{7it} + \alpha_8 x_{8it} \qquad (6-1)$$

其中，y_{it} 为节点 i 在 t 期的网络属性，x_{it} 为节点 i 在 t 期的相应变量值，α_0 为常数项，α_1，α_2，…，α_8 为变量前的系数。式 (6-1) 为基本模型，即假设民航客运量、地区生产总值、人均生产总值、社会消费品零售总额、第二产业增加值占比、第三产业增加值占比、年末人口总量、城市基础设施建设水平将共同影响节点的网络属性。但在进行具体分析时，由于变量之间数值差异较大，为了便于分析，对式 (6-1) 两边做取对数处理，得到式 (6-2)：

$$\ln y_{it} = \alpha_0 + \alpha_1 \ln x_{1it} + \alpha_2 \ln x_{2it} + \alpha_3 \ln x_{3it} + \alpha_4 \ln x_{4it} + \alpha_5 x_{5it} + \alpha_6 x_{6it} + \alpha_7 \ln x_{7it} + \alpha_8 \ln x_{8it} \qquad (6-2)$$

需要特别说明的是，由于第二产业增加值与第三产业增加值所占比重以百分比为单位，因此未做取对数处理。

本节选取的经济属性变量包括地区生产总值、人均生产总值、社会消费品零售总额、第二产业增加值占比、第三产业增加值占比，其中地区生产总值衡量地区整体经济发展水平，而社会消费品零售总额侧重于衡量地区的消费水平。但通过辅助回归可知，地区生产总值（GDP）与社会消费品零售总额具有较强的共线性（$R^2 = 0.920933$，方差膨胀因子

VIF>10）。因此在构建模型时应当对二者分别回归。

根据式（6-2），对民航客运量（x_1）、地区生产总值（x_2）、第二产业增加值占比（x_5）、第三产业增加值占比（x_6）、年末人口总量（x_7）、城市基础设施建设水平（x_8）进行回归，得到式（6-3）：

$$\ln y_{it} = \alpha_0 + \alpha_1 \ln x_{1it} + \alpha_2 \ln x_{2it} + \alpha_5 x_{5it} + \alpha_6 x_{6it} + \alpha_7 \ln x_{7it} + \alpha_8 \ln x_{8it} \qquad (6-3)$$

在式（6-3）基础上以社会消费品零售总额（x_4）替代地区生产总值（x_2）进行回归，得到式（6-4）：

$$\ln y_{it} = \alpha_0 + \alpha_1 \ln x_{1it} + \alpha_4 \ln x_{4it} + \alpha_5 x_{5it} + \alpha_6 x_{6it} + \alpha_7 \ln x_{7it} + \alpha_8 \ln x_{8it} \qquad (6-4)$$

考虑到人口的增长事实上往往伴随着经济总量的增长，同时人口增长也是民航客运量提升的基本条件[1]，因此引入人均生产总值（x_3）这一变量，以避免人口增长给民航客运量、地区生产总值带来的同步影响，故构建式（6-5）：

$$\ln y_{it} = \alpha_0 + \alpha_1 \ln x_{1it} + \alpha_3 \ln x_{3it} + \alpha_5 x_{5it} + \alpha_6 x_{6it} + \alpha_8 \ln x_{8it} \qquad (6-5)$$

（三）检验结果

以节点度为网络属性（因变量）的回归输出结果如表6-14所示，模型（1）和模型（2）的回归结果中人口的影响均为负，这与过去的研究以及常识相违背，且人口变量均不显著；而在模型（3）中，各个变量均通过了显著性检验，因此模型（3）具有较好的解释效果。根据模型（3）的回归结果，民航客运量每增加1个百分点，节点度增加0.448个百分点；人均生产总值每增加1个百分点，节点度增加0.117个百分点；第二产业增加值占比每增加1个百分点，节点度将增加0.011个百分点；第三产业增加值占比每增加1个百分点，节点度将增加0.012个百分点；城市基础设施建设水平每增加1个百分点，节点度将增加0.025个百分点。

---

[1] 刘宏鲲. 中国航空网络的结构及其影响因素分析［D］. 西南交通大学，2007.

表 6-14 以节点度为网络属性的回归结果

变量	（1）	（2）	（3）
常数项	-1.130** (0.012)	-0.881*** (0.009)	-1.448*** (0.000)
x_1	0.443*** (0.000)	0.452*** (0.000)	0.448*** (0.000)
x_2	0.063* (0.102)		
x_3			0.117*** (0.010)
x_4		0.052* (0.076)	
x_5	0.014*** (0.000)	0.013*** (0.000)	0.011*** (0.003)
x_6	0.014*** (0.000)	0.012*** (0.000)	0.012*** (0.003)
x_7	-0.042 (0.254)	-0.046 (0.207)	
x_8	0.023 (0.154)	0.024 (0.118)	0.025* (0.080)
R^2	0.867597	0.86777	0.86876

注：括号内为检验统计值所对应的 P 值，***、**、* 分别表示在 1%、5%、10%的水平下显著。

由此可知，民航客运量、人均生产总值、第二产业增加值与第三产业增加值的占比、城市基础设施建设水平都是影响节点连通性的重要因素。除了城市基础设施建设水平外，其他的影响因素均在1%的水平下显著。而其中影响力最大的为民航客运量与人均生产总值，而第二产业增加值占比与第三产业增加值占比的系数仅差 0.001，这说明第二产业增加值占比和第三产业增加值占比的增加对连通性的影响程度是相当接近的。但从系数来看，产业结构从第一产业向以第二、第三产业为主升级以及基础设施投入的增加，给整体连通性带来的影响并不是十分明显，仍然以民航客运量、人均生产总值的增长为主。

以接近中心度为网络属性（因变量）的回归输出结果如表 6-15 所示，模型（1）、模型（3）的回归结果中第二产业增加值占比均不显著，而在模型（2）中影响系数亦趋近于 0。可见，第二产业增加值占比并非接近中心度的影响因素。而从模型（2）、模型（3）中可以看出，社会消费品零售总额和人均生产总值均未通过显著性检验，因此二者并非接近中心度的影响因素。因此应选取模型（1）对实证结果进行描述。

表 6-15 以接近中心度为网络属性的回归结果

变量	（1）	（2）	（3）
常数项	3.335*** (0.000)	3.460*** (0.000)	3.495*** (0.000)
x_1	0.047*** (0.000)	0.051*** (0.000)	0.052*** (0.000)
x_2	0.016*** (0.000)		
x_3			0.002 (0.649)
x_4		0.000 (0.869)	
x_5	0.000 (0.655)	0.001* (0.072)	0.000 (0.356)
x_6	0.002*** (0.000)	0.003*** (0.000)	0.002*** (0.000)
x_7	0.000 (0.961)	0.010** (0.036)	
x_8	0.004* (0.066)	0.006*** (0.005)	0.007*** (0.000)
R^2	0.855	0.852	0.849

注：括号内为检验统计值所对应的 P 值，***、** 和 * 分别表示在 1%、5% 和 10% 的水平下显著。

从模型（1）可以看出，年末人口总量的系数为 0.000，因此人口并非接近中心度的影响因素，而民航客运量、地区生产总值、第三产业增加值占比、城市基础设施建设水平均对接近中心度产生了影响。

从最终的结果不难发现，虽然模型的回归效果显著，但是各变量的系数较小。这与整体接近中心度的标准差较小有一定关联，即全国所有节点的接近中心度都稳定在平均值附近，整体差距不大。但从显著性水平的角度来看，民航客运量、地区生产总值、第三产业增加值占比在 1% 的水平下显著，而城市基础设施建设水平在 10% 的水平下显著。从系数大小来看，民航客运量、地区生产总值对地区的可达性有较大的影响。

以中介中心度为网络属性（因变量）的回归输出结果如表 6-16 所示，从模型（1）、模型（2）的回归结果中可以看出，地区生产总值和社会消费品零售总额变量均未通过显著性检验，而人口变量虽然通过了显著性检验，但其系数均为负值，即与中介中心度呈负相关关系。这种反常的现象可能是由于人口增长带来的效应已经体现在民航客运量的增长与地区生产总值（或社会消费品零售总额）的增长中。相比之下，模型（3）的解释能力更为显著。

表 6-16 以中介中心度为网络属性的回归结果

变量	（1）	（2）	（3）
常数项	-6.646 *** (0.004)	3.460 *** (0.000)	-15.120 *** (0.000)
x_1	1.590 *** (0.000)	1.670 *** (0.000)	1.463 *** (0.000)
x_2	0.313 (0.119)		
x_3			0.803 *** (0.000)
x_4		0.019 (0.895)	
x_5	0.013 (0.500)	0.025 (0.199)	0.015 (0.489)
x_6	0.140 (0.514)	0.020 (0.361)	0.031 (0.176)
x_7	-1.080 *** (0.000)	-0.910 *** (0.000)	
x_8	0.081 (0.307)	0.117 (0.128)	-0.069 (0.356)
R^2	0.750	0.748	0.724

注：括号内为检验统计值所对应的 P 值，*** 表示在 1% 的水平下显著。

根据模型（3）的最终回归结果可知，对于中介中心度而言，民航客运量每增加 1 个百分点，中介中心度增加 1.463 个百分点；人均生产总值每增加 1 个百分点，中介中心度增加 0.803 个百分点。故而对于节点的可传递性而言，民航客运量和人均生产总值均有着显著的影响力。

但是相比于节点度与接近中心度的回归拟合效果，该回归修正后的 R^2 只有 0.72 左右，可见以上变量对中介中心度的解释并不完善。根据第四章的分析，可以得知其原因很可能是中介中心度所代表的可传递性往往集中体现在一些区域性枢纽节点（如乌鲁木齐、呼和浩特、哈尔滨等）上，这些节点的区域枢纽地位往往并不能集中体现其经济发展水平，更多地取决于其地理位置或者行政级别。如乌鲁木齐的人均生产总值和产业结构虽然无法和一线城市相比，但是在广袤的新疆地区内，乌鲁木齐所处的地理位置与行政级别决定了其必将成为该区域内的枢纽节点。当区域内所有零散节点都依靠乌鲁木齐的转运通往其他城市时，乌鲁木齐的中介中心度（可传递性）便随之大幅提升。正是地理和行政上的因素，导致了模型中变量的解释力相对削弱。

本节运用多元回归的方法，构建了三种回归模型，对影响货运网络节点网络属性的因素进行了探讨，研究得出以下结论。

第一，民航客运的发展水平对货运网络节点的影响极大。无论是在连通性、可达性还是可传递性方面，客运发展水平均是影响力最大的因素。这与我国目前货运主要由客机腹舱承担的实际情况相符合。

第二，节点的各种经济属性中，社会消费品零售总额虽然能反映当地的消费水平，但是在回归结果中其对网络属性的解释力往往不如地区生产总值。而地区生产总值的影响往往又和人口总量的影响具有叠加性，二者同时回归的效果不佳。故而地区生产总值仅对接近中心度有较大的影响，而人口对接近中心度则不具有影响效应。人均生产总值能够显著影响节点度与中介中心度。一个地区的 GDP 虽然能较好地反映该地区的经济规模，却不能剔除单纯由人口提升带来的 GDP 提升。与民航货运水平更加息息相关的应当是地区的实际经济水平。因此采用人均生产总值的衡量效果更为明显。而产业结构则能显著影响节点度和接近中心度，节点度较高的城市明显趋向于以第二、第三产业为主，第二产业与第三产业的影响较为接近；而第三产业增加值占比则对接近中心度有较显著的影响。但对于可传递性而言，产业结构并没有明显的影响。

第三，作为社会属性变量的地区年末人口总量，是客运形成的基本条件。因此，在回归中同时加入民航客运量与地区年末人口总量，往往会使人口与网络属性呈负相关关系，甚至无法通过显著性检验。这可能是因为民航客运水平中也包括了人口的影响，因此不必再将人口单独作为影响变量进行研究。

第四，城市基础设施建设水平对网络属性的影响较小，这不仅反映在其系数上，也反映在其显著性水平往往略逊于其他变量。因此，城市基础设施建设水平也不是主要的影响因素。

第七章　交通大数据的应用分析：共享单车

内容提要：首先，阐述了国内外共享单车的发展情况。其次，通过从美团骑行平台获取市民骑行记录，测算美团单车使用强度，考察了骑行起（终）点与地铁站的距离，结合房屋成交价格等变量，探索发现共享单车的引入降低了房价的地铁溢价，共享单车对地铁网络的补充产生了正价值。同时，共享单车也有负面的价格效应，在地铁站附近，人们可以步行到达车站，共享单车作为地铁补充的正价值几乎为零，共享单车的净房价效应为负。最后，讨论了共享单车大数据的未来发展，认为需要具备更加完善的数据处理体系，以充分利用大数据挖掘价值，但同时也强调必须重视大数据隐私界限问题。

本章大数据主要包括数据名称、数据类型、数据来源、样本量等字段，具体内容如表7-1所示。

表 7-1　共享单车大数据类型及来源

交通类型	数据类型	数据来源	样本量	脱敏处理	应用	结论
共享单车	面板数据	美团骑行平台	975027	对用户敏感信息进行数据漂白、变形、加密、匿名化	通过市民骑行记录测算美团单车使用强度，考察了骑行起（终）点与地铁站的距离，结合房屋成交价格等变量，探索共享单车是否与地铁网络相辅相成、对房价提升是否具有正向影响，评估了自行车共享的净福利效益，对单车投放、地铁站选址、房价变动等具有指导意义	共享单车的引入降低了房价的地铁溢价，大约20%（41%）的乘车要么从距离地铁站不到100米（200米）的地方开始，要么在这个地方结束，这说明共享单车对地铁网络的补充产生了正价值。但与此同时，共享单车也有负面的价格效应，在地铁站附近，人们可以步行到达车站，共享单车作为地铁补充的正价值几乎为零，共享单车的净房价效应为负

长期以来，共享经济在国内外得到快速发展。目前，共享经济（sharing economy）被定义为通过建立单个主体和单个主体之间直接进行商品和服务交换的网络平台，逐步形成分享人力和物力资源的社会经济体系。① 现代共享经济平台的特点是拥有资源的个体在网络平台上发布闲置资源，需求方通过付出较低的成本，即可获得该闲置资源的使用权。通常来说，共享经济主要分为出租使用权、置换所有权和提供服务三种运营模式。② 共享经济出现的原因在于资源分布不均衡，供需断层严重，并且信息时代的到来带来了大量的即时需求，用户更注重在此时此刻享有对某种资源的使用权，而不是对该资源产生所有权。这种"使用即拥有"的观念和模式，能够对消费者的需求做出灵活、迅速响应，逐渐得到大众认可。③

共享经济不断蓬勃发展，对社会生活的方方面面都产生了影响。在交通运输领域，共享经济也催生了新的运输方式。以共享单车为例，使用者通过各大单车公司的 App、微信小程序、支付宝内置程序或者网页进行预约，实现单车资源共享。每辆单车的所有权属于单车公司，但是可以通过互联网平台将单车资源的使用权转移到用户手中，满足单车用户的即时出行需求，同时实现单车资源的充分利用，有利于节约社会资源、构建环境友好型社会。尽管共享经济仍然处于起步阶段，但其在交通领域已经涌现出共享汽车、共享电动车、共享单车等多种商业形态。

随着经济的持续快速发展，城市人口和车辆不断增加，导致地面交通拥堵问题越来越严重，城市中私家车数量的急速增加带来了更为严重的交通安全隐患和城市环境污染等问题。因此，大力推行城市公共交通和共享交通有着十分重要的意义。而在此之中，自行车出行具有灵活轻便、可达性高等特点，而且比步行效率高。④ 正因如此，很多城市开始大

---

① Hamari J, Sjöklint M, Ukkonen A. The sharing economy: Why people participate in collaborative consumption [J]. Journal of the Association for Information Science and Technology, 2016, 67 (9): 2047-2059.
② Slee T. What's Yours Is Mine: Against the Sharing Economy [M]. Or Books, 2017.
③ 中国共享经济行业及用户研究报告 [C]. 艾瑞咨询系列研究报告（2017 年第 8 期），2017：119.
④ Yang X H, Cheng Z, Chen G, et al. The impact of a public bicycle-sharing system on urban public transport networks [J]. Transportation Research Part A: Policy and Practice, 2018, 107: 246-256.

力发展公共自行车系统,并将其作为城市交通体系中的主要组成部分。[1]

交通运输部等部门联合发布的《关于鼓励和规范互联网租赁自行车发展的指导意见》对共享单车做出了定义:互联网租赁自行车,俗称共享单车,是移动互联网和租赁自行车融合发展的新型服务模式,是分享经济的典型业态。共享单车即一种通过线上互联网软件连接自行车和人,通过线下提供自行车,为消费者提供短途自行车租赁服务的商业模式。[2]

第一节　国内共享单车发展情况

中国共享单车的发展可以追溯到2007年,共享单车最初的发展模式为国外引进的由政府主导的公共自行车模式。发展到2015年时,才逐渐出现以互联网平台为基础的共享单车模式,并迅速被大众接受。[3] 互联网共享单车,也可以称为"分时租赁的无桩共享单车"。相较于传统的有桩共享单车,互联网共享单车给用户提供了更多的便利,具有便捷和停放地多等特点。互联网共享单车在进入城市不到一年的时间里,就成为继小汽车、公交车、地铁之后的第四大交通工具,实现了"自行车王国"的复兴。共享单车代表着和谐、绿色的生活方式,同时代表着"互联网+"与实体经济的融合,这不仅将自行车出行方式带回城市生活中,还促进了公民积极参与城市共建,推动了城市文明、健康、低碳的发展。[4]

共享单车的发展经历了四个阶段。在初始阶段,共享单车出现在大众视野中,是为学生群体提供单车租赁服务。2015年仅有摩拜单车、骑呗单车等几家企业,其中大多数企业也还处于初创阶段。在发展阶段,尽管共享单车的使用者不断增多,资本市场也一直看好,但是,共享单车的盈利模式依然不明朗,并且逐月亏损运营。据2018年央视"3·15"晚会披露,先后有34家共享单车公司倒闭,截至2018年4月,几大共享单车公司分别依附各大商业巨头,小蓝单车则被滴滴出行全资收购。[5] 至此,国内共

---

[1] 北京城市总体规划(2004年-2020年)[J].北京规划建设,2005(2):5-51.
[2] 李卓霖."互联网+"时代共享单车行业的政府监管[D].浙江大学,2018.
[3] 陈鹏丽,文多.近30家厂商逐鹿共享单车 冬天过后将洗牌[EB/OL].(2017-01-06) [2023-03-20]. http://tech.sina.com.cn/i/2017-01-06/doc-ifxzkfuh5593018.shtml.
[4] 索源.基于出行需求波动的共享单车停放点选址规划研究[D].北京交通大学,2018.
[5] 傅良颖.成都市共享单车管理之案例研究[D].电子科技大学,2019.

享单车市场进入成熟阶段。随着共享单车竞争的加剧，服务系统再平衡矛盾突出，优化政府治理模式开始引起社会关注。在规范阶段，地方政府为了规范共享单车发展，出台了不同的财政激励政策，促进了该产业的有序发展。例如，北京市交通委在 2020 年 5 月发布措施，对全市所有用户实行每单半小时免费骑行补贴激励，普及共享单车，同时也积极开展综合治理以规制共享单车相关利益者行为，实现共享单车市场的有序发展。[1]

根据有关研究，在使用时间方面，共享单车在工作日时段的使用量存在明显的早高峰时段和晚高峰时段，早高峰时段从早上 5 点钟开始到上午 10 点钟左右结束，晚高峰时段从下午 5 点钟开始到晚上 8 点钟左右结束。相比于工作日，周末共享单车的使用时段均衡分布，从早上 6 点钟开始，共享单车的使用量逐渐增加，上午 9 点钟左右停止增加，用户使用量趋于平缓，晚上 7 点之后用户使用量逐渐减少。在投放空间分布方面，一、二线城市仍为共享单车的主要使用区域，占比超过七成，三、四线城市整体占比不足三成。[2]

随着经济的不断发展和人口数量的急速增加，城市建成区面积不断扩大，因此人们的生活工作半径不断扩大，人口流动的强度也越来越高，城市交通设施规划和建设远远落后于交通需求的增长，因此交通拥挤问题日益严重。在早晚高峰，公共出行成为更加便捷的选择，共享单车有效解决了轨道交通和家门口之间的"最后一公里"问题。通过对共享单车早晚高峰时间的数据分析，可以深度挖掘城市早晚高峰时段和道路拥堵、车站停车场设置等信息，以此为城市道路、站点规划、交通预测提供决策支持。[3]

共享单车的出现和发展，不仅仅解决了城市"最后一公里"的难题，同时也给人们出行和城市交通发展带来了深刻影响。这种粗放式的发展模式背后存在许多问题，例如政策及法律法规不完善，各单车企业随意投放单车；市场竞争激烈，大量共享单车企业无序竞争，依靠"烧钱模式"来争取市场，没有持续的盈利能力。正因如此，在资本市场降

---

[1] 李坚飞，唐昆，沈炀等. 政府激励、质量投入对共享单车服务网络均衡的影响研究 [J]. 运筹与管理，2023，32（8）：234-239.

[2] Trustdata：2018 年中国共享单车行业发展分析 [EB/OL]. (2018-06-19) [2023-03-20]. http://www.199it.com/archives/738995.html.

[3] 周超，周亚男，李振世等. 基于大数据的南京市共享单车时空特征研究 [J]. 西南师范大学学报（自然科学版），2018，43（10）：66-73.

温之后，大批共享单车企业由于没有资金的继续支持，只能选择倒闭，即使剩下的单车企业也出现了不同程度的资金问题，未来发展前景尚未可知。[①] 除资金问题以外，由于使用者的素质不一，部分共享单车出现了座椅被私自拆卸、私自上锁、二维码被破坏、私自藏车等不道德现象，这使得共享单车企业的维护费用和管理成本进一步提升，而需要用车的用户可用资源减少，也不利于城市文明建设，使得共享经济变质，造成资源浪费。与此同时，由于共享单车的快速发展，公共土地资源被占用，维护城市面貌和停放秩序的成本提高，部分路段机动车与非机动车混行导致共享单车用户的安全无法得到保障，造成社会安全隐患。[②]

一 摩拜的发展状况

摩拜单车于2015年1月正式成立，并且于2016年4月22日在上海正式上线，主打智能共享单车服务。摩拜单车自成立日起，先在中国国内市场发展，随后将业务拓展到海外，包括新加坡、英国、意大利、日本、泰国、马来西亚、美国、韩国等8个国家。累计在超过180个城市投放单车超过700万辆，全球用户数超过两亿，单日订单量超过3000万，成为全球最大的智能共享单车运营平台和移动物联网平台。

摩拜单车自主研发专利，车身为全铝设计，通过轴传动，配有无辐条车轮和抱刹式刹车，同时还有包含防盗、车架、传动、管控、挡泥板、电机、前轮组件、整车在内的8个方面的专利共29项。随着产品的不断迭代升级，摩拜单车也推出了较为轻量的新车型，在降低车辆本身重量的同时，给用户带来了更好的体验。

使用摩拜单车的用户需要在骑行前缴纳299元的押金，按照时长进行计费，每半小时的费用为1元，不足半小时按半小时计费。

2017年，人工大数据平台"魔方"首次出现在大众视野中，它包含摩拜单车车辆本身的数据以及其骑行等多项数据，通过对骑行大数据的处

---

① Sherriff G, Adams M, Blazejewski L, et al. From Mobike to no bike in Greater Manchester: Using the capabilities approach to explore Europe's first wave of dockless bike share [J]. Journal of Transport Geography, 2020, 86: 102744.

② Xu C, Ji J, Liu P. The station-free sharing bike demand forecasting with a deep learning approach and large-scale datasets [J]. Transportation Research Part C: Emerging Technologies, 2018, 95: 47-60.

理可以更加合理地对单车停放区域进行划分，还可以根据天气情况来估算骑行数据，规划出车辆管理调度的最佳路径。其通过大数据分析可以为摩拜单车带来更为科学的运营维护方式。此外，摩拜单车还利用大数据推出了"红包车"，找到并骑行红包车，可以获得随机的红包金额奖励。这种新的营销方式，为摩拜带来了更多的市场份额和用户流量，侧面表现了摩拜单车的运营能力。在这些合作背后，大数据的价值更加凸显，这些数据不仅仅反映了骑行者的个人情况，还包括对整个城市脉络的分析。①

"最后一公里"的特点促使共享单车与公交车、地铁的联系十分紧密，公交车站点与地铁口附近是共享单车集中停放的区域。2017年4月12日，北京清华同衡规划设计研究院和摩拜单车共同发布《2017年共享单车与城市发展白皮书》（以下简称《白皮书》），其结合大数据和问卷调查，描绘共享单车如何改变出行方式。《白皮书》显示，在北京，大约81%的共享单车停放在公交站点周边，44%的共享单车停放在地铁周边，上海的比例更高。

根据《白皮书》对比共享单车出现前后的交通结构：共享单车的诞生，使得自行车出行比例相比之前翻了一番。共享单车已经成为继地铁、公交、私家车后的主要交通出行方式之一。共享单车的出现，减少了人们使用私家车出行的频率，私家车出行占比在共享单车出现后减少了约3.2个百分点。

《2022年度典型城市绿色出行发展研究报告》根据美团单车的投放和运营数据，分析了共享单车对城市公共交通服务的影响。结果表明，共享单车对城市公共交通服务延伸作用明显。根据测算，除大连、青岛等未获得研究数据的城市外，31个典型城市的公共交通站点周边共享单车延伸覆盖率，即通过共享单车补充公共交通站点300米半径以外的空间范围增加的绿色出行服务覆盖率达到了19.1%。

共享单车投放规模对延伸覆盖率影响较大。共享单车投放区域、投放量等因素共同影响延伸覆盖率，其中，北京共享单车运营车辆最多，覆盖面积最广，公共交通站点周边共享单车延伸覆盖率达38.4%。天津、

---

① Xu C, Ji J, Liu P. The station-free sharing bike demand forecasting with a deep learning approach and large-scale datasets [J]. Transportation Research Part C：Emerging Technologies，2018，95：47-60.

太原、呼和浩特等城市的延伸覆盖率也均超过30%。[1]

根据美团提供的数据统计，共享单车不同出行距离占比见表7-2。

表7-2 共享单车不同出行距离占比

单位：%

出行距离	<0.8km	0.8~1.6km	1.6~2.4km	2.4~3.2km	3.2~4.0km	4.0~4.8km	>4.8km
比例	23.10	34.30	17.90	9.20	5.10	3.10	7.30

资料来源：《共享骑行减污降碳报告》。

赋值原则为：大于2.4km的出行中60%选择私家车出行；1.6~4.8km的出行中20%选择摩托车出行；0.8~4.8km的出行中30%选择私人电动自行车出行；小于0.8km的出行中50%选择步行；其他替代出行方式为私人自行车。

按上述赋值原则，共享单车基线情景下各类出行方式的权重如表7-3所示。

表7-3 共享单车基线情景下各类出行方式的权重

单位：%

出行方式	燃料类型	出行比例	分项累计
公交车	汽油	0.21	20.28
	柴油	4.06	
	天然气	3.72	
	电力	12.29	
地铁	地铁	8.08	8.08
出租车	汽油	10.09	11.60
	电力	1.51	
私家车	汽油	14.53	14.79
	电力	0.26	
摩托车	汽油	7.06	7.06
电动自行车	电力	20.89	20.89
自行车	—	5.77	5.77

资料来源：《共享骑行减污降碳报告》。

---

[1] 《2022年度典型城市绿色出行发展研究报告》。

对于私家车，根据工业和信息化部装备工业发展中心发布的《中国汽车产业发展年报2021》，截至2020年底，全国新能源汽车保有量占汽车总量的1.75%，则燃油私家车占比为98.25%。

根据测算，28个典型城市在高峰时段平均骑行距离为1.8公里，其中21个城市在高峰时段平均骑行距离在2公里以内，6个城市在2.0公里和2.5公里之间。从不同类型城市来看，大城市高峰时段骑行距离为2公里左右，超大、特大城市为1.7公里左右。由于超大、特大城市高峰时段骑行多以接驳其他交通方式为主，因此距离相对较短。

据不完全统计，截至2019年8月底，全国共有共享两轮车1950万辆，覆盖全国360个城市，注册用户数超3亿人次，日均订单数达到4700万单，累计服务超过10亿人次。

在有地铁的城市情景下，共享单车的人-公里碳减排因子为48.65g/PKM；CO、HC、NOx和PM的减排因子分别为0.256g/PKM、0.022g/PKM、0.019g/PKM和0.007g/PKM。在无地铁的城市，共享单车的人-公里碳减排因子为53.94g/PKM；CO、HC、NOx和PM的减排因子分别为0.292g/PKM、0.025g/PKM、0.021g/PKM和0.008g/PKM。[1] 基于美团有史以来的所有运营里程、共享单车和共享自行电动车（又称共享电动助力车，Sharing Electric Bicycle，以下简称共享电单车）的减排因子，可以计算得出共享单车和共享电单车贡献的污染物减排量，具体计算结果如表7-4所示。

表7-4 美团共享单车投放产生的污染物减排量

单位：亿公里，吨

类别	行驶里程	减排量				
^	^	CO_2	CO	HC	NOx	PM
共享单车	196.08	954932.6	5019.8	431.4	470.6	137.3
共享电单车	42.53	231810.8	1441.9	123.3	114.8	38.3
合计	/	1186743.4	6461.7	554.7	585.4	175.5

资料来源：《共享骑行减污降碳报告》。

共享单车在一定程度上填补了现有公交设施的覆盖盲区。根据百度

---

[1] 《共享骑行减污降碳报告》。

地图发布的《2017年第二季度中国城市研究报告》，将百度注册用户所在居住地周边500米内没有公交的区域定义为公交盲区，进而综合百度用户的注册信息以及摩拜单车的投放信息，分析出公交盲区和摩拜单车投放区域的关联度。比如，根据公交盲区的定义和百度用户的注册地位置信息，分析得到深圳公交盲区的分布，加之由摩拜提供的共享单车位置信息，可知共享单车对公交盲区起到了有效弥补作用（见图7-1、图7-2）。

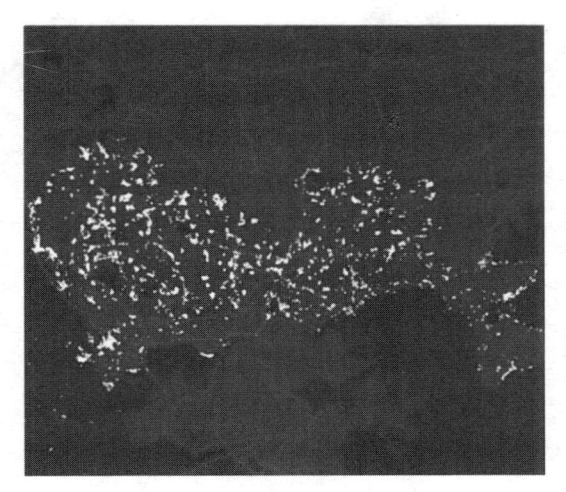

图7-1 摩拜出现前公交盲区

图7-2 摩拜出现后公交盲区

除此之外，摩拜单车还可以反映出不同城市居民在工作日和周末出行规律的不同。以北京上地和广州西村为例（见图7-3至图7-6）。

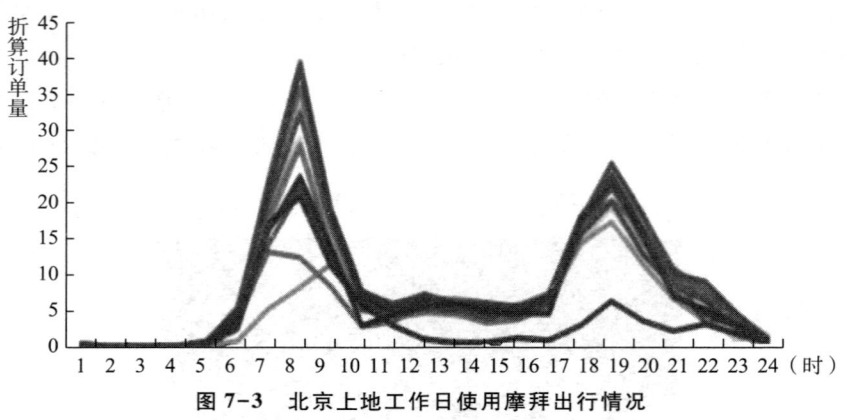

图7-3　北京上地工作日使用摩拜出行情况

资料来源：摩拜单车数据团队、世界银行城市项目。

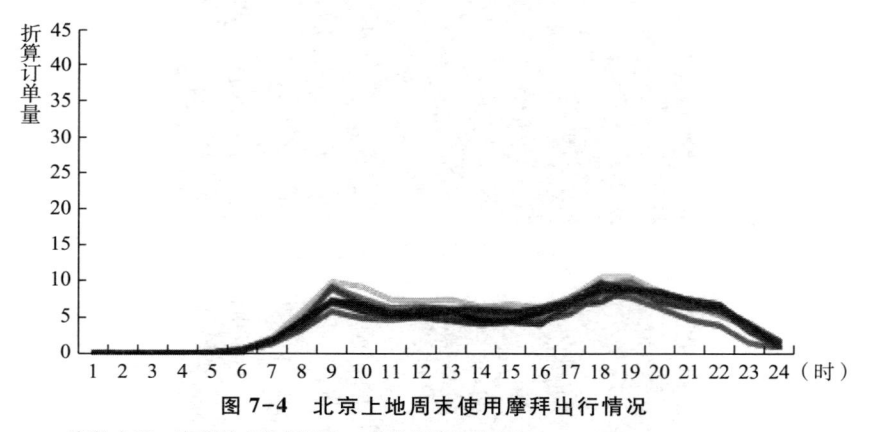

图7-4　北京上地周末使用摩拜出行情况

资料来源：摩拜单车数据团队、世界银行城市项目。

在北京，居民工作日采用共享单车出行的情况呈早晚高峰规律，但周末的出行量大幅减少，而且全天未出现明显峰值。与北京相比，广州居民在工作日选择共享单车出行的情况尚未出现明显的早晚高峰，而是有多个小高峰。通过反复检查数据，多次校准，最终确定数据准确无误。经过与广州同事交谈后，我们发现了形成这种差异的可能原因。由于广州的自由职业者比例一直较高，所以居民的出行不会呈现明显的集中趋势。另外，广州的茶市文化包含早茶、午茶和晚茶，这也在一定程度上合理地解释了广州与北京在工作日和周末居民出行方面规律性的差别。

由此可见，摩拜单车大数据清晰地反映出交通出行情况与地方经济社会背景密切相关。

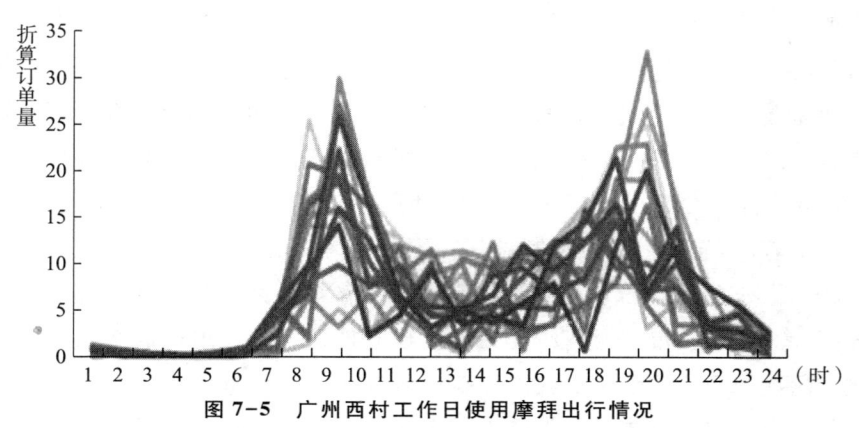

图 7-5　广州西村工作日使用摩拜出行情况

资料来源：摩拜单车数据团队、世界银行城市项目。

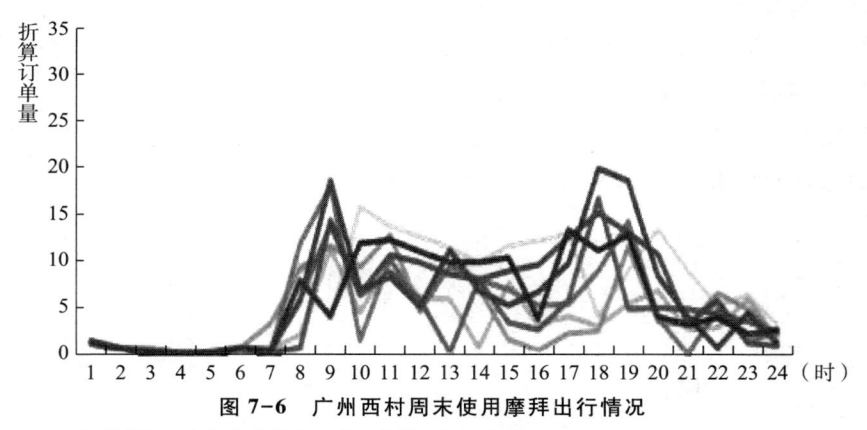

图 7-6　广州西村周末使用摩拜出行情况

资料来源：摩拜单车数据团队、世界银行城市项目。

共享单车的兴起大大减少了公交站点和线路的覆盖盲区，那些因步行时间过长而不乐于选择公共交通出行的市民能够利用共享单车的便捷性，在可接受的时间范围内方便地到达和离开地铁站。而且出行方式的转变有助于缓解交通拥堵，减少因出行产生的碳排放。

二　共享电单车的发展状况

共享电单车是指以车载蓄电池作为辅助能源，具有脚踏骑行能力，能通过传感器实现电助动或通过转把实现电驱动功能，用户可使用移动智能终端实现解锁的两轮自行车。共享电单车有效地填补了城市交通出行特别是传统共享单车出行在满足居民日常出行需求方面的缺漏，将用户的共享非机动车出行半径提升至 3~10 公里。正是因为共享电单车具有省时省力、低碳环保、方便快捷、受众较广等优势，共享电单车市场近年来蓬勃发展，截至 2020 年，全国已投放共享电单车近 500 万辆，投放至超过全国一半的县级以上行政区域；并且根据相关研究，共享电单车的投放量在之后的 5 年内将会继续增加。

随着国民经济的快速发展，我国民用汽车拥有量不断增加，截至 2020 年，我国民用汽车拥有量已突破 2.3 亿辆，由此带来的不仅是碳排放问题，还有城市交通拥堵导致的出行时效性下降、出行成本升高等问题，这些问题严重限制了城市的高质量发展。共享电单车除了发展大运量的城市公共交通体系，满足人们多元化、高品质出行需求，也为解决城市交通拥堵问题、构建综合多元的交通体系发挥了不可或缺的作用。经过几年的沉淀，共享出行市场趋于稳定和成熟。根据图 7-7 所示的 2017~2020 年共享出行市场交易额与增长率可知，2020 年共享出行的市场交易额为 2276 亿元，由于疫情影响数值较上年略微下降，但就近 4 年的综合水平来看，共享出行的市场交易额总体保持在稳定状态。

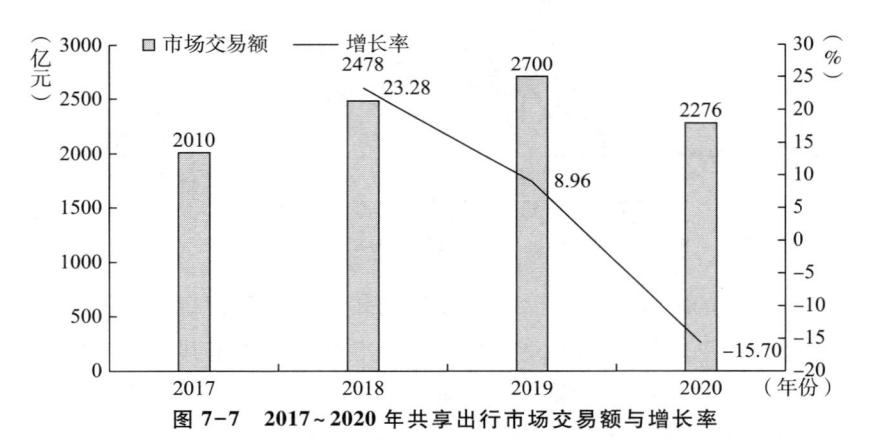

图 7-7　2017~2020 年共享出行市场交易额与增长率

资料来源：艾媒咨询 | 2021-2022 年中国共享电单车市场及用户行为监测报告 [EB/OL]. (2022-03-25) [2023-03-20]. https://www.iimedia.cn/c400/84363.html。

2021 年中国共享电单车收入规模为 93.6 亿元，预计 2022 年突破一百亿元。随着共享电单车投放规模的持续扩大，以及大众共享出行意识的不断提升，共享电单车的日常使用率将进一步提高，预计2025年共享电单车的收入规模将超过200亿元。①

（一）共享电单车便捷市民通勤，塑造"骑行+"生活圈②

共享电单车服务通勤高峰出行超30%，订单强度与职住分布耦合性强。共享电单车早晚高峰时段骑行强度显著高于其他时间：以昆明、合肥、成都、哈尔滨、南昌、南宁为研究对象，6个城市高峰时段平均出行量占比为32.9%，合肥最高，达到41.1%。共享电单车订单强度与职住分布耦合性强：以南宁市工作日早高峰为例，在广西大学附近，共享电单车高强度出行的起点与居住人口密集区域重合；在国贸购物中心、金湖广场和三祺广场附近，骑行终点与就业人口密集区域重合。

共享电单车弥补老旧社区配套设施不足，使生活服务便捷触达。以南昌大院街道公园社区为例，电单车15分钟出行可触达的生活服务类POI数量远高于步行和自行车出行，分别是自行车的4倍、步行的39倍。

共享电单车弥补社区医院服务短板，提升生活圈就医便利性。以昆明市主城区为例，社区医院的密度为0.81个/公里^2，通过步行15分钟可达社区医院人口占比为75%，近1/4的人口无法及时享受服务；若选择电单车出行，15分钟可达社区医院的人口覆盖率接近100%，为24%的人口改善了便利就医条件。

（二）共享电单车推动绿色出行，是公共交通的有益补充

共享电单车可以有效拓展轨道服务范围，促进轨道客流提升。多数城市轨道线网呈现"外疏内密"的结构，外围轨网密度低，覆盖不足，通过"轨道+共享电单车"出行可以大幅提升轨道服务覆盖人口，吸引更多客流。

以南昌市为例，从中心到外围轨网密度越低，共享电单车接驳距离越远，说明共享电单车有效弥补了外围轨道覆盖不足的问题。其中，共享电单车一环内平均接驳距离为1.9公里，二环内升至2.1公里，二环外接驳距离最长，高达2.4公里。

共享电单车补齐部分地区中短距离公交出行服务短板。现阶段，各

---

① 艾媒咨询丨2021-2022年中国共享电单车市场及用户行为监测报告［EB/OL］.（2022-03-25）［2023-03-20］.https://www.iimedia.cn/c400/84363.html.

② 注：以下三部分数据来源于《2022年度中国主要城市共享单车/电单车骑行报告》。

城市提供中短途出行服务的社区公交、支线公交、接驳公交发展滞后，同时，由于客流规模较小，大规模布线运营的经济效益不高，共享电单车灵活便捷，在2~4公里出行有一定优势，可在部分地区弥补中短距离公交服务不足的问题。

以哈尔滨为例，在2~4公里的出行区间，共享电单车完成与公交相同的出行，仅需公交出行距离的74%，减少了1.4公里；仅需公交出行时间的48%，减少了18分钟。在2~4公里的出行区间，公交出行的步行距离占公交全程距离的16%，达到约0.9公里；公交车外出行时间占公交全程时间的31%，达到了约11.9分钟。

（三）共享电单车促进社会公平，提升城市交通韧性

共享电单车促进城市包容性发展，为不同收入水平群体提供机会均等的出行服务。以合肥为例，分析房租水平与电单车出行强度的空间相关性。实证发现，共享电单车总体上对房租高、中、低水平地区均有较好的服务，订单产生空间分别占总出行空间的20%、40%、40%。此外，电单车高强度出行相对集中在中、低房租的地区，占总出行空间的31%。

第二节　国外共享单车发展情况

"公共自行车"的概念起源于欧洲。1965年，荷兰首次推出了第一代公共自行车项目，但是该项目的运营结果不尽如人意。1995年，第二代公共自行车运营系统在丹麦首都哥本哈根问世。20世纪90年代末期，计算机、无线通信和互联网技术的迅速发展推动了欧洲公共自行车租赁行业的发展，这个时期被称为第三代公共自行车系统时代。[①]

1998年，世界城市广告领域的第一大公司——美国清晰频道通信公司在法国雷恩投入了第一个以高新技术为基础的公共自行车项目——"自行车地图"（Vélo à la Carte），这代表了第三代公共自行车系统时代的到来。在这个项目中，最显著的突破点在于智能公交卡的使用。公共自行车的用户在办理会员卡的时候被要求先填写申请表并且缴纳一定的押金，用户需要通过刷卡才可以租还自行车，每次交易都会产生交易记

---

① 索源. 基于出行需求波动的共享单车停放点选址规划研究［D］. 北京交通大学，2018.

录，对用户信息的登记、押金的支付都有利于减少租赁自行车过程中自行车被偷和损害现象的发生。

第三代公共自行车系统广泛应用了传感技术、自动控制技术、通信技术、数据处理技术、网络技术、信息发布技术等高新技术。高水平的服务吸引了更多的消费者使用可持续的绿色交通方式出行，引起了全世界范围内的广泛关注。

2017年10月，Transit App 开始统计华盛顿地区有关共享单车的信息。随着全美各地的新款共享单车运营商纷纷涌现，用户希望能够更轻松地找到附近的自行车，而不需要不断切换不同的单车应用。通过整合主要自行车共享服务运营商，用户可以更轻松地找到附近可用自行车，更便于出行。Transit App 努力让费时费力搜寻周边自行车的过程变得有趣而简单。

在五家共享单车企业的单车都在华盛顿地区投入使用后，研究2017年10月13日至2018年1月13日三个月期间所有自行车系统的整体流量，能够得出关于传统公共自行车和共享单车之间一些令人惊讶的结论。

先统计每日早上5点钟时街上的共享单车数量。因为早上5点醒来的人很少，Transit 认为几乎全部的共享单车都在街上，最后统计得出大约有1100辆共享单车停放在华盛顿地区。

根据华盛顿市政府的数据，2017年10月，传统公共自行车企业 Capital Bike Share 的骑行量比所有共享单车企业骑行量的总和还要高。其中 Capital Bike Share 的骑行数量为33.8152万次，而共享单车的骑行数量为5.6477万次。大多时候可用的 Capital Bike Share 公共自行车数量是共享单车总和的2倍。

结合骑行次数和可用自行车数量这两个数据，就能分析出共享单车领域最为关键的指标——日周转率。日周转率越高，则用户越多且企业越容易获得利润。为了得出这个指标值，我们收集了2017年10月其中10天的单日平均统计数据：骑行次数（根据华盛顿市政府统计数据，共享单车用户骑行1822次，Capital Bike Share 公共自行车用户骑行10908次）和可用自行车数量（共享单车1146辆，Capital Bike Share 公共自行车则有2056辆）。根据分析结果我们发现，典型的共享单车在2017年10月每天被骑行1.6次，而公共自行车每天被骑行5.3次（见图7-8）。这说明传统公共自行车比共享单车更受欢迎。而 Capital Bike Share 遥遥领先的另一个原因就是其年费用户占比可能较高，共享单车的影响可能需要更长周期才能体现。

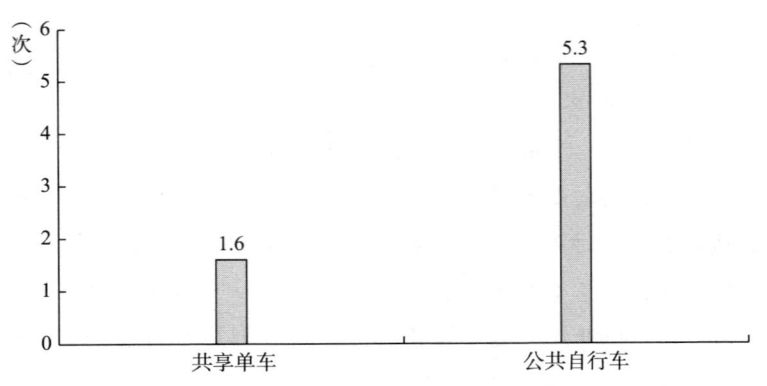

图 7-8　华盛顿地区传统公共自行车与共享单车日周转率
资料来源：华盛顿市政府。

有 10% 左右的自行车，无论是有桩自行车还是共享单车，都在 7 号和 8 号行政区。对于这两种类型的系统，超过 70% 的自行车位于 1 号、2 号和 6 号行政区，覆盖市中心和附近密集的街区。只有不到 20% 的自行车位于 3 号、4 号和 5 号行政区，这些行政区主要为比较偏远的地区（见图 7-9）。

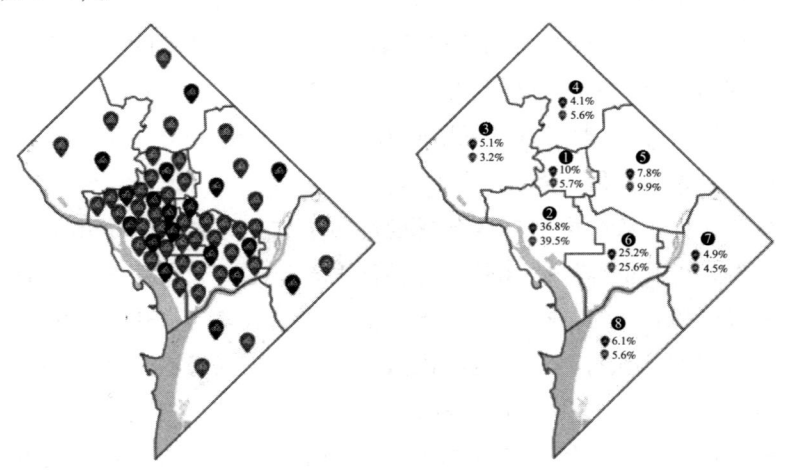

图 7-9　华盛顿地区传统公共自行车与共享单车使用密集区域
资料来源：华盛顿市政府。

以美国单车公司 LimeBike 为例，该公司是美国目前最大的无桩共享单车公司，自 2017 年 6 月入驻美国第一个城市后，仅耗时 3 个多月就成功入驻了美国 20 个城市。LimeBike 致力于与政府、大学、公司达成战略合作，通过为居民和游客提供无桩、无补贴的共享单车服务，提高城市交通的便利性。LimeBike 的目标是改善美国人在全国城市和大学校园中的出行方式。为此，LimeBike 开发了一系列支持 GPS 的无人驾驶智能自行车，并与社区合作，截至 2017 年 12 月 19 日，LimeBike 单车已经遍布从西雅图到迈阿密的 30 多个城市。

LimeBike 在 2017 年 12 月 19 日发布了年报，报告显示，LimeBike 单车投入市场之后改变了城市居民的出行方式，用户选择 LimeBike 单车出行比选择公交出行平均节约了 5~7 美元，比选择私家车出行平均节约了 19 美元。

首先，LimeBike 单车的出现增强了公共交通的可及性。在美国主要城市市场，40% 的共享单车分布在各个公交站点。这也反映了用户更倾向于将 LimeBike 单车作为他们"最后一公里"出行方式的首选。其次，促进了当地经济发展。城市居民去购物或者去娱乐区时，近 25% 的居民选择使用 LimeBike 单车，这意味着居民将在当地企业进行更多的消费。同时，LimeBike 也将单车投放到美国的大学中，影响了学生出行，大学校园里的骑行时间比全国平均水平缩短 30%。最后，因为 LimeBike 推出的许多优惠活动吸引了许多学生用户，其骑车次数比全国平均水平高出 54%。4/5 的大学生曾尝试使用 LimeBike 单车，并且选择重复使用，这意味着大多数学生选择将 LimeBike 单车出行作为他们生活方式的一部分。

据统计，LimeBike 单车投放市场之后的 6 个月内，用户累计骑行超过 100 万次，全部骑行距离相当于绕地球 25 圈，往返月球 1.5 次。LimeBike 单车的出现对美国的环境气候产生了影响，相当于消耗了 1830 万卡路里，节约了 17100 加仑的天然气，减少了 33 万立方米的二氧化碳排放，相当于种植了 1.4 万棵树木，大约是 100 片森林的面积（见表 7-5）。

表 7-5 LimeBike 单车投放后的环境改善情况

项目	数量
骑 LimeBike 单车消耗的卡路里	18300000
节省天然气量（加仑）	17100
减少二氧化碳量（立方米）	330000
节省树木的数量（棵）	14000
森林保护面积（片）	100

资料来源：LimeBike 年报。

第三节 共享单车对房地产价格的影响

作为一种健康和可持续的交通方式，自 20 世纪 60 年代在阿姆斯特丹首次出现以来，共享单车已经在全球数千个城市流行起来。共享单车公司主要是由私人经营的，近年来，大众媒体对该行业的福利影响进行了很多讨论。

共享单车行业的福利影响是复杂的。积极的一面是，共享单车利用了共享经济平台，这种商业模式在世界各地的城市都得到了发展。此外，通过解决"最后一公里"问题，共享单车增加了人们使用地铁网络的机会。消极的一面是，无桩共享单车的使用者可能会滥用稀缺的公共资源，比如将共享单车停放在不合适的位置。净影响可能因地点而异，取决于当地的便利设施。

共享单车是如何对房价产生影响的呢？房价通常被用来评估当地公共产品的福利效益。共享单车不是公共产品，但由于其"房屋外部性"，我们仍然可以通过考察其对房价的影响来揭示其福利效应。我们假设共享单车带来的福利收益和损失没有被共享单车公司充分内化，而是被资本化到当地房价中。这种方法也使我们能够观察到不同社区共享单车效应的异质性，这有助于我们找到适当的方法来扩大该行业的整体影响。

以上海为例，受到当地经济发展的影响，上海有着数量极为庞大的共享单车用户。截至 2019 年 8 月，共享单车行业在中国拥有 3 亿用户。它覆盖了 360 个城市，每天的乘客量为 4700 万人。这使得中国成为世界上最大的共享单车市场。上海是中国首批引入无桩共享单车的城市之一。

在上海，共享单车的收益和成本都很明显。一方面，上海拥有世界上线路最长的快速交通（地铁）系统。由于地铁不允许骑自行车，因此共享单车作为公共交通网络的补充，其价值可能很高。另一方面，无桩共享单车可能会侵蚀街道和步行空间，从而降低公众的总体福利。这带来了很高的社会成本，特别是考虑到上海的人口密度非常高，街道拥挤。

通过对微观数据的分析，我们可以发现共享单车与房价之间存在相关关系。第一部分是美团单车骑行记录。美团单车原名摩拜单车，是上海首家共享单车品牌，也是中国首批共享单车品牌之一。到目前为止，它一直保持着共享单车行业的主要参与者地位，占据了大约一半的市场份额。第二部分是中国最大的房地产经纪公司"链家"的房屋交易数据。第三部分是来自百度地图和高德地图的兴趣点（POI）数据，这两张地图都是来自谷歌地图的中国版本。

利用这些数据集，通过以下步骤估计自行车共享的净福利效益。首先，计算每个社区周围美团单车的使用强度。2017年10月9日，也就是美团单车在上海推出18个月后，计算该社区周围高峰时段居民骑行次数。我们假设这一天共享单车的使用强度是稳定的。如果我们使用2019年或2020年的骑行记录来计算强度，结果是相似的。其次，我们考察了房价与共享单车使用强度之间的关系。如果说共享单车与地铁网络相辅相成，具有正价值，那么美团单车上线后，地铁站的房价梯度应该变得更平坦，而这种变化应该由大量使用共享单车的社区来推动。如果说共享单车带来了负面的外部效应，那么对于附近没有良好物业管理服务或公共管理服务的社区来说，这种负面的外部效应应该更为显著。最后，作为一场前所未有的全球大流行传染病，COVID-19重塑了人们的旅行行为。我们研究了疫情发生以来共享单车的使用是增加了还是减少了，共享单车对房价的影响是增强了还是减弱了。

一　美团单车骑行记录

在中国，无桩共享单车由私营企业运营。虽然这些企业不是国有企业，但它们得到了政府的支持，这是因为无桩共享单车可以自由使用公共空间，共享单车市场高度集中。美团单车自推出以来一直是寡头之一。据搜狐新闻报道，该公司于2017年5月成为中国最大的共享单车公司。

上海共享单车市场有 3 家主要参与者：美团单车、哈啰单车和滴滴单车。美团单车是最早的，它于 2016 年 4 月 22 日进入上海。美团单车提供多种服务套餐，例如，7 天、30 天和 90 天的会员卡售价分别为 5.8 元、16.8 元和 49 元，用户通常购买 30 天或 90 天的会员卡。对于一次性用户，美团单车前 15 分钟收费 1.5 元，以后每 15 分钟收费 0.5 元。总的来说，相对于向每位乘客收取 2 元的公交服务费，共享单车服务费更便宜。

图 7-10 显示了样本区域相对于上海地铁网络的位置。样本中的所有骑行都是从样本区域开始的，终点可以在任何地方。样本区由 5 个区域组成，每个区域的半径为 5km。这 5 个区域覆盖了上海的内环区域、中环区域、外环区域和外环外区域。因此样本区域具有较大的空间差异。

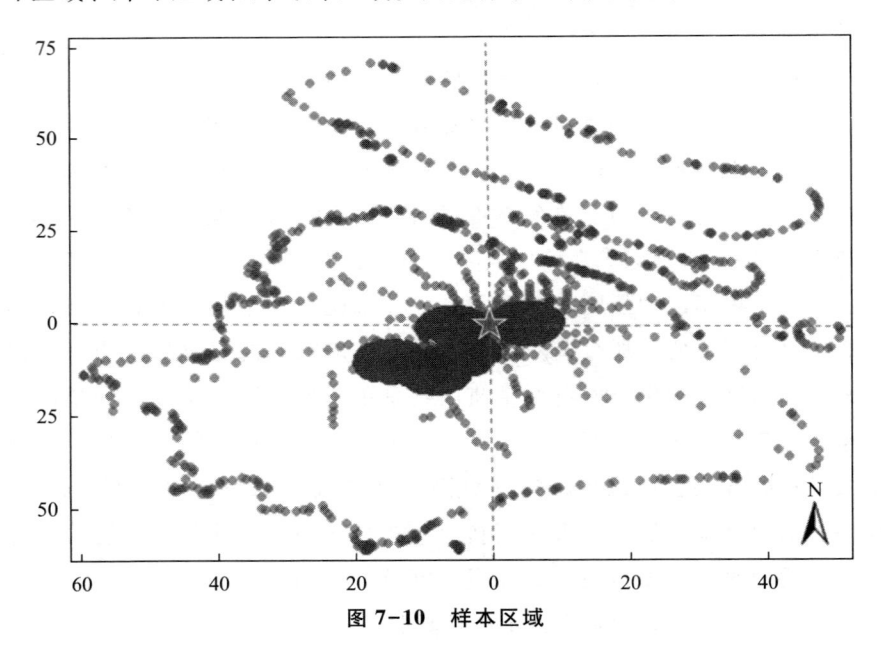

图 7-10 样本区域

虽然样本区域相对于整个城市来说似乎并不大，但从 2011 年到 2020 年，它贡献了通过链家完成的房屋交易量的 37%。这些房屋的"最近的地铁站"占上海所有地铁站的 41%；这些车站位于地铁网络的中心，客流量很大。样本区域居民分布的高密度性为共享经济提供了良好的发展环境。高密度也意味着对地铁服务有潜在的巨大需求。

本节选取 5 个时期的骑行记录：2016 年 5 月、2016 年 6 月、2017 年

10月9日、2019年10月9日和2020年6月9日。2016年5月和6月是美团单车上线的前两个月，是适合骑行的季节。在样本区域，2016年5月和6月分别有52078次和158147次以游乐设施为终点的骑行。通过两个月的骑行记录，可以发现美团单车用户感兴趣的骑行模式。

如图7-11所示，工作日的骑行次数多于周末，其中周四的骑行次数最多。如图7-12所示，在工作日，7：00~9：00和17：00~19：00是出行高峰。这种早高峰和晚高峰的"双峰"模式表明，通勤是使用共享单车的重要目的。在周末，骑行次数在一个时间段达到高峰（16：00~18：59）。

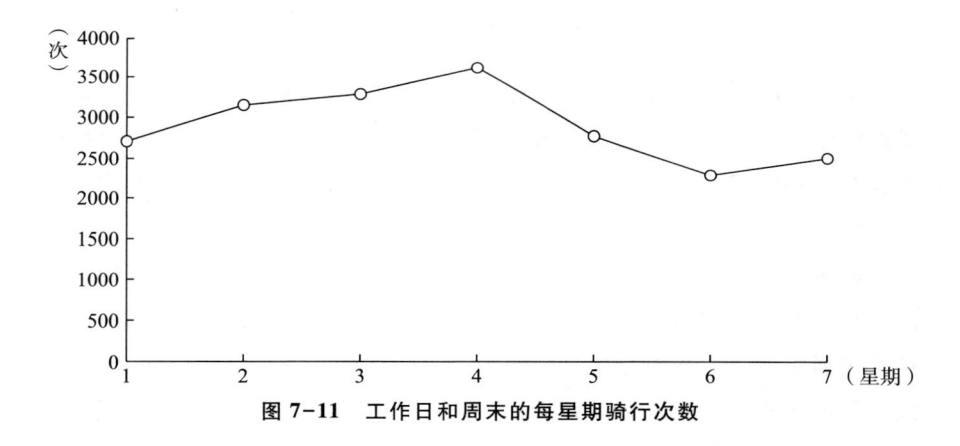

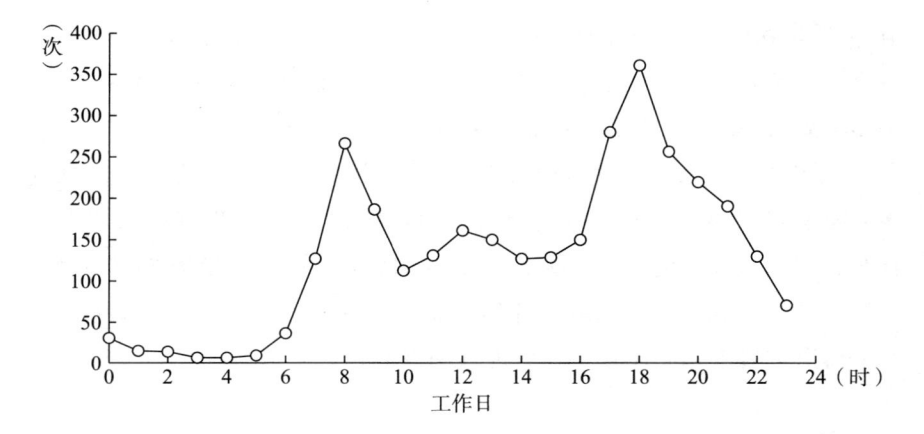

图7-11 工作日和周末的每星期骑行次数

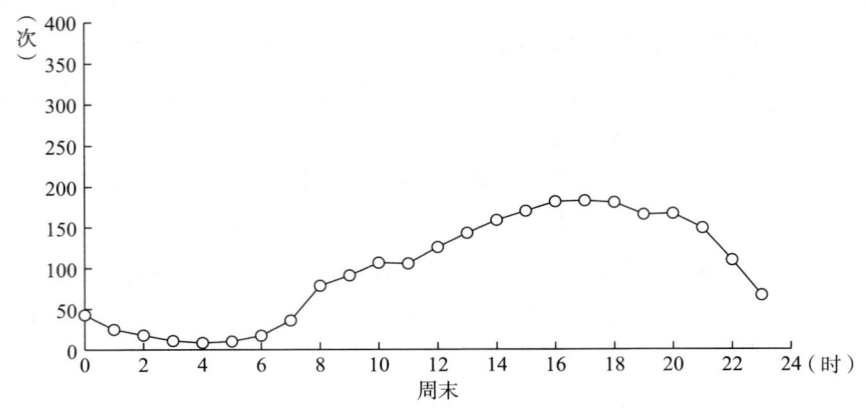

图 7-12 工作日和周末每小时平均骑行次数

使用 2017 年 10 月 9 日的骑行记录来计算关键变量（$\ln Bike$），该变量能衡量给定社区居民共享单车使用的稳态强度。这一天，共有 764802 次骑行，136262 辆个人自行车在运行，每辆自行车平均骑行 5.6 次。这一天比美团单车上线晚了 18 个月。

假设这一天的骑行模式是稳定的。在计算 $\ln Bike$ 时，使用高峰时段的骑行数据。2017 年 10 月 9 日，39% 的骑行发生在高峰时段。这些骑行反映了通勤者对共享单车的日常使用，他们可能是共享单车公司最稳定、最重要的用户群体。更具体地说，把 7：30～9：30 视为早高峰时间。对于每个小区，计算从距离小区不到 200 米的地方出发的骑行次数，并将其记为 $MornBike$。同样，将 17：30～19：30 视为晚高峰时间。对于每个社区，计算在距离社区不到 200 米的地方结束的骑行次数，并将其记为 $EvenBike$。$\ln Bike$ 是 $MornBike$ 和 $EvenBike$ 之和的自然对数。

如表 7-6 所示，一次骑行的平均距离为 1.2 公里，持续时间为 10 分钟；从起点（终点）到最近的地铁站的距离为 0.58 公里（0.62 公里）。此外，根据未列示的结果，大约 20%（41%）的骑行要么从距离地铁站不到 100 米（200 米）的地方开始，要么在这个地方结束。这表明，很大一部分乘客使用共享单车作为地铁网络的补充。

第七章 交通大数据的应用分析：共享单车

表 7-6 高峰时段骑行统计汇总

变量	均值	标准差	25%分位数	50%分位数	75%分位数
距离（米）	1200	1285	434	790	1474
时间（分钟）	10	17	4	7	12
起点到最近地铁站（米）	581	541	222	484	738
终点到最近地铁站（米）	622	634	263	518	772

注：该表只考虑 2017 年 10 月 9 日 7：30~9：30 和 17：30~19：30 的骑行。

二 房屋交易数据

样本期为 2011 年 9 月 6 日至 2020 年 7 月 13 日。它横跨了美团单车的推出，也包括了新冠疫情发生后的一段时间。将样本区域限定在美团单车数据集覆盖的区域，样本中产生了 79963 笔房屋交易。这些房屋分布在 120 个地区的 4415 个社区。图 7-13 显示了样本房屋所在社区的位置。

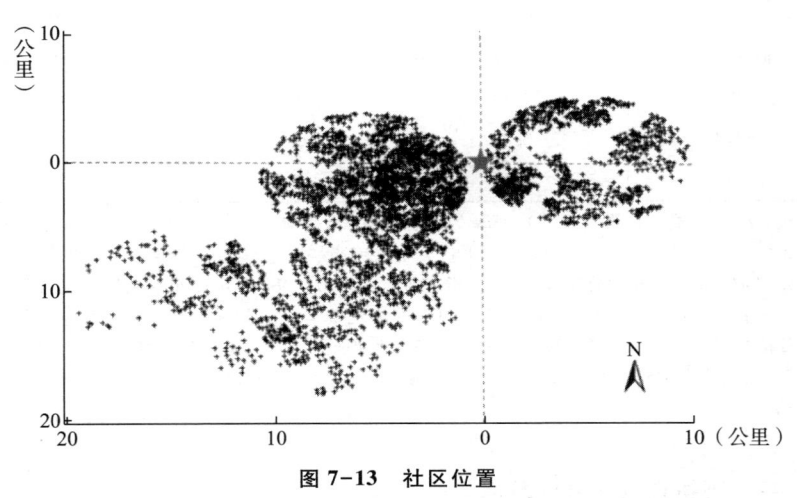

图 7-13 社区位置

注：该图显示了样本社区相对于城市中心（即人民广场）的位置。城市中心的位置是（0，0）点，用星号标记。x 轴和 y 轴表示到市中心的距离。

链家数据集包含与房屋特征、建筑特征和社区特征相关的变量。房屋特征包括成交价格、成交日期、房屋面积、卧室数量、客厅数量、房屋朝向、室内装修水平、在建筑中的位置（地下/低/中/高）。建筑特征包括总楼层数、建筑年龄和建筑类型（塔式/板式/混合式/平房）。社区特征包括社区名称、2019 年底的管理费、所属区域、经纬度。在数据库中，同一街区的公寓建筑具有相同的经纬度。

如表7-7所示，一套房屋的平均成交价为496.48万元，面积为90.29平方米。每套房屋平均约有2间卧室，1间客厅，在建筑中处于中等位置。样本内建筑平均约有14层，约建于交易前19年。该建筑位于一个街区，2019年底的管理费为1.88元/（米^2·月）。

表7-7 统计信息

变量	均值	中位数	标准差
Price	496.48	382	386.76
Size	90.29	76.97	53.09
Room	2.06	2	0.87
Parlor	1.38	1	0.68
Position	3.06	3	0.80
TotFloor	14.15	7	10.45
Age	19.01	18	9.50
ManaFee	1.88	1.29	2.75
lnBike	4.78	4.95	1.07
DSub	0.80	0.63	0.65
DCenter	8.42	7.34	4.67

注：Price 为成交价格（万元）。Size 为房屋面积（平方米）。Room 和 Parlor 分别指卧室和客厅的数量。当房屋位于建筑物的地下、低层、中层或高层时，Position 为整数，分别等于1、2、3或4。TotFloor 是大楼的楼层数。Age 是指成交时的楼龄。ManaFee 是小区的物业管理费〔元/（米^2·月）〕。对于一些社区，数据集中包含的管理费是一个范围，而不是一个单一的数字。在这种情况下，将费用计算为最小值和最大值的平均值。lnBike 是衡量共享单车在稳定状态下使用强度的指标。DSub 和 DCenter 分别是住宅到最近的地铁站和市中心（即人民广场）的距离（公里）。

三 兴趣点（POI）数据

使用百度地图和高德地图的 API 服务收集兴趣点（POI）信息，两者都是谷歌地图的中国版本。使用 API 服务，可以输入关键词，地图服务器将返回与该关键词相关的 POI 名称和位置。对于不同的关键词，两种地图的效率是不同的。给定一个关键词，尝试两种映射，并保留更有效的结果集。可以从高德地图上获得地铁站的位置，从百度地图上获得城市管理团队（CMT）办事处的位置。图7-14 为上海 CMT 办事处分布情况。

图 7-14 上海 CMT 办事处分布

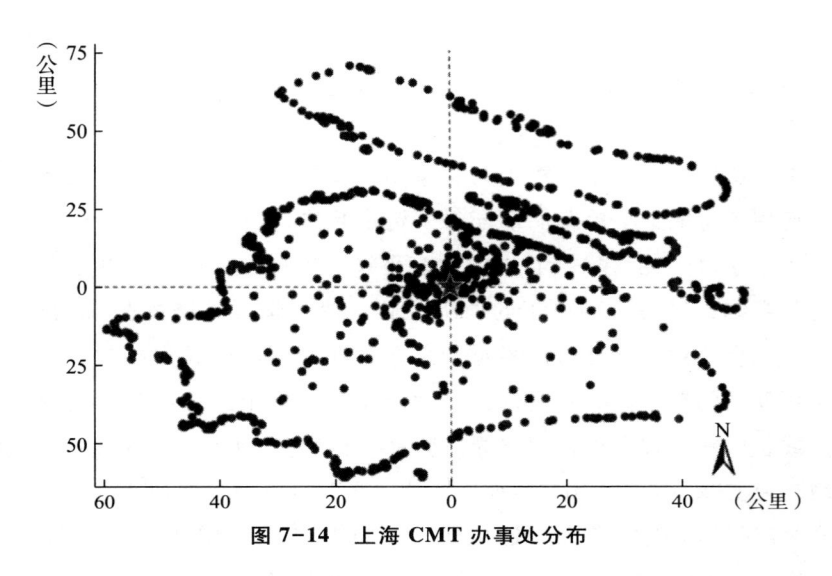

通过对以上数据进行分析，发现共享单车的引入降低了房价的地铁溢价，而这一结果是由大量使用共享单车的社区推动的。这说明共享单车对地铁网络的补充产生了正价值。但与此同时，共享单车也有负面的价格效应，可能适用于所有的房子。豪华小区和离城市管理团队较近的住宅受到的负面影响较小，这是由错位等问题造成的。在地铁站附近，人们可以步行到达车站，共享单车作为地铁补充的正价值几乎为零，共享单车的净房价效应为负。

上述共享单车对房价的影响在新冠疫情发生以后得到了加强。这与疫情发生以来共享单车作为保持社交距离的公共交通方式获得了更大的用户基础相一致。随着人们对共享单车行业的长期生存越来越有信心，其房价效应也变得更加突出。但与此同时，也应该谨慎解读与 COVID-19 相关的结果。样本期到 2020 年 7 月结束，覆盖了疫情发生以来仅 7 个月的时期。尽管控制了年-月固定效应，但在这一特殊时期，其他因素仍有可能导致共享单车与房价关系的转变。

此外，从子样本分析中发现，物业管理公司和城市管理团队的工作不仅消除了负面的外部影响，而且还消除了共享单车的积极价值。这就需要一种更好的方式来管理共享单车。一种可能的方法是创建一个"正确"停车位置的列表。而美团单车的主要竞争对手哈啰单车正在上海松江区做此尝试。

第四节 共享单车大数据的未来发展

大数据所发挥的作用对于共享单车的发展至关重要，尤其是定位数据的使用。每辆共享单车上都配备了定位装置，当用户通过 App 或小程序使用单车时，也都赋予了共享单车获取手机定位的权限。共享单车利用定位系统，将每一辆单车的地理位置、使用情况清晰地呈现给用户，用户可以提前预约距离自己最近的单车，在最短的时间内高效、便捷地找到可使用的单车。除此之外，运营商通过分析用户订单起始位置和骑行路线，能够实现资源合理配置，从而找出应进一步加大单车投放力度的区域。为了进一步增强用户的使用体验，企业可以通过定位系统有针对性地实时监测单车损耗情况，及时收回存在问题或不能继续使用的单车。

在一定程度上，共享单车能够利用大数据完善运营，但大数据仍存在隐私界限问题。从某些角度来说，应用大数据的同时也在侵犯个人隐私。因为用户使用共享单车的前提条件就是必须提供手机号码、身份证号码，而且在手机中共享单车应用所要求的权限也很高。例如，手机中摩拜单车 App 共有 27 项权限，其中，隐私权限包括大致位置（基于网络）、精确位置（基于 GPS 和网络）、检索正在运行的应用、读取手机状态和身份，以及读取存储卡内容、直接拨打电话等。当用户通过手机扫描二维码使用共享单车时，运营商可以掌握用户包括身份、职业、家庭等在内的完备信息，而且结合出行路线、骑行数据，甚至可以推断用户的生活轨迹，这严重触及用户的隐私底线。

鉴于信息化程度不断提升、数据量不断增加，大数据必将在未来实现更多的应用与更大的发展。一方面，大数据应用场景更加多元化，与生活息息相关。在不久的将来，更多的大数据使用场景与方式会被开发出来，用户的一举一动都会被转化为大数据体系里的一个个符号，服务于衣食住行的方方面面，提高生活的便利程度。另一方面，大数据应用会形成更大的数据量、更快的数据传播速度以及多元化的数据种类，有效挖掘数据价值将变得愈发重要，因此未来应建设更加完善的数据处理体系，以充分利用大数据挖掘价值。

第八章 交通大数据的应用分析：
共享汽车

内容提要：首先，在共享汽车与交通大数据分析基础上，从服务化、平台化、生态化三个方面分析了共享汽车平台特征。其次，针对国内的滴滴出行、国外的 Uber 以及私家车租车模式进行了分析，说明了交通大数据在促进共享交通和共享经济发展方面的作用。基于 2006~2019 年中国 57 个城市的平衡面板数据，实证分析了滴滴进入对城市公交与轨道交通的影响以及网约车监管的调节作用，并研究了影响效果和程度的城市异质性，得出了滴滴出行多用于出行者短距离出行，公共交通在长距离出行方面有更大的价格优势等结论。最后，对新能源汽车的产业特点、数据产生机理、应用流程、宏观数据情况、大数据应用场景等内容进行了梳理，分析了交通大数据时空研究在共享汽车领域的应用及前景。

本章所采用的大数据主要包括城市公共交通数据、工资及就业情况数据、新能源汽车国家监管平台系列数据三类，涵盖了城市基础设施建设水平、城市公共交通工具数量、城市公共交通客运量、城市通勤拥堵水平、居民就业水平与工资、全国新能源汽车等方面。数据来源包括《中国城市统计年鉴》、《中国城市建设统计年鉴》、中国互联网络信息中心、新能源汽车国家监管平台团队著作、百度公司等。表 8-1 按照数据出现顺序，对数据类型、数据来源、样本量等情况进行了列示。

表 8-1 本章大数据情况

数据名称	数据类型	数据来源	样本量
网约车用户规模	时间序列数据	中国互联网络信息中心	5
网约车用户使用率	时间序列数据	中国互联网络信息中心	5

续表

数据名称	数据类型	数据来源	样本量
通勤高峰交通拥堵水平	截面数据	百度公司	100
全年公共汽（电）车客运总量（万人次）	面板数据	《中国城市统计年鉴》	57
轨道交通客运总量（万人次）	面板数据	《中国城市统计年鉴》	57
人均道路面积（平方米）	面板数据	《中国城市建设统计年鉴》	57
人均地区生产总值（元）	面板数据	《中国城市统计年鉴》	57
职工平均工资（元）	面板数据	《中国城市统计年鉴》	57
年末总人口数（万人）	面板数据	《中国城市统计年鉴》	57
城市人口密度（人/公里^2）	面板数据	《中国城市建设统计年鉴》	57
年末单位从业人员数（万人）	面板数据	《中国城市统计年鉴》	57
年末城镇登记失业人员数（人）	面板数据	《中国城市统计年鉴》	57
失业率（%）	面板数据	《中国城市统计年鉴》	57
年末实有公共汽（电）车营运车辆数（辆）	面板数据	《中国城市统计年鉴》	57
年末实有出租汽车数（辆）	面板数据	《中国城市统计年鉴》	57
全国新能源汽车运行特征	面板数据	新能源汽车国家监管平台团队著作	6655000
全国新能源汽车国家监管平台接入特征	面板数据	新能源汽车国家监管平台团队著作	6655000
全国新能源汽车国家监管平台车辆上线率情况	面板数据	新能源汽车国家监管平台团队著作	6655000

第一节 共享汽车与交通大数据

一 共享汽车

共享汽车或者合伙拼车（在英国被称为汽车俱乐部）是汽车租赁模式之一，通常按小时计费，适用于用户短期租车。该模式更多地吸引仅偶尔使用汽车的顾客，这类顾客不愿使用日常用车，只是偶尔租赁不同类型的车。一个原因是这些顾客都住在公寓，同时没有停车位；另一个原因则是单纯开车上下班的人使用这种服务可以使车辆使用效率提高。

这些汽车租赁机构部分为商业企业，或由消费者自行设立的公共机构、合资企业、特定部门等构成。现如今，人们可以在全球超过一千个城市享受到共享汽车的便利服务。"汽车共享"在一些地方也称为拼车或者车辆共乘。

共享汽车是一种更加灵活便捷、适合短时间使用的汽车，是公共交通和私家车之间的创新交通方式。其核心是针对汽车租赁市场进行垂直细分。与按日租赁相比，分时租赁允许用户即时预订，更加便捷高效；而与叫车服务相比，分时租赁更能满足用户对隐私和灵活性的需求。共享汽车与共享单车在本质上是一致的，即通过对现有经济模型的优化升级，形成另一种形式的共享经济。共享单车是针对城市公众租赁自行车升级演化而来的，而共享汽车是基于已有的传统租车行业进行的优化和升级。

二 共享汽车的交通大数据

谈到共享经济模式，我们就不能不谈汽车领域的共享模式。共享经济模式背后是多种模式的共同支撑，而大数据正是其基石。"大数据"作为时下最时髦的词语，逐步向各行各业辐射，促成了很多行业尤其是传统行业管理和运营方面的革新。汽车行业人士密切关注大数据在汽车领域的应用与发展，被其释放出的巨大价值吸引。大数据的兴起与应用触发了交通行业的巨大变革，具体体现在以下五个方面。

第一，服务内容精准化。交通路网动态分析建立在大数据的基础之上，为用户的出行提供了实时备选方案。

第二，交通通行高效率。互联网感知器能够实时分析复杂天气、交通事故以及各种突发事件，帮助交通管理部门高效掌握交通实况并及时反馈。

第三，减少现场执法人员。交通执法因大数据行为分析的存在而转化为一种事后的非现场执法。

第四，交通服务自动化。随着人工智能的迅速发展，移动支付的普及和自动化设备的应用，推动了自助服务和无感服务的实现。

第五，部门决策科学化。对交通行为的分析有利于政府精准制定并推出重大政策。例如，广州利用专业机构分析数据找到道路拥堵的症结所在，精准施策，出台限外地牌照的政策。

其实，共享商业模式在消费领域和非消费领域均发挥了重要的作用，甚至在非消费领域产生了更高维度的影响，比如通过大平台、大数据，可以实现汽车制造技术的共享、汽车后市场的技术共享，乃至各个行业的高端技术共享，既能提高行业的智能程度，也能大幅提高行业生产力水平，创造无限的商业价值。

三 共享汽车的平台创新及弊端

（一）服务化创新——出行即服务（MaaS）

从传统意义上来看，用户需要先投资购买汽车，在使用时支付燃料费、保养费以及停车费等，而现在可以免除停车、保养等烦琐过程，享受专业的出行服务只需简单的注册操作，节省了大量时间和精力。共享出行的兴起使得出行者只需按需出行、按需付费，不再经历传统的买车、养车等一系列繁杂过程，这便是出行即服务模式带来的一大创新。

近年来，随着信息技术的发展与互联网服务的普及应用，"一切皆服务"（X as a Service，XaaS）作为一种新的商业模式应运而生，其最初被称为"软件即服务"（Software as a Service，SaaS）。在互联网技术成熟之前，用户需要投入大量资金向软件供应商购买特定软件。然而，随着互联网技术的不断发展与应用、服务的普及和改进，软件供应商逐渐将软件安装在服务器上，改变了早期以实体销售软件的方式。因此，用户只需支付相应的服务费用，就可以在线使用这些软件。用户不再需要专门购买昂贵的软件，只需在购买使用权上花费少量资金。这种定制和付费模式立足于用户需求，可以极大地降低用户的使用成本。随后，"硬件即服务"（Hardware as a Service，HaaS）、"平台即服务"（Platform as a Service，PaaS）等相似的商业模式逐步兴起，并被一些学者概括为"一切皆服务"，推动了信息产业服务化。用户只需拥有终端即可享受相关服务，其所需的软件、硬件乃至存储器等均以不同的服务方式呈现。①

---

① Merkert R, Bushell J, Beck M J. Collaboration as a Service (CaaS) to fully integrate public transportation-Lessons from long distance travel to reimagine mobility as a service [J]. Transportation Research Part A: Policy and Practice, 2020, 131: 267-282.

回溯共享出行的发展史，Uber 等作为共享出行的先行者，显然借鉴了 IT 行业的商业逻辑——"一切皆服务"。Polydoropoulou 等参考云计算的服务模式（PaaS、IaaS 和 SaaS），率先提出出行即服务（Mobility as a Service，MaaS）的全新概念。[1] 从出行用户的角度来看，出行即服务代表了从传统的私有车辆出行方式向按需购买出行服务的转变。从供应商的角度来看，它意味着将不同的交通方式整合起来，并通过特定的平台或终端呈现给用户。因此，所有权交易转变为使用权交易，这既大大降低了用户的成本，又创新了供应商的服务模式。

出行即服务模式可以将出租车、公共交通等多种出行方式集成为特定应用程序，用户查询信息、规划线路、在线支付等均可以通过移动终端进行简单操作。这种模式可以为用户提供无缝的服务，有效地克服了以私人交通工具为主的交通系统的低效和不可持续的问题。通过手机，用户可以轻松地进行查询、下单、匹配和支付等操作，大大提高了出行的便捷性。出行即服务模式具有便利、节约成本的优点，有利于推进可持续交通模式的应用，吸引私家车出行者转向选择共享出行模式。

（二）平台化创新——基于服务集成的出行平台

共享出行系统的核心是平台，它取代了传统出行服务商和出行者之间的直接交易，这体现了共享出行模式的创新之处。强大的网约车平台产生了超乎想象的影响，传统出租车市场受到滴滴出行、Uber 等的猛烈冲击。随着 Uber 和滴滴出行等平台的逐步发展，平台模式受到了众多企业的追捧，并逐渐兴起。近年来，北京、上海、广州等地陆续推出了官方网约车应用软件，传统的约车模式也被逐渐改变。

出行平台以信息和通信技术（ICT）及其基础设施为支撑，分为前端和后端两个部分。前端主要负责为双边或多边市场输入信息、处理数据、匹配交易、规划路线以及进行线上支付等工作。后端则从道路和交通基础设施规划角度出发进行优化。出行平台通过匹配、撮合用户和服务商，形成双边市场或多边市场。它运用互联网和大数据分析技术，合理规划基于位置的信息服务（LBS），拥有出行需求预测、路线规划、线

---

[1] Polydoropoulou A，Pagoni I，Tsirimpa A，et al. Prototype business models for Mobility-as-a-Service [J]. Transportation Research Part A：Policy and Practice，2020，131：149–162.

上支付等功能，从而为用户提供了高效便捷的出行服务。

共享出行平台呈现给用户一个全新的出行方案，出行服务可以便捷地在 App 界面被预订。从根本上说，出行平台是一个复杂的智能化数据处理系统。它不仅将不同的出行服务方式集合在一起，使公共交通、出租车、自行车等出行服务提供商聚集于此，而且实现了在应用程序或其他终端查询信息、规划路线、预订以及线上支付等服务。这使得按需出行和实时定制化服务成为可能，真正为用户提供高效便捷的出行体验。除此之外，它避免了平台与出行者或乘客接触并发生交易，将原来由运输商承担的各种风险逐渐转移到了出行平台。怎样进一步防范平台所特有的线上商业风险，值得我们进一步深究。

通过回顾共享出行的实践，我们可以确定互联网或 IT 公司可以搭建运营平台，但由于没有车辆所有权，它们仍然属于轻资产模式平台。公交公司或其他租车公司等也有权搭建运营平台，但与互联网公司不同的是，这些公司拥有运营车辆，因此该类平台属于重资产模式平台。此外，平台的设计与建立可以由专业的软件公司来完成，而平台的运营方可以是专业化的平台公司，或者将平台融入服务商的业务体系中作为传统服务商新增的业务模块。

（三）生态化创新——基于共享的出行生态系统

共享出行以服务和共享的理念对出行生态系统进行重新塑造，这是共享出行带来的第三个创新，也是对现有出行系统最大的改变。重构的出行生态系统对所有的出行服务活动进行整合，呈现给用户的是一个统一的终端。[1] 因此，传统意义上的功能性运输服务商只有主动融入共享出行平台所重构的生态系统，并形成统一的解决方案，才能在市场上占据一席之地。重构出行生态系统的关键之一在于，共享出行建立了各种平台。平台作为一种新的组织形式，将出行者、出行服务提供商以及其他服务商进行整合，在独立设置的应用程序上集成了信息查询、线路规划、车辆预订、乘车、支付等服务功能，为用户提供了"一站式"服务，从而进一步提高了用户出行的便利程度。回顾整个实践过程，平台

---

[1] Smith G, Hensher D A. Towards a framework for Mobility-as-a-Service policies [J]. Transport Policy, 2020, 89: 54-65.

依靠强大的算法、数据处理能力以及整合功能，已经成为共享出行生态系统的核心和枢纽，彻底革新了传统的出行服务方式。建立平台是获取市场资源的重要手段，这正是"得平台者得天下"和"赢者通吃"的体现。正因如此，各平台间的竞争不断加剧，推动了共享出行生态系统持续更新和升级。早期的出行平台以 Uber 为代表，通过多样化的促销和补贴手段吸引多元用户加入平台，进而形成了双边或多边的网络效应。这些平台主要改进了信息查询、线路规划、预订和支付等服务，专注于某一特定的出行方式，但由于成本较高，它们通常被称作"烧钱模式"。另外，这种模式的盈利模式并不明确，潜在的市场风险一直存在。

第二节　共享汽车的交通大数据应用分析

一　国内案例分析：滴滴出行

（一）滴滴出行的建立及大数据的应用

滴滴出行（以下视情况简称"滴滴"）发展简史，其实就是一部交通大数据创新史。在这个大数据时代，往往是得大数据者得天下。2014年，滴滴出行与快的打车二者势均力敌，它们掀起了全国补贴大战。然而，滴滴出行借助腾讯、微信大数据资源与技术，成功夹击快的打车，于 2015 年 2 月战略合并快的打车。随后，滴滴通过多元化整合国际大数据资源，打入国际市场，并初步取得一定成果。滴滴 CEO 程维深刻认识到，滴滴成功之道就在于大数据。2015 年 5 月，滴滴成立机器学习研究院，次年又将其升级为专注于大数据技术研发的滴滴研究院。滴滴凭借大数据的支撑作用拓展海内外业务，积极挖掘自身交通大数据"钻石矿"。贵阳大数据交易所则为滴滴提供了整合国际大数据资源的便利渠道，提供了变现滴滴交通大数据资产的快捷平台。

滴滴出行在国际化进军途中，出现了一位友军——贵阳大数据交易所，它为滴滴出行整合国际化大数据提供了更为快捷的渠道。2016 年，滴滴出行宣布与贵阳市政府达成战略合作，共同创建了我国首个"网约车大数据交互共享中心"。交易所还与马来西亚大数据商务集团签署了合资协议，由双方合作设立马来西亚大数据交易所。此外，交易所还与韩国 The IMC 公司建立了沟通机制，为推广中国大数据交易模式奠定了基础，并通过大数据支持我国"一带一路"倡议的实施。

滴滴出行是整个中国乃至全球发展最快的互联网公司之一，如今已成为全球最大的"一站式"多元化出行平台。截至 2023 年底，滴滴注册的新能源汽车累计超 400 万辆，其中纯电动汽车约 350 万辆，全球年活跃司机和外卖员超 2500 万人，公司员工来自全球 22 个国家。[①] 2023 年，滴滴实现总收入 1924 亿元，同比增长 36.6%；中国出行业务实现总收入 1750 亿元，同比增长 39%；国际业务实现总收入 78 亿元，同比增长 33.8%。此外，2023 年滴滴核心平台交易量达到 134.69 亿单，同比增长 39.1%。其中，中国出行业务的交易量达到 108.09 亿单，同比增长 39.8%；国际业务的交易量达到 26.6 亿单，同比增长 36.2%。[②]

滴滴的数据主要来源于自身手机软件以及通过与政府合作获取公共数据。根据出行大数据，滴滴智能交通云平台能够实现区域热力图绘制、OD 数据分析、城市运力分析、城市交通出行预测、城市出行报告呈现以及信号灯动态配时等，同时也可以在实时路况、实时公交、城市运力补充、ETA 等公共出行服务方面发挥出重要作用。

滴滴的大数据应用主要体现在以下几个方面。

第一，借助大数据的精准分析和预测，使预估费用和实际费用相一致。

第二，利用区域热力图预测需求，采取蜂窝动态调价，大大提高整体成交率。

第三，拼车智能化，通过虚拟站点设计，撮合不同地点乘客拼车。

第四，滴滴通过与政府合作，携手城市共同实现智能交通。目前，滴滴已经与武汉市人民政府、沈阳市人民政府签署了战略合作协议。

例如，业界普遍认为基于智能控制信号灯，可以"利用数据模型测算出区域车流量情况，依靠区域的红绿灯调节来提高车在主干道上的通

---

① 滴滴发布 2023 年可持续发展报告［EB/OL］.（2024-07-30）［2024-08-31］. https://www.didiglobal.com/news/newsDetail?id=1057&type=news.
② DiDi Announces Results for Fourth Quarter and Full Year 2023［DB/OL］.（2024-03-23）［2024-08-31］. https://s28.q4cdn.com/896456191/files/doc_financials/2023/q4/DiDi_2023_Q4_Press_Release_.pdf.

行效率"。

之前一直占据数据量主导地位的"铁老大"铁路系统和城市出行生力军公交系统，已被滴滴当前拥有的数据量超越，滴滴坐拥超级"钻石矿"。通过滴滴大数据可以了解到不同行业、不同区域从业者的工作情况。例如，每逢工作日夜晚尤其是晚上9点之后，中关村软件园的出行订单较多，据此可以推断出互联网行业的人员加班略多。除此之外，大数据还可以反映出不同城市医疗和教育资源的分布情况，通过长期持续的观察就能总结出城市经济、社会资源的发展以及变迁情况，这些非常有研究价值。除了在观察城市发展变迁等宏观层面应用滴滴大数据，匹配司乘信息、提高司机收入最为实际。滴滴基于大数据专门为平台司机提供热力图，该图可以清晰地反映出城市中哪些区域用车需求更高，既能满足城市区域的用车需求，同时也能有效提高司机收入。

对于滴滴来说，互联网发展的上半场已经结束，下半场开始有了数据，开始有了计算能力，开始有了更先进的算法。实现人工智能需要处理三件事情：第一件事情是算法，第二件事情是大规模的云计算能力，第三件事情是海量数据的沉淀。

通过挖掘大数据"钻石矿"，滴滴出行依托大数据进行了"给全国人民送荔枝""给全国人民送蛋糕"等活动，2015年5月收入达到1000万元。这只是滴滴大数据盈利的开端。贵阳大数据交易所执行总裁、九次方大数据创始人王叁寿指出，未来互联网公司必将是大数据公司，企业最核心的资产是大数据。滴滴出行还可以借助贵阳大数据交易平台，参与分享经济，进一步推出清洗、脱敏、分析、建模和可视化后的大数据产品，打造全新的盈利点。

未来社会的出行将更为智能化，未来城市的交通建设也将更为智慧化，可见滴滴基于大数据的应用已经走在了全国前列：2015年滴滴研究院在北京创立，2017年3月滴滴美国研究院于硅谷成立。滴滴美国研究院是由北美、欧洲等的全球顶级的科学家组成的近百人团队，致力于研究大数据安全和智能驾驶等前沿领域。在国内济南、贵阳、深圳等20多个城市，智慧信号灯、智慧诱导屏、潮汐车道等基于滴滴大数据的成果都已落地。借助滴滴大数据，城市主干道早晚高峰期的交通延误时间平均缩短了10%~20%。对于滴滴来说，大数据的应用更多是在智能出行领域。智能出行的范围很大,大致可以分为如下几个层面。

第一,优化乘客出行路线,帮助乘客更快到达目的地。众所周知,如今不管是一线城市还是二、三线城市,堵车都成为这些城市面临的一个现实问题。很多时候,乘客因为着急总希望能够避开拥堵路段、快速到达目的地,尽管市面上有不少导航软件可以看到实时的交通路况,但要说怎样才能规划出一条合理的出行路线,滴滴经过数年的积累无疑更有经验。

第二,优化城市交通网络,推动智能交通建设。拥堵的加剧考验着越来越多的城市管理者,他们除了通过传统的增加路网等方式来缓解拥堵,使用云计算、大数据等方式对现有交通网络进行优化无疑更加快速有效。而滴滴出行一方面通过提升车辆利用率来缓解拥堵;另一方面通过自身的数据积累,将那些容易拥堵的路段以及缓解拥堵的经验分享给交管部门,帮助它对现有交通网络进行优化。通过滴滴交通云与智慧城市、智能交通等系统相互对接,通过更多大数据分析,将可以形成一个更加智能化的交通网络。

第三,优化城市基础设施建设,提升交通出行效率。随着车辆的增加,城市建设者往往会对现有道路基础设施进行改造,比如增设辅路、增加主路出入口、建设立交桥等,这些基础设施的改造往往要参考很多的数据。因为一旦这些基础设施的改造出现失误,不但不能缓解拥堵,反而会加剧拥堵。

为此,城市建设部门可以借助滴滴交通云、滴滴出行大数据等,对道路、桥梁等基础设施进行改造,以便提升出行效率,致力于将传感器数据、静态道路数据、道路事件数据等与滴滴的司机数据、OD 数据、运力以及 GPS 轨迹等数据进行整合,不断完善城市中的交通出行服务。

(二)滴滴数据的脱敏处理

1. 数据脱敏

随着信息技术的迅猛发展和广泛应用,全球大数据存储量和产业规模急剧扩大,数据已成为推动经济社会发展的核心生产要素。然而,在数据价值不断释放的同时,数据安全问题也日益凸显,引起了越来越多人的关注。近年来,数据泄露事件频繁发生,而传统的解决方法主要依赖于数据加密和访问控制等手段来严格控制数据的应用范围,以降低数据泄露的风险。然而,这些方法显然已经无法满足当前数字经济发展的需求。数据脱敏技术能够解决数据安全和数据共享问题，故被逐渐应用于各行业中。

敏感数据是指一旦泄露，可能会对个人生活、企业利益以及国家安全产生严重威胁和损害的数据。这些数据不仅包括个人隐私数据，如姓名、手机号码、身份证号码、工作单位、银行账号、电子邮箱、家庭成员、社会关系、医疗信息、教育经历等，还包括社会机构的隐私数据，如企事业单位的组织架构、核心技术、经营情况、员工薪酬等。

数据脱敏，也称为数据漂白、数据变形或数据去隐私化，是指在保留数据意义和有效性的情况下，对某些敏感信息通过特定的脱敏规则进行数据变形，以实现对敏感隐私数据的可靠保护。其目的是在保护敏感数据免于未经授权的访问的同时，这些数据仍能在开发、测试和其他非生产环节以及外包环境中被安全地使用。借助数据脱敏，信息依旧可以被使用，并与业务相关联，不会违反相关规定，而且也降低了数据泄露的风险。

2. 滴滴受到相关行政处罚

2021年7月，为了防范国家数据安全风险，维护国家安全，保障公共利益，根据《国家安全法》和《网络安全法》，网络安全审查办公室按照《网络安全审查办法》对滴滴进行了网络安全审查。经过调查和核实，滴滴存在违反《网络安全法》《数据安全法》《个人信息保护法》的情况，涉及违法违规收集和使用个人信息的问题。[1]

根据调查结果，滴滴存在16项违法事实，主要涉及8个方面的问题。①违法收集了用户手机相册中的截图信息，共计1196.39万条。②过度收集了用户的剪切板信息和应用列表信息，共计83.23亿条。③过度收集了乘客的人脸识别信息1.07亿条、年龄段信息5350.92万条、职业信息1633.56万条、亲情关系信息138.29万条，以及"家"和"公司"打车地址信息1.53亿条。④过度收集了乘客评价代驾服务时、App后台运行时、手机连接桔视记录仪设备时的精准位置（经纬度）信息1.67亿条。⑤在未明确告知乘客的情况下分析了乘客的出行意图信息、常住城市信

---

[1] 国家互联网信息办公室对滴滴全球股份有限公司依法作出网络安全审查相关行政处罚的决定［EB/OL］.（2022-07-21）［2022-07-23］.http://www.cac.gov.cn/2022-07/21/c_1660021534306352.htm.

息以及异地商务/异地旅游信息等敏感数据,涉及的数据量巨大。⑥以明文形式存储了司机的学历信息和身份证号信息,分别为 14.29 万条和 5780.26 万条。⑦在乘客使用顺风车服务时频繁索取无关的"电话权限"。⑧未准确、清晰地说明个人信息处理目的等重要事项。①

3. 汽车数据安全的国家规制

国家发改委数据显示:预计到 2025 年,中国的智能汽车渗透率达 82%,2030 年达到 95%。有专家认为:一辆无人驾驶汽车每秒最多能产生 100GB 的数据。这些数据不仅包括车辆运行的轨迹、速度等数据,还包括车内人员的图像、声音、生物特征等数据。

根据 2020 年 3 月 20 日发布的《中共中央 国务院关于构建更加完善的要素市场化配置体制机制的意见》,数据已被列为与土地、劳动力、资本、技术并行的五大要素资源之一。② 脱敏后的数据资源作为生产要素,应当按照价格市场决定、流动自主有序、配置高效公平的原则使用和运作。③ 大量互联网服务平台获取的用户数据和由此衍生的增值数据,属于公共资源,应当纳入国家统一分层的监管体系。大数据的使用需遵循公益化基本原则,其商业化开发必须极为慎重。④

智能汽车的数据处理具有强烈的公共利益属性,这使得智能汽车领域在权衡个人数据保护、数据自由流通、数据商业应用以及交通系统的公共利益时更加微妙和复杂。⑤ 此外,清华大学车辆与运载学院教授杨殿阁在接受采访时举例说:一般的手机只有 4~5 个摄像头,而汽车上的摄像头可能有 8~10 个,它们不仅处理车内的信息,还在实时采集车外的路况环境信息,这就涉及地理信息的测绘、国家的信息安全。

---

① 国家互联网信息办公室有关负责人就对滴滴全球股份有限公司依法作出网络安全审查相关行政处罚的决定答记者问 [EB/OL]. (2022 - 07 - 21) [2022 - 07 - 23]. http://www. cac. gov. cn/2022-07/21/c_1660021534364976. htm? prefer_safari = 1&prefer_reader_view = 1.
② 中共中央 国务院关于构建更加完善的要素市场化配置体制机制的意见 [EB/OL]. (2020-04-09) [2020-04-20]. https://www. gov. cn/zhengce/2020-04/09/content_ 5500622. htm.
③ 蔡继明,刘媛,高宏. 数据要素参与价值创造的途径——基于广义价值论的一般均衡分析 [J]. 管理世界,2022,38(7):108-121.
④ 谢康,夏正豪,肖静华. 大数据成为现实生产要素的企业实现机制:产品创新视角 [J]. 中国工业经济,2020(5):42-60.
⑤ 江小涓,黄颖轩. 数字时代的市场秩序、市场监管与平台治理 [J]. 经济研究,2021,56(12):20-41.

为了应对这些现实问题，国家相关部门联合发布了一项文件，即《汽车数据安全管理若干规定（试行）》，倡导汽车数据处理者在处理汽车数据时应当遵循"车内处理""默认不收集""精度范围适用""脱敏处理"等原则，以避免对汽车数据的无序收集和滥用。①

4. 滴滴数据脱敏处理后的应用

滴滴出行于2017年4月25日宣布向各地交通管理部门开放其"滴滴交通信息平台"，并基于滴滴的大量数据资源，联合大数据分析与应用技术国家工程实验室及北京大数据研究院，发布了全国重点城市的交通运行报告。"滴滴交通信息平台"是对平台大数据进行脱敏和挖掘分析，平台内所有数据不涉及单个订单和用户信息，各地交通管理部门通过滴滴授权之后可以登录该平台，查看当地的交通运行指数、实时路况、拥堵研判、出行热力图等，以做进一步的交通健康度监测分析。通过这个平台，滴滴同步推出了全国首份重点城市交通运行报告。该报告基于滴滴出行平台上大量的起点和终点数据、轨迹数据等出行数据，充分发挥滴滴在大数据行业的领先优势，采用了业界通行的交通运行指数，从微观道路到宏观区域，客观、细致、精准地反映了城市交通运行状况，并分析了日常出行的演化趋势。

2017年10月在中国计算机大会（CNCC 2017）期间，滴滴宣布启动盖亚数据开放计划，在保障数据安全和隐私的前提下，将部分真实的、高质量的出行数据审慎地开放给学界，全球高校和科研机构的专家学者可登录盖亚数据开放计划网站，在提交相关信息后免费获取出行数据。相关数据仅支持科研工作者进行学术研究，不能用于任何商业目的。该计划首期开放了2016年11月成都市二环局部区域内滴滴快专车平台的原始轨迹数据。为保证用户信息安全，滴滴采取了一系列技术手段和措施，对数据进行匿名化、加密、染色等处理，从而确保相关数据无法追溯到个人，无法还原。2018年8月，滴滴进一步扩大盖亚数据开放计划，二期数据集在时间和空间维度上均有所扩大，能更好地支持学者进行节假日、非节假日及多城市的比较分析。

---

① 国家互联网信息办公室等五部门发布《汽车数据安全管理若干规定（试行）》［EB/OL］.（2021-08-20）［2021-09-15］.http://www.cac.gov.cn/2021/08/20/c_1631049984834616.htm.

未来，在保护用户隐私、维护数据安全的前提下，秉承着"开放共享、协作共赢、创新发展"的理念，滴滴将继续推进数据开放，希望与学术界共同探索并拓宽学科的边界，将尖端科技应用于改变世界的实践中，共同让城市更加适应每个人的发展，让出行更加美好。

（三）大数据报告

截至 2022 年，滴滴全球活跃用户达到 5.87 亿人，其中，国内出行业务活跃用户达 4.11 亿人，国内出行业务日均订单量达到 2820 万单。滴滴出行市场占有率由于竞争者逐步进入在逐年下降，但截至 2019 年仍占市场份额的 80% 以上。作为中国出行领域的"独角兽"公司，滴滴所掌握的出行大数据不容小觑。

中国城市通勤高峰拥堵指数（见表 8-2）显示，2020 年重庆位居拥堵指数榜首。2019 年的"堵城"冠军北京在 2022 年位列第 2，而 2021 年的季军长春在 2022 年位次下降至第 5。北京由于较高的社会平均工资而成为因拥堵造成损失最高的城市——北京每人每年因堵车损失高达 8717 元。

表 8-2　2022 年度百城通勤高峰交通拥堵水平（前 10 名）

2022 年度排名	排名同比 2021 年	城市	通勤高峰拥堵指数	拥堵指数同比增长率（%）	通勤高峰实际速度（km/h）	信控路口通行延误（秒）
1	+1	重庆	1.790	-10.76	29.84	40.06
2	-1	北京	1.769	-13.62	31.11	42.46
3	+2	上海	1.737	-7.47	32.16	45.33
4	+12	杭州	1.730	0.90	30.33	46.81
5	-2	长春	1.706	-12.77	31.67	49.31
6	+9	南京	1.695	-1.25	30.68	38.05
7	-1	广州	1.677	-5.59	34.02	42.00
8	+2	西安	1.654	-4.69	30.60	43.70
9	+5	沈阳	1.648	-4.10	29.16	46.42
10	-3	武汉	1.641	-7.43	30.16	34.79

资料来源：百度公司《2022 年度中国城市交通报告》。

滴滴运用出行大数据深入研究了公共交通与网约车、城市连接、智慧交通形态、夜间出行等若干热点问题，对城市交通的形态与特征保持密切关注，并致力于采用多元化可视化方式。

第八章　交通大数据的应用分析：共享汽车

"蝌蚪图"（见图 8-1）直观反映出城市早晚高峰时段人们的流动性。根据早晚高峰的大数据，北京仍朝着职住分离、就业多中心的趋势发展。

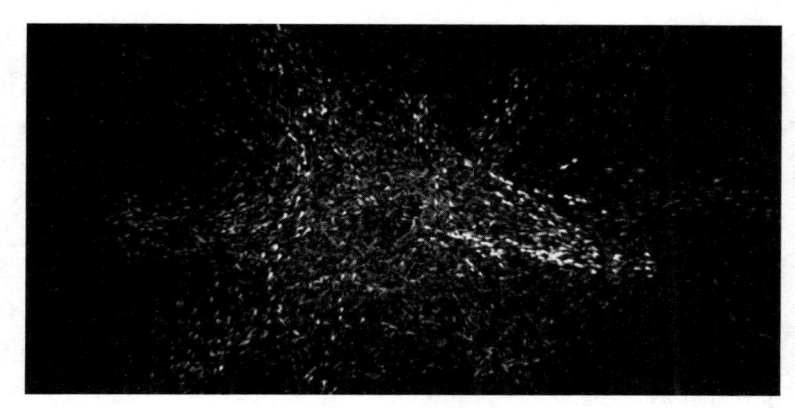

图 8-1　蝌蚪图

同时，滴滴出行基于大数据对全国 400 个城市 24 小时的出行热力变化进行细致描绘并绘制灯光图。灯光图显示，发光的"蜘蛛网"表示都市圈，每个大城市都是一个亮斑，而相比之下小城市则在夜晚黯淡许多。

此外，滴滴出行还利用大数据中城际出行的 OD 数据刻画出京津冀地区的城市连接，形如蝴蝶展翅（见图 8-2）。

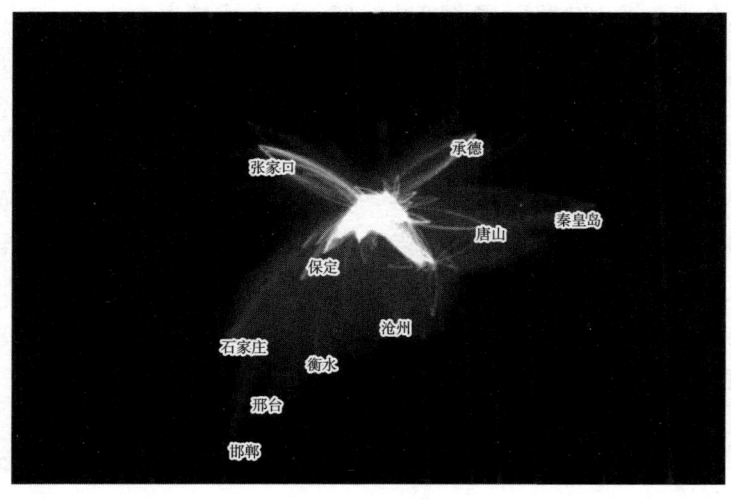

图 8-2　蝴蝶图

(四) 网约车对公共交通的影响分析

在信息化时代的互联网技术推动下，智慧交通的发展给人们的生活带来了巨大的便利，以手机 App 为主要服务平台的新业态的网络预约出租汽车经营服务（简称网约车）出行方式逐渐渗透至城市传统交通市场。这种新型出行服务平台为具有出行需求的用户和符合条件的司机提供了双向信息交流的渠道，将供求信息结合起来，使乘客和司机的车辆得到合理的匹配，改变了传统的打车方式。

作为社会公益性事业，公共交通是适合广大人民群众出行的交通工具，能最大限度地满足人们的需要，是广大市民赖以生存的一种重要运输方式。在提供便捷、安全、经济的出行服务的同时，公共交通的使用率高，可以有效降低尾气排放量，降低能源消耗，有利于建设资源节约型和环境友好型社会。[①]

网约车的迅速发展为乘客提供了出行方式的新选择。随着公众对这一新出行方式的认可，网约车的发展不仅能降低时空匹配成本，动员社会闲置资源，还为居民提供了满足个性化需求的交通出行方式，为传统的交通服务做了很好的补充。当前，各城市不断加强对网约车的市场监管与规范。但网约车给城市交通带来的消极影响也让它备受争议。相较于传统出行方式，在网约车进入城市后，部分最初乘坐公共交通出行的人可能会综合考虑价格、服务等待时间、打车成功率、安全、舒适等条件，更倾向于乘坐网约车。而网约车属于低强度的交通出行方式，过多的车辆服务资源会导致行业无序竞争和服务质量降低，以及道路资源的占用率高，这可能会加剧城市交通拥堵和环境污染。

明确网约车对公共交通的影响，对于优化公共资源配置、提高运营效率和道路资源利用率、推动新老业态融合发展等有着重要作用。依据不同城市交通发展特征，对网约车进行有效监管，能够有针对性地提高不同地区的交通运行效率，提高乘客出行质量以及企业、司机的经济收入和服务水平，实现出行的供需平衡，有效缓解高峰拥堵。[②]

---

① 林伯强，杜之利. 中国城市车辆耗能与公共交通效率研究[J]. 经济研究，2018，53(6)：142-156.
② 赵光辉，李玲玲. 大数据时代新型交通服务商业模式的监管——以网约车为例[J]. 管理世界，2019，35(6)：109-118.

1. 实证检验

（1） 研究设计

在市场竞争方面，根据对各个网约车平台用户规模的统计，截至 2019 年末，滴滴出行的活跃用户规模以 9252.9 万人排名行业首位，且远高于排名第二的滴答出行。滴滴出行市场占有率由于竞争者逐步进入在逐年下降，但截至 2019 年仍占市场份额的 80% 以上。因此，本章选择"滴滴出行"作为研究对象。

截至 2019 年 9 月，我国开通地铁的城市共有 37 个；截至 2010 年末，开通轨道交通线路的城市有 14 个。中国网约车最早在 2012 年出现，考虑到部分城市的轨道交通开通时间晚于网约车进入时间，为确保结果可靠，本章在研究网约车对轨道交通客运量的影响时，只选取 2010 年末开通轨道交通线路的 14 个城市作为样本。

考虑到城市异质性，需要按照交通拥堵程度、公共交通发展程度、城市规模对样本城市进行分类。①交通拥堵程度：参考《道路交通拥堵度评价方法》（GA/T 115—2020），利用高德地图《2016 年度中国主要城市交通分析报告》的拥堵延时指数，将城市交通拥堵划分为 4 个等级，从高到低依次为严重拥堵（≥2.0）、中度拥堵（1.8~2.0）、轻度拥堵（1.5~1.8）和畅通（1.0~1.5）。① ②公共交通发展程度：利用高德地图《2017 年度中国主要城市公共交通大数据分析报告》中的动态指标、公交基础指标、轨道基础指数等评价指标，计算得到公共交通出行服务指数排名，并进行分类。② ③城市规模：按照《国务院关于调整城市规模划分标准的通知》，将城市分为超大城市、特大城市、大城市、中等城市、小城市。③

考虑到新冠疫情等突发事件造成的影响以及数据可得性，本章选取 57 个城市 2006~2019 年连续 14 年的公共交通和经济发展相关数据，检验以"滴滴出行"为代表的网约车的出现对不同类型城市、不同类型公

---

① 高德地图，交通运输部科学研究院等. 2016 年度中国主要城市交通分析报告 [R]. 2017.
② 高德地图，交通运输部科学研究院等. 2017 年度中国主要城市公共交通大数据分析报告 [R]. 2018.
③ 国务院关于调整城市规模划分标准的通知 [Z/OL]. (2014-11-20). [2016-09-15]. https://www.gov.cn/zhengce/content/2014-11/20/content_9225.htm.

共交通客流量的影响。各变量定义与数据来源如表 8-3 所示。

表 8-3　变量定义与数据来源

变量	定义	数据来源
Bus	全年公共汽（电）车客运总量（万人次）	《中国城市统计年鉴》
$Rail$	轨道交通客运总量（万人次）	《中国城市统计年鉴》
$Didi$	是否有滴滴出行	滴滴出行官网以及新闻报道
Reg	是否发布网约车监管细则	人民政府办公室、交通运输综合执法局官方网站
RPR	人均道路面积（平方米）	《中国城市建设统计年鉴》
GDP	人均地区生产总值（元）	《中国城市统计年鉴》
$Income$	职工平均工资（元）	《中国城市统计年鉴》
$Population$	年末总人口数（万人）	《中国城市统计年鉴》
UPD	城市人口密度（人/公里^2）	《中国城市建设统计年鉴》
$Employee$	年末单位从业人员数（万人）	《中国城市统计年鉴》
UP	年末城镇登记失业人员数（人）	《中国城市统计年鉴》
UR	失业率（%）	《中国城市统计年鉴》
$nBus$	年末实有公共汽（电）车营运车辆数（辆）	《中国城市统计年鉴》
$Taxi$	年末实有出租汽车数（辆）	《中国城市统计年鉴》

本章使用多期 DID 模型，基于不同时间段实施的政策或项目，自然形成处理组和对照组。基本模型如下：

$$Y_{it} = \alpha + \beta_1 Didi_{it} + \beta_2 Reg_{it} + \delta Control_{it} + \lambda_t + \mu_i + \varepsilon_{it} \tag{8-1}$$

其中，Y_{it} 为城市 i 第 t 年公交/轨道交通的客运量；$Didi_{it}$ 为虚拟变量，当滴滴出行在第 t 年进入城市 i 时取值为 1，否则取 0；Reg_{it} 为虚拟变量，当城市 i 在第 t 年发布网约车监管细则时取值为 1，否则取 0；$Control_{it}$ 为控制变量；λ_t 为时间固定效应；μ_i 为城市固定效应；ε_{it} 为随机误差项。

（2）实证结果

本章主要以各城市公共交通客运量来反映和衡量各城市公共交通发展水平，而且为了保证不存在异方差，对客运量取对数，表示客运量增长率情况，用 $\ln Bus$、$\ln Rail$ 来表示。在实验结果中，最重要的是关注关

键解释变量 $Didi$、Reg 回归后的系数大小与显著情况，回归结果如表8-4所示。将被解释变量 $\ln Bus$、$\ln Rail$ 单独与 $Didi$ 进行回归，回归结果如第（1）、（3）列所示，加入 Reg 后再次进行回归得到第（2）、（4）列的结果。

表8-4 全样本回归结果

变量	（1） $\ln Bus$	（2） $\ln Bus$	（3） $\ln Rail$	（4） $\ln Rail$
$Didi$	-0.0835** (-2.33)	-0.0817* (-1.74)	0.2493** (2.43)	0.2659*** (3.07)
Reg		0.0971* (1.87)		-0.3050** (-2.72)
常数项	7.8244*** (10.29)	9.0434*** (14.50)	-13.0648* (-2.13)	-10.1143* (-2.14)
控制变量	YES	YES	YES	YES
时间固定效应	YES	YES	YES	YES
城市固定效应	YES	YES	YES	YES
观测值	798	798	130	130
R^2	0.9790	0.9724	0.9373	0.9368
P值	0.0000	0.0069	0.0066	0.0067

注：括号中为回归系数标准差；*、**和***分别代表在10%、5%和1%的水平下显著。

表8-4第（1）列表示的是滴滴进入与地区公交客运量之间关系的回归结果，结果负向显著。第（3）列表明滴滴进入与地区轨道交通客运量显著正相关。滴滴出行的进入使得公交客运量平均降低约8%，但轨道交通的客运量平均增长约25%。也就是说，滴滴出行会对公交起到一定的替代作用，而对轨道交通起到补充作用。这意味着滴滴出行将在某种程度上取代公交的角色，并补充轨道交通的不足之处。这也表明了网约车在短距离出行方面更为方便和实用，而公共交通在长距离出行方面具有更大的价格优势。

将标志着网约车监管细则实施的变量 Reg 加入模型中，结果如第（2）、（4）列所示，细则发布会导致公交客运量增加近10%，轨道交通客运量减少约31%，即削弱滴滴出行对公交的替代作用，同时削弱滴滴出行对轨道交通的补充作用。这可能是因为乘坐公交的出行者对价格和等待的时间成本更为敏感,细则发布会提高网约车的准入门槛,对网约车车辆价值、轴距、排量、车龄和驾驶员等进行限制,造成供给下降。这一方面导致网约车的数量减少,另一方面导致网约车价格上升,从而促使人们选择公交。而选择地铁的乘客对出行方式的安全性和服务质量更为看重,细则会对网约车服务质量与安全性等进行监管,促使人们选择网约车。

(3) 城市异质性分析

城市的建设与发展,受到国家干预、政策引导、产业集群、人口迁移、交通基础设施建设等内外部因素的影响,导致不同城市的交通拥堵程度不同。基于以上情况,本章认为滴滴出行进入和细则发布在不同交通拥堵程度的地区可能会产生不同的效果,根据拥堵延时指数,将样本城市划分为严重拥堵和中度拥堵地区(即拥堵程度较高地区)、轻度拥堵和畅通地区(即拥堵程度较低地区),进而进行异质性分析,具体结果如表8-5所示。

表8-5 不同交通拥堵程度下滴滴进入和网约车监管对公交的影响

变量	严重、中度拥堵		轻度拥堵、畅通	
	(1)	(2)	(3)	(4)
$Didi$	-0.1046 (-1.48)	-0.1023 (-1.44)	-0.0642** (-2.05)	-0.0604* (-1.75)
Reg		-0.1037** (-2.46)		0.0717 (1.68)
常数项	-0.1046 (-1.48)	9.5073*** (7.66)	5.7145*** (8.21)	0.4425*** (6.69)
控制变量	YES	YES	YES	YES
时间固定效应	YES	YES	YES	YES
城市固定效应	YES	YES	YES	YES
观测值	308	308	490	490
R^2	0.9486	0.9494	0.9719	0.9706
P值	0.03	0.0012	0.0000	0.0000

注:括号中为稳健标准差;*、**和***分别代表在10%、5%和1%的水平下显著。

由表8-5可见,对比全样本而言,拥堵程度较低的地区 $Didi$ 的系数(-0.0604)估计值更大,且显著为负;拥堵程度较高的地区 $Didi$ 的系数不显著,且低于全样本。这说明在拥堵程度较低的城市,网约车对公交的替代作用更小。拥堵程度较高的地区 *Reg* 系数(-0.1037)显著为负,拥堵程度较低的地区为正,表明在拥堵程度较高的地区发布细则反而会促进网约车对公交的替代作用,拥堵程度较低的地区发布细则会削弱替代作用,但不显著。这可能是由于拥堵程度高,一方面说明城市居民生活水平更高,拥有更多的自驾车;另一方面反映了城市的功能布局失衡,道路交通秩序管理较差。

城市拥堵程度高,一方面是由于道路交通管理秩序较差,公交和网约车这两种地面交通方式出行消耗的时间成本相似;另一方面是由于居民生活水平高,其对价格变动不敏感,更加看重出行的安全与舒适。因此,在拥堵程度较高的城市,网约车对公交的替代作用更大,监管反而会增强这种替代作用。综上,解决城市拥堵问题是促进公共交通良好发展的基础,同时也验证了城市拥堵程度差异对细则实施存在的影响,为后续消除各地区交通发展和细则实施的异质性提供了参考,要求注重拥堵问题的解决,从而减弱对公共交通的替代作用,实现细则实施的有效性。

城市常规公共交通要素包括流动的人、行驶的车、变化的路,是一个非常复杂的系统。公共交通建设投入水平、运营服务水平、综合效益水平不同,总体发展水平也不同。基于以上情况,本章认为滴滴出行进入和细则发布在不同公共交通发展程度的地区可能会产生不同的效果,根据公共交通出行服务指数排名,将样本城市划分为公共交通系统发展较完善地区、公共交通系统发展一般地区,进而进行异质性分析,具体结果如表 8-6 所示。

表 8-6　不同公共交通发展程度下滴滴进入和网约车监管对公交的影响

变量	公共交通系统发展较完善		公共交通系统发展一般	
	(1)	(2)	(3)	(4)
Didi	-0.0155 (-0.55)	0.0293 (0.67)	-0.1590*** (-2.82)	-0.1461*** (-2.88)
Reg		0.0102 (0.14)		0.1653*** (3.21)

续表

变量	公共交通系统发展较完善		公共交通系统发展一般	
	(1)	(2)	(3)	(4)
常数项	8.9247*** (9.78)	10.3889*** (8.20)	7.1502*** (5.79)	11.0568*** (10.16)
控制变量	YES	YES	YES	YES
时间固定效应	YES	YES	YES	YES
城市固定效应	YES	YES	YES	YES
观测值	322	322	476	476
R^2	0.9853	0.9767	0.9618	0.9514
P值	0.0000	0.2364	0.0001	0.0014

注：括号中为稳健标准差；*** 代表在1%的水平下显著。

从回归结果来看，滴滴进入对公共交通系统发展一般的城市的影响（-0.1590）显著为负，且替代作用相较于全样本而言更大。而对于公共交通系统发展较完善的城市而言，产生了一定的补充作用，但在统计上不显著。在列（4）的回归结果中，Reg 系数（0.1653）显著为正，表明细则发布会削弱网约车对公共交通的替代作用，且对于公共交通系统发展一般的城市，监管效果更明显。这可能是因为公共交通发展越完善，说明站点覆盖率、路网密度与衔接率越大，服务质量也有一定保证。出行者选择网约车或公交的时间成本和服务水平无较大差异，网约车的优势不明显，相反，公共交通拥有更明显的价格优势。而在公共交通系统发展一般的地区，乘坐公共交通的价格低但时间成本很高，网约车的进入提供了一种价格适中且时间成本低的出行方式，促使更多乘客放弃公共交通转而选择网约车；而细则实施后网约车的供给减少、价格上升，时间成本优势减弱，导致公共交通部分客源回流。因此，公共交通系统发展越完善，网约车对公共交通的替代作用越小，甚至会起到补充作用，且对网约车进行监管的细则的实施效果在公共交通系统发展一般的地区尤为明显。

综上，本章验证了城市公共交通发展程度差异对滴滴进入和细则发布产生的效应存在影响。结果显示，不能单方面抑制网约车的发展，而要注重公共交通系统的完善，实现市场竞争过程中各种竞争要素的组合，使网约车对公共交通起到补充作用。

为了进一步验证滴滴出行进入和细则发布对不同规模城市的异质性影响，本章依据城区常住人口，将样本城市按规模分为超大/特大城市和大/中城市。不同规模城市的滴滴进入和网约车监管对公交影响的回归结果如表 8-7 所示。

表 8-7　不同规模城市滴滴进入和网约车监管对公交的影响

变量	超大/特大城市		大/中城市	
	(1)	(2)	(3)	(4)
$Didi$	-0.0935 (-1.15)	-0.0942 (-1.16)	-0.0708* (-2.03)	-0.0477 (-1.00)
Reg		-0.0365 (-0.78)		0.1973*** (3.34)
常数项	9.5261*** (7.52)	9.5426*** (7.52)	7.1271*** (7.22)	11.3178*** (12.98)
控制变量	YES	YES	YES	YES
时间固定效应	YES	YES	YES	YES
城市固定效应	YES	YES	YES	YES
观测值	294	294	504	504
R^2	0.9661	0.9659	0.9652	0.9530
P 值	0.0000	0.0337	0.0000	0.0027

注：括号中为稳健标准差；*、*** 分别代表在 10%、1% 的水平下显著。

对比全样本而言，大/中城市 $Didi$ 的系数 (-0.0708) 估计值更大，且显著为负；Reg 系数估计值 (0.1973) 更大，且显著为正。这说明规模较小的城市网约车对公共交通的替代作用更小，细则实施削弱替代作用的效果更明显。而由于规模较大城市的样本数量较少，超大/特大城市结果不显著。

产生这种实证结果的原因可能是，城市规模越大，经济越发达，城市居民生活水平越高，出行需求越多样化。大规模城市的居民更注重出行舒适度、安全性、通勤所消耗的时间成本以及个性化需求的满足，而较少关注价格变动。因此，城市规模越大，网约车的替代作用越大，且监管进一步明确了网约车的合法性和安全性，会促使更多人使用网约车，从而加强了网约车对公共交通的替代作用。综上，本节验证了城市规模差异对细则实施存在的影响，为后续消除不同规模城市交通发展和细则实施的异质性提供了参考。

(4) 稳健性检验

为确保所选模型的有效性和研究结果的稳健可靠,本节通过平行趋势检验、安慰剂检验、反事实检验等来测试模型的稳健性。

双重差分法估计有效的重要前提是满足平行趋势假设,即滴滴出行进入城市或细则发布前,公共交通客运量随时间变化的趋势是相同的。平行趋势检验结果如图8-3所示。

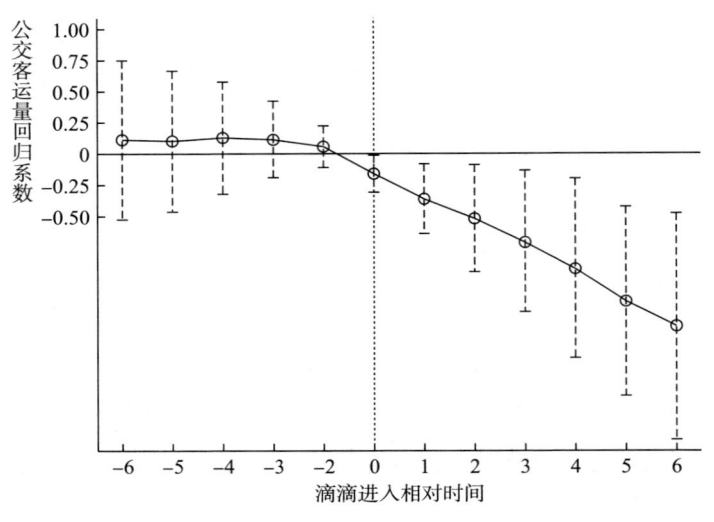

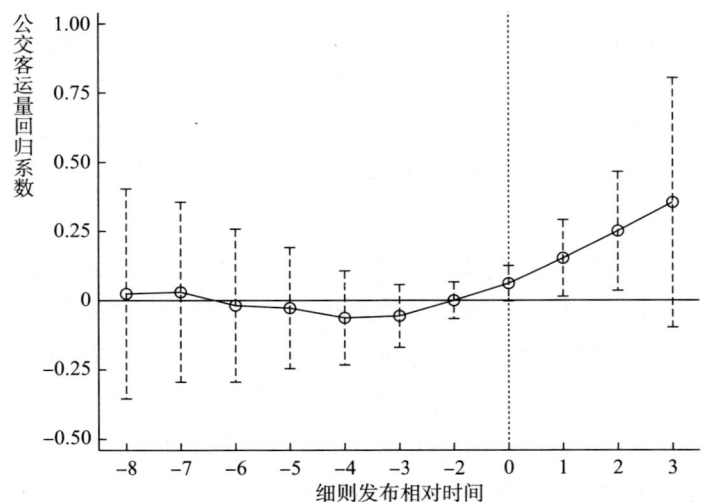

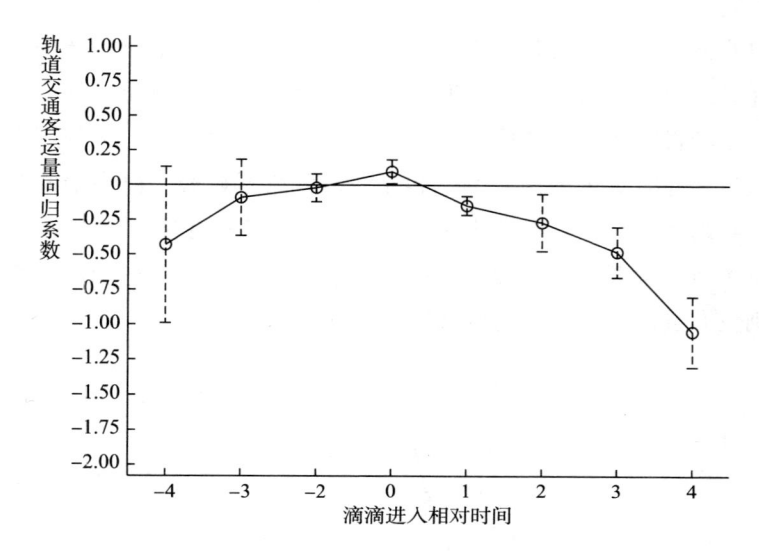

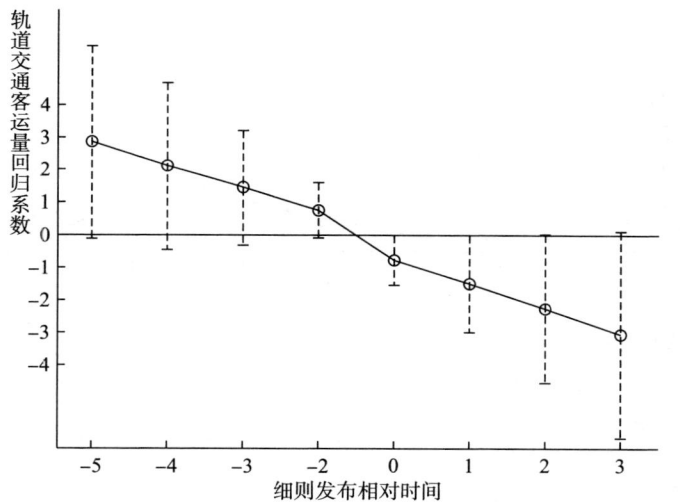

图 8-3 公交和轨道交通客流量平行趋势检验

注：滴滴进入各城市和各城市实施网约车监管发生在多年，图中横轴表示滴滴进入城市/网约车监管影响客运量之前、当年、之后，纵轴表示公交/轨道交通客运量回归系数，虚线表示 95% 置信区间，基期为前一期。

从图 8-3 可以直观地看出，在滴滴出行进入前 6 期，公交客运量的回归系数包括 0，系数不显著；而之后系数有明显的下降趋势，远离 0 值，说明事件冲击有效，满足平行趋势假设。在细则发布前 8 期，公交客运量的回归系数围绕 0 值上下波动，系数不显著；而政策实施以后系数远离0值,且显著上升,说明政策冲击有效,满足平行趋势假设。同理,在滴滴出行进入之前,轨道交通客运量的回归系数都不显著,变量系数处于较稳定水平,之后系数远离0值,且显著上升;在细则发布之前,轨道交通客运量的回归系数包括0,系数不显著,而当期系数有明显的下降趋势。综上,本章认为样本通过平行趋势检验。

本章所设模型假设公交和轨道交通客运量的变化是由滴滴出行进入和细则发布造成的,安慰剂检验如图8-4所示。

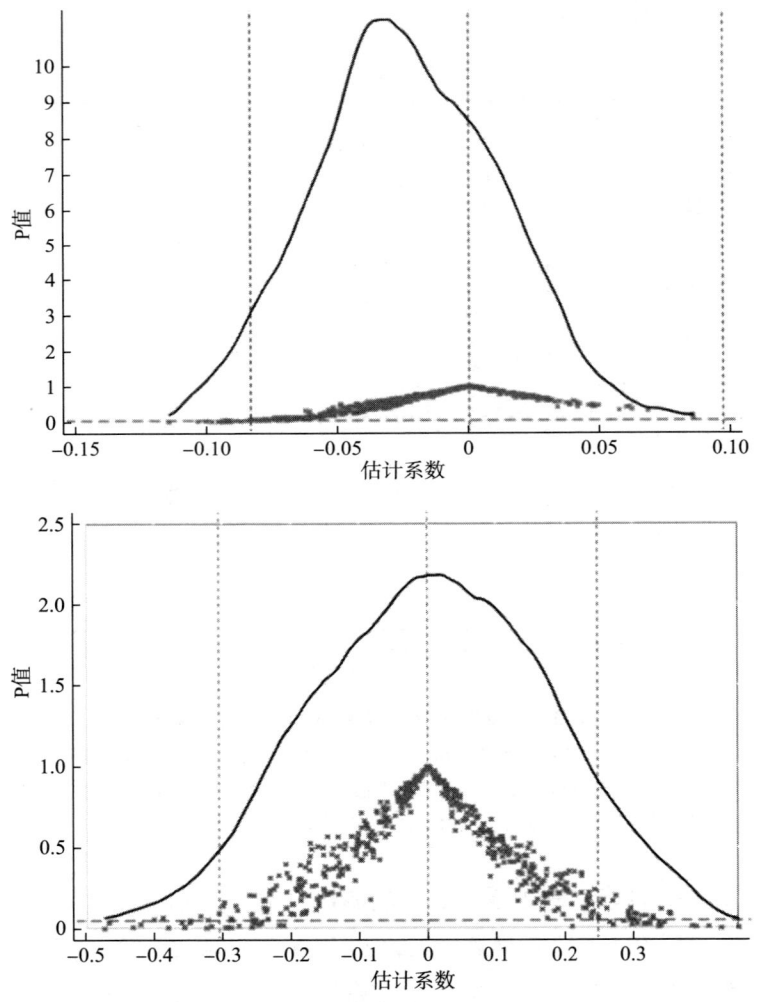

图8-4 公交、轨道交通客流量安慰剂检验

图8-4展示了500个"伪政策虚拟变量"估计系数的分布及相应的P值。从图中可见，系数估计值接近于零。此外，大部分估计值的P值大于0.05。估计系数分布区间与真实估计值有明显差异，这表明估计结果不太可能是偶然得到的，即本章的研究通过了安慰剂检验，满足平行趋势假设，证明回归结果可信。

2. 研究结论

基于2006~2019年中国57个城市的平衡面板数据，运用多期双重差分方法实证分析滴滴出行进入对城市公交与轨道交通的影响以及网约车监管的调节作用，并研究影响效果的城市异质性，得出以下几方面的结论。

第一，通过双重差分模型进行实证分析，验证了网约车进入对公共交通的影响。滴滴出行的进入使得公交客运量平均降低约8%，使轨道交通的客运量平均增长约25%，即网约车在一定程度上替代了公共汽（电）车，补充了轨道交通的不足。网约车进入城市后，出行者会在运输价格、服务水平和时间价值之间做出权衡，结果说明，滴滴出行多用于出行者短距离出行，公共交通在长距离出行方面有更大的价格优势。

第二，细则发布会导致公交客运量增加近10%，轨道交通客运量减少约30%，即削弱了对公交车的替代作用和对轨道交通的补充作用。这可能是因为乘坐公交的出行者对价格和等待的时间成本更为敏感，细则发布提高了网约车的准入门槛，造成供给下降、成本提高，导致网约车数量下降、价格上升，从而促使人们选择公交。而选择地铁的乘客对出行方式的安全性和服务质量更为看重，细则会对网约车服务质量与安全性等进行监管，促使人们选择网约车。

第三，滴滴进入和网约车监管对不同交通拥堵程度的城市的影响有所不同。在拥堵程度较高的城市，网约车对公交的替代作用更大，监管反而会强化这种替代作用。拥堵程度较低的城市，网约车监管削弱替代作用的效果更加明显。这可能与拥堵产生的原因有关。城市拥堵程度高，一方面是由于道路交通管理秩序较差，公交和网约车这两种地面交通方式出行消耗的时间成本相似；另一方面是由于居民生活水平高，对价格变动不敏感，更加看重出行的安全与舒适。结果说明，解决城市拥堵问题是促进公共交通良好发展和实现细则实施有效性的基础。

第四，滴滴进入和网约车监管对不同公共交通发展程度的城市的影响有所不同。公共交通系统发展越完善，网约车对公共汽（电）车的替代作用越小，甚至会起到补充作用。对网约车进行监管的细则的实施效果在公共交通系统发展程度一般的地区更为明显。这是由于公共交通系统发展越完善，公交线网密度、站点覆盖率、服务质量等指标越高，出行者选择网约车或公交的时间成本和服务水平无较大差异，网约车的优势不明显。相反，公共交通拥有更明显的价格优势，从而吸引出行者偏好公共交通。而在公共交通系统发展较差的地区，乘坐公共交通的价格低但时间成本很高，网约车提供了一种价格适中且时间成本低的出行方式，促使更多乘客放弃公共交通转而选择网约车；而监管细则实施后，网约车的供给减少、价格上升，时间成本优势减弱，导致公共交通部分客源回流。

第五，滴滴进入和网约车监管对不同规模城市的影响有所不同。大/中城市网约车对公共交通的替代作用更小，细则实施削弱替代作用的效果更明显。随着城市的发展和经济的增长，人们对生活的需求通常会更高，交通方式也会变得更加多元化。规模更大的城市的居民对出行舒适度、安全性和通勤时间的重视程度更高，对价格变化的重视程度更低。因此，城市规模越大，网约车的替代作用越大，且监管细则的发布可能会促使人们选择网约车，从而增强了网约车对公共交通的替代作用。

二　国外案例分析：Uber

（一）Uber及大数据应用

自2011年正式推出以来，Uber已在全球450多个城市积累了超过20亿个订单，这些订单提供了大量数据。Uber拥有一支强大的科学家团队，它一直在使用数据来支持产品和运营部门的决策，最常见的是设定和调节峰值定价，以便让更多的人更从容地享受Uber服务。为了在全球市场上提供更安全、更可靠的交通工具，Uber非常依赖各种层面的数据驱动决策，从在高流量事件期间预测乘客需求，到识别和打破合作司机在注册过程中的瓶颈。2021年初，Uber决定将数据分享给市政规划部门、社科专家学者和有需求的人士。于是，Uber Movement平台应运而生（见图8-5）。具体来说，每一个订单都至少包括出发地、目的地、发生时间和行程用时这四个数据。而 Uber Movement 可以让用户设定自己的规则，观察这些数据的走势变化和不同，从而得出结论或佐证判断。

图 8-5　Uber Movement

在官网上，Uber 写道："在过去的六年里，关于城市交通和它对城市居住生活的意义，我们获知甚多。我们收集的数据，对于城市的规划者意义重大，有助于他们做出更好的政策和投资决策，让未来的城市交通更加高效。我们希望 Uber Movement 可以帮到更多的城市，服务更多的居民。"

相比传统出租车公司，大数据是这家公司的根基，它对数据的运用更加灵活高效，而这恰恰是其成功的关键因素之一。Uber 采用基于众包（crowd sourcing）的整体商业模式，让有意愿载人的车主提供载客服务。拥有储存所有服务范围内每个司机信息的庞大数据库，并通过大数据支持，为有乘车需求的旅客第一时间匹配最合适的车辆。Uber 结合自己的一套算法，综合考量 GPS 定位系统和道路数据，最后根据乘客乘车时间进行价格的最后调整，得出最终打车费。也正是这一收费系统使得 Uber 和传统出租车公司拉开差距，不再是以上车点和下车点之间的距离而是以乘车总时间来最终确定收费。通过大数据，Uber 实现了两个应用。

第一个是"峰时定价"（surge pricing），即通过大数据实时监测道路交通拥堵情况，并实时调整价格。这一应用的一个优势在于，在乘客用车需求较大时，Uber 能够提供充足的出租车，在需求较低时部分出租司机就会在家休息，实现了"动态定价"模式。这类似于航空公司和酒店根据需求变化调整价格，但又不是简单的只是在假期或者周末高峰期抬高价格，而是以基于数据支持的预测模型所预测的需求增加事实为依据。Uber 首席执行官 Travis Kalanick 曾说："这不仅改变了传统的叫车方式，而且能够缓解道路拥堵问题，避免了超出需求的私家车上路。"Travis Kalanick 在一次采访中说道："拼车服务 UberPool 将使伦敦街头的交通流量减少 30% 左右。"借助 Uber 强大的数据库，UberPool 的使用者能够找到附近与其出行时间和出行需求十分接近的其他用户。未来 Uber 还将推出 UberFresh（杂货配送服务）、UberChopper（为有钱人提供直升机搭乘服务）和 UberRush（包裹快递服务）等。

第二个是售后评价系统。Uber 通过一套复杂的评价机制建立与客户之间的信任关系，乘客在结束搭车服务后可以通过后台评价系统对司机服务、车辆设备、卫生环境等做出评价，司机也可以向公司反馈乘客信息。这样就能建立乘客和司机之间的双向联系，增进 Uber 和客户之间的信任。这就要求司机保持一个较高的服务水平。根据一份泄露的资料，评价得分低于 Uber 设立的阈值时，司机将会面临解雇，并且很难再找到相关工作。"接受率"——通过接收工作的次数和拒绝工作的次数之比计算得出，也是司机的另一个重要指标。该值保持在 80% 以上才能保证出租车预订服务的高可用性。

Uber 在 2015 年初正式组建自己的数据可视化团队。该团队秉持的理念是将 Uber 背后大量的数据，通过可视化分析得出有用的情报。Uber 可视化团队探讨了一个问题——UberPool 如何更有效地配置于城市交通。在 Travis Kalanick 的 TED 演讲视频中，可以一览 Uber 团队制作的数据可视化展示案例，通过对比使用 UberPool 和未使用 UberPool 的街道交通流量，呈现城市交通状况。

Uber 可视化团队也将持续研究更清晰的展现方式。这项工作是混杂了数据、艺术、图表、新闻等各个领域的一个非常有意思的挑战。在进行内部产品的可视化分析时，数据处理确实是一项具有挑战性的任务，但视觉美观同样至关重要。在视觉刺激和信息传递方面，设计通常比信息技术具有更大的优先权。

（二）UberPool

2014年，Uber推出了UberPool多人拼车服务。拼车的意思就是不同的乘客乘坐同一辆出租车，这些乘客的出行时间和出行需求是相近的，例如，在同一段行驶路程，在不同时间点下车的乘客就满足拼车服务的需求。Uber认为，UberPool对用户来说是更便宜、更经济的选择，并且许多乘客的日常路线在同一条道路上，这样也更利于整合。目前，已经有上百万用户使用过UberPool服务，其服务范围主要集中在纽约、巴黎、旧金山和奥斯汀市，每周使用拼车服务达到5次以上的人数超过千人。Uber的宏伟目标始终是"干掉私家车"（以及人类司机），让更多的出租车得到高效利用，让更多的乘客享受到比私家车更低的搭车成本。Uber的创业口号是"人人的私人司机"。而它的公司使命则是"人人随处可用像自来水一样可靠的交通"。在这里，"人人"是关键，因为这意味着Uber必须想方设法不断寻找降低价格的办法，如此才能普及至每个人。而把可能的最高价值带给客户就成为UberPool的关键催化剂。

1. UberPool是什么？

实际上，UberPool的概念很直观，如图8-6所示，司机一次接车不仅服务于一名乘客，而是同一方向的两名甚至三名乘客，中途可以出现有乘客上下车的情况。在这种情况下，乘客就是名副其实的"共享搭车"。如果拼车服务得以实现的话，那么其在增加车辆利用率的同时也将为乘客带来更低的搭车成本。这就是UberX以及UberX价格优化之后的自然进化。

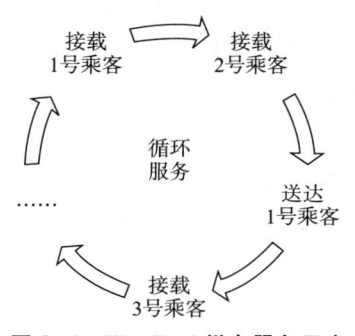

图8-6 UberPool拼车服务示意

目前，这一计划已经在旧金山、纽约和巴黎执行，而且Uber发现许多搭乘者日常的确用 UberPool 行走在同一路线上。不过，尽管 UberPool 的想法看起来很简单，但实现起来却很困难。如果你对组合最优化有所研究的话，相信你不会对"旅行商问题"（TSP）感到陌生。TSP 需要借助计算密集型整数线性规划技术才能找出解决方案。由于问题的可能性太多，需要开发出新的复杂的启发式逼近法才能精确识别问题并解决问题。而 UberPool 算法的开发相比 TSP 问题更为复杂，原因在于：①"乘客不止一位"；②乘客目的地是动态变化的；③载客途中会不断有新的乘客加入和之前的乘客下车；④车辆载客数有限；⑤不断有新的打车需求。其复杂程度不仅与动态多 TSP 问题类似，甚至可以将其归类为令人生畏的非确定性多项式难题，以及更复杂可怕的车辆路径问题（VRP）。

2. 通过更低价格及强大的数据中心带给客户更多价值

以低价取胜的公司，Uber 不是第一家，沃尔玛和亚马逊也都是采取这种策略。亚马逊创始人贝佐斯说："我们已经完成价格弹性研究，答案永远都是我们得提价。我们不会那么做，因为我们必须把这个当作信条，即把价格压得非常非常低可以在今后赢得客户的信任，而这实际上会在长期实现现金流的最大化。"贝佐斯后来的解释更加直接："世界上只存在两类公司，一类是拼尽各种手段收取更多钱的公司，另一类则是想尽办法少收取一些钱的公司，我们会是后者。"跟亚马逊和沃尔玛一样，这也是 Uber 的哲学理念。

UberPool 是 Uber 推出的第二个低价产品，第一个叫作 UberX 的低价产品在 2012 年推出。一经推出，Uber 发现用户开始急剧增加，这让公司意识到其价格弹性有着巨大的空间。低价让更多用户享受到了优质的服务，因而就触发了更大的市场需求。而 Uber 有一个很强大的后台数据分析中心，因 UberX 运行而收集到的市场数据会返回到这个数据分析中心，进而分析出用户的行为以及在每一个价位释放的价格弹性。同时这个中心还有一个智能匹配系统，兼具市场需求预测、供给位置、智能匹配以及动态定价的核心功能，其每天都要完成超过 100 万次的司机和用户之间的匹配。

随着 UberX 的大范围推广，Uber 开始注意到司机运营时间大大延长，也就是司机的时间被充分利用，空驶时间减少，这样即使处在一个相对低价运行的状态也能获取足够的收入。而大量的用户又提高了数据分析的精确性，再加上强大的后台匹配系统，自然促成了司机的高效率运营，最后的好处就是基本能够以消费者接受的价格提供服务，剩下的就靠推广了。而事实证明，Uber 的营销很成功，"更多的需求—更高的流动性—更低的价格—更高的利用率"这样的正向反馈就建立起来了，Uber2012 年才推出的 UberX 所产生的流量迅速反超创立之初就有的 UberBlack 所产生的流量。

3. 捷足先登

Uber 的这种模式在各大城市屡试不爽，其中有些地方在两年内经历了 6 次降价，降价幅度甚至达到了出租费用的 40%~50%。2012 年 1 月，Uber 又宣布在其服务覆盖范围之内的 48 座城市采取降价措施，并向司机提供收入保证。Uber 如何能做到这些呢？关键就在于 Uber 十分庞大的不同价格点供求关系曲线历史数据库。通过这个数据库，Uber 能轻易地预测市场的未来走向，从而使该公司可以进行前瞻性的投资，帮助市场更快地实现更低的消费者价格，也可以称之为"把赌注押在数学部门上"。

4. UberPool 成为 Uber 的战略举措

第一，UberPool 扩大了对城市的积极影响。UberPool 可令 Uber 大幅降低打车价格，扩大业已对城市产生的影响。Uber 可减少酒驾行为，降低对停车的需求，缓解城市拥堵。而 UberPool 可以进一步扩大这些影响，甚至减少污染，令更大的群体考虑买车的替代方式。要知道大部分车的闲置率达 95%。买车真的有什么经济或环境意义吗？

第二，UberPool 需要有技术创新。实现 UberPool 是一项既艰难又大胆的目标（BHAG），需要 Uber 工程团队最高水平的执行和创新。实际上，Travis Kalanick "永远在路上"的愿景还要更宏伟大胆——想想看，司机永远都有一位乘客在车上！

第三，UberPool 利用了 Uber 的领导地位。这一点非常关键。要想实现 UberPool 这样的概念，需要非常庞大的流动资金，如大量的车和司机作为支撑。否则的话就无法有足够的人同时往同一方向跑。而 Uber 作为业界领导者是具备这一条件的，已经有数百万用户下载了它的应用，加上近年来又获得了数十亿美元的融资。公司已经指出，所得融资很大一部分将用于确保 UberPool 成功。而随着 UberX 的降价，公司将其物质资本继续投入 UberPool，提高其成功的可能性。

第四，UberPool 是面向未来的平台。许多人都在猜测 Uber 会不会最后做起物流来。UberPool 背后的技术和算法可以为解决物流问题打下基础，给 Uber 的未来增加选择。因此，UberPool 除了可以降低打车价格和提高效率，也将成为 Uber 基础的使能技术。

5. 赢在起跑线，成为规则制定者

2014 年，公司宣布将在 48 座城市开展新一轮的降价，并同时保障司机的高收入，这是非常具有侵略性的策略。为什么 Uber 能做到？最根本的原因在于迅速积累起来的、巨量的用户数据，这些数据记录着每一个价位对应的市场需求和供给情况，这就是真正意义上的互联网公司。用户通过互联网使用公司的产品，公司通过互联网大数据分析抓取自己的用户，同时速度极快，连公司自己都看不到自己业务范围的边界，而一旦规则建立起来，别人不跟就等于被动等死。

第三节　新能源汽车与交通大数据

在国家战略背景下，新能源汽车成为战略性新兴产业和经济新体系的重要组成部分。自 2010 年以来，我国政府出台了许多用于加快新能源汽车行业发展的政策。由于几个复杂的因素，如时间、区域经济和政府所关注的其他因素，这些政策对新能源汽车产业产生了各种影响。[①] 我国政府推广政策的引导和扶持在很大程度上推动了新能源汽车产业的发展。[②] 目前，我国已基本掌握了新能源汽车的整车技术和关键零部件技术，实现了跨越式发展，并逐步实现了产业化。

新能源汽车结构简单、电气化程度高，是车联网的最佳载体。车联网可利用车辆位置、行驶路线等数据，实现人、车、环境的信息交互。新能源汽车产生的数据规模极其庞大，大数据与车辆技术的结合能挖掘出更有价值的资源和财富。目前，新能源汽车大数据平台发展迅速，利用新能源汽车大数据分析，为消费者提供车辆运行状态以及安全预警等

---

① Zhang L, Qin Q. China's new energy vehicle policies: Evolution, comparison and recommendation [J]. Transportation Research Part A: Policy and Practice, 2018, 110: 57–72.
② 李国栋，罗瑞琦，谷永芬. 政府推广政策与新能源汽车需求：来自上海的证据 [J]. 中国工业经济，2019（4）：42–61.

服务，能够促进新能源汽车产业的发展及交通领域的变革。

新能源汽车产业规模的快速扩大带动了汽车电动化率的快速提升。公安部数据显示，截至 2023 年 6 月底，全国汽车保有量达 3.28 亿辆，其中新能源汽车 1620 万辆。新能源汽车保有量占汽车保有量的比例呈快速增长趋势，从 2015 年的 0.3% 提升至 2023 年 6 月底的 4.9%，提升了 4.6 个百分点。

本节主要对新能源汽车的大数据应用范围及应用流程、近年来的大数据情况进行了梳理与展望。新能源汽车产业的迅速发展，将在大数据层面对政府决策、交通建设、企业发展起到积极作用。在梳理过程中，本节还从衍生变量这一概念出发，结合新能源汽车大数据平台的数据采集特点，从空间、时间两个维度启发了新能源汽车的大数据时空研究思路。

本节所涉及的汽车领域专业知识及新能源汽车国家监管平台相关数据来自《新能源汽车的大数据分析与应用技术》《中国新能源汽车大数据研究报告》《城市交通大数据》等。

一　新能源汽车大数据的应用潜力及机理[①]

（一）新能源汽车大数据的应用潜力

新能源汽车是大数据的重要来源和载体，大数据可以从多个方面对汽车产业和交通领域产生影响。

第一，大数据应用可以提升汽车产品的研发水平。通过收集和分析车辆使用数据，企业有机会及时发现和解决产品缺陷和问题，提高产品的质量和可靠性；同时，大数据还可以帮助企业更加准确地了解消费者的需求和偏好，从而有针对性地改进产品设计方式。

第二，大数据可以改变汽车产业的营销方式。通过分析消费者行为和购买偏好，企业可以更加精准地制定营销策略和推广活动，提高销售效果和利润。同时，大数据还可以帮助企业了解市场趋势和竞争对手情况，及时调整营销策略，提高市场竞争力。

---

① 王震坡，刘鹏，张照生. 新能源汽车大数据分析与应用技术［M］. 机械工业出版社，2018.

第三，大数据可以改善消费者体验。通过智能化和个性化的服务，可以提升消费者使用汽车的便利性和舒适度。例如，智能导航、智能驾驶等应用，可以为消费者提供更加便捷和安全的驾驶体验。

第四，大数据可以推动智慧社会的发展。通过智能化和网络化的车辆管理系统，可以提升城市交通管理水平和效率，减少交通拥堵和事故。同时，大数据还可以为政府和企业提供更加全面和准确的社会管理和公共服务信息，推动智慧城市和智慧交通建设。

第五，大数据可以为建设交通强国提供支持。通过分析交通大数据，可以更加全面和准确地掌握交通状况和问题，为制定更加科学和有效的交通政策和规划提供支持。同时，大数据还可以帮助企业提高物流效率和管理水平，推动企业向智能化和绿色化转型发展。

（二）新能源汽车大数据的应用机理

大数据应用机理的核心问题是如何充分挖掘数据的潜在价值，从而产生预期的大数据效益。在建立数据入口后，通常可以通过数据采集、数据预处理、数据存储、数据探索与分析等步骤，将数据资源转化为生产要素。

下面将结合新能源汽车这一具体场景，介绍数据采集、数据预处理、数据存储、数据探索与分析、数据展现与应用这五步大数据应用流程，并在数据探究与分析环节引出交通大数据时空研究在新能源汽车领域的切入点。

1. 新能源汽车的数据采集

在新能源汽车大数据应用的过程中，数据采集是首要的环节。基于动态数据、静态数据以及与车辆部件相关的数据，可以进一步解析出车辆的行驶状况、能源消耗情况以及驾驶行为等重要信息。

新能源汽车可以通过RFID射频技术、传感器、社交网络以及移动互联网等多种渠道来生成和传输各种类型的数据，这些数据既包括结构化的，也包括半结构化和非结构化的。针对这些数据的采集，主要有以下三种方法：系统日志采集方法、网络数据采集方法、其他数据采集方法（主要针对一些保密性要求较高，如企业的生产经营数据或科学研究数据等，这些数据可以通过与企业或研究机构合作，使用特定的系统窗口等类似的方式进行收集）。

（1）新能源汽车数据平台

目前，新能源汽车数据平台主要存在三个层级，即企业监测平台、地方监测平台和国家监测平台，这三个层级通过车载终端与平台、平台与平台之间的数据传输形成了三级架构。

新能源汽车的运行数据会实时传输到企业监测平台上，企业通过该平台对其生产的新能源汽车进行安全管理、故障预警和故障处理。同时，企业监测平台还需要将公共领域的新能源车辆数据实时转发给地方监测平台，并上报统计信息和故障处理情况。国家监测平台通过监测新能源车辆的运行来实现对新能源车辆信息的统计，同时通过追溯车辆故障以实现对新能源汽车质量的监管。此外，地方监测平台还需要将车辆运行数据实时上传到国家监测平台，并上报统计信息、故障回溯和故障信息。除了企业—地方—国家这条数据上传通道，企业监测平台还拥有直接向国家监测平台上传数据的通道。企业监测平台需要根据相关要求，实时将车辆运行数据传输到国家监测平台，并上报统计信息和故障处理信息。

（2）静态信息采集

静态信息的采集是指收集那些没有与服务器进行交互的数据。车辆外部的静态信息主要包括充电桩的使用情况、路网信息和气象信息等。这些信息对于分析车辆的行驶状况、安全管理和故障回溯等内容具有重要的参考价值。另外，车辆本身也有一些静态信息，包括车辆的相关参数、车辆公告信息、销售情况以及用户对车辆的评价情况等。这些信息是进行大数据分析所必需的。通过收集和分析这些静态信息，可以更加深入地了解车辆的运行状况、安全管理情况以及可能存在的问题，从而更好地指导生产和研发活动，提高车辆的质量和安全性。

（3）动态信息采集

车辆动态信息采集是指通过车辆上配备的传感器获取车辆的动态信息，主要由车载终端通过无线方式上传到数据平台。

2. 新能源汽车的数据预处理

挖掘的数据主要来源于实际的生产、生活和商业场景。但实际采集到的数据往往存在缺失、错误或噪声、不一致等问题，导致数据质量的准确性、完整性和一致性三个关键要素都存在不足。另外，可信性（believability）和可解释性（interpretability）也是影响数据质量的重要因素。

可信性反映用户对数据的信任程度,而可解释性则衡量数据是否易于理解。

因此,为满足数据挖掘过程对数据质量的要求,需要对数据进行预处理以提高数据质量。数据预处理的主要方法包括数据清理、数据集成、数据归约、数据变换与离散化以及数据降维等。

3. 新能源汽车的数据存储

新能源汽车领域中的大数据具有海量、高增长率和多样化特征,对处理模式的决策力、洞察力和流程优化度提出了更高要求。此外,大数据应用的快速发展也直接推动了存储技术、网络技术和计算技术的发展。

新能源汽车大数据平台的存储技术主要基于一项名为"一种数据查询方法、系统及存储介质"的专利。该专利公开了一种数据查询方法、系统及存储介质,应用于一种逻辑层和存储层相互独立的数据存储结构中。这种数据存储结构具有两种功能:在数据信息存储时,将数据信息存储到存储层,同时将存储数据信息的存储层的哈希值区间以及该区间的地址信息存储到逻辑层;在目标数据查询时,通过计算得到目标数据的哈希值,并据此查找该值所在的哈希值区间,然后根据找到的哈希值区间获取对应的地址信息,进而直接定位到目标数据,而无须遍历数据库中的所有数据。

总之,在新能源汽车领域,数据的存储环节至关重要,预处理后的数据需要得到合适的存储,以为后续的数据探索与分析打下良好基础。

4. 新能源汽车的数据探索与分析

经过前述的数据准备阶段,原始数据已经转化为高质量的基本数据。

在数据探索与分析阶段,首先需要根据数据的数量、属性特征、关联关系等信息,确定数据挖掘的模型、算法、技术路线等内容,即对数据进行深入探索。探索性数据分析方法是一种通过图表分析、统计学、模型拟合等手段,探索数据结构和规律的分析方法。这个过程注重灵活地寻找线索和证据,力图发现数据中隐藏的有价值的信息,比如数据的分布特征、变量间的关系、异常值等。在对数据所含信息没有足够经验时,探索性数据分析能够提供有效的研究途径。

在通过探索性数据分析明确数据挖掘的模型、算法、技术路线等内容后,就可以开展数据挖掘工作。数据挖掘是一个从大量数据中提取出未知的、有价值的模式或规律等知识的复杂过程。新能源汽车大数据平台上存储的数据非常丰富,这些数据可分为空间维度和时间维度两类。在数据挖掘过程中,通常需要对原始变量进行各种形式的处理以得到更多可用的变量,这些处理后的变量能更直观地反映事物的某些特征,可以更直接地应用于大数据分析。因此,某些处理后的变量在数据挖掘过程中具有比其原始变量更高的实用价值。

(1) 空间维度衍生变量

空间维度的衍生变量主要根据行驶里程、速度、加速度和位置信息等产生。

例如,基于行驶里程的里程利用率计算公式为:里程利用率＝新能源汽车相邻两次充电之间的行驶里程/新能源汽车官方续驶里程。这里的"新能源汽车相邻两次充电之间的行驶里程"指的是从这一次充电结束到下一次充电开始期间新能源汽车所运行的总里程数。这个总里程数实际上反映了新能源汽车的续驶里程,例如某些品牌的新能源汽车电池容量大、电池包数目多,这个值就会偏大。考虑到不同新能源汽车的定价和品牌定位不同,为了专注于研究车辆的性能和行驶中其他因素的影响,需要对行驶里程进行无量纲化处理。通过上述公式可以计算出里程利用率,它反映的是车辆行驶能力的利用程度,受到车辆性能、驾驶员驾驶水平、当地基础设施建设水平和环境(如温度等)等多方面因素的影响。在不同的背景下对里程利用率进行分析,可以衍生出多种多样的研究方向。例如,针对同一季节、同一地区、同一车型的多辆车的里程利用率研究,可以在一定程度上反映出驾驶员的驾驶技术和他对新能源汽车的驾驶信心,从而为电动出租车公司驾驶员的培训提供指导依据。

(2) 时间维度衍生变量

公共道路上的车辆每时每刻都在运行,产生的数据被发送到平台端,这为交通管理的精细化提供了技术基础。

例如,基于社会生产节奏的特性,公共道路的使用情况在一天中的不同时间段有不同的特征。通过对这些不同时间段内新能源汽车行驶情况和充电情况进行统计,可以得到一定的行驶规律。在此基础上,可以将一天中的时间按照人们的生活工作作息进行分类,例如早高峰、工作时段、晚高峰和休息时段等。针对不同的时间段,我们可以研究不同的路段管理策略和充电调配策略。例如,在早高峰和晚高峰期间,由于交通流量较大，可能需要采取调整信号灯的时间等措施来减轻交通压力。在工作时段和休息时段，可能需要考虑如何更好地调配充电资源，以适应新能源汽车的充电需求。通过精细化管理和调配，可以更好地满足不同时间段车辆行驶和充电的需求，提高公共道路的运营效率和司机使用体验。

5. 新能源汽车的数据展现与应用

数据可视化是关于数据视觉表现形式的科学技术研究，车辆运行数据非常复杂，很难直接从数据本身发现车辆运行的规律和状态。通过视觉表现形式将相应信息单位的各种属性和变量进行抽象，可以使数据的内在规律和特征得到更好的展现，为交通管理提供更加精细化和准确的数据支持，提高交通管理的效率和水平。

二　新能源汽车的宏观数据分析[①]

汽车产业作为国民经济的重要支柱产业，对宏观经济的发展起着重要支撑作用；汽车大数据技术的发展与运用，对交通强国建设起着重要支撑作用。我国新能源汽车产业正在引领全球汽车产业转型升级，正加速迈入全球汽车产业的舞台中央。

新能源汽车国家监管平台主要由政府部门、科研机构、汽车生产厂商、能源公司和用户等多方参与构建。截至2021年12月底，该平台已上线665.5万辆新能源汽车的实时运行大数据。

本小节基于新能源汽车国家监管平台（以下简称"国家监管平台"）所呈现的数据，对新能源汽车大数据的情况进行梳理。

目前，新能源汽车产业的发展情况展现出以下三个特征。首先，汽车电动化已成为不可阻挡的趋势，新能源汽车正在加速渗透。根据中国汽车工业协会的数据，2022年我国新能源汽车销量为688.7万辆，连续8年位居全球第一，成为全球汽车产业电动化转型的重要力量。其次，新能源阵营正在不断扩大，自主品牌也在向上突破。以比亚迪汽车为例，其年销量已经突破百万辆，2022年进入了万亿市值的新阶段。同时，以蔚来、小鹏、理想等为代表的造车新势力也初步站稳了脚跟，并保持着高速增长的态势。最后，新能源汽车产业链上下游全面贯通，基本实现

---

① 王震坡，梁兆文等. 中国新能源汽车大数据研究报告[M]. 机械工业出版社，2022.

了自主可控。从关键材料到整车制造、关键装备、回收利用，新能源汽车产业链上下贯通，形成了一个安全可控、协同高效的新能源汽车产业体系。在三电核心技术方面，它也基本实现了自主可控。

（一）新能源汽车的运行特征

根据国家监管平台数据，截至 2021 年 12 月 31 日，新能源汽车累计行驶里程达到 2188.5 亿公里。从不同类型车辆来看，纯电动汽车累计行驶里程达 1843.28 亿公里，占比为 84.23%。

从不同应用场景来看，截至 2021 年底，国家监管平台新能源汽车的私人乘用车接入量超过了其他应用场景，累计接入量为 405.9 万辆，占比超过 60%。在行驶里程方面，私人乘用车的规模效应使得其总行驶里程显著领先于其他应用场景的车辆。截至 2021 年 12 月 31 日，私人乘用车的总行驶里程达到 621.6 亿公里，占比为 28.40%。在商用车领域，公交客车和物流特种车的行驶里程表现突出，分别为 417.88 亿公里和 173.8 亿公里，占比分别为 19.09% 和 7.94%。

此外，2021 年各细分市场的日均行驶里程均有所增加。尽管近年来受到疫情影响，各细分市场的车辆日均行驶里程有所波动，例如在 2020 年，网约车和出租车的日均行驶里程相较于 2019 年有所下降。但自 2021 年以来，各细分市场的车辆日均行驶里程均实现了不同程度的增长。在乘用车领域，网约车、出租车、共享租赁车的日均行驶里程同比增幅较大，2021 年的日均行驶里程分别为 168.56 公里、201.88 公里、123.96 公里，同比增长率分别为 6.8%、8.3%、24.4%。2019～2021 年部分车型日均行驶里程情况如表 8-8 所示。

表 8-8　细分市场部分车型日均行驶里程情况

单位：公里

指标	2019 年	2020 年	2021 年
私家车日均行驶里程的平均值	42.00	45.73	46.25
网约车日均行驶里程的平均值	167.25	157.81	168.56
出租车日均行驶里程的平均值	210.07	186.46	201.88
共享租赁车日均行驶里程的平均值	77.30	99.63	123.96

资料来源：王震坡，梁兆文等. 中国新能源汽车大数据研究报告［M］. 机械工业出版社，2022。

从 2021 年的月均行驶里程来看，各个细分市场的车辆月均行驶里程都有所增长，车辆运行端的节能降碳效果更为突出。2021 年，在乘用车领域，网约车、出租车、共享租赁车的月均行驶里程分别为 4265.16 公里、4838.73 公里、21.74 公里，与 2020 年相比增幅显著，分别增加了 19.1%、16.3%、18.0%。在商用车领域，物流车、重型货车的月均行驶里程分别为 2270.33 公里、2424.87 公里，与 2020 年相比分别增加了 4.7%、8.8%。2019~2021 年部分车型月均行驶里程情况如表 8-9 所示。

表 8-9 细分市场部分车型月均行驶里程情况

单位：公里

指标	2019 年	2020 年	2021 年
私家车月均行驶里程的平均值	733.84	918.54	921.70
网约车月均行驶里程的平均值	3854.08	3580.24	4265.16
出租车月均行驶里程的平均值	5154.38	4159.89	4838.73
共享租赁车月均行驶里程的平均值	18.57	18.43	21.74
物流车月均行驶里程的平均值	1425.45	2169.17	2270.33
重型货车月均行驶里程的平均值	1318.65	2228.24	2424.87

资料来源：王震坡、梁兆文等．中国新能源汽车大数据研究报告［M］．机械工业出版社，2022。

（二）新能源汽车的国家监管平台接入特征

根据国家监管平台的数据，新能源汽车的接入量总体上呈现快速增长的态势。自 2018 年和 2019 年出现新能源汽车集中接入的情况后，其年度接入率超过了 100%，这表明新能源汽车市场化进程在全面加速。

截至 2021 年 12 月 31 日，国家监管平台已累计接入新能源汽车 665.5 万辆，有 306 家企业提供了 5863 个车型。从不同车辆类型的角度来看，乘用车、客车和专用车的接入量分别为 570.8 万辆、44.3 万辆和 50.4 万辆，所占比例分别为 85.8%、6.7% 和 7.6%。其中，乘用车占据了很大的比重。

从不同应用场景的车辆累计接入量来看，私人乘用车的累计接入量占比超过一半。截至 2021 年 12 月 31 日，私人乘用车的累计接入量达到了 405.9 万辆，占国家监管平台新能源汽车接入总量的 61.0%。其次是公务乘用车、租赁乘用车、物流车和公交客车，累计接入量分别为

65.5万辆、64.5万辆、48.0万辆、37.8万辆，所占比例分别为9.8%、9.7%、7.2%、5.7%。

（三）新能源汽车的国家监管平台车辆上线率情况

车辆上线率指的是当前车辆运行数量与累计接入量的比例，它可以反映车辆的使用状况。上线率越高，车辆的使用需求和利用率就越高；反之，则表示车辆在一定时间内存在闲置情况。本节利用新能源汽车的基础数据——"车辆上线率"，对国家监管平台2019~2021年的车辆整体上线率以及重点市场的车辆上线率进行分析，总结现阶段我国新能源汽车市场的车辆使用状况。

1. 全国车辆上线率情况

2021年，全国新能源汽车的月上线率平均值为81.8%，已经连续两年呈现持续增长的趋势，并且全国新能源汽车月均上线率均值逐渐趋于稳定。

从2019~2021年的全国车辆月均上线率来看，2021年的月均上线率平均值为81.8%，相较于2019年和2020年分别提高了1.8个百分点和0.7个百分点，连续两年稳步提高。从历年车辆月均上线率来看，2019年和2020年的月均上线率波动较大，而2021年各月车辆上线率基本保持均衡，这说明车辆的使用情况已经趋于常规和稳定。

2. 全国各区域车辆上线率情况

全国各区域车辆月均上线率的差距逐渐缩小，东北地区的车辆月均上线率普遍高于其他地区。

从全国各区域车辆月均上线率来看，除了东北地区和华北地区，其他地区的车辆月均上线率持续小幅提高。2021年，东北和华南地区的车辆月均上线率分别为86.3%和85.6%，普遍高于其他地区；而华北地区的车辆月均上线率则为78.3%，相对较低。东北地区车辆月均上线率均值高于其他地区，主要是因为东北地区商用车（客车、物流车以及其他类型专用车辆）的累计接入量占比明显高于其他地区，因此车辆的出勤频次较高。

3. 全国各级别城市车辆上线率情况

从全国各城市车辆的月均上线率来看，其整体呈现上升的趋势，各城市车辆月均上线率的差异明显缩小，其中五线城市上线率明显高于其他城市。

2021年一线和二线城市的车辆月均上线率差异逐渐缩小。从各区域车辆月均上线率来看，四线、五线城市的车辆月均上线率明显较高，说明这些地区的用车需求较大。同时，由于四线、五线城市的新能源汽车保有量基数较小，所以这些地区是未来新能源汽车推广时不可忽视的区域，在推广时应注意车辆性能和价格的相应匹配。

4. 各细分市场车辆上线率情况

从2021年部分细分市场的车辆月均上线率来看，网约车的上线率最高，达到了96.5%。而从各车辆类型的上线率年度变化情况来看，网约车、私人乘用车和重型货车的月均上线率均呈现逐年递增的趋势。上线率能够较为真实地反映出车辆的使用需求。网约车和共享租赁车都是近年来出现的新业态，而从2021年的数据来看，网约车的上线率为96.5%，远高于共享租赁车的63.8%。此外，共享租赁车的上线率呈现逐年递减的趋势。因此，共享租赁车需要在使用、停车、车况维护等方面进行创新，以提高车辆的上线率，实现车辆运行的良性可持续发展。具体情况如表8-10所示。

表8-10 细分市场车辆上线率情况

单位：%

车辆分类	2019年	2020年	2021年
网约车	85.1	88.6	96.5
私人乘用车	85.8	87.1	88.2
公交客车	89.8	89.6	87.3
出租车	87.8	83.9	85.5
重型货车	52.2	65.9	78.3
物流特种车	69.6	66.4	64.4
共享租赁车	80.5	72.0	63.8

资料来源：王震坡，梁兆文等．中国新能源汽车大数据研究报告 [M]．机械工业出版社，2022．

三 新能源汽车大数据的应用场景[①]

新能源汽车在交通大数据领域具有广阔的应用前景。随着车联网技

---

① 何承，朱扬勇．城市交通大数据（第二版）[M]．上海科学技术出版社，2022．

术的迅猛发展，新能源汽车已转变成一个重要的交通数据采集媒介。这些车辆每 10 秒或 30 秒就能收集一次行驶速度和空间坐标等数据，一些领先的车企甚至已采用一秒一次的采集频率。随着新能源汽车保有量的逐步增加以及采集频率的进一步提高，这些数据对于交通研究的价值日益显现。相较于传统的以运营车辆为主的数据，新能源汽车的加入大大提升了交通数据的多样性，进一步拓展了交通大数据的研究空间。

这些技术是新能源汽车数据采集、监测与研究的基础，不仅为政府引导新能源汽车使用和产业政策制定提供了数据支撑，同时也为城市智慧交通建设注入了新的活力，也为企业提高生产效益提供了有效的数据支持。

新能源汽车的出行特征数据可以为交通需求分析和出行偏好研究提供重要支持，进而为城市交通管理、城市规划、交通规划提供数据支持，对改善交通状况发挥着重要作用。通过收集和分析海量的新能源汽车运行数据和充电数据，结合路网和交通等多源数据，利用大数据挖掘技术，集成不同场景的分析算法，我们能够构建新能源汽车领域的数据生态圈，并最终形成新能源汽车的"数据底座"。这将有利于城市数字化转型，并不断创造大数据的社会和经济价值。

除了对交通领域的研究具有重要意义，电动汽车的"六大商业应用场景"[1]还可在产品规划与零部件评估、电池健康度与安全监管、交通出行与城市规划、保险与汽车残值评估、充电桩使用习惯以及充电设施规划等多个领域提供专项应用支持，提升数据赋能的价值。

随着新能源汽车的普及，新能源汽车所生成的数据将更具代表性，能更准确地反映城市道路运行状况。城市需要为新能源汽车的大规模应用做好充分准备，以充分发挥其效能，并尽可能减小其可能带来的负面影响。[2] 未来，每一辆在路上行驶的汽车都将成为数据的生产者，这将极大地提升数据的数量和质量，对大数据存储和分析技术提出了更高的

---

① 上海市新能源汽车公共数据采集与监测研究中心，上海国际汽车城（集团）有限公司，国际铜业协会. 上海市新能源汽车大数据研究报告 2021 [R]. 2021.
② Jiang L, Chen H, Chen Z. City readiness for connected and autonomous vehicles: A multi-stakeholder and multi-criteria analysis through analytic hierarchy process [J]. Transport Policy, 2022, 128: 13-24.

要求。数据采集频率的提升将是未来的一个发展趋势，这可以提高数据的精准度，使其在车路协同等领域的研究应用中发挥更大的价值。目前，新能源汽车大数据的采集、存储和分析技术正在迅速发展，但与这些技术相关的应用实践还相对较少。应加大利用新能源汽车大数据进行精准赋能的力度，联合政府、企业和研究机构开展创新应用示范，以推动未来行业的快速发展。

第四节 私家车租车模式

一 私家车租车模式概念

购买和维护私家车的成本较高，同时国内私家车利用率较低，导致国内许多一线城市的停车费用较高。通过车辆共享，人们无须购买或驾驶自己的车辆，就可以享受到便捷舒适的出行体验。在多重环境因素的作用下，共享汽车开始占据一方市场，发展成为新兴产业。共享汽车模式得以生存的原因有以下几个方面：①市场上的汽车最少荷载人数多于两人；②标准化的汽车共享服务易于商业价值的变现；③在移动互联网时代，信息能够通过移动终端设备及时传递；④汽车出现多而无用现象，空置率较高，在空闲时可以将其租赁给其他人，从而提高利用率；⑤交通领域受信誉的影响相比其他领域要小；⑥共享出行一次服务的时间较短，且大多数时候发生在人流量较大的公共场所，共享汽车的不同参与者之间不需要充分了解彼此的信息。

共享汽车模式可以分为以下三类：私家车搭乘、私家车租车和私家车拼车。本章已在前面章节详细介绍了私家车搭乘及拼车的内容，此节着重介绍私家车租车模式。私家车租车模式也被称为 C2C 租车或者 P2P 租车，出租车平台仅仅是作为中间组织，为能提供租车服务的车主和有租车服务需求的客户提供服务，其本身没有任何车辆的所有权。国外类似的租车平台有 RelayRides、Getaround 和 FlightCar 等，而目前国内主要是一些私家车租车平台，如友友租车和宝驾租车等。以友友租车为例，其流程如图 8-7 所示。

汽车共享平台的主要竞争对手是传统的专业租车公司，如一嗨租车

```
1  ·使用手机查看附近车辆
2  ·步行至停车点
3  ·通过手机打开车门
4  ·正常使用车辆
5  ·使用手机付款
```

图 8-7 友友租车流程

和神州租车等。此外，东风日产旗下的易租车公司也会对其造成一定的影响。这些竞争主要体现在租车价格、车辆交接的便利性和提供的车型种类等多个方面。实际上，C2C 租车和 B2C 租车之间的界限并不十分明确。中国的首家 P2P 租车公司来自新加坡，其运营模式包括与传统 B2C 租车企业合作，P2P 平台负责吸引客户，而传统 B2C 租车企业则提供所需的车辆。

相较于私家车提供长租和短租两种服务，私家车租车的整体规模相对较小。其中一个原因在于，大部分选择共享汽车服务的顾客为了避免自己开车和烦琐的车辆交接流程而选择该服务。这也是私家车平台更加注重线下运营的原因之一。

在信任问题上，除了对车主进行实名登记以及保留行车记录仪，国内很多私家车租车平台还试图从其他方面寻求解决这一问题的办法。例如，凹凸租车在这方面强调一个社交属性，通过线下车主与租客建立面对面的信任；人人租车则从另一个角度着手，将有需求的客户分为机场出行的有车一族，以机场为中间点，实现车主和租客的以车易友；友友租车主要关注小区层面，通过大数据分析，离居住地不远的两者可进行交易，从而有效约束了各自的行为，提供了信用保障。

私家车搭乘模式的发展对私家车租车产生了两方面的影响：一方面，人们对私家车搭乘模式的接纳程度越来越高，更多的车主放弃了自驾，从而为私家车提供了大量的客源，这是一种积极影响；另一方面，由于私家车搭乘服务的质量和水平越来越高，大量的客流转向搭乘，私家车租车需求明显下降，这是一种消极影响。

二 P2P租车国内案例分析——凹凸租车

2014年中国掀起了IPO热潮，二级市场成功通过财富效应带动一级市场创业投资行业的兴起。一所名为清科的市场研究机构统计表明，2014年国内外创投机构新募集的基金为258只，新增资本中能够被中国利用的资本量为190.22亿美元，同比增长174.91%。P2P租车的崛起就是借助这股市场红利，早期国内的许多租车平台如凹凸租车、友友租车等逐渐出现在大众的视野中。2014年，P2P租车市场的融资金额高达1.2亿美元。IT桔子数据显示，2016~2018年是共享汽车赛道投资最热的3年，并在2018年达到高峰，当年的融资事件达到15起，融资总金额达到27.06亿元。

虽然租车行业大多数的租车企业都拿到了两轮融资，但是在后期的发展中，面对行业市场的动荡变化，P2P租车市场却走向了一条"奇怪"的道路。原先最开始出现的几家企业纷纷宣布重新研发新的产品，不得不选择转型升级，少数企业甚至走向倒闭。但是在大多数企业选择转型升级的时候，仍然有一家企业——凹凸租车在坚持P2P租车业务。

在共享租车行业，凹凸租车联合创始人兼董事长张文剑认为，共享租车主要解决了四个本质问题：①多样化需求和多类型车型；②不需要实体门店，直接送车上门，便捷服务；③全部流程都在线上完成；④资金成本和牌照成本降低，改变了成本结构。

（一）聚焦中心业务，拓展至全国城市

首先，从之前与张文剑的对话中亿欧了解到，早期的凹凸租车主要将业务范围限定在一个城市重点经营，下一阶段的运营目标则是将业务拓展至400个城市。凹凸租车的目标是市场份额占据全国租赁市场份额的1/5，目前它在一些单个城市已经实现盈利，所承接的业务也已经达到整个城市租车市场的1/5左右。其次，凹凸租车目前正在努力做的事就是与所有的保险公司竞速。张文剑说道："用户一旦购买了保险，凹凸租车就能为其提供租车服务，当用户在使用期间发生了交通事故导致车辆损毁，凹凸租车将会提供相同型号的车，然后对车辆进行维修，维修完毕后返还给用户。"在保险市场中，凹凸租车需要竭尽全力占据除三大

保险公司占有的 70% 的市场份额外的 30% 的市场份额，目前已经有多家保险公司与凹凸租车就代步车险方面展开深度合作。最后，凹凸租车一直在同整车厂保持联系并希望进一步合作。他谈道："整车厂的需求是对车辆进行维修，凹凸租车拥有大量的私家车并且配备有专门的管家，所以想要抢占后市场的流量入口。"

（二）核心驱动力：维持同车主的黏性，让他们赚钱，降低租金

凹凸租车向车主承诺至少有 30% 的收益，以此来维持车主的黏性。他举例说道："假如购入一辆宝马三系的价格是 30 多万元，如果不加入租车平台，两年后自用剩余的残值为 16 万~17 万元，但如果参与租车项目，每个月出租车辆 10 天左右，每天的租车费用为 300~400 元，那么一年的收入就是四五万，如果在节假日期间，日出租车费用还会增加，一年的收入大致在五六万。"在用户层面，张文剑表示，相比于传统的租车机构，凹凸租车不用承担门店费和牌照费等，在一定程度上将其分摊给汽车的租赁费用，从而使用户能以一个更低的价格租车。

（三）获取定价权，收取服务费

张文剑分析得出，随着租车市场的进一步成熟，加上凹凸租车的服务质量不断提升，凹凸租车在一定程度上拥有定价权，所以公司可以向车主收取一定的服务费（15%~25%），以此来获取盈利。

（四）控制车辆风险，降低车辆丢失风险

在车辆风险控制上，主要方式有三种：①通过大数据系统监测评估每个用户的用车表现，预测车辆风险；②每个地市级服务区域都配备专门的管理员；③在出租汽车上安装监控设备。张文剑表示，未来凹凸租车将沿用现有的运营模式，以轻平台为业务模式，服务好用户和车主；与保险公司进行更深层次的合作，逐渐拓展代步车业务范围。同时，张文剑还表示，凹凸租车未来可能介入金融、后市场等领域。对于未来租车市场的前景和规模，他预测将会占据整个市场份额的 20%~30%；汽车制造厂商可能会变成平台汽车的供应商。另外他认为，仍然需要在租车市场的培育阶段投入大量的资金。

（五）注重日常运营细节的数据积累

凹凸租车 COO 李育育表示："作为新型初创企业，对日常运营产生的数据要高度重视，应分析数据，然后有效利用，通过数据来指导决策。关于数据驱动的决策习惯，虽然凹凸租车有很大比例的线下运营，但它还是一个互联网公司。我们把互联网公司的优势特长发挥出来，就是要拥有大量用户的数据，而且要好好运营这些数据，尤其是客户行为数据。大多数用户不知道自己的消费习惯是怎样的，包括我自己，我也不知道我自己的消费模式是怎样的。但是我的行为数据，会告诉我自己在做什么事情，我通常会在什么时候去做交易，我喜欢看哪些东西，哪些因素会影响到我的购买决策，甚至有些东西我自己都没有意识到。所以，我们从一开始就要积累一些日常运营细节的数据，而这个过程最关键的是对人物、时间、活动内容进行记录。"

创业公司不可能直接复制大公司通过设立专门部门来处理海量数据的模式。所以这些数据现在的用法是：当决策人在思维的火花碰撞后涌现出新想法的时候，我们就拿这个数据来验证，这个时候决策就不是凭空来做的，是有数据支持的，要防止"拍脑袋决策"。我们在平时的运营管理中会建立一个基于数据的精细化管理方式。比如，有些客户提了很极端的要求，这些要求的确是我们不能满足的。通常这个时候我们就会拿数据说话，这种案例有多少个，每次会产生多少成本，你安抚这个用户要花多少成本。如果按照他的要求，做一个新的功能，要花多少成本，以及这个功能符合他的要求，可能就不会符合别的用户的要求，你可以算一下别的用户又占我们多少的比例，会形成多大的影响。所以，用精细化的数据来进行管理，可以帮助我们做出正确的决策。凹凸租车正以"轻资产+物流+大数据"形式，致力于成为全球领先的虚拟汽车服务商。

第九章 交通大数据的应用分析：其他

内容提要：分析了交通大数据在其他交通领域的应用，包括在铁路、公路、水运等其他领域中的应用情况。在铁路大数据应用方面，具体分析了铁路大数据的发展现状及存在的问题、数据整合及信息平台的必要性、未来发展方向和应用方法。在公路大数据应用方面，从公路营运管理过程、道路交通安全管理、道路养护过程三个角度探索大数据的应用，列举了公路大数据应用方法。在水运大数据应用方面，分析大数据在智慧航运、智能港口、智慧船舶中的应用。此外，分析了交通大数据在城市交通拥堵、生产工业、人文与经济地理领域的应用情况。

第一节 铁路大数据的应用分析

一 铁路大数据的发展现状及存在的问题

铁路大数据由同属于铁路业务领域的结构化和非结构化两种数据集合而成，包括基础设施建设、客货运、工程建设、移动设备、资产和企业管理等数据，这种数据集合具有大数据量、多种数据类型、数据增长快速和高业务价值的基本特征。铁路大数据正处于快速发展阶段，未来可以用于服务国家经济和社会发展。

（一）国外铁路大数据的发展现状与存在的问题

国外铁路大数据发展较早，在长期以来的运营和日常设备管理中产生了大量的数据。大数据的运用在铁路领域也初见成效。意大利利用大数据技术，构建了一套列车运行的动态管理与维修体系，通过建立电池、制动器和轴温等数据模型，挖掘并分析数据，形成动态的列车维修计划，并增强风险预防能力，降低维修的时间成本和工作量，减少故障发生频率，缩短列车运营时间。美国加州通过大数据在高速铁路行业的应用，收集并分析高速铁路基础设施建设、列车运行状态等信息来加强对铁路资产的管理。①

（二）国内铁路大数据的发展现状与存在的问题

改革开放以来，中国铁路信息化建设取得了显著成效，在交通组织、客货运营销、运营管理等方面产生了重要影响，为铁路行业的改革和未来发展提供了重要的技术支持。铁路在客运、货运、移动终端设备、设施运营和维护等领域积累了大量的数据。铁路大数据还将大数据应用到其他各个领域当中。在智慧交通方面，它结合日常铁路的客运和货运等数据，展开对春节期间客流量、客货运力和客货运需求的分析，在此基础上组织客货运输的统计分析与预测。它还利用人力、财力、物力等相关数据进行企业资源管理，对清算业务进行了专业数据分析，为企业清算提供了政策建议，同时还为企业业务目标的制定和资金的管理提供了大量高质量的数据支持。在建设管理方面，铁路工程建设大数据初步尝试了混合站、实验室和路基沉降观测，并取得了初步成果。通过对所需原材料厂家产品的质量进行数据分析，为需要购买原料的施工单位提供依据。

虽然我国铁路行业已经意识到大数据对管理经营的重要性，并且在客运和货运等领域，大数据的应用已经取得了一些成绩。但是由于缺乏统一的规划，各地方的信息系统都是独立开发的，不存在交流和共享，因此铁路大数据的信息资源利用率较低。尤其是与其他行业相比，处处存在"信息孤岛"的铁路大数据还有很长的路要走。②

二 铁路大数据的整合及信息平台必要性

进入铁路大数据时代，我们需要在充分分析新的铁路统计需求的基础上，建立一个数据采集与存储—数据集成—指标计算—数据发布—数

---

① 郑金子，薛蕊，吴艳华等. 国外铁路大数据应用现状与趋势分析［C］//中国科学技术协会，交通运输部，中国工程院. 2018世界交通运输大会论文集. 中国铁道科学研究院铁路大数据研究与应用创新中心，2018：2052-2066.

② 邵长虹，庄红男，贾晓非. 大数据环境下的铁路统计信息化平台研究［J］. 中国铁路，2015（7）：1-5+9.

据应用的新统计过程，然后建立一个高度集成的铁路统计信息平台。可以推进从数据报告收集到原始数据采集的统计工作，从垂直数据聚合到水平信息集成，从完成常规统计到实时分析，从线路信息转变为综合数据集成，从数据生成转变为提高数据价值，由统计指标分析向智能决策支持转变，由单一的统计服务向敏捷数据服务转变，促进统计部门向企业智库转型，使统计部门能够在企业决策中发挥真正的智囊团作用。[①]

另外，在建设铁路信息统计平台的过程中，有必要全面调查目前铁路统计的情况以及各种数据的来源，尤其是数据数量和质量。还要将不同的铁路用户按照相应的统计需求分为不同的层次和角度，并设计出相应的铁路信息统计平台框架和功能，实现数据的高度融合，提高数据挖掘深度，高效利用数据，促进铁路统计信息化逐渐向智能化转变。

在新的市场形势下，铁路部门必须加快转变经济发展方式，为适应市场变化的要求，在提高铁路运输部门的核心竞争力和可持续发展能力上，有必要借助大数据这一工具，这主要体现在以下几个方面。

（一）提高信息集成和组合的效率

中国的铁路信息系统在某种程度上是分开的。由于不同的业务是由不同的部门主管，出现了各自为战的现象，导致铁路部门的信息碎片化，信息收集变得十分困难。大数据技术可以在逻辑上或形式上将来自多个分布式数据源的数据集中到统一的数据集。整合分布式异构数据源的信息，统一综合交通信息系统，可以提高铁路信息集成和组合的效率。

（二）以市场为导向建立营销体系

中国铁路总行的运营部、铁路运输企业管理中心等各层级单位，根据旅客需要，有针对性地制定出铁路部门的日常经营与管理决策，以实现其长期发展目标。在海量的数据面前，利用行之有效的技术方法分析数据，从而得到具有较强实用性的信息，支持铁路部门的决策，这是构建以市场为导向的营销体系的一个关键条件。大数据在其中的特别之处就在于能够快速、精确、便捷地在海量的数据当中分析并挖掘出有价值的信息。

---

① 代明睿，朱克非，郑平标．我国铁路应用大数据技术的思考［J］．铁道运输与经济，2014，36（3）：23-26．

（三） 实施全过程物流和供应链管理

长期以来，我国铁路运输业所承担的货运任务多为运输粮食、矿物资源等，其货运价格和附加值低。但是，有些高附加值的电子产品，如家用电器一般是用其他的交通工具来运送的，比如航空和高速公路，铁路与它们相比在这方面还有很大差距。铁路部门必须开展全方位的物流服务以提高运输效率，将运输服务的范围延伸至客户物流上，同时要协调铁路的内外资源，才能满足客户的运输需求。所以，使用大数据技术进行信息集成和数据分析，供应链上游和下游之间的信息共享以及物流链接的协同优化变得特别重要。这对实现统一管理、操作协调、资源整合、信息共享以及供应链管理和运输服务的一体化非常有利。充分利用数据信息，能为提高铁路运营效率做出贡献。

三 大数据技术在铁路应用中的发展趋势

（一） 推行客户关系管理

通过各种渠道获得的海量顾客数据蕴含着极大的价值，比如顾客的生活习惯、市场和行业的变化趋势等，这些信息对于维持顾客关系、实施分类营销至关重要。利用大数据技术深入了解集团消费者的特点，探索顾客需求的潜在变化方向，再针对这些特点和需求制定相应的服务策略。

顾客分析与顾客管理是当前大数据环境下的研究热点。在对顾客进行分析的过程中，先对历史顾客、货票中所保留的旅行时间、公交车间隔、发货时间、装运类别、装运量和交货方向进行分析，获取顾客的出行习惯和送货习惯等信息，并通过互联网和移动终端设备等获取顾客的图片、视频、声音和地理位置等数据。在此基础上，利用大数据对铁路运输行业中的顾客进行价值分析，并对顾客的未来成长潜力进行预测，对顾客流失的风险进行评估和管控。大数据在客户管理上的应用，主要关注的是精准识别客户，以确保有限的资源可以被有效地利用。结合对客户的分析结果与历史上客户对价格等因素的敏感程度，通过将客户分类，选取目标客户，采取主动营销等手段向其提供准确而又有针对性的信息，使铁路企业能够留住那些信赖度高又优质的客户，从而达到降本增效的目的。

（二） 加强市场分析和预测

大数据技术能够通过各种各样的平台和系统收集大量的原始数据，

例如铁路客货票务系统和交通信息收集平台。这些数据能够为市场分析和预测提供强有力的支持。与专注于调查抽样统计分析的传统方法不一样，市场分析和预测技术若以大数据技术为基础则可以利用大量的原始数据，分析客运量和货运量的相应变化，找出运输量变化的规律，预测未来可能出现的市场走势；还可以借助 GPS 或者传感器之类的互联网设备来获取和收集更为精细的数据，并通过因特网访问诸如政治、经济、其他运输方式、气候和其他影响因素的数据。结合对客货流量的仔细分析和对影响因素的相关性分析，我们能探索出各影响因素对轨道交通的影响，定量分析各因素对运输量变化的影响。

（三）优化铁路收益管理

收益管理是在把握市场需求的前提下，有效地利用铁路运输资源，设计合理的运输产品，通过恰当的定价机制销售给不同的顾客，目标是最大化铁路行业的收入。近年来，铁路收益管理面临的难点问题主要是如何对市场需求进行准确的识别，并对运输产品及其价格体系进行合理设计，还包括如何对运输产品的消费主体进行定位，这些问题都可以通过大数据技术化解。

大数据技术在铁路行业的应用，可以实时监控和收集铁路数据，还能监测客户对运输产品和服务的需求，实时反馈产品的运行数据和客户的使用情况，基于此对市场运作进行评估。通过分析数据，立足于市场需求设计出适用于产品的定价策略、价格体系，并有针对性地向顾客销售产品，以实现精准营销，推动其更好地与市场需求相结合，提高铁路企业的利润。[1]

（四）发展现代铁路物流业

相比于其他运输方式，例如航空运输、公路运输和水运等，中国铁路运输行业仍然处于价值链的低端，其物流管理能力较弱。究其原因，一方面是由于现代铁路物流的发展缺少相应的理论指导与策略支撑；另一方面是由于我国铁路企业对铁路信息的收集与使用程度较低，使得物流信息服务不能满足使用者的需要。

---

[1] 王卫东，徐贵红，刘金朝等．铁路基础设施大数据的应用与发展［J］．中国铁路，2015（5）：1-6．

运用大数据的信息采集、分析和挖掘能力，对铁路物流信息进行系统的管理，整合现存的大量分散的铁路物流数据资源。对物流共享和信息共享进行协同管理，建立一个基于空间地理信息的新型物流系统，为铁路物流企业提供一种新的管理模式。通过向客户提供铁路物流信息和管理技术服务，能够有效配置铁路运输资源，降低客户享受物流服务的成本，提高铁路物流服务质量和水平。

四　铁路大数据应用方法

（一）铁路数据共享技术

1. 基于博弈论的铁路数据共享技术

铁路数据共享问题实质上是博弈中的收益分配问题，也就是如何在共享过程中最大限度地实现数据的价值与责任的最优分配。数据共享越多收益则越大，承担的数据责任越大收益也越大，以及提供的数据价值越大收益也越大。利用博弈论对数据价值进行优化配置，可使数据提供者、技术服务商和数据运营商三方在数据共享中实现共赢。

2. 铁路数据仓库、MPP 和 Hadoop

铁路大数据平台采用的是基于数据仓库、MPP 和 Hadoop 三个模块的混合架构，以满足铁路大数据处理的需求。数据仓库用于对具有高使用价值的数据进行处理和分析，存储最核心的跨领域业务数据；而 MPP 则是用来处理长期的历史数据，然后进行更深层次的分析；Hadoop 主要是对大量的非结构化数据进行存储，然后对数据进行批量处理和分析。

（二）铁路大数据分析算法和专业模型

在铁路大数据分析中，有许多算法，包括分类、聚类、神经网络、主成分分析、机器学习等，涉及基础设施建设、营销、日常经营运作、铁路客货运、动车组联调联动等各专业领域用于分析和预测的专业模型。

铁路大数据分析平台可提供神经网络、分类、聚类、深度学习、支持向量机等学习模型，涵盖了许多与参数优化、参数学习等相关的技术。当前，机器学习中所采用的参数优化是以梯度下降为基础的方法，它的缺点是常常陷入局部极值不足，需要在此方面加以研究，构造出一种不容易陷入局部极值的算法，可以快速地对模型中的有关参数进行调整，从而在很短的时间内得到最优的效果。

中国铁路建设飞速发展，在车站和列车中安装了大量的监控设备，这些设备蕴含着大量与铁路安全和运营相关的信息。要用更深层的算法来逐步地提取图像中的信息，为铁路运输设备、基础设施建设等的检修和维护提供技术支撑，确保铁路安全运行，提高铁路设施检修效率。[1]

专栏1　铁路大数据应用案例：共享火车

2018年9月14日从西安开往榆林的K5488次列车，是中国铁路西安局集团公司通过互联网平台，为参加马拉松的长跑爱好者提供的一列"共享火车"。这是铁路局针对旅客用户的旅游需求，整合运输资源，而提供的一次个性化服务。

开展此次活动的原因是2018年9月16日陕西榆林举办的国际马拉松比赛，由于路途遥远、交通不便，往返成本高昂，打击了很多长跑爱好者的积极性。因此，榆林马拉松组委会与西安铁路局集团公司和西安部分跑友团联系，设计乘火车出行的方案，模仿"共享单车"的运行模式，构建"共享火车"的网络平台，整合旅客需求信息、铁路车辆信息、票额资源，以及城市公共交通、餐饮、酒店、旅游资源等，共同搭建服务空间，使旅客能最便捷、以较低成本参加比赛以及出行。而西安站也在跑友团的建议下，额外开通绿色通道，提供扫码订票、专区候车、专人引导等服务。此次列车也根据旅客需求设计了硬座、硬卧、软卧等不同席位，由于出行人数众多，开车当天又增加了两节车厢，最终发售车票1200张。

"共享火车"是继2017年10月"众筹火车"后再次推出的根据旅客需求定制的出行车次。它让互联网成为铁路部门与旅客之间的沟通桥梁，高效地配置了运输资源，化解了旅客需求和铁路系统提供服务的信息不对称难题，实现"按需供给"。这是"客运提质"计划的微观具现，也是深化铁路运输供给侧结构性改革的部分体现。

---

[1] 史天运，刘军，李平等. 铁路大数据平台总体方案及关键技术研究 [J]. 铁路计算机应用，2016，25（9）：1-6.

第二节 公路大数据的应用分析

大数据技术已被广泛应用于现代公路管理,特别是在云计算技术与大数据技术相继出现之后。在公路营运管理、道路交通安全管理以及道路养护管理中,大数据技术均发挥了不可或缺的作用。

一 在公路营运管理中的应用

交通大数据通过监测和监控收费站收费记录,可以更加高效地监控过往车辆,从而防范过往车辆偷换车牌以逃避收费等情况,优化对高速公路的管理。此外,交通大数据对高速公路的运行管理具有重要意义。通过对高速公路车流、收费等信息的实时监测与分析,能够对高速公路的基本运营状况进行预测。通过相关预测,我们可以提前决策,提高经济效益,努力提升公路的运营能力。[①]

大数据在公路营运管理中的应用主要体现在以下几个方面。

一是增收堵漏,确认偷逃通行费的行为。通过分析收费数据,对出入口车牌不一致、经常性超时使用的车辆进行识别。也可通过车牌抓拍系统,对车辆违规行为加大检查力度,实现增收。通过数据分析,可以掌握公司的收益状况、预测未来的收费倾向,并为公司日后的发展战略提供有力的技术支持。例如,重庆渝黔高速公路有限公司装备了视频录像审查系统。通过该系统,可以实时比较收费站入口和出口的车辆视频信息、收费信息和音频信息。通过这种方式,判断车辆是否存在逃避通行费的行为,从而打击非法行为和增加营业收入。

二是对运营的分析和预测。对所在地区的人口、产业布局及其结构、消费或贸易情况、路网结构、高速上的车流量及收费等信息进行汇总和分析,进而对车辆交通进行预测和分析,结合收费站交通数据,可以准确预测收费站在假期和高峰时段的交通流量,从而让收费站提前准备,

---

① 成斌. 大数据分析在高速公路收费管理中的应用 [J]. 现代国企研究,2018 (20):189.

保持道路畅通。

另外，对于以市场为导向的经营实体（主要指高速公路上市公司），其营销也可以通过数据分析进行。例如，基于线上购物平台的数据能够预测及分析用户的购物行为，或者结合网络运营商的数据来预测及分析交通的相关信息量。对于高速公路相关领域的相关业务，通过大数据分析开展营销工作也可作为一个思路方向。

二 在道路交通安全管理中的应用

由于高速公路领域的管理主体不同（在一些区域，道路管理由不同的实体负责，交通警察和其他道路安全的管理主体也有涉及），所以，大数据的应用是广泛的。它不仅可以分析路况、天气状况、交通事故等，找出关联性，提出改进的想法，制定预防措施，并根据高速公路上不同时间的交通量、不同的车辆结构、道路铺设特点采取措施，如公路主线控制、坡道控制、客货分离和远程引导，以改善公路交通状况，更好地为司机和乘客服务。比如，根据路面和交通流量条件，重庆内环高速公路实行客货分离、限时段禁行以及对当天道路进行控制等措施，有效缓解交通拥堵，加强高速公路信息发布，通过高速公路监测和分析手机信息，发布道路交通安全信息，提高公路服务水平。

三 在道路养护管理中的应用

随着中国公路网的成熟，交通里程数越来越多，后期维护工作任务繁重，维修后的数据难以更新。而养护高速公路及其他设施的工作主体是高速公路的经营公司，但特殊的维护或者专业的常规养护会由公司委托给专业施工单位完成。最终的维护数据层次各异，并且零零散散地存储在纸质材料当中，不便于高效、精准管理。在此基础上，重庆渝黔高速公路有限公司整合定期检查、特殊设计和工程监理服务，建立公路电子资产平台，依据线路、桥梁、隧道、涵洞、立交、收费站、斜坡、广告、监控设备等登记备案，形成完整的视觉四维地图。该系统足够大，无论是桥梁还是护栏上的每根支柱都在其中登记，在后期的维护工作中，只需要通过终端设备实时上传维修记录就能完成数据的更新。同时，根据施工的时间和维护状况，平台根据记录的路面数据、道路环境因素、道路负荷、交通流量等设计出符合生命周期的桥梁和隧道结构的维护计划。①

四 公路大数据应用方法

在高速公路上，智慧交通管理取得了良好的效果。在智能高速公路中，通过合理收集公路数据，如收费数据、交通监控数据、指挥调度数据、日常运营数据、显卡端口数据等，实现更深入的分析，以保证在智慧高速公路的每个区域正确使用大数据，确保最终的使用效率能够满足人们的期望。

大数据在实践中可以挖掘出交通运输所产生的数据，为交管部门提供清楚的地理图像，为车辆提供导航和定位等服务。无论是 Hadoop 存储框架还是 Storm 分布式实时计算框架，都可以整合、处理、分析数据，并且在之后，能够提取相应的具有价值的信息。智能交通系统能实时监控城市交通状况，将各个交叉口车辆的实时快照数据传输到大数据云平台进行长期数据存储。②

通过大数据云平台，可以实时控制任何车辆的驾驶状态、运行轨迹，并分析车辆是否存在违法行为。大数据平台涵盖了车辆行驶路径、车牌号、信号灯和停车线等信息；能够清晰地识别车辆的情况，包括车身颜色、车牌号、车型等；记录的信息包括相关的执法数据，比如违规的位置、类型、时间和违停颜色罚单。

大数据云平台同样可以将存储数据进行计算分析，帮助交通系统根据数据预测出高效行驶的路线，设计交通管理服务。大数据是在实时地挖掘、分析和整合收集到的数据的基础上，为交管部门提供地图、导航和车辆位置查询等服务，并使用 Hadoop 和 Storm 技术来分析、聚类和回归交通管理数据，用噪声和平滑数据处理技术提取相关的信息，有效解决了城市车辆构成不平衡的问题。

---

① 蒋悦然，曹雪芹，刘鹏杰. 交通大数据在智能高速公路中的应用探讨 [J]. 科技风，2018（8）：23-24.
② 李纬纬. 大数据理念在高速公路运营体系中的应用 [J]. 管理观察，2016（7）：120-122.

大数据还可以进行耗能分析。结合大数据、云计算等技术，为城市道路交通能源消耗管理提供技术支撑。大数据平台以神经网络、遗传算法等为基础，对不同的数据开展整理合并，从而实现数据查询和能耗分析管理，解决了交通数据库规模过大的问题。[①]

五　高速公路大数据应用案例

案例一：利用省级网络收费运营管理平台、省级监控平台监测数据。

广东省高速公路监测数据综合分析见图9-1。该项目的目标是分析和显示政府和运营管理单位关注的主要数据指标，使管理者能够及时、直观地了解高速公路的运营状况。

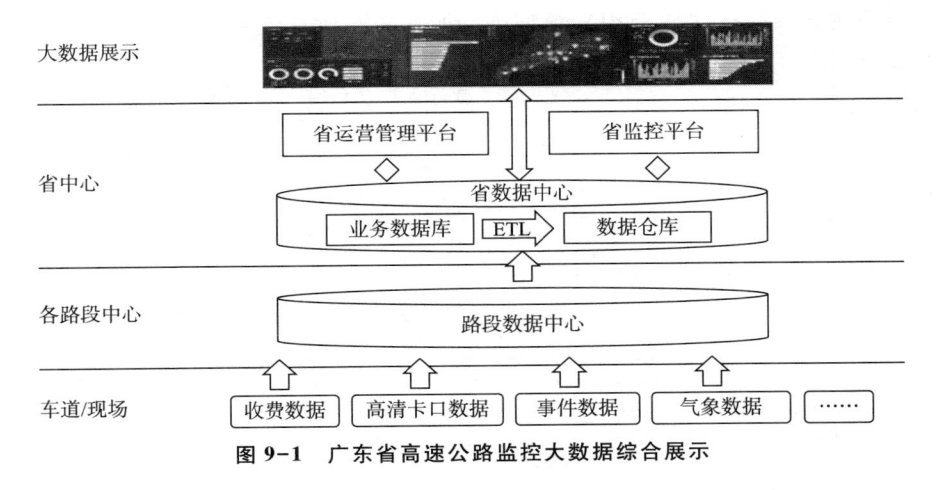

图9-1　广东省高速公路监控大数据综合展示

案例二：深汕西保畅通高峰车流预警预测系统。

深汕西营运路段通过实时采集高清卡口截面车流量数据，利用时间序列ARIMA模型，预测30分钟后的车流量，车流量超过设定阈值的，进行预警。该系统如图9-2所示。

案例三：广东省高速公路货运情况的大数据分析项目。

广东省高速公路实现了全计重收费和全国ETC联网，在高速公路出口可以较为准确地采集到货车载重量数据。基于这些数据，可运用高速

[①] 丁向朝．大数据技术在智能交通平台构建中的应用［J］．电脑知识与技术，2019，15(16)：178-179．

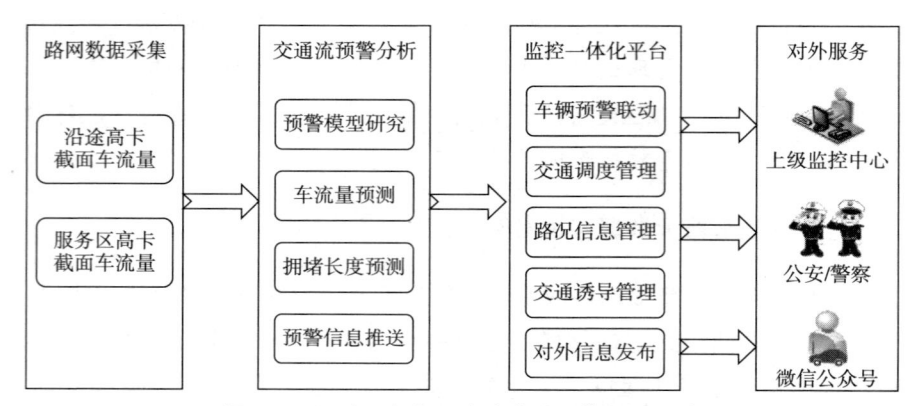

图 9-2　深汕西保畅通高峰车流预警预测系统

公路运输景气指数（ETBI）模型进行如图 9-3 所示的分析。

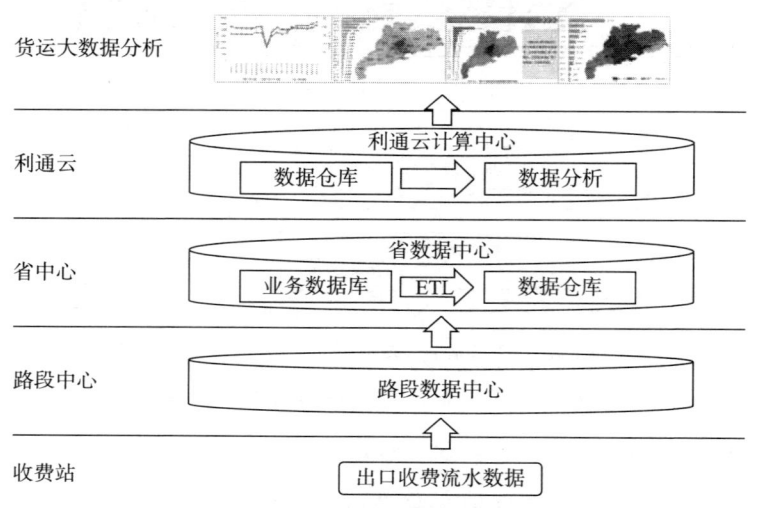

图 9-3　广东省高速公路货运情况的大数据分析项目

第三节　水运大数据的应用分析

中国大陆海岸线长 18000 公里，内陆水道 120000 公里。近年来，随着船舶综合监控系统的发展，船岸合作下的交通状态感知与交互、长江航道要素的实时智能感知融合技术的研究和综合研究项目的应用在我国水路运输智能化研究方面取得了很大进展。而根据多方监测数据可以形成航运大数据，航运大数据（Shipping Big Data）不仅包括航运业务过程中及对其的监测管理时所生成的数据，也包括汇总保存、分析加工、预测查询等技术和解决方案，此外还可以实现以下三大功能：计算实时生成的数据、分析历史保存下来的数据以及预测未来可能产生的数据。[1]

那么航运大数据能做什么？在中国，从数百万班轮时刻表的信息到它产生的动态轮船地理位置，在实时地理位置信息中还有超过 1700 万个大型集装箱，以及隐藏在背后的国际贸易相关产品、商品信息和资本流动信息。这些无法低估的大量数据是全世界贸易流量的信息，是世界贸易的大动脉，它隐藏在中国国际进出口贸易总额中。

航运大数据能够提高运输效率。起初，因为建设国际航运中心的决策，广州港南沙港区的交通量急剧增加。因此，广州港南沙港区三期正式构建集装箱货运电子商务平台，这是该领域第一个电子商务平台。正是因为这一创新决策，广州港基于原有货运量获得了很大的成功。在具体落实的时候，经过对整个集装箱运输过程中数据的分析和挖掘，发现限制效率提高的因素，然后采取相应改进措施，提高运输效率。[2]

使用航运大数据，我们可以了解船舶的活动情况、货物流动和港口的运营情况，这可能对期货投资决策产生重要影响。例如，通过实时监测大豆船的全球运输，如果发现即将进口的南美大豆滞留在港口，不能准时到达我国，可以首先推断国内大豆价格可能会上升。大数据对航运这一交通产生的影响已经非常显著，下面分三个方面进行介绍。

一 大数据与智慧航运

我们可以通过大数据建设智能航运中心。建设航运中心的关键是实现航运资源的合理配置。利用大数据可以达到将航运业务的资源抽象化为信息资源的目的。通过大数据可以分析航运中心的路线、主要船型分布、主要货物流量、收集和分配方法的比例、航运服务业的构成和内陆腹地产业结构等。它可以帮助航运中心调整决策导向，并高效率和灵活地调整航

---

[1] 蒋仲廉，初秀民，严新平．智能水运的发展现状与展望——第十届中国智能交通年会《水路交通智能化论坛》综述 [J]．交通信息与安全，2015，33（6）：1-8.
[2] 吴明华．全新船期搜索引擎"大船期"实现航运大数据零突破 [J]．航海，2015（4）：6-7.

运中心的运营资源。本部分以智慧航运的载体——船联网与宝船网为例。

船联网（connected ships）是在智能交通运输业应用新一代信息和通信技术的成果。船联网作为一种新兴概念，具有技术集成、功能载体多样化和服务功能融合的特点。

为促进航运信息发展、智能发展和绿色发展，国内外已开展许多与船联网相关的研究和示范项目。为了提高河海运输服务的效率和质量，尤其是综合信息服务能力，政府十分重视物联网技术在内河智慧航运服务中的应用。2012年，交通运输部在江苏、浙江、上海等地区建设了长三角航道网和京杭运河水系智能航运信息服务应用示范工程，这是国家物联网应用首批示范项目之一。通过将苏浙沪地区的航运数据集成在一起，构建面向规范、灵活和服务的可扩展的数据共享平台。

为全面振兴跨区域以及跨国内陆航运业，欧盟根据过去的内河航运信息化建设的经验教训，提出构建统一的内河航运综合信息服务（River Information Service System，RIS）系统。该系统是在航运基础上建立起来的，将通信技术、信息技术、计算机处理技术等融入传统的内河航运系统当中，通过两个系统的信息互联共享，实现了高效、安全、环保的欧洲内河水道运输，成了当代内陆航运系统的典范。

基于云计算和大数据技术，宝船网2.0为开发、共享、透明和完整性提供了一个环境。目前，它涵盖了各种各样的数据类型，例如全球岸基、全球气象、全球电子海图和卫星AIS传播动态等各式各样的数据。宝船网凭借"云合计划"打开了全世界的数据接口，可以用于水上交通流量分析、海上区域预警、远程海事感知和路径规划等，解决了海量数据共享的难题。

宝船网是一个基础平台，它能得到如此广泛、有效的应用，主要得益于"云合计划"。由于它所有的基础架构都已实现云计算，所以大大减少了第三方App开发的时间成本和经济成本，大数据产品（特定船舶类型/货物的运营分析、空间信息库等）是创新的基础。宝船网"航运生态"的发展方向使其更易于使用，易于共享和扩展信息资源；基于位置的公共服务为完成第三方增值服务奠定了基础。[1]

---

[1] 韩宝宁.基于大数据的区域经济对航运发展的驱动研究[D].重庆交通大学，2018.

二 大数据与智能港口

使用大数据技术分析船舶自动识别（AIS）数据，提前6小时准确预测船舶到货时间；然后通过模拟技术模拟现存 TOS 系统在未来6小时内的实际运行情况。对比运行计划调整低效率、危险、高耗能的情况，全面提升港口规划水平、运营调度水平和安全管理水平。

通过转型升级，当今港口在供应链中的作用发生了深刻的变化。它变得更加合理，其功能不断扩展。随着国际多式联运的发展和不同运输方式相结合的运输链日益壮大，港口作为全球综合运输网络不可或缺的一环，正逐步迈向综合物流中心的发展道路。由于港口位置的特殊性，其综合海陆空三种物流运输形式，提供综合物流服务；同时，它具有商务中心的功能，能为客户提供商业、金融等服务。

智能港口（smart port）是在运输行业不断发展的过程中，且在知识创新驱动下诞生的新概念。智能港口含义广泛，它可以实现生态环境的和谐化、物流资源的集约化、港口城市的一体化、技术装备的现代化、科学管理和运营，以及提供港口的智能服务。狭义上的智能港口依赖于现代信息科技，如物联网、云计算、大数据和"互联网+"。基于对港口供应链的思考，我们将实现物质资源的无缝连接，建设信息化、智能化、最优化的现代化港口，也可称为信息化2.0港口。

江苏省作为水路大省，有954公里的海岸线、长江航道425公里、京杭大运河718公里，沿港资源丰富，具有明显的经济和地理优势。由于港口区域分散，海岸线利用没有达到效用最大化，传统管理方法的效率低下，港口资源管理存在可以改进的空间。与"互联网+"相结合的港口资源管理信息系统为港口基础设施资源的综合管理、相关数据的统计与分析提供了新模式。

建设港口资源管理信息系统有一系列困难，例如在收集和集成大量港口的资源数据、系统数据更新维护、大数据共享平台构建和 Web UIS 地图服务响应等方面存在困难，但在科研技术人员的不懈努力下，这些困难已经成功克服。在港口资源管理信息系统的帮助下，江苏省的港口资源数据可以互联，能够显示港口运行状态（树状的目录结构），集中调度公共锚地资源，监测重要港口情况尤其是港口作业以及港口岸线。

三 大数据与智慧船舶

为实现智慧船舶的运营管理,可使用大数据预测港口拥堵状况,并在抵达港口前采用更经济的速度。在船舶的日常运行和维护过程中,使用大数据智能来计算下次补货、备件、加油、维修和维护的时间,以及预测可能停靠的码头。向码头服务商提供相关信息以提前下单,并提供预警提醒,提出在航行可能遇到诸如气象和洋流等自然风险之前避免风险的策略,并在人员驾驶失误的情况下给出关键提示。

制造业是国民经济发展的重要力量,是振兴国家的重要工具。"工业4.0"显示,基于大数据技术,使用先进的信息和通信技术(ICT)、计算机技术,可以实现对船舶智能的感知和分析,确保航行安全和航运效率。因此,大数据成为世界各国智慧船舶发展的强大动力。比如,中国船舶集团有限公司设计的智能船能够持续感知和识别船舶的运行情况和海况,并做出相应的反应来避免事故的发生,提高安全水平,最终形成"Sea(海洋)、Ship(船舶)、System(系统)、Smart(智能)、Service(服务)"的船舶操作智能服务系统(即5S系统)。韩国现代重工与埃森哲(Accenture)合作设计并推出了一款"互联智能船舶",通过改进决策流程来提高运营效率。罗尔斯·罗伊斯(Rolls-Royce)公司是世界上最大的商业造船供应商之一,计划在未来10年内投入使用第一艘无人驾驶货船。

凭借巨大的应用需求和可预见的发展前景,智慧船舶是船舶业的未来。智慧船舶的关键技术主要包括信息传感、通信和导航、能效控制、路线控制、状态监测、故障诊断、遇险救援和自主导航。其中,通信和导航、故障诊断、信息传感等是已经实现的技术应用,且还处在不断改进过程中,而路线控制、自主导航和遇险救援等技术还在研发测试过程中。[1]

第四节 其他领域交通大数据的应用分析

一 交通大数据在城市交通拥堵方面的应用

大数据为交通管理和控制注入了生命力。英国和美国是最早一批使

---

[1] 陆旭昇. 让航运拥抱智慧物流 [J]. 中国远洋海运, 2018 (6): 2.

用大数据管理交通的国家,而中国深圳也在这个领域不断摸索前行。世界各国政府将交通数据从纸张转化成数字,建立智慧交通系统,实时监测交通流量,并根据当前道路拥堵和车辆行驶情况进行电子收费,从而有效地缓解了拥堵,减少了交通污染物的排放。

城市智能交通指挥系统离不开大数据理论,以美国为例,美国的许多州将大数据理论作为城市智能交通指挥系统的理论基础和实践支柱,以实现智能智慧交通的目标。主要应用包括:将大数据用于缓解城市交通拥堵,对恶劣天气下的交通进行管理,通过大数据为道路环境改善提出建议。将大数据理念应用到交通指挥中,可以通过路面监测和数据挖掘等技术,对道路数据进行实时监控,可以协助指挥中心对道路状况进行分析,为交通事故的处理和解决、交通秩序的恢复提供支持。

(一) 美国的智能交通管理

为了实现智能交通管理,美国多个州积极引入大数据管理这个概念。

第一,应用大数据减少交通堵塞。INRIX 计算机系统被安装在美国新泽西州,用于分析 GPS 信号和移动通信设备,因为这些数据源前途无量且获取的数据十分精准。在新泽西州分析这些数据之后,可以形成一个完整的交通道路现状图,并且在地图上通过不同的颜色显示不同的道路状态,以此来确定发生拥堵的具体位置。例如,如果地图上某个区域呈红色或者黑色带状,那就说明该区域发生了严重的交通拥堵。

第二,应用大数据应对恶劣天气下的道路状况。俄亥俄州交通局(ODOT)基于 INRIX 的云计算技术分析交通大数据。这将实现在暴雪掩埋 400 多条主干道后 3 小时内清除道路积雪的目标。结合高速公路上汽车车流量及气象数据,ODOT 清理该州道路积雪所需要的时间缩短,提高了处理道路的效率。该应用程序通过大数据减少了冬季因路面结冰、能见度较低等极端现象造成的连环车祸事故,并确保了经济的正常运作和日常生活秩序的有序进行。

第三,应用大数据评估路况。ODOT 利用高速公路上的实时路况数据,着重分析评估车辆行驶的安全性以及拥堵情况。另外,为了从公路改善项目中获得利益最大化,ODOT 通过 INRIX 确定不同路段的最大行驶速度,评估道路改善的决策效果以及道路改善的位置。

第四,应用大数据定位拥挤路段。波士顿计划推出一款名为"Street-

Bump"（路供）的应用程序，该程序通过类似重力的系统来评估城市道路拥挤状况。重力系统的原理在于，当手机用户使用手机时手机屏幕发生倾斜改变了智能手机的重力方向。与该系统的不同点在于，StreetBump应用程序可以通过检测手机中加速度的微小变化来确定不同路段的拥堵程度。这个应用指出了道路改善的方式，因为波士顿在道路改善方面花费了较多的钱。例如，波士顿每年在城市道路减速带上就要花费8万美元，不仅如此，使用传统技术对整个波士顿公路系统进行测量也需要大约20万美元。[①]

（二）英国的"智能城市"

英国斥资1.5亿英镑建立健全高传输速度的城市网络，目的是开发一个"连接城市"项目，运用大数据来减少交通拥堵。具体而言，该项目基于对大数据连续不间断的分析，通过超高速连接和强大的数据管理，将城市与城市之间相互连接，更好地监测、控制城市。"连接城市"项目能够利用大数据使各城市形成便捷的共享基础设施，促进各部门高度共享基础设施，更容易实现跨部门合作，改善交通运输和道路系统。

在奥运会期间，INRIX通过大数据建成的实时路线图能够为用户提供有用且免费的应用程序，让消费者知道哪些路段出现拥堵，从而选择最佳的出行路线。这些程序有以下两类。

第一，INRIX Traffic（包含苹果、安卓、Windows Phone和BlackBerry的不同版本）。INRIX Traffic是一款自由软件，在业界排名第一，这与其耐用性和便利性有关。该软件能够分析所有驱动程序的数据以制定最快的路线，避免了延误。另外，苹果版INRIX Traffic的用户只需点击两次即可通过短信或电子邮件告知他们的同伴。这样他们就可以准时会合，降低了时间成本。

第二，INRIX Travel Radio。英国大多数司机都是通过广播电台来了解实时路况信息，但这些信息是带有普遍性质的，不符合司机的个人需求。但是INRIX Travel Radio能够为用户提供个性化的道路信息，包括公路、铁路、航运等领域。另外，INRIX Travel Radio将及时更新全国最新的出行条

[①] 马景艳. 大数据背景下智慧城市破解交通拥堵的策略研究 [J]. 电脑知识与技术，2014，10（18）：4262-4264.

件，以确保数据更新的及时性和准确性。而用户只需要下载 INRIX Travel Radio 应用程序，就能够在线收听当前道路的实时交通播报。

（三）深圳的智能交通

深圳是中国早期建立智慧交通中心的城市代表。该中心依靠包括闭路电视监控、智能交通信号控制和智能交通违规管理在内的交通管理网络，成为集信息、监控和智慧于一体的交通管理中心。在交通信息方面，智能交通部门和智慧交通指挥中心是专门负责交通信息化建设的部门，负责城市智能交通的总体规划。为了动态且实时地管理公共交通，交通管理中心整合了各个城市的交通信息，确保了交通信息的完全共享。它与当地企业合作，在深圳成立了智能交通协会，并在 2007 年构建了智能交通系统的发展平台。

智慧交通指挥中心有两种类型的信息收集通道：一种是交通监控录像、拍照及车辆探测器等交通设施；另一种是人工补充，比如来自公路警察和公民的 110 交通报警信息和交通信息反馈。2010 年，深圳市政府斥资 10 亿元实施"智能交通 1+6"项目，充分利用上述交通信息，通过一个交通数据共享平台和六个利用该平台的供应信息服务项目，再加上陆续建立的交通运营指挥中心分中心，真正提升了深圳的城市"智慧"水平。[①]

（四）共享公交

近年来，在互联网技术广泛应用于人们日常生活以及共享经济遍地开花的大背景下，共享公交应运而生。不同于传统公交的特点，共享公交运用大数据技术能够智能规划行驶路线，按照用户的需求自选、定制路线、一人一座、专车直达，切实缓解了上班高峰期乘车难的问题。北上广等大城市开始涌现出一批共享公交企业，如小龙巴士。

2015 年 5 月，由上海一家公司组织的小龙巴士正式开通，其服务类型包括各种上下班通勤、短途、商务租车、会议用车和假期旅游团队租车等。用户只需要在微信公众号上定制出行路线和出行时间，就能享受班车接送服务。

小龙巴士的定制班车以通勤和短程接送为主。以企业为主体，利用智

---

① 朱晓鸣，廖刘靓. 大数据状态下城市智慧交通的研究 [J]. 电脑编程技巧与维护，2017（22）：58-59+73.

能化管理平台来实现对车辆的管理，节省了企业的人力和财力；通过高效的应对计划，将区域内有需要的车辆及时投放，按需接送，充分体现出短程公交车随叫随到的特点。公司的主要收入来源是客票、车身广告和企业合作等。公司专注于市场细分，仅仅运营那些比较热门的个人用户通勤路线；由客运企业作为承运方，减少了私人层面自备车辆的风险。

2019年1月18日，由中国交通运输协会主办的"中国共享出行发展大会"在北京民族饭店举行，全国公共交通学科首席科学传播专家王健做了题为《中国式共享巴士的法理分析——基于颠覆性技术创新的出行领域》的演讲。王健提出：颠覆性技术创新正在引领全球出行领域的变革，公共交通是智慧城市和宜居城市的核心，共享巴士才是真正意义上的共享出行。

可持续城市出行规划（SUMP）强调，满足个人和企业在城市中的出行需求，在现有规划实践基础上，采取整合、参与和评估等原则来引导各项工作。它突出了公共交通优先选择、步行骑行友好、小汽车调控等优点；持续建设轨道交通，对包括有轨电车在内的路面公共交通进行改善，通过经济、技术、政策等手段减少私人机动车出行，引导城市地区及其周围环境的交通发展。

二 交通大数据在生产工业方面的应用

（一）交通大数据提升工业运输效率

工业生产作为国民经济的重要组成部分，与交通运输发展之间的关系密不可分。交通运输对工业产业结构的升级起着至关重要的作用，较强的运输服务能力能够使生产要素快速地流动。由此可见，加强交通运输与工业生产之间的联系是产业发展的根基，这就要求我国交通运输更好地为工业化进程服务。

"工业4.0"时代正在到来，信息技术将成为促进产业变革的先进驱动力。在交通运输行业，扩大智能交通系统的应用场景与提高技术水平处于首要地位。智能交通系统是电子控制、信息通信和计算机运用的有机结合，能提高交通系统的运行效率。

依据历史经验，交通基础设施建设是提升运输效率的主要方法，新建设的铁路、公路、民航线路，都可以提升地区间的可达性。而交通大数据依据其匹配作用，能打破信息壁垒，实现全面的数据积累以及高效的数据处理，不仅可以满足人们的日常出行需求，也可以更好地为工业运输提供服务。

互联网技术与大数据的融合，可以通过运用数据服务平台，将各个地区的物流运输信息整合在平台上，并通过大数据分析获得整个区域内货物的详细运输情况与定位分布情况，从而做到合理规划货物的运输路线、运输时间、运输人员与运输车辆等，货物的库存情况也就一目了然。另外，大数据平台还可以呈现车辆分布情况和车辆的具体状态，通过对关键信息的把握提高交通运输的安全性和稳定性。通过应用交通大数据，实现对工业生产物流运输的有效管理。

（二）依据交通大数据进行工业制造

已成功通过技术验收的国家863计划"高速铁路动车组全生命周期数据集成管理研究与综合"课题，立足于我国高铁发展的重大战略需求，面向高铁运行中存在的共性问题，研究开发"高铁运行全生命周期数据综合管理平台"。该成果在高铁设计、制造、运行等多个环节上，实现高铁运行过程中的信息共享和技术应用，极大地提高我国高铁产业的整体竞争力，对建设高品质的交通强国具有重要的意义。

在"十一五"规划中，工业软件的研发和设计是国家863计划支持的重点，中车青岛四方机车车辆股份有限公司与北京交大、西南交大等多所大学进行了密切的合作，共同突破了统一数据建模、多源异构数据治理、基于大数据平台的数据集成等重大技术；自主开发的数据整合管理软件平台，以CRH380A型动车组为例，开展了356种类型3000余项零件的生命周期管理、超期服役预警、"技术改造"闭环管理等工作，实现了动车组从设计、制造到运行维修等各环节的数据整合管理。该成果为我国高铁六大信息系统提供数据服务，利用大数据驱动的故障关联分析、零部件可靠性趋势追踪等手段，对高铁关键零部件进行优化设计，实现零部件故障率降低85%，维修周期减少50%。

为保证高速列车的安全运营，该成果提供了一个数据集成的管理平台。这对降低维护费用，提高企业产品创新能力，帮助企业实现由"微笑曲线"的低端到高端的跨越，具有很强的推动作用。与此同时，该成果还可以为其他装备制造行业提供先进的技术和经验，从而推动我国制造业朝着高品质制造业的方向发展。①

(三) 为工业大数据平台建设与发展提供支持

大数据技术与工业的结合,将影响工业生产管理的各个方面,影响工业生产整个生命周期,从而逐渐形成新的生产方式与商业模式。工业大数据这一概念最早是由麦肯锡全球研究院在揭示制造业交通大数据的应用前景中提出的。迄今为止,这一概念的发展还未超过20年。"工业4.0"通过互联网和工业的连接,构建了实际的工业生产制造与虚拟的网络世界相融合的模式。在该模式下,连接实体世界与虚拟网络的就是数据,通过将生产制造的物理特性与运行状态数据化,可以使现实信息进入虚拟网络并汇总分析。通过这种方式,消除了现实世界中制造设备的距离限制,将从不同视角方便系统地检测和分析,实现全方位的度量,全面了解现实设备的生产运行情况,及时检测到异常情况并迅速控制处理。实现现实世界与虚拟世界的连接,实时观测、度量生产运行状况并合理控制和优化,重要的是将现实世界中设备生产运行的数据传输至数据平台中。该数据平台不仅需要数据接入,还要实现数据的持久化存储与分析。

将大数据技术引入交通领域,发展了城市道路信号灯智能调节系统,不仅通过图像监控掌握路网交通的实时运行情况,而且通过监测系统掌握车流量、车速、车道等指标信息,全面掌握路段交通状况。同样是应用大数据技术,通过数据接入与处理得知相关行业发展情况。交通大数据的发展较早,研究也较为丰富。交通大数据在公路、铁路、民航以及其他运输过程中得到了广泛的研究和应用,将为工业大数据的研究与工业大数据平台的构建提供研究基础和技术支持。通过技术的相互融合,在工业生产过程中引入监测系统,可以监测各个过程的实时生产情况,及时发现故障、异常等特殊情况并进行控制。另外,通过大数据监测交通运输对城市发展、产业结构的影响并将大量数据与城市建设相融合,分析城市未来产业分布情况,为工业生产方式和商业模式的发展提供支持。

---

① 中华人民共和国科学技术部. 工业大数据推动高铁制造企业向"制造+服务"转型[EB/OL]. (2018-06-27) [2022-09-15]. https://www.most.gov.cn/kjbgz/201806/t20180627_140307.html.

三 交通大数据在人文与经济地理方面的应用

（一）交通大数据完善了人文与经济地理学的理论体系

交通大数据的发展促进了人文与经济地理学理论体系的完善。交通大数据丰富了区位论、空间相互关系、时空行为等理论的研究。由于交通大数据的加持，人文与地理学的区位测度将与更多的测算因素和时空要素相结合，不仅增加了多个角度来研究经济活动的空间关系，而且充分考虑了时间、空间、外部环境的影响，丰富了人文与经济地理学的理论基础和研究依据。

基于具有偶然性特征的出行，如购物、娱乐等，交通大数据可以为商业和服务业的区域定位选择提供依据，深化区位论的内涵。基于就医的出行，交通大数据能够识别不同医院的服务范围和就医患者的分布特征，丰富空间相互关系理论体系。

通过掌握个人不同时间不同目的出行的规律，并且持续动态地观测居民出行轨迹，把握时空特征，为居民生活与城市空间发展相互影响的研究提供数据支持，可以从个人的角度深化职住平衡理论，丰富时空棱柱模型、用户职住选择理论，促进时空行为理论的发展。

另外，交通大数据的应用促进了组织网络和需求网络的基础研究，促进了流空间理论在人文与经济地理学理论中的丰富和发展，研究将从网络结构的角度出发分析人、货物的时间和地点的相互依存关系。在区域交通运输的研究中，需要综合测度各方面的交通数据信息流的网络依存和空间关系，丰富网络理论的研究。

（二）交通大数据发展了人文与经济地理学的技术方法

以交通大数据为核心发展的人文与经济地理学促进了研究方法与技术方法的发展与革新。首先是数据采集，数据采集的技术方法从问卷调查、统计年鉴梳理、深入访谈等方法，发展到目前依托交通大数据的发展，采用空间定位、网络数据信息抓取、移动信息设备采集等方法。其次是数据分析，分析方法从描述性统计分析、情景模拟、因果关系解析与机制剖析等方法，转变为目前采用数据挖掘技术的新方法。另外，数据聚类、动态可视化和时空索引等方法也逐步完善，并形成新的手段和模型，以丰富人文与经济地理学的研究体系。同时，人文与经济地理学的研究方法和研究范式也完善了交通大数据的分析体系。例如，个人尺度、职住通勤链为时空行为研究提供了技术方法。此外，通过 K 均值、聚类等方法可以分析研究对象的内在体系，以个人为研究对象，通过贝叶斯估计、决策树等方法可以实现层层递进。

第十章 结论与展望

内容提要：首先，对全书的主要内容进行了概况总结，对主要学术观点和政策建议进行了总结。其次，从理论、观点、方法三个维度阐述了具体创新和学术价值。最后，说明了研究过程中的不足之处以及后续研究展望。

第一节 基本结论与政策建议

一 基本结论

本书的研究框架是按照引言、相关文献述评、交通大数据基本分析框架、交通大数据的时空效率、交通大数据应用、研究结论与政策建议等模块展开（见表10-1），主要在如下几个方面进行了实质性研究：①对时空概念进行了界定，提出时空转换能力、时空竞争能力[①]；②对运输经济学的时空经济分析进行了拓展；③对交通大数据在时空匹配的不同情景进行了分析；④对交通大数据具有效率提升的多维特征进行了探究；⑤对交通大数据的作用、商业模式、创新业态等进行了探索；⑥基于交通大数据的特性，从政府监管、反垄断等角度提出了政策建议。

表 10-1 研究内容

研究模块	研究内容	主要贡献
引言	交通大数据发展背景分析、基本概念界定	对时空概念进行了界定，提出时空转换能力、时空竞争能力

---

① 荣朝和. 论时空分析在经济研究中的基础性作用 [J]. 北京交通大学学报（社会科学版），2014, 13 (4)：1-11.

续表

研究模块	研究内容	主要贡献
相关文献述评	对大数据相关文献、时空经济相关文献等进行了综述	对运输经济学的时空经济分析进行了拓展
交通大数据基本分析框架	以交通大数据的时空特征为基础,利用时空匹配来分析交通大数据	对交通大数据在时空匹配的不同情景进行了分析
交通大数据的时空效率	对交易效率、生产效率、管理效率、配置效率等进行了分析	对交通大数据具有效率提升的多维特征进行了探究
交通大数据应用	共享交通	对交通大数据的作用、商业模式、创新业态等进行了探索
	铁路	
	公路	
	民航	
	水运	
	其他	
研究结论与政策建议	基本结论、政策建议	从政府监管、反垄断等角度提出了政策建议

本书的主要学术研究观点如下。

发展交通大数据是党和国家支持交通产业与构建新型交通生态的一项重大科学决策,在《大数据产业发展规划(2016—2020年)》等政策文件中得到充分体现,并以国家大数据战略形式得以实施。①

在交通大数据的生产或运营阶段,它可以通过影响技术、资本、劳动力等生产要素的组合和流动,进而推进交通产业和城乡经济社会形态的演化。

交通大数据是一项十分重要的生产要素,具有时空移动性、多维结构性、社会关联性等特点。交通大数据的技术经济特征是影响交通产业及社会经济时空形态的基础条件。

物理-信息关系重构是交通大数据发挥作用的重要原理基础,信息逐渐发挥主导作用是对原有物理主导模式的一种重要变革。

交通大数据在风险资本和商业模式创新的作用下,催生了"互联网+"

---

① 中华人民共和国工业和信息化部.《大数据产业发展规划(2016-2020年)》解读[EB/OL].(2017-01-17)[2022-07-18]. https://www.miit.gov.cn/zwgk/zcjd/art/2020/art_fcf278ee494e4f31ae1c427bad9f6fbe.html.

"+互联网"等新型交通业态。

交通大数据深刻改变了社会经济活动的时间和空间形态。

交通大数据及移动互联技术促进了同步同场、同步异场、异步同场、异步异场的时空匹配方式的发展。[①]

交通大数据所带来的时空转换力、时空竞争力提升,引发了潜在区位影响和经济效益。

交通大数据引起了生产效率、交易效率的极大提升。交通大数据的应用降低了搜寻成本,形成了规模经济,产生了产业链外溢效应,提升了技术生产效率。

交通大数据催生了共享经济等新业态,包括免费或低价共享出行等新型方式,中间层组织作用日益凸显。

共享平台和关键交通大数据提供商的市场垄断力相对增强,而一些基本运输服务提供商的市场力量相对减弱。

交通领域出现了共享汽车、共享单车、定制公交、共享火车等大数据应用的新型商业模式。[②]

交通大数据引起市场边界的重大变化,原来的城市边界开始逐渐向大都市区方向拓展。

交通大数据既促进了新型出行方式的出现,也对原来的铁路、公路、民航、水运等领域产生了重构性影响。

交通大数据在国内外引起了不同利益集团之间的利益重新配置。

交通大数据需要法律法规、政策等方面的优化调整。

二 政策建议

本书的主要政策建议如下。

增强对大数据特征的认识,促进时空匹配方式的发展。交通大数据作为交通领域和社会经济领域的重要生产要素,其生产和运营具有公益性和商业性的双重属性,应深入研究交通大数据的时空移动性、多维结

[①] 荣朝和. 互联网共享出行的物信关系与时空经济分析 [J]. 管理世界, 2018, 34 (4): 101-112.

[②] Kamargianni M, Li W, Matyas M, et al. A critical review of new mobility services for urban transport [J]. Transportation Research Procedia, 2016, 14: 3294-3303.

构性、社会关联性等特点，利用交通大数据和移动互联技术，推动同步同场、同步异场、异步同场、异步异场等时空匹配方式的发展。

明确交通大数据定位，优化交通体系资源配置。应明确交通大数据及其新型共享交通形态的定位，把共享单车等纳入公共交通体系，统一进行资源配置，提高交通系统的运行效率和服务水平，采取需求响应等方式满足社会基本交通出行需求，创新交通服务模式，实现公民的基本交通权。[1]

提升交通智能化水平，重构传统交通业务模式。鼓励交通领域的信息技术创新，加强交通大数据与物联网、云计算等技术的融合，推动物理-信息关系的重构，发挥信息在交通领域的主导作用，提升交通系统的智能化水平。同时，有差异化地推进"互联网+"和"+互联网"业务，逐步对传统交通运输业进行放松管制和管制重构。

拓宽交通大数据应用，推动新型交通业态发展。支持共享经济等新业态的发展，推动交通大数据在共享汽车、共享单车、定制公交、共享火车等领域的应用，创新交通服务模式。在铁路、公路、民航、水运领域探索新型共享经济形态，提高交通资源利用效率，获得环境保护等外部收益。

完善交通服务供给模式，实现资源共享、风险共担。在城市郊区与农村地区，传统的交通服务供给模式往往难以满足日益增长的需求，应采用公私合作伙伴机制（PPP）或政府购买方式提供客运和货运服务。[2]通过合作模式引入市场竞争机制，推动服务质量的提升，满足公众日益增长的需求。

强化政策引导与支持，优化市场结构与竞争格局。政府在交通大数据供给中应发挥基础性作用，在交通大数据供给中起到开放数据、促进竞争的作用。应继续出台相关政策，设立专项基金，支持交通大数据关键技术的研发与应用，鼓励企业和科研机构在交通大数据领域进行创新。同时，实施必要的交通大数据监管手段，建立完善的市场监管机制，对大数据平台及供应商进行必要的监管和反垄断。

---

[1] 张改平. 公益性运输的界定及实现机制研究 [D]. 北京交通大学，2016.
[2] Rosenau P V. Public-private Policy Partnerships [M]. MIT Press, 2000.

第二节　学术价值与理论创新

本书的学术价值和理论创新体现在三个方面：一是理论的创新，二是观点的创新，三是方法的创新。

从理论上来说，时间和空间因素是运输经济领域十分重要的研究因素，其在传统经济学中并没有得到应有的重视和分析。时空经济分析把时空距离、空间距离以及这些因素与资本、知识等生产要素的空间流动结合起来，并通过新型商业模式创新，把交通大数据的市场价值充分挖掘出来。从宏观层面来讲，交通大数据改变了交通与经济、社会、文化的关系，影响了国家时空竞争力；从产业层面来讲，交通大数据对综合交通体系、某种典型的运输方式或交通运输服务产生了时空重构效应，影响了交通产业和交通方式的产业竞争力；从微观层面来讲，交通大数据对交通运输企业、信息平台供给商及相关企业的商业模式、风险投资、产品创新等产生了作用，影响了企业时空竞争力。

从观点上来说，本书侧重于论证交通大数据对交通产业尤其是共享交通影响的运输经济理论，即交通大数据具有时空转换能力，可以实现供需信息的无缝即时匹配，提高交通运输资源的配置效率和旅客货主的效用水平或产生的市场价值。从宏观、产业和微观维度来看，交通大数据改变了交通领域的物信关系，引起了交通资源属性、商业模式、政府监管等的重大变化，可推进供给侧结构性改革，实现交通强国建设和经济社会可持续发展。

从方法上来说，本书对交通大数据的时空经济分析不局限于两者的关系分析，实际上是将交通大数据与时空经济之间的关系放在一个大的逻辑框架中，既说明交通大数据的特性，也说明交通大数据的时空转换效应以及交通大数据在共享交通和一般交通运输方式中的应用。综合采用模型分析方法和案例分析方法，实现交通大数据和时空经济分析两者之间的相互支撑，它们共同构成了本书的论证方法。

第三节　研究展望

本书需要的研究资料包括运输经济学相关文献资料、交通大数据相关文献资料、交通大数据在各种运输方式中的应用资料、国外交通大数据应用的典型企业案例、国内外有关大数据的政策法规、国内外相关咨询机构关于大数据研究的咨询报告等。但囿于笔者学识,研究仍有进一步深化的空间。首先,由于研究者长期从事运输经济理论与政策研究工作,对交通大数据认识的视野比较狭窄,可能会出现偏重于自身对交通大数据时空经济的理解和分析,故对整个交通大数据在理论方面的时空经济分析把握存在不足。其次,对交通大数据的作用分析和描述是一项系统工程,它涉及了方方面面的内容,全面系统的案例资料整理存在一定的困难,这会影响到案例编写的深度。

综合考虑交通大数据的时空经济特点以及涉及较多交通运输方式的特点,随着交通大数据时空经济分析的深入,笔者希望从更全面、更多维、更微观的角度来阐释交通大数据的时空经济问题,并希望将其归纳为一系列包括著作、成果要报、专栏文章等在内的相关研究成果,为我国运输经济学发展和交通大数据更好地服务经济社会发展奠定重要的理论分析基础与政策建议基础。①

---

① 李红昌. 运输经济理论与政策暨产业经济学发展学术论坛综述 [J]. 北京交通大学学报(社会科学版), 2008, 7 (3): 112-114; 张国强, 王庆云, 张宁. 中国交通运输发展理论研究综述 [J]. 交通运输系统工程与信息, 2007, 7 (4): 13-18.

参考文献

[1] 〔英〕安东尼·吉登斯. 现代性的后果 [M]. 田禾译. 译林出版社, 2000.

[2] 北京城市总体规划（2004年-2020年）[J]. 北京规划建设, 2005 (2): 5-51.

[3] 〔英〕彼得·柯文尼, 罗杰·海菲尔德. 时间之箭——揭开时间最大奥秘之科学旅程 [M]. 江涛, 向守平译. 湖南科学技术出版社, 1995.

[4] 孟飞, 石鸿雁. 海量数据下的并行频繁项集挖掘算法 [J]. 统计与决策, 2022, 38 (18): 48-53.

[5] 蔡继明, 刘媛, 高宏等. 数据要素参与价值创造的途径——基于广义价值论的一般均衡分析 [J]. 管理世界, 2022, 38 (7): 108-121.

[6] 曹闻. 时空数据模型及其应用研究 [D]. 解放军信息工程大学, 2011.

[7] 茶洪旺, 袁航. 中国大数据交易发展的问题及对策研究 [J]. 区域经济评论, 2018 (4): 89-95.

[8] 陈国青, 曾大军, 卫强等. 大数据环境下的决策范式转变与使能创新 [J]. 管理世界, 2020, 36 (2): 95-105+220.

[9] 陈林, 伍海军. 国内双重差分法的研究现状与潜在问题 [J]. 数量经济技术经济研究, 2015, 32 (7): 133-148.

[10] 陈妍, 秦昆, 桂志鹏等. 基于工商企业注册数据的中国第二产业空间集聚研究 [J]. 辽宁工程技术大学学报（自然科学版）, 2018, 37 (3): 602-610.

[11] 陈有孝, 林晓言, 刘云辉. 城市轨道交通建设对地价影响的评估模型及实证——以北京市轨道交通为例 [J]. 北京交通大学学报（社会科学版）, 2005 (3): 7-13.

[12] 成斌. 大数据分析在高速公路收费管理中的应用 [J]. 现代国企研

究，2018（20）：189.

[13] 池仁勇，王国强，周芷琪等. 数字化能力、价值共创与企业绩效：基于数据安全的调节作用 [J]. 技术经济，2023，42（2）：133-142.

[14] 代明睿，朱克非，郑平标. 我国铁路应用大数据技术的思考 [J]. 铁道运输与经济，2014，36（3）：23-26.

[15] 戴魁早，王思曼，黄姿. 数据要素市场发展与生产率提升 [J]. 经济管理，2023，45（6）：22-43.

[16] 丁向朝. 大数据技术在智能交通平台构建中的应用 [J]. 电脑知识与技术，2019，15（16）：178-179.

[17] 范柏乃，吕丹阳，顾贾能. 城市技术创新能力、交易效率与经济发展质量 [J]. 科学学研究，2022，40（10）：1864-1873.

[18] 范子英，张航，陈杰. 公共交通对住房市场的溢出效应与虹吸效应：以地铁为例 [J]. 中国工业经济，2018（5）：99-117.

[19] 方娴，金刚. 社会学习与消费升级——来自中国电影市场的经验证据 [J]. 中国工业经济，2020（1）：43-61.

[20] 房立波，钟晓敏. 网约车市场发展路径研究——基于内部竞争和政府监管的双重视角 [J]. 财经论丛，2021（10）：102-113.

[21] 封志明，游世情，游珍. 基于交通大数据网络的中国城市群空间识别和结构特征研究 [J]. 地理研究，2023，42（7）：1729-1742.

[22] 冯华，陈亚琦. 平台商业模式创新研究——基于互联网环境下的时空契合分析 [J]. 中国工业经济，2016（3）：99-113.

[23] 傅良颖. 成都市共享单车管理之案例研究 [D]. 电子科技大学，2019.

[24] 郭湖斌，邓智团. 长江经济带区域物流与区域经济耦合协调发展研究 [J]. 当代经济管理，2019，41（5）：41-48.

[25] 国务院法制办政法司. 中华人民共和国道路交通安全法释义 [M]. 人民交通出版社，2003.

[26] 韩宝宁. 基于大数据的区域经济对航运发展的驱动研究 [D]. 重庆交通大学，2018.

[27] 韩瑞玲，李玲玲，姚海芳. 中国客运航空网络节点结构及其外部性

因素的空间异质性研究[J].世界地理研究,2022,31(5):967-977.

[28] 郝伟伟,高红岩,刘宗庆.城际轨道交通对城市群紧凑发展及其经济效率的影响研究——基于中国十大城市群面板数据的实证分析[J].宏观经济研究,2019(10):144-156.

[29] 何承,朱扬勇.城市交通大数据(第二版)[M].上海科学技术出版社,2022.

[30] 洪安东.基于时空立方体的交通拥堵点时空模式挖掘与分析[D].西南交通大学,2017.

[31] 黄洁,王姣娥.交通大数据在人文与经济地理学的应用及学科影响[J].地球信息科学学报,2020,22(6):1180-1188.

[32] 黄晓燕,李禹,康晨晨等.机动车限行政策对城市私人小汽车保有量的影响及空间分异——基于多期双重差分模型的实证[J].地理科学进展,2023,42(7):1327-1340.

[33] 江小涓,黄颖轩.数字时代的市场秩序、市场监管与平台治理[J].经济研究,2021,56(12):20-41.

[34] 姜博,初楠臣,王媛等.高速铁路影响下的城市可达性测度及其空间格局模拟分析——以哈大高铁为例[J].经济地理,2014,34(11):58-62+68.

[35] 蒋悦然,曹雪芹,刘鹏杰.交通大数据在智能高速公路中的应用探讨[J].科技风,2018(8):23-24.

[36] 蒋仲廉,初秀民,严新平.智能水运的发展现状与展望——第十届中国智能交通年会《水路交通智能化论坛》综述[J].交通信息与安全,2015,33(6):1-8.

[37] 孔繁辉,李健.深度信念网络优化BP神经网络的交通流预测模型[J].管理评论,2020,32(3):300-306.

[38] 匡旭娟,荣朝和.快递企业与专业运输企业合作战略的稳定性分析[J].交通运输系统工程与信息,2008,8(5):21-25.

[39] 李国栋,罗瑞琦,谷永芬.政府推广政策与新能源汽车需求:来自上海的证据[J].中国工业经济,2019(4):42-61.

[40] 李海舰,李燕.对经济新形态的认识:微观经济的视角[J].中国

工业经济, 2020 (12): 159-177.

[41] 李红昌, Tjia L, 胡顺香. 中国高速铁路对沿线城市经济集聚与均等化的影响 [J]. 数量经济技术经济研究, 2016, 33 (11): 127-143.

[42] 李红昌. 从对空间距离的克服能力看铁路跨越式发展 [J]. 铁道经济研究, 2004 (5): 24-26.

[43] 李红昌. 第七届"运输与时空经济论坛"国际会议在北京交通大学隆重召开 [J]. 北京交通大学学报（社会科学版）, 2019, 18 (4): 78.

[44] 李红昌, 胡煜, 郭雪萌. 城市轨道交通与经济增长——基于中国城市面板数据的实证分析 [J]. 广东社会科学, 2017 (3): 21-29.

[45] 李红昌, 匡旭娟, 姜雨. 经济学视角的高速铁路盈利能力分析 [J]. 铁道经济研究, 2011 (2): 8-11.

[46] 李红昌. 运输经济理论与政策暨产业经济学发展学术论坛综述 [J]. 北京交通大学学报（社会科学版）, 2008, 7 (3): 112-114.

[47] 李华强, 武晨, 范春梅. 智能交通技术下居民绿色出行影响因素研究——基于 TPB 和 TAM 整合模型的扎根分析 [J]. 现代城市研究, 2018 (12): 2-8.

[48] 李坚飞, 唐昆, 沈炀等. 政府激励、质量投入对共享单车服务网络均衡的影响研究 [J]. 运筹与管理, 2023, 32 (8): 234-239.

[49] 李亮, 赵星, 张海燕等. 基于时空维度变量的杭州市轨道交通站点聚类研究 [J]. 北京交通大学学报, 2022, 46 (4): 31-42.

[50] 李卫波. 交通运输推动发达国家现代化进程的作用和启示 [J]. 宏观经济管理, 2022 (12): 28-36.

[51] 李纬纬. 大数据理念在高速公路运营体系中的应用 [J]. 管理观察, 2016 (7): 120-122.

[52] 李勇, 陈少沛, 谭建军. 基于基态距优化的改进基态修正时空数据模型研究 [J]. 测绘科学, 2007 (1): 26-29+160-161.

[53] 李玉涛. 综合运输体系的重构 [J]. 宏观经济研究, 2020 (10): 154-163.

[54] 李卓霖. "互联网+"时代共享单车行业的政府监管 [D]. 浙江大

学，2018.

[55] 林伯强，杜之利. 中国城市车辆耗能与公共交通效率研究[J]. 经济研究，2018，53（6）：142-156.

[56] 林晓言等. 高速铁路与经济社会发展新格局[M]. 社会科学文献出版社，2015.

[57] 林晓言，冯颖. 参照点依赖的北京市轨道交通票价弹性研究[J]. 中国工业经济，2013（7）：108-120.

[58] 林晓言，罗燊. 知识流空间与高速铁路[J]. 吉首大学学报（社会科学版），2017，38（3）：51-58.

[59] 林雄斌，杨家文，段阳等. 轨道交通周边土地溢价捕获的制度安排与实施机制——全球经验及其中国启示[J]. 中国软科学，2022（5）：87-97.

[60] 刘斌全，吴威，苏勤等. 中国铁路运输效率时空演化特征及机理研究[J]. 地理研究，2018，37（3）：512-526.

[61] 刘宏鲲. 中国航空网络的结构及其影响因素分析[D]. 西南交通大学，2007.

[62] 刘云舒，赵鹏军，吕迪. 大数据城市通勤交通模型的构建与模拟应用[J]. 地球信息科学学报，2021，23（7）：1185-1195.

[63] 刘宗毅，谢珊珊，莫中秋等. 大国博弈背景下的新时代国防科技情报转型发展研究[J]. 情报理论与实践，2021，44（4）：1-7.

[64] 陆旭昇. 让航运拥抱智慧物流[J]. 中国远洋海运，2018（6）：2.

[65] 罗建强，戴冬烨，李丫丫. 基于技术生命周期的服务创新轨道演化路径[J]. 科学学研究，2020，38（4）：759-768.

[66] 马景艳. 大数据背景下智慧城市破解交通拥堵的策略研究[J]. 电脑知识与技术，2014，10（18）：4262-4264.

[67] 马克思. 资本论（第一卷）[M]. 人民出版社，1975.

[68] 马滔，刘婷，皇甫震等. 价值互补性、数据披露与交易策略[J]. 系统管理学报，2022，31（4）：660-669.

[69] 马晓悦，薛鹏珍. 大数据环境下的信息时空分析与应用研究评述[J]. 情报理论与实践，2020，43（2）：164-170.

[70] 马歇尔. 经济学原理[M]. 朱志泰，陈良璧译. 商务印书馆，1964.

[71] 梅国平, 刘珊, 封福育. 文化产业的产业关联研究——基于网络交易大数据 [J]. 经济管理, 2014, 36 (11): 25-36.

[72] 钮心毅, 林诗佳. 城市规划研究中的时空大数据: 技术演进、研究议题与前沿趋势 [J]. 城市规划学刊, 2022 (6): 50-57.

[73] 潘昭宇, 唐怀海, 王亚洁等. 加快构建都市圈多层次轨道交通体系 [J]. 宏观经济管理, 2020 (11): 33-38.

[74] 庞春. 交易效率、人口密度与厚实市场——内生分工的经济分析 [J]. 经济学报, 2019, 6 (4): 158-214.

[75] 钱颜文, 顾元勋. 产业升级元区域模型及演进路径研究——基于时空经济视角 [J]. 宏观经济研究, 2019 (11): 74-81.

[76] 乔东中. 运输经济学 [M]. 成都科技大学出版社, 1993.

[77] 任保平, 苗新宇. 新发展阶段物联网赋能经济高质量发展的路径与支持体系研究 [J]. 经济与管理评论, 2022, 38 (3): 14-24.

[78] 荣朝和. 关于经济学时间概念及经济时空分析框架的思考 [J]. 北京交通大学学报 (社会科学版), 2016, 15 (3): 1-15.

[79] 荣朝和. 关于运输经济研究基础性分析框架的思考 [J]. 北京交通大学学报 (社会科学版), 2009, 8 (2): 1-9.

[80] 荣朝和, 韩舒怡, 闫申等. 关于匹配概念及其时空经济分析框架的思考 [J]. 北京交通大学学报 (社会科学版), 2017, 16 (2): 12-21.

[81] 荣朝和. 互联网共享出行的物信关系与时空经济分析 [J]. 管理世界, 2018, 34 (4): 101-112.

[82] 荣朝和. 交通-物流时间价值及其在经济时空分析中的作用 [J]. 经济研究, 2011, 46 (8): 133-146.

[83] 荣朝和. 经济时空分析——基础框架及其应用 [M]. 经济科学出版社, 2017.

[84] 荣朝和, 林晓言, 李红昌等. 运输经济学通论 [M]. 经济科学出版社, 2021.

[85] 荣朝和. 论时空分析在经济研究中的基础性作用 [J]. 北京交通大学学报 (社会科学版), 2014, 13 (4): 1-11.

[86] 荣朝和. 试论精益生产对提高铁路运输效率的作用 [J]. 铁道学

报，2008，30（4）：11-15.

[87] 荣朝和. 重视基于交通运输资源的运输经济分析［J］. 北京交通大学学报（社会科学版），2006（4）：1-7.

[88] 阮俊虎，刘天军，冯晓春等. 数字农业运营管理：关键问题、理论方法与示范工程［J］. 管理世界，2020，36（8）：222-233.

[89] 邵长虹，庄红男，贾晓非. 大数据环境下的铁路统计信息化平台研究［J］. 中国铁路，2015（7）：1-5+9.

[90] 盛洪. 分工与交易——一个一般理论及其对中国非专业化问题的应用分析［M］. 上海三联书店，上海人民出版社，1994.

[91] 史北祥，杨俊宴. 基于GIS平台的大尺度空间形态分析方法——以特大城市中心区高度、密度和强度为例［J］. 国际城市规划，2019，34（2）：111-117.

[92] 史天运，刘军，李平等. 铁路大数据平台总体方案及关键技术研究［J］. 铁路计算机应用，2016，25（9）：1-6.

[93] 宋思源，刘玉奇. 数字经济助力消费市场高质量发展：逻辑机制与创新路径［J］. 经济体制改革，2022（4）：22-27.

[94] 苏红键，赵坚. 产业专业化、职能专业化与城市经济增长——基于中国地级单位面板数据的研究［J］. 中国工业经济，2011（4）：25-34.

[95] 孙久文，张翱，周正祥. 城市轨道交通促进城市化进程研究［J］. 中国软科学，2020（6）：96-111.

[96] 孙天阳，杨丹辉. 新兴产业最新研究进展及展望——一个文献综述［J］. 产业经济评论，2022（1）：105-122.

[97] 索源. 基于出行需求波动的共享单车停放点选址规划研究［D］. 北京交通大学，2018.

[98] 谭美容. 短视和策略乘客并存的航空机票定价研究［J］. 工业工程与管理，2018，23（3）：107-115.

[99] 王军武，余旭鹏. 考虑风险关联的轨道交通PPP项目风险分担演化博弈模型［J］. 系统工程理论与实践，2020，40（9）：2391-2405.

[100] 王路遥. 大数据时代的网络信息安全及防范措施［J］. 电子技术与软件工程，2019（5）：215.

[101] 王妙妙,曹小曙.基于交通通达性的关中—天水经济区县际经济联系测度及时空动态分析 [J].地理研究,2016,35 (6):1107-1126.

[102] 王少剑,莫惠敏,吕慧妮等.区位因素影响下高铁站区产业结构特征——基于POI数据的实证分析 [J].地理学报,2021,76 (8):2016-2031.

[103] 王卫东,徐贵红,刘金朝等.铁路基础设施大数据的应用与发展 [J].中国铁路,2015 (5):1-6.

[104] 王小平.大数据背景下深圳治理交通拥堵创新对策研究 [D].华中师范大学,2016.

[105] 王晓东,邓丹萱,赵忠秀.交通基础设施对经济增长的影响——基于省际面板数据与Feder模型的实证检验 [J].管理世界,2014 (4):173-174.

[106] 王晓东,谢莉娟.社会再生产中的流通职能与劳动价值论 [J].中国社会科学,2020 (6):72-93+206.

[107] 王学成,荣朝和.基于时空经济视角的城市出行服务体系研究 [J].产业经济评论,2016,15 (4):1-14.

[108] 王震坡,梁兆文等.中国新能源汽车大数据研究报告 [M].机械工业出版社,2022.

[109] 王震坡,刘鹏,张照生.新能源汽车大数据分析与应用技术 [M].机械工业出版社,2018.

[110] 魏素豪,宗刚,陈先婷.轨道交通站点的异质性对周边住宅价格的影响研究——以北京市地铁四号线—大兴线为例 [J].价格月刊,2016 (11):49-55.

[111] 魏万旭,方勇,胡华等.基于视频数据挖掘的城市轨道交通车站行人交通行为特征提取系统研究 [J].铁道运输与经济,2021,43 (8):119-125.

[112] 吴明华.全新船期搜索引擎"大船期"实现航运大数据零突破 [J].航海,2015 (4):6-7.

[113] 吴信才,曹志月.时态GIS的基本概念、功能及实现方法 [J].地球科学,2002 (3):241-245.

[114] 武红. 中国省域碳减排: 时空格局、演变机理及政策建议——基于空间计量经济学的理论与方法 [J]. 管理世界, 2015 (11): 3-10.

[115] 谢康, 夏正豪, 肖静华. 大数据成为现实生产要素的企业实现机制: 产品创新视角 [J]. 中国工业经济, 2020 (5): 42-60.

[116] 谢泗薪, 孙秀敏. "一带一路"倡议下基于大数据的口岸物流发展战略思考——以内蒙、黑龙江、新疆三地口岸物流发展为例 [J]. 价格月刊, 2018 (1): 73-79.

[117] 熊励, 杨淑芬, 张芸. 大数据背景下基于5S的城市交通拥堵评价模型研究 [J]. 运筹与管理, 2018, 27 (1): 117-124.

[118] 徐宗本, 冯芷艳, 郭迅华等. 大数据驱动的管理与决策前沿课题 [J]. 管理世界, 2014 (11): 158-163.

[119] 许宪春, 任雪, 常子豪. 大数据与绿色发展 [J]. 中国工业经济, 2019 (4): 5-22.

[120] 亚当·斯密. 国富论 [M]. 富强译. 北京联合出版公司, 2014.

[121] 闫妍, 张锦, 唐秋宇等. 航线联盟下航空货运网络枢纽点选址问题研究 [J]. 运筹与管理, 2021, 30 (9): 64-72.

[122] 杨文溥, 曾会锋. 数字经济促进全要素生产率提升的效应评价 [J]. 技术经济, 2022, 41 (9): 1-9.

[123] 杨小凯. 贸易理论和经济增长理论的重新思考及产权经济学 [M]. 商务印书馆, 1993.

[124] 杨晓光, 高自友, 盛昭瀚等. 复杂系统管理是中国特色管理学体系的重要组成部分 [J]. 管理世界, 2022, 38 (10): 1-24.

[125] 杨艳妮, 席与焜, 申媛菲等. 大数据驱动的公共交通系统出行方式选择特性研究 [J]. 交通运输系统工程与信息, 2019, 19 (1): 69-75.

[126] 姚晓霞, 荣朝和. 我国综合立体交通网规划性质及作用分析 [J]. 城市规划, 2020, 44 (5): 104-110.

[127] 于戈, 聂铁铮, 李晓华等. 区块链系统中的分布式数据管理技术——挑战与展望 [J]. 计算机学报, 2021, 44 (1): 28-54.

[128] 曾卓然, 韩仁杰, 任跃文. 企业管理效率、政府补贴与技术创新

[J]. 统计与决策, 2021, 37 (2): 181-184.

[129] 张超亚, 张小林, 李红波. 快速交通对区域中心城市日常可达性影响——以长江三角洲地区为例 [J]. 长江流域资源与环境, 2015, 24 (2): 194-201.

[130] 张改平. 公益性运输的界定及实现机制研究 [D]. 北京交通大学, 2016.

[131] 张国强, 王庆云, 张宁. 中国交通运输发展理论研究综述 [J]. 交通运输系统工程与信息, 2007, 7 (4): 13-18.

[132] 张蓉, 潘竟虎, 赖建波. 不同交通方式下居民城际出行网络结构特征——以"春运"为例 [J]. 地理科学进展, 2021, 40 (5): 759-773.

[133] 张听雨, 吕迪, 赵鹏军. 基于居民出行大数据的我国都市圈识别及其分布格局 [J]. 人文地理, 2022, 37 (6): 171-182.

[134] 张文魁. 数字经济的内生特性与产业组织 [J]. 管理世界, 2022, 38 (7): 79-90.

[135] 张新民, 金瑛. 资产负债表重构: 基于数字经济时代企业行为的研究 [J]. 管理世界, 2022, 38 (9): 157-175+207+176.

[136] 张学良. 中国交通基础设施促进了区域经济增长吗——兼论交通基础设施的空间溢出效应 [J]. 中国社会科学, 2012 (3): 60-77+206.

[137] 张祖勋, 黄明智. 时态GIS数据结构的研讨 [J]. 测绘通报, 1996 (1): 19-22.

[138] 赵光辉. 大数据与交通融合发展的特点与展望 [J]. 宏观经济管理, 2018 (8): 60-67.

[139] 赵光辉. 基于交通强国的大数据交通治理: 挑战、机遇与对策 [J]. 当代经济管理, 2018, 40 (12): 42-50.

[140] 赵光辉, 李玲玲. 大数据时代新型交通服务商业模式的监管——以网约车为例 [J]. 管理世界, 2019, 35 (6): 109-118.

[141] 赵光辉, 田芳, 田仪顺. 大数据交通市场监管: 研究进展与技术创新 [J]. 中国软科学, 2019 (5): 53-59+79.

[142] 赵坚. 引入空间维度的经济学分析——新古典经济学理论批判

[J]. 中国工业经济, 2009 (7): 130-141.

[143] 赵学武, 吴宁, 王军等. 航空大数据研究综述 [J]. 计算机科学与探索, 2021, 15 (6): 999-1025.

[144] 郑金子, 薛蕊, 吴艳华等. 国外铁路大数据应用现状与趋势分析 [C] // 中国科学技术协会, 交通运输部, 中国工程院. 2018 世界交通运输大会论文集. 中国铁道科学研究院铁路大数据研究与应用创新中心, 2018: 2052-2066.

[145] 中国社会科学院工业经济研究所课题组. 提升产业链供应链现代化水平路径研究 [J]. 中国工业经济, 2021 (2): 80-97.

[146] 周超, 周亚男, 李振世等. 基于大数据的南京市共享单车时空特征研究 [J]. 西南师范大学学报 (自然科学版), 2018, 43 (10): 66-73.

[147] 周扬明. 经济时间的考察与研究 [J]. 山西师大学报 (社会科学版), 2000, 27 (1): 21-26.

[148] 朱晓鸣, 廖刘靓. 大数据状态下城市智慧交通的研究 [J]. 电脑编程技巧与维护, 2017 (22): 58-59+73.

[149] 宗刚, 曾庆华, 魏素豪. 基于时间价值的交通出行方式选择行为研究 [J]. 管理工程学报, 2020, 34 (3): 142-150.

[150] 宗刚, 张雪薇, 张江朋. 空间视角下交通基础设施对经济集聚的影响分析 [J]. 经济问题探索, 2018 (8): 67-74.

[151] 邹璇, 黄萌, 余燕团. 交通、信息通达性与区域生态效率——考虑空间溢出效应的研究 [J]. 中南大学学报 (社会科学版), 2018, 24 (2): 87-95+158.

[152] Abdulkadiroglu A, Sönmez T. School choice: A mechanism design approach [J]. American Economic Review, 2003, 93 (3): 729-747.

[153] Abrantes P A L, Wardman M R. Meta-analysis of UK values of travel time: An update [J]. Transportation Research Part A: Policy and Practice, 2011, 45 (1): 1-17.

[154] Adler N, Brudner A, Gallotti R, et al. Does big data help answer big questions? The case of airport catchment areas & competition [J]. Transportation Research Part B: Methodological, 2022, 166: 444-467.

[155] Ahluwalia S, Mahto R V, Guerrero M. Blockchain technology and startup financing: A transaction cost economics perspective [J]. Technological Forecasting and Social Change, 2020, 151: 119854.

[156] Alam M M, Torgo L, Bifet A. A survey on spatio-temporal data analytics systems [J]. ACM Computing Surveys, 2022, 54 (10s): 1-38.

[157] Alisoltani N, Leclercq L, Zargayouna M. Can dynamic ride-sharing reduce traffic congestion? [J]. Transportation Research Part B: Methodological, 2021, 145: 212-246.

[158] Allam Z, Dhunny Z A. On big data, artificial intelligence and smart cities [J]. Cities, 2019, 89: 80-91.

[159] Ashenfelter O, Card D. Using the longitudinal structure of earnings to estimate the effect of training programs [J]. Review of Economics and Statistics, 1985, 67: 648-660.

[160] Bade S G R, Li J, Shan X, et al. Fully printed halide perovskite light-emitting diodes with silver nanowire electrodes [J]. ACS Nano, 2016, 10 (2): 1795-1801.

[161] Banerjee A, Duflo E, Qian N. On the road: Access to transportation infrastructure and economic growth in China [J]. Journal of Development Economics, 2020, 145: 102442.

[162] Barmpounakis E, Geroliminis N. On the new era of urban traffic monitoring with massive drone data: The pNEUMA large-scale field experiment [J]. Transportation Research Part C: Emerging Technologies, 2020, 111: 50-71.

[163] Belleflamme P, Peitz M. Managing competition on a two-sided platform [J]. Journal of Economics & Management Strategy, 2019, 28 (1): 5-22.

[164] Berente N, Gu B, Recker J, et al. Managing artificial intelligence [J]. MIS Quarterly, 2021, 45 (3): 1433-1450.

[165] Boisjoly G, El-Geneidy A M. How to get there? A critical assessment of accessibility objectives and indicators in metropolitan transportation plans [J]. Transport Policy, 2017, 55: 38-50.

[166] Bombelli A, Santos B F, Tavasszy L. Analysis of the air cargo transport network using a complex network theory perspective [J]. Transportation Research Part E: Logistics and Transportation Review, 2020, 138: 101959.

[167] Bonina C, Koskinen K, Eaton B, et al. Digital platforms for development: Foundations and research agenda [J]. Information Systems Journal, 2021, 31 (6): 869-902.

[168] Boyer K D. Principles of Transportation Economics [M]. Reading, MA: Addison-Wesley Longman, Inc., 1998.

[169] Brownstone D, Small K A. Valuing time and reliability: Assessing the evidence from road pricing demonstrations [J]. Transportation Research Part A: Policy and Practice, 2005, 39 (4): 279-293.

[170] Calsamiglia A, Fortesa J, García-Comendador J, et al. Spatial patterns of sediment connectivity in terraced lands: Anthropogenic controls of catchment sensitivity [J]. Land Degradation & Development, 2018, 29 (4): 1198-1210.

[171] Chan H K, Dai J, Wang X, et al. Logistics and supply chain innovation in the context of the Belt and Road Initiative (BRI) [J]. Transportation Research Part E: Logistics and Transportation Review, 2019, 132: 51-56.

[172] Chang V. An ethical framework for big data and smart cities [J]. Technological Forecasting and Social Change, 2021, 165: 120559.

[173] Chen B, Luo Y, Jia T, et al. A spatiotemporal data model and an index structure for computational time geography [J]. International Journal of Geographical Information Science, 2022, 37 (3): 550-583.

[174] Chen F, Wu J, Chen X, et al. Disentangling the impacts of the built environment and residential self-selection on travel behavior: An empirical study in the context of diversified housing types [J]. Cities, 2021, 116: 103285.

[175] Chen F, Yin Z, Ye Y, et al. Taxi hailing choice behavior and economic benefit analysis of emission reduction based on multi-mode travel

big data [J]. Transport Policy, 2020, 97: 73-84.

[176] Chen P, Yang X. Revisit employer-based travel demand management: A longitudinal analysis [J]. Transport Policy, 2023, 131: 22-31.

[177] Chen W, Genton M G, Sun Y. Space-time covariance structures and models [J]. Annual Review of Statistics and Its Application, 2021, 8: 191-215.

[178] Chiang T C. Economic policy uncertainty, risk and stock returns: Evidence from G7 stock markets [J]. Finance Research Letters, 2019, 29: 41-49.

[179] Cleveland W S, Grosse E. Computational methods for local regression [J]. Statistics and Computing, 1991, 1: 47-62.

[180] Coase R H. The nature of the firm [J]. Economica, 1937, 4 (16): 386-405.

[181] Dafir Z, Lamari Y, Slaoui S. A survey on parallel clustering algorithms for Big Data [J]. Artificial Intelligence Review, 2021, 54: 2411-2443.

[182] Darwish T S J, Bakar K A. Fog based intelligent transportation big data analytics in the internet of vehicles environment: Motivations, architecture, challenges, and critical issues [J]. IEEE Access, 2018, 6: 15679-15701.

[183] Dash S, Shakyawar S K, Sharma M, et al. Big data in healthcare: Management, analysis and future prospects [J]. Journal of Big Data, 2019, 54 (6): 1-25.

[184] Deng T, Wang D, Yang Y, et al. Shrinking cities in growing China: Did high speed rail further aggravate urban shrinkage? [J]. Cities, 2019, 86: 210-219.

[185] Desmet K, Rossi-Hansberg E. Spatial development [J]. American Economic Review, 2014, 104 (4): 1211-1243.

[186] Dey N, Hassanien A E, Bhatt C, et al. Internet of Things and Big Data Analytics Toward Next-Generation Intelligence [M]. Springer Publishing Company, Incorporated, 2017.

[187] Donaldson D. Railroads of the Raj: Estimating the impact of transportation infrastructure [J]. American Economic Review, 2018, 108 (4-5): 899-934.

[188] Dong Y, Wang S, Li L, et al. An empirical study on travel patterns of internet based ride-sharing [J]. Transportation Research Part C: Emerging Technologies, 2018, 86: 1-22.

[189] Donthu N, Kumar S, Mukherjee D, et al. How to conduct a bibliometric analysis: An overview and guidelines [J]. Journal of Business Research, 2021, 133: 285-296.

[190] El Houari M, Rhanoui M, El Asri B. From Big Data to Big Knowledge: The art of making Big Data alive [C]. International Conference on Cloud Technologies & Applications, 2015.

[191] Fakhari S N S, Ghaderi F, Tehrani-Doost M, et al. EEG-based brain connectivity analysis in autism spectrum disorder: Unraveling the effects of bumetanide treatment [J]. Biomedical Signal Processing and Control, 2023, 86: 105054.

[192] Gale D, Shapley L S. College admissions and the stability of marriage [J]. The American Mathematical Monthly, 1962, 69 (1): 9-15.

[193] Gandomi A, Reshadi M, Movaghar A, et al. HybSMRP: A hybrid scheduling algorithm in Hadoop MapReduce framework [J]. Journal of Big Data, 2019, 106 (6): 1-16.

[194] Gaver D P. Headstart strategies for combating congestion [J]. Transportation Science, 1968, 2 (2): 172-181.

[195] Ghofrani F, He Q, Goverde R M P, et al. Recent applications of big data analytics in railway transportation systems: A survey [J]. Transportation Research Part C: Emerging Technologies, 2018, 90: 226-246.

[196] Givoni M. Development and impact of the modern high-speed train: A review [J]. Transport Reviews, 2006, 26 (5): 593-611.

[197] Gómez-Ibáñez J, Tye W B, Winston C. Essays in Transportation Economics and Policy: A Handbook in Honor of John R. Meyer [M]. Br-

ookings Institution Press, 2011.

[198] Govindan K, Cheng T C E, Mishra N, et al. Big data analytics and application for logistics and supply chain management [J]. Transportation Research Part E: Logistics and Transportation Review, 2018, 114: 343-349.

[199] Govindan K, Gholizadeh H. Robust network design for sustainable-resilient reverse logistics network using big data: A case study of end-of-life vehicles [J]. Transportation Research Part E: Logistics and Transportation Review, 2021, 149: 102279.

[200] Gregory D. Space, time, and politics in social theory: An interview with Anthony Giddens [J]. Environment and Planning D: Society and Space, 1984, 2 (2): 123-132.

[201] Gronle M, Grasso M, Granito E, et al. Open data for open science in Industry 4.0: In-situ monitoring of quality in additive manufacturing [J]. Journal of Quality Technology, 2023, 55 (2): 253-265.

[202] Guo D, Chen Y, Yang J, et al. Planning and application of underground logistics systems in new cities and districts in China [J]. Tunnelling and Underground Space Technology, 2021, 113: 103947.

[203] Guo K, Yuan Y. Research on spatial and temporal evolution trends and driving factors of green residences in China based on weighted standard deviational ellipse and panel tobit model [J]. Applied Sciences, 2022, 12 (17): 8788.

[204] Guo R, Wang Y, Egbert G D, et al. An efficient multigrid solver based on a four-color cell-block Gauss-Seidel smoother for 3D magnetotelluric forward modeling [J]. Geophysics, 2022, 87 (3): E121-E133.

[205] Gupta H, Kharub M, Shreshth K, et al. Evaluation of strategies to manage risks in smart, sustainable agri-logistics sector: A Bayesian-based group decision-making approach [J]. Business Strategy and the Environment, 2023, 32 (7): 4335-4359.

[206] Gwilliam K. A review of issues in transit economics [J]. Research in Transport Economics, 2008, 23 (1): 4-22.

[207] Hall R E, Schulhofer-Wohl S. Measuring job-finding rates and matching efficiency with heterogeneous job-seekers [J]. American Economic Journal: Macroeconomics, 2018, 10 (1): 1-32.

[208] Hamari J, Sjöklint M, Ukkonen A. The sharing economy: Why people participate in collaborative consumption [J]. Journal of the Association for Information Science and Technology, 2016, 67 (9): 2047-2059.

[209] Harish A R, Liu X L, Zhong R Y, et al. Log-flock: A blockchain-enabled platform for digital asset valuation and risk assessment in E-commerce logistics financing [J]. Computers & Industrial Engineering, 2021, 151: 107001.

[210] Harvey A S, Macnab P A. Who'sup? Global interpersonal temporal accessibility [A]//Janelle D G, Hodge D C. Information, Place, and Cyberspace: Issues in Accessibility (Advances in Spatial Science) [M]. Springer, Berlin, Heidelberg, 2022.

[211] Harvey D. Time-space compression and the postmodern condition [J]. Modernity: Critical Concepts, 1999, 4: 98-118.

[212] Hatuka T, Zur H. From smart cities to smart social urbanism: A framework for shaping the socio-technological ecosystems in cities [J]. Telematics and Informatics, 2020, 55: 101430.

[213] Henderson J V, Squires T, Storeygard A, et al. The global distribution of economic activity: Nature, history, and the role of trade [J]. The Quarterly Journal of Economics, 2018, 133 (1): 357-406.

[214] Henning M. Time should tell (more): Evolutionary economic geography and the challenge of history [J]. Regional Studies, 2019, 53 (4): 602-613.

[215] Hensher D A. Tackling road congestion-What might it look like in the future under a collaborative and connected mobility model? [J]. Transport Policy, 2018, 66: A1-A8.

[216] Hering L, Poncet S. Economic Geography, Spacial Dependence and Income Inequality in China [M]. CEPII, 2007.

[217] Herodotou H. Hadoop performance models [J]. Computer Science, 2011.

[218] Hersbach H, Bell B, Berrisford P, et al. The ERA5 global reanalysis [J]. Quarterly Journal of the Royal Meteorological Society, 2020, 146 (730): 1999-2049.

[219] Hsieh C T, Hurst E, Jones C I, et al. The allocation of talent and U.S. economic growth [J]. Econometrica, 2019, 87 (5): 1439-1474.

[220] Huang H J, Xia T, Tian Q, et al. Transportation issues in developing China's urban agglomerations [J]. Transport Policy, 2020, 85: A1-A22.

[221] Huang J, Xu Q, Liu Z, et al. Airport congestion propagation model for temporal airline network of China [C]. 2020 Chinese Control and Decision Conference (CCDC), 2020: 1912-1915.

[222] Ikotun A M, Ezugwu A E, Abualigah L, et al. K-means clustering algorithms: A comprehensive review, variants analysis, and advances in the era of big data [J]. Information Sciences, 2023, 622: 178-210.

[223] Iliashenko O, Iliashenko V, Lukyanchenko E. Big data in transport modelling and planning [J]. Transportation Research Procedia, 2021, 54: 900-908.

[224] Ismagilova E, Hughes L, Dwivedi Y K, et al. Smart cities: Advances in research—An information systems perspective [J]. International Journal of Information Management, 2019, 47: 88-100.

[225] Jackson M O, Rogers B W, Zenou Y. The economic consequences of social-network structure [J]. Journal of Economic Literature, 2017, 55 (1): 49-95.

[226] Jiang L, Chen H, Chen Z. City readiness for connected and autonomous vehicles: A multi-stakeholder and multi-criteria analysis through analytic hierarchy process [J]. Transport Policy, 2022, 128: 13-24.

[227] Johnson M W, Christensen C M, Kagérmann H. Reinventing your business model [J]. Harvard Business Review, 2008, 86 (11): 50-59.

[228] Kaffash S, Nguyen A T, Zhu J. Big data algorithms and applications in intelligent transportation system: A review and bibliometric analysis [J].

International Journal of Production Economics, 2021, 231: 107868.

[229] Kamargianni M, Li W, Matyas M, et al. A critical review of new mobility services for urban transport [J]. Transportation Research Procedia, 2016, 14: 3294-3303.

[230] Kang Y, Mao S, Zhang Y. Fractional time-varying grey traffic flow model based on viscoelastic fluid and its application [J]. Transportation Research Part B: Methodological, 2022, 157: 149-174.

[231] Kijsanayothin P, Chalumporn G, Hewett R. On using MapReduce to scale algorithms for Big Data analytics: A case study [J]. Journal of Big Data, 2019, 105 (6): 1-20.

[232] Kolajo T, Daramola O, Adebiyi A. Big data stream analysis: A systematic literature review [J]. Journal of Big Data, 2019, 47 (6): 1-30.

[233] Kong L, Liu Z, Wu J. A systematic review of big data-based urban sustainability research: State-of-the-science and future directions [J]. Journal of Cleaner Production, 2020, 273: 123142.

[234] Kretschmer T, Leiponen A, Schilling M, et al. Platform ecosystems as meta-organizations: Implications for platform strategies [J]. Strategic Management Journal, 2022, 43 (3): 405-424.

[235] Kueng L. Excess sensitivity of high-income consumers [J]. The Quarterly Journal of Economics, 2018, 133 (4): 1693-1751.

[236] Lakshmanaprabu S K, Shankar K, Ilayaraja M, et al. Random forest for big data classification in the internet of things using optimal features [J]. International Journal of Machine Learning and Cybernetics, 2019, 10: 2609-2618.

[237] Lakshmanaprabu S K, Shankar K, Khanna A, et al. Effective features to classify big data using social internet of things [J]. IEEE Access, 2018, 6: 24196-24204.

[238] Langran G, Chrisman N R. A framework for temporal geographic information [J]. Cartographica: The International Journal for Geographic Information and Geovisualization, 1988, 25 (3): 1-14.

[239] Langran M, Moran B J, Murphy J L, et al. Adaptation to a diet low

in protein: Effect of complex carbohydrate upon urea kinetics in normal man [J]. Clinical Science, 1992, 82 (2): 191-198.

[240] Le T V, Stathopoulos A, Van Woensel T, et al. Supply, demand, operations, and management of crowd-shipping services: A review and empirical evidence [J]. Transportation Research Part C: Emerging Technologies, 2019, 103: 83-103.

[241] Lee P T W, Hu Z H, Lee S, et al. Strategic locations for logistics distribution centers along the Belt and Road: Explorative analysis and research agenda [J]. Transport Policy, 2022, 116: 24-47.

[242] Lee S, Ryu I, Ngoduy D, et al. A stochastic behaviour model of a personal mobility under heterogeneous low-carbon traffic flow [J]. Transportation Research Part C: Emerging Technologies, 2021, 128: 103163.

[243] Lema R, Vang J. Collective efficiency: A prerequisite for cluster development? [J]. World Review of Entrepreneurship, Management and Sustainable Development, 2018, 14 (3): 348-376.

[244] Levinson D M, Wu H. Towards a general theory of access [J]. Journal of Transport and Land Use, 2020, 13 (1): 129-158.

[245] Li X. Intelligent transportation systems in big data [J]. Journal of Ambient Intelligence and Humanized Computing, 2019, 10: 305-306.

[246] Li Y, Chen Z, Wang P. Impact of high-speed rail on urban economic efficiency in China [J]. Transport Policy, 2020, 97: 220-231.

[247] Li Y, Liu Y, Xie J. A path-based equilibrium model for ridesharing matching [J]. Transportation Research Part B: Methodological, 2020, 138: 373-405.

[248] Li Y, Ramezani M. Quasi revenue-neutral congestion pricing in cities: Crediting drivers to avoid city centers [J]. Transportation Research Part C: Emerging Technologies, 2022, 145: 103932.

[249] Lim C, Kim K J, Maglio P P. Smart cities with big data: Reference models, challenges, and considerations [J]. Cities, 2018, 82: 86-99.

[250] Lin C, Liu J, Li W. Influence of the high-speed railway (HSR) con-

struction on industrial structure transformation [J]. Enterprise Information Systems, 2023, 17 (2): 1942998.

[251] Liu X, Jiang C, Wang F, et al. The impact of high-speed railway on urban housing prices in China: A network accessibility perspective [J]. Transportation Research Part A: Policy and Practice, 2021, 152: 84-99.

[252] Liu Y, Li Y. Pricing scheme design of ridesharing program in morning commute problem [J]. Transportation Research Part C: Emerging Technologies, 2017, 79: 156-177.

[253] Liu Y, Xiang Z. Discussion on Characteristics and Price Regulation of Urban Rail Transit [C]. China: Proceedings of 2009 International Conference on Management Science and Engineering, 2009: 9-16.

[254] Llop M. Measuring the influence of energy prices in the price formation mechanism [J]. Energy Policy, 2018, 117: 39-48.

[255] Lordan O, Sallan J M. Core and critical cities of global region airport networks [J]. Physica A: Statistical Mechanics and Its Applications, 2019, 513: 724-733.

[256] Lovász L, Plummer M D. Matching Theory [M]. American Mathematical Soc., 2009.

[257] Lucas K. A new evolution for transport-related social exclusion research? [J]. Journal of Transport Geography, 2019, 81: 102529.

[258] Lucas K, Bates J, Moore J, et al. Modelling the relationship between travel behaviours and social disadvantage [J]. Transportation Research Part A: Policy and Practice, 2016, 85: 157-173.

[259] Mahmoudi M, Zhou X. Finding optimal solutions for vehicle routing problem with pickup and delivery services with time windows: A dynamic programming approach based on state-space-time network representations [J]. Transportation Research Part B: Methodological, 2016, 89: 19-42.

[260] Malokin A, Circella G, Mokhtarian P L. Do millennials value travel time differently because of productive multitasking? A revealed-prefer-

ence study of Northern California commuters [J]. Transportation, 2021, 48: 2787-2823.

[261] Malokin A, Circella G, Mokhtarian P L. How do activities conducted while commuting influence mode choice? Using revealed preference models to inform public transportation advantage and autonomous vehicle scenarios [J]. Transportation Research Part A: Policy and Practice, 2019, 124: 82-114.

[262] Marshall A. Principles of Economics [M]. London: Macmillan, 1890.

[263] Merkert R, Bushell J, Beck M J. Collaboration as a Service (CaaS) to fully integrate public transportation-Lessons from long distance travel to reimagine mobility as a service [J]. Transportation Research Part A: Policy and Practice, 2020, 131: 267-282.

[264] Mikalef P, Krogstie J, Pappas I O, et al. Exploring the relationship between big data analytics capability and competitive performance: The mediating roles of dynamic and operational capabilities [J]. Information & Management, 2020, 57 (2): 103169.

[265] Millard-Ball A. The autonomous vehicle parking problem [J]. Transport Policy, 2019, 75: 99-108.

[266] Miller E J. Accessibility: Measurement and application in transportation planning [J]. Transport Reviews, 2018, 38 (5): 551-555.

[267] Mital M, Chang V, Choudhary P, et al. Adoption of internet of things in India: A test of competing models using a structured equation modeling approach [J]. Technological Forecasting and Social Change, 2018, 136: 339-346.

[268] Mortensen D T. Job search and labor market analysis [J]. Handbook of Labor Economics, 1986, 2: 849-919.

[269] Mouratidis K, Peters S, van Wee B. Transportation technologies, sharing economy, and teleactivities: Implications for built environment and travel [J]. Transportation Research Part D: Transport and Environment, 2021, 92: 102716.

[270] Nilssen M. To the smart city and beyond? Developing a typology of smart

urban innovation [J]. Technological Forecasting and Social Change, 2019, 142: 98-104.

[271] Niu Y, Ying L, Yang J, et al. Organizational business intelligence and decision making using big data analytics [J]. Information Processing & Management, 2021, 58 (6): 102725.

[272] Nooren P, van Gorp N, van Eijk N, et al. Should we regulate digital platforms? A new framework for evaluating policy options [J]. Policy & Internet, 2018, 10 (3): 264-301.

[273] Oeschger G, Carroll P, Caulfield B. Micromobility and public transport integration: The current state of knowledge [J]. Transportation Research Part D: Transport and Environment, 2020, 89: 102628.

[274] Othman S M, Ba-Alwi F M, Alsohybe N T, et al. Intrusion detection model using machine learning algorithm on Big Data environment [J]. Journal of Big Data, 2018, 34 (5): 1-12.

[275] Oussous A, Benjelloun F Z, Lahcen A A, et al. Big data technologies: A survey [J]. Journal of King Saud University-Computer and Information Sciences, 2018, 30 (4): 431-448.

[276] Ozener O, Ozkan M, Orak E, et al. A fuel consumption model for public transportation with 3-D road geometry approach [J]. Thermal Science, 2018, 22 (3): 1505-1514.

[277] Pan Y, Sun Q, Yang M, et al. Residency and worker status identification based on mobile device location data [J]. Transportation Research Part C: Emerging Technologies, 2023, 146: 103956.

[278] Poliak M, Svabova L, Konecny V, et al. New paradigms of quantification of economic efficiency in the transport sector [J]. Oeconomia Copernicana, 2021, 12 (1): 193-212.

[279] Polydoropoulou A, Pagoni I, Tsirimpa A, et al. Prototype business models for Mobility-as-a-Service [J]. Transportation Research Part A: Policy and Practice, 2020, 131: 149-162.

[280] Popovich N, Spurlock C A, Needell Z, et al. A methodology to develop a geospatial transportation typology [J]. Journal of Transport Ge-

ography, 2021, 93: 103061.

[281] Porru S, Misso F E, Pani F E, et al. Smart mobility and public transport: Opportunities and challenges in rural and urban areas [J]. Journal of Traffic and Transportation Engineering (English Edition), 2020, 7 (1): 88-97.

[282] Qi Y, Harrod S, Psaraftis H N, et al. Transport service selection and routing with carbon emissions and inventory costs consideration in the context of the Belt and Road Initiative [J]. Transportation Research Part E: Logistics and Transportation Review, 2022, 159: 102630.

[283] Qin H, Wei Y, Zhang Q, et al. An observational study on the risk behaviors of electric bicycle riders performing meal delivery at urban intersections in China [J]. Transportation Research Part F: Traffic Psychology and Behaviour, 2021, 79: 107-117.

[284] Ragaventhiran J, Kavithadevi M K. Map-optimize-reduce: CAN tree assisted FP-Growth algorithm for clusters based FP mining on Hadoop [J]. Future Generation Computer Systems, 2020, 103: 111-122.

[285] Raman S, Patwa N, Niranjan I, et al. Impact of big data on supply chain management [J]. International Journal of Logistics Research and Applications, 2018, 21 (6): 579-596.

[286] Ramírez-Gallego S, Fernández A, García S, et al. Big Data: Tutorial and guidelines on information and process fusion for analytics algorithms with MapReduce [J]. Information Fusion, 2018, 42: 51-61.

[287] Ranjan J, Foropon C. Big data analytics in building the competitive intelligence of organizations [J]. International Journal of Information Management, 2021, 56: 102231.

[288] Rasheed A, San O, Kvamsdal T. Digital twin: Values, challenges and enablers from a modeling perspective [J]. IEEE Access, 2020, 8: 21980-22012.

[289] Roeck D, Sternberg H, Hofmann E. Distributed ledger technology in supply chains: A transaction cost perspective [J]. International Journal of Production Research, 2020, 58 (7): 2124-2141.

[290] Rosenau P V. Public-private Policy Partnerships [M]. MIT Press, 2000.

[291] Roth A, Sotomayor M. Two-sided matching [J]. Handbook of Game Theory with Economic Applications, 1992, 1: 485-541.

[292] Saad W, Bennis M, Chen M. A vision of 6G wireless systems: Applications, trends, technologies, and open research problems [J]. IEEE Network, 2019, 34 (3): 134-142.

[293] Saheb T, Izadi L. Paradigm of IoT big data analytics in the healthcare industry: A review of scientific literature and mapping of research trends [J]. Telematics and Informatics, 2019, 41: 70-85.

[294] Saidi S, Shahbaz M, Akhtar P. The long-run relationships between transport energy consumption, transport infrastructure, and economic growth in MENA countries [J]. Transportation Research Part A: Policy and Practice, 2018, 111: 78-95.

[295] Sarhan M, Layeghy S, Moustafa N, et al. NetFlow datasets for machine learning-based network intrusion detection systems [J]. Big Data Technologies and Applications, 2020, 371: 117-135.

[296] Schaller B. Can sharing a ride make for less traffic? Evidence from Uber and Lyft and implications for cities [J]. Transport Policy, 2021, 102: 1-10.

[297] Schmidt C G, Wagner S M. Blockchain and supply chain relations: A transaction cost theory perspective [J]. Journal of Purchasing and Supply Management, 2019, 25 (4): 100552.

[298] Sherriff G, Adams M, Blazejewski L, et al. From Mobike to no bike in Greater Manchester: Using the capabilities approach to explore Europe's first wave of dockless bike share [J]. Journal of Transport Geography, 2020, 86: 102744.

[299] Shi Q, Abdel-Aty M. Big data applications in real-time traffic operation and safety monitoring and improvement on urban expressways [J]. Transportation Research Part C: Emerging Technologies, 2015, 58: 380-394.

[300] Shires J D, Jong G C. An international meta-analysis of values of travel

time savings [J]. Evaluation and Program Planning, 2009, 32 (4): 315-325.

[301] Simoni M D, Kockelman K M, Gurumurthy K M, et al. Congestion pricing in a world of self-driving vehicles: An analysis of different strategies in alternative future scenarios [J]. Transportation Research Part C: Emerging Technologies, 2019, 98: 167-185.

[302] Slee T. What's Yours Is Mine: Against the Sharing Economy [M]. Or Books, 2017.

[303] Small K A, Verhoef E T. The Economics of Urban Transportation [M]. Routledge, 2007.

[304] Smith G, Hensher D A. Towards a framework for Mobility-as-a-Service policies [J]. Transport Policy, 2020, 89: 54-65.

[305] Stigler G J. The theory of economic regulation [A]//Ferguson T, Rogers J. The Political Economy: Readings in the Politics and Economics of American Public Policy [M]. Routledge, 2021: 67-81.

[306] Stigler G. The economics of information [J]. Journal of Political Economy, 1961, 69 (3): 213-225.

[307] Sun D, Zeng S, Ma H, et al. How do high-speed railways spur innovation? [J]. IEEE Transactions on Engineering Management, 2021, 70 (11): 3944-3957.

[308] Sutherland W, Jarrahi M H. The sharing economy and digital platforms: A review and research agenda [J]. International Journal of Information Management, 2018, 43: 328-341.

[309] Sze N N, Christensen K M. Access to urban transportation system for individuals with disabilities [J]. IATSS Research, 2017, 41 (2): 66-73.

[310] Tamannaei M, Zarei H, Rasti-Barzoki M. A game theoretic approach to sustainable freight transportation: Competition between road and intermodal road-rail systems with government intervention [J]. Transportation Research Part B: Methodological, 2021, 153: 272-295.

[311] Tavasszy L A. Predicting the effects of logistics innovations on freight

systems: Directions for research [J]. Transport Policy, 2020, 86: A1-A6.

[312] Tedesco M, Keenan J M, Hultquist C. Measuring, mapping, and anticipating climate gentrification in Florida: Miami and Tampa case studies [J]. Cities, 2022, 131: 103991.

[313] Tian P, Shen H, Abolfathi A. Towards efficient ensemble hierarchical clustering with MapReduce-based clusters clustering technique and the innovative similarity criterion [J]. Journal of Grid Computing, 2022, 20 (4): 1-19.

[314] Tijan E, Jović M, Aksentijević S, et al. Digital transformation in the maritime transport sector [J]. Technological Forecasting and Social Change, 2021, 170: 120879.

[315] Tirachini A, Hensher D A, Rose J M. Multimodal pricing and optimal design of urban public transport: The interplay between traffic congestion and bus crowding [J]. Transportation Research Part B: Methodological, 2014, 61: 33-54.

[316] Toffler A. The Third Wave [M]. New York: Bantam Books, 1980.

[317] Tong L, Zhou X, Miller H J. Transportation network design for maximizing space-time accessibility [J]. Transportation Research Part B: Methodological, 2015, 81 (2): 555-576.

[318] Urbano D, Aparicio S, Audretsch D. Twenty-five years of research on institutions, entrepreneurship, and economic growth: What has been learned? [J]. Small Business Economics, 2019, 53: 21-49.

[319] Vallas S, Schor J B. What do platforms do? Understanding the gig economy [J]. Annual Review of Sociology, 2020, 46: 273-294.

[320] Vickerman R. Can high-speed rail have a transformative effect on the economy? [J]. Transport Policy, 2018, 62: 31-37.

[321] von Lüpke H, Leopold L, Tosun J. Institutional coordination arrangements as elements of policy design spaces: Insights from climate policy [J]. Policy Sciences, 2023, 56 (1): 49-68.

[322] von Stietencron M, Hribernik K, Lepenioti K, et al. Towards logistics

[322 cont.] 4.0: An edge-cloud software framework for big data analytics in logistics processes [J]. International Journal of Production Research, 2022, 60 (19): 5994-6012.

[323] Wang H, Yang H. Ridesourcing systems: A framework and review [J]. Transportation Research Part B: Methodological, 2019, 129: 122-155.

[324] Wang S, Wang M, Liu Y. Access to urban parks: Comparing spatial accessibility measures using three GIS-based approaches [J]. Computers, Environment and Urban Systems, 2021, 90: 101713.

[325] Washington S, Karlaftis M G, Mannering F, et al. Statistical and Econometric Methods for Transportation Data Analysis (3rd Edition) [M]. Chapman and Hall/CRC, 2020.

[326] Welch T F, Widita A. Big data in public transportation: A review of sources and methods [J]. Transport Reviews, 2019, 39 (6): 795-818.

[327] Wen C, Yang J, Gan L, et al. Big data driven Internet of Things for credit evaluation and early warning in finance [J]. Future Generation Computer Systems, 2021, 124: 295-307.

[328] Wu Q, Roth A E. The lattice of envy-free matchings [J]. Games and Economic Behavior, 2018, 109: 201-211.

[329] Wu Y, Tan H, Qin L, et al. A hybrid deep learning based traffic flow prediction method and its understanding [J]. Transportation Research Part C: Emerging Technologies, 2018, 90: 166-180.

[330] Xu C, Ji J, Liu P. The station-free sharing bike demand forecasting with a deep learning approach and large-scale datasets [J]. Transportation Research Part C: Emerging Technologies, 2018, 95: 47-60.

[331] Xu S X, Liu T L, Huang H J, et al. Mode choice and railway subsidy in a congested monocentric city with endogenous population distribution [J]. Transportation Research Part A: Policy and Practice, 2018, 116: 413-433.

[332] Xu W, Zhou J, Yang L, et al. The implications of high-speed rail for

Chinese cities: Connectivity and accessibility [J]. Transportation Research Part A: Policy and Practice, 2018, 116: 308-326.

[333] Yang B Y, Tian Y, Wang J, et al. How to improve urban transportation planning in big data era? A practice in the study of traffic analysis zone delineation [J]. Transport Policy, 2022, 127: 1-14.

[334] Yang D, Wu L, Wang S, et al. How big data enriches maritime research—A critical review of Automatic Identification System (AIS) data applications [J]. Transport Reviews, 2019, 39 (6): 755-773.

[335] Yang W Y, Chen H L, Wang W L. The path and time efficiency of residents' trips of different purposes with different travel modes: An empirical study in Guangzhou, China [J]. Journal of Transport Geography, 2020, 88: 102829.

[336] Yang X H, Cheng Z, Chen G, et al. The impact of a public bicycle-sharing system on urban public transport networks [J]. Transportation Research Part A: Policy and Practice, 2018, 107: 246-256.

[337] Yang X, Xue Q, Ding M, et al. Short-term prediction of passenger volume for urban rail systems: A deep learning approach based on smart-card data [J]. International Journal of Production Economics, 2021, 231: 107920.

[338] Zhang L, Chen D, Peng S, et al. Carbon emissions in the transportation sector of Yangtze River Economic Belt: Decoupling drivers and inequality [J]. Environmental Science and Pollution Research, 2020, 27: 21098-21108.

[339] Zhang L, Qin Q. China's new energy vehicle policies: Evolution, comparison and recommendation [J]. Transportation Research Part A: Policy and Practice, 2018, 110: 57-72.

[340] Zhang Q, Yang L T, Chen Z, et al. A survey on deep learning for big data [J]. Information Fusion, 2018, 42: 146-157.

[341] Zhang S, Wu Y, Yan H, et al. Black carbon pollution for a major road in Beijing: Implications for policy interventions of the heavy-duty truck fleet [J]. Transportation Research Part D: Transport and Envi-

ronment, 2019, 68: 110-121.

[342] Zhao P, Hu H. Geographical patterns of traffic congestion in growing megacities: Big data analytics from Beijing [J]. Cities, 2019, 92: 164-174.

[343] Zhao P, Jonietz D, Raubal M. Applying frequent-pattern mining and time geography to impute gaps in smartphone-based human-movement data [J]. International Journal of Geographical Information Science, 2021, 35 (11): 2187-2215.

[344] Zhu J, Ma X, Kou G, et al. A three-way consensus model with regret theory under the framework of probabilistic linguistic term sets [J]. Information Fusion, 2023, 95: 250-274.

[345] Zhu L, Yu F R, Wang Y, et al. Big data analytics in intelligent transportation systems: A survey [J]. IEEE Transactions on Intelligent Transportation Systems, 2018, 20 (1): 383-398.

[346] Ziliaskopoulos A K, Waller S T. An Internet-based geographic information system that integrates data, models and users for transportation applications [J]. Transportation Research Part C: Emerging Technologies, 2000, 8 (1-6): 427-444.